图书用户行为研究

Tushu Yonghu
Xingwei Yanjiu

秦艳华　张洪忠　唐贾军　著

中国出版集团
研究出版社

图书在版编目 (CIP) 数据

图书用户行为研究 / 秦艳华 , 张洪忠 , 唐贾军著

. -- 北京 : 研究出版社 , 2019.2

ISBN 978-7-5199-0571-2

Ⅰ . ①图… Ⅱ . ①秦… ②张… ③唐… Ⅲ . ①读者研

究 Ⅳ . ① G252.0

中国版本图书馆 CIP 数据核字 (2019) 第 004042 号

出 品 人：赵卜慧

责任编辑：寇颖丹

图书用户行为研究

TUSHU YONGHU XINGWEI YANJIU

秦艳华　张洪忠　唐贾军　著

研究出版社 出版发行

（100011　北京市朝阳区安华里 504 号 A 座）

河北赛文印刷有限公司　新华书店经销

2019 年 2 月第 1 版　2020 年 7 月第 2 次印刷

开本：710 毫米 ×1000 毫米 1/16　印张：22

字数：303 千字

ISBN 978 – 7 – 5199 – 0571 – 2　定价：58.00 元

邮购地址 100011　北京市朝阳区安华里 504 号 A 座

电话（010）64217619　64217612（发行中心）

本研究成果为国家新闻出版广电总局首批新闻出版业科技与标准重点实验室“新闻出版大数据用户行为跟踪与分析实验室”“出版发行行业数据应用实验室”阶段性研究成果。

本研究成果参与单位：

北京师范大学、上海新华传媒连锁有限公司、江苏凤凰出版传媒股份有限公司、化学工业出版社、湖南省新华书店有限责任公司、新疆维吾尔自治区新华书店、北京中启智源数字信息技术有限责任公司。

本研究成果参与人员：

秦艳华	张洪忠	唐贾军	曹仁杰	陈　晨	吕　瑜	秦俊俊	李陶军
袁佩泓	温　强	李列群	范建国	杨　珉	傅震宇	路健行	陈舒欣
秦雪莹	张安超	李玉红	陈银莉	李一凡	王畅颖	郝　丹	孙　琳
汪慧林	兰美娜	郁丹霞	陈　天	石　坤	杨岳千	王安琪	牟虹璇
李诗琪	孙茹佳	苗　宋	金绍农	何莹子	杨嘉仪	周家翠	印　尧
曹　楚	刘钰菡	钱绯播	王丹敏	黄茜茜	姜虹冰	李明璇	卫琳聪
闫巧妹	杨莹莹	周　佳	佳　歌	路俊龙	孔晓华	王元欣	

文字统筹： 秦艳华　张洪忠　唐贾军

李一凡　王畅颖　陈　晨

前　言

随着科技的发展，数据的不断产生，数据在国民经济发展中的地位日益凸显，成为重要的国家基础性战略资源和核心创新要素。2015年9月5日，国务院发布的《促进大数据发展行动纲要》提出，全面推进我国大数据发展和应用，加快建设数据强国。并指出："大数据持续激发商业模式创新，不断催生新业态，已成为互联网等新兴领域促进业务创新增值、提升企业核心价值的重要驱动力。"①进一步赋予了大数据作为建设数据强国、提升政府治理能力、推动经济转型升级的战略地位。

新闻出版业是文化产业的一个重要分支，它以为全社会生产和提供文化产品内容和服务为核心。数据为新闻出版业的发展带来了新的生产和营销发力点。早在20世纪80年代，美国著名未来学家阿尔文·托夫勒就在其专著《第三次浪潮》当中指出，计算机具有"记忆和把大量的起因互相联系起来"②的功能。从表面上看，托夫勒的论述针对的是计算机在第三次浪潮中的应用效能，而实际上我们从中不难看出，计算机所提供的大量信息资料对于预测结果和解决问题是具有巨大作用的。2011年，美国麦肯锡公司在其发布的报告《大数据：下一个竞争、创新和生产力的前沿领域》中明确阐析了基于海

---

① 国务院．国务院关于印发促进大数据发展行动纲要的通知．中国政府网．http://www.gov.cn/zhengce/content/2015-09/05/content_10137.htm．

② ［美］阿尔文·托夫勒．第三次浪潮[M].朱志焱、潘琪、张焱译．北京：新华出版社1996版，第192页．

量数据的分析将有助于提升企业的行业竞争力。于2013年出版的大数据专著《大数据时代：生活、工作与思维的大变革》更是通过丰富的实用案例对大数据的应用价值以及大数据给人类生活带来的变化作了详细的论述。从发展新闻出版业方面来看，跟踪用户行为是新闻出版业了解用户需求以及用户对产品和相关服务满意度的有效途径，对用户行为跟踪大数据进行科学的开发与应用可谓意义重大。首先，开发和应用大数据势必要集结产、学、研三方面的优秀人才，如果将这种“集结”组织化、系统化，那么权威的新闻出版行业决策智库就会逐渐被建立起来，智库能够为政府制定具体的产业政策和行业发展规划提供智力上的支持。其次，基于用户行为跟踪大数据而研发的工具能够为出版行业提供最具时效性和高端品质的技术支撑，而相关人才的聚集也会服务于行业咨询平台的建设。再次，由于用户行为跟踪大数据具有共享性，所以对其进行开发和应用其实是打破了行业之间的大数据应用壁垒，为出版业和其他行业的沟通与合作搭建起了一座桥梁。最后，由于用户行为跟踪大数据是通过捕捉用户的网页浏览、购买记录、点评互动、电子书阅读痕迹等行为而获得的，所以开发和应用这类大数据能够实现为用户画像，进而帮助出版企业生产出更符合用户需求和品位的产品，为他们提供更加精准周到的服务。

文化产品的生产、分配、交换和流通是一个非常社会化的过程，在大众消费时代，这一过程无疑要被纳入大众传播的视域当中来。1959年，赖利夫妇发表了题为《大众传播与社会系统》（*Mass Communication and the Social System*）的文章，在文中他们提出了著名的“赖利夫妇模式”（Rileys’ Model）（具体见图1）。

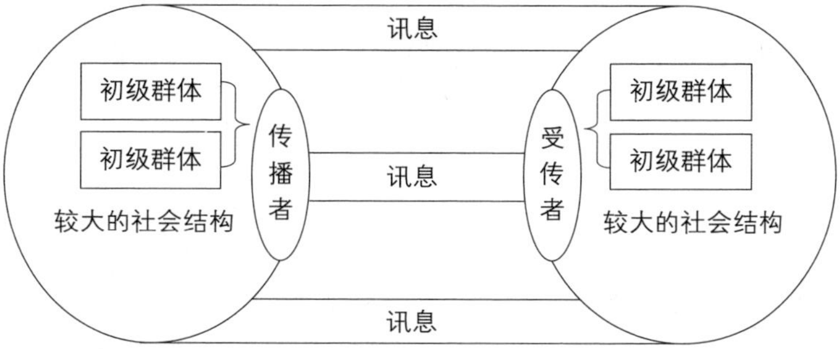

图 1　赖利夫妇模式（Rileys' Model）[①]

在赖利夫妇模式中，传播过程被视作总体社会系统的一个子系统，且这个子系统会受到总体社会系统的影响。在该模式图中，“初级群体”指的是家人、朋友、邻里这样的个体所构成的群体；“较大的社会结构”指的是学校、工作单位、参与的社会团体等；“总体社会结构”就包括民族、国家等。从该模式图可以发现，讯息在传播者和受传者之间的传递是一个双向互动的过程，且双方在传递、接收、理解和反馈讯息的过程中都会受到不同群体的影响。

如果将这一模式延伸到新闻出版领域，延伸到产品的传播和营销过程当中，那么这个被传递着的“讯息”实际上就是产品的内容以及相关的服务，于此大数据技术和工具的供应方扮演的就是“较大的社会结构”的角色，不过这里的传播者和受传者的构成要相对复杂一些，具体的传播与营销过程如图 2 所示。

① 胡正荣 . 传播学总论 [M]. 北京：北京广播学院出版社，1997：178.

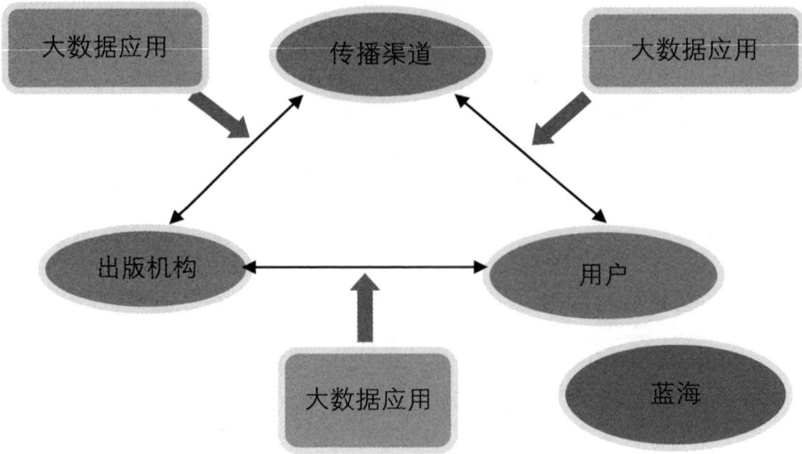

图 2　产品传播与营销过程图

在图 2 中，出版机构（出版社、图书公司、文化公司、文学工作室等）是产品的生产者，也是最初的传播者，他们向用户（个人、企业、政府等）供应产品的方式有两种，一是通过“渠道”（实体店面、批发交易市场、电子商务平台、新媒体运营等）进行间接传播，即“出版机构 - 传播渠道 - 用户”这样一个过程，也就是说“传播渠道”在接收产品时是受传者，而在向用户传播和营销产品时，又是新一轮传播与营销过程中的传播者；二是直接将产品内容和相关服务提供给用户，即“出版机构 - 用户”这样一个过程，于此出版机构是传播者，用户是受传者。综合来看这两个过程，实际上就形成了三组“传 - 受”互动关系，即“出版机构 - 传播渠道”“传播渠道 - 用户”和“出版机构 - 用户”。在每一组互动关系中，大数据技术、工具和系统的开发与应用都会对产品的传播和营销起到难以估量的作用。也正因如此，新闻出版大数据的应用还十分有助于挖掘潜在用户，这些潜在用户（未知的用户）即图中所示的“蓝海”，“蓝海”零散地分布于每组互动关系的周围，一旦被“唤醒”就会转变成“用户”，焕发出经济价值和社会价值。

事实上，对用户而言（不论是个人、企业还是政府），产品的内容和服务是他们购买的核心对象。消费能力的提升以及消费需求个性化趋势的增强虽然为市场的更新和扩大以及产业的优化升级提供了动力支撑，但同时也让产品的传播与营销面临新的挑战。从思维上来讲，大数据让新闻出版业认识到的首先是信息的应用价值，其次是利用信息资本来推动产业重构的必要性，最后是信息共享会带来更高效益这样一个事实。用户行为跟踪大数据是出版机构、渠道方和专业数据公司等通过成熟的技术手段对用户行为进行跟踪所获得的各种数据信息的总和，对用户行为跟踪大数据进行开发与应用，不仅有助于出版业界深入地了解用户需求，为用户提供符合其个性需求的产品和服务，由此促进产品的营销和传播，而且能够帮助政府更好地把握出版产业的最新动态，发现政策和制度上的不足，为政府及时更新产业发展政策提供智力帮助。

开发与应用新闻出版业用户行为跟踪大数据主要包括以下四个方面的内容：一是大数据出版的规制问题研究；二是基于解决图书库存问题的大数据技术开发与应用；三是用户行为跟踪与分析模型的开发；四是图书出版蓝海的大数据挖掘与分析。

关于大数据出版的规制问题研究主要是立足于政府需求，具体来说又包括两方面的内容。首先，通过开发和应用用户行为跟踪大数据来建设新闻出版大数据政府决策智库服务平台。平台的建设要综合发挥产学研各自的优势，要通过优势互补实现服务平台的科学化、系统化、专业化和智能化。比如一些高等院校或科研院所在网络数据分析、数字出版、传播理论、舆论调查原理与方法、传媒经济与社会发展、社会学研究方法、出版营销等领域都取得了先进的教学和科研成果，这些成果和相关经验都能够为决策智库服务平台的建设提供充足的学术养分。出版企业方面提供的是具体的产业经验，像上海新华传媒连锁有限公司就积极探索大数据时代平面媒体的转型模式，致力于全国性研究系统的构建，且目前已在数字发行平台的投资、图书的流通信息交换原则以及出版物发行术语的制定等诸多方面都累积了丰富的实践经验。像北京中启智源数字信息技术有限责任公司在技术上致力于构建新闻出版产业链信息交换平台，现已承担国内众多出版发行行业的代表项目，比如《CNONIX图书产品信息采集规范》《出版物购销协议规范》《新闻出版领域物联网技术应用行业标准体系框架》《发行机构系统接口规范》等。其次，通过开发和应用用户行为跟踪大数据来深化新闻出版业的数据管理与运营问题研究，这里主要包括制定出版物数据安全管理制度和出版物数据质量管控规范，关注用户行为跟踪大数据的汇聚与治理、存储与安全等相关技术等。

在基于解决库存问题的大数据技术开发与应用方面，用户行为跟踪大数据实际上最能够发挥自己的效能。这方面的开发与应用具体可以包括长尾产品大数据定向营销工具研发，图书选题策划咨询服务平台开发，线下体验、线下支付与线下认证等数据的统计工具的研发，出版产品优先推荐搜索引擎技术开发与应用，新闻出版物流大数据服务平台创建以及企业采购大数据服务系统开发，等等。

用户行为跟踪与分析模型开发展开来说可以包括以下三项内容：一是CNONIX国家标准云服务平台、数据采集系统、数字出版物业务系统、图书行业数据分析系统的开发与应用；二是图书销售网用户推荐系统的优化升级，比如当当网的推荐系统就经历了从BI系统到当当推荐系统1.0，再到Hadoop-Ranking Model这样一个过程，国内其他出版企业在这方面既可以向当当网学习，也可以通过合作的方式来提升对用户行为跟踪大数据的利用率；三是出版业移动用户行为跟踪数据管理平台的拓展应用，像Talking Data就拥有一款名为“Mobile DMP”（移动数据管理平台）的数据产品，其数据来源既包含直接来自移动设备的用户行为，也包含来自Talking Data各数据合作伙伴的复合数据源，如果将该管理平台应用到新闻出版业，则十分有利于对用户行为跟踪大数据进行科学系统的管理。

蓝海，即未知的市场空间。出版市场中的蓝海，即出版市场中那些还没有购买和享受产品内容和服务的潜在用户。对用户行为跟踪大数据进行应用开发与研究分析，将为媒介融合时代出版业的发展找到新的发力点。关于出版业蓝海的大数据挖掘与分析主要包括以下四点内容：一是研发出版产品增值服务满意度信息统计工具；二是开展图书产品与相关服务用户满意度系列调查；三是拓展数据营销云系统以及移动用户应用统计分析系统在出版业的应用，其中数据营销云系统可遵循“目标客群寻找－洞察客群特征－客群精准营销－营销效果评估”的基本思路，移动用户统计系统可遵循“精准收集－解析行为－改善产品－验证效果”的基本思路；四是通过分析用户行为跟踪大数据来打造由图书销售到IP改编、影视作品、电商销售的产业闭环，帮助出版业在红海中找到分散的蓝海并刺激蓝海尽快向红海转变。

现代企业已经深深意识到对客户关系进行科学有效的管理，对于提升企业自身的市场竞争力和进一步增加市场份额具有不可小觑的作用。基于此，现在国内外许多企业都十分重视客户关系管理工具的开发和利用。一般来说，客户关系管理工具以先进的互联网信息技术为基础，立足于协调企业和消费者在产品及相关服务的营销和销售的交互关系，致力于对企业管理方式进行优化升级，并为用户提供具有创新性质的个性化交互服务。客户关系管理工具最终的实际效用一是吸引蓝海目光，将其转化为新的用户；二是留住老用户，增强用户对产品以及相关服务的忠实度。对企业来说，客户关系管理工具不仅是一种软件开发，一项技术应用，也是一种新型的商业策略和管理思维。

美国哈珀·柯林斯出版集团建立的客户关系管理工具库（CRM）就对企业竞争力的提升产生了积极的影响。该集团获得的海量数据来自其网店所开发的电子商务功能和电子通信营销功能，集团的客户关系管理工具库就以这些海量数据信息为基础。对哈珀·柯林斯集团来说，这个工具库实际上帮助企业完成了市场转型。原有的图书营销推荐模式是，出版方向一部分图书消费者发送电子邮件，邮件主要是向这些消费者推荐一些他们比较感兴趣的作者和图书的信息。在启动CRM模式以后，客户关系管理工具库能够通过电子商务和电子通信两大平台帮助出版方跟踪消费者的消费行为以及消费者同出版社的互动行为，这无疑扩大了产品的营销和传播范围。目前，哈珀·柯林斯集团的客户关系管理工具库已经储存了100多万的消费者数据信息，出版商通过这个工具库可以了解消费者对哪些作者的作品和集团旗下哪些图书品牌更感兴趣，在了解和统计消费者的阅读兴趣的基础上，企业可以为消费者画像，进而实现产品和服务的精准营销和传播。

大数据在图书定价和图书营销决策制定中的应用方面，法国阿歇特出版集团就走在了全球出版行业的前列。阿歇特出版集团在为图书定价时不仅会以以往的图书定价和定价措施为参考，还会对电子书的销售数据进行科学的统计和分析，然后将其应用到图书定价当中。为应对产品销售上可能存在的波动，在图书定价的问题上“阿歇特”立足于消费者需求，采取的实际上就是“跟踪”的手段，跟踪内容主要包括产品的整体定价历史记录和销售信息以及个别产品的相关数据。通过跟踪上述内容，集团可以对图书产品的价位进行实时且精准的把握，可以根据市场需求和行业趋势决定是否对图书产品进行降价或者提价处理。在制定图书产品的营销决策方面，阿歇特出版集团取得的成功经验主要体现在社交工具的利用上。社交工具可以为出版企业提供的其实也是用户行为的跟踪数据，比如消费者会在线上讨论图书，“阿歇特”就通过跟踪线上对话来了解和分析消费者对图书产品的评价和获取渠道以及他们的一些额外兴趣等信息，在了解和分析的基础上，集团能够找到新的营销策略发力点，能够更精准地进行图书产品的营销和传播，降低营销投入，提高营销效率。应该说，阿歇特出版集团在图书定价和制定产品营销策略上对于大数据的应用为挖掘出版业蓝海的潜在商业价值提供了一个新的关注视角。

目 录

上编：网民对图书的认知与评价

下编：图书出版用户研究

第一章　图书用户分类

第二章　少儿图书用户画像

第三章　青年图书用户画像

上编：网民对图书的认知与评价

第一章
研究背景与方法

“好读书，读好书”，是社会的共识，是出版的责任，是读者的期望。那么，什么样的书才是好书呢？好书就是兼具深刻思想性、精湛艺术性，深受广大读者喜爱的精品。正如 2014 年 10 月习近平同志在文艺工作座谈会上的讲话中所指出的“精品之所以‘精’，就在于其思想精深、艺术精湛、制作精良”。认定好书，各种图书奖的推荐评选是一个重要途径。那么，图书奖项入选图书，是否就是读者心目中的好书呢？为了回答这一问题，本研究采用问卷调查的方式进行了数据统计与分析。

第一节　研究背景与目的

根据国家统计局发布的统计数据可以看出，近十年来，图书出版数量持续保持增长态势，图书市场不断壮大。图书市场的繁荣，为读者提供了丰富的“精神食粮”，有力地促进了全民阅读。特别是十八届五中全会把“倡导全民阅读”“推动国民素质和社会文明程度显著提高”列为“十三五”时期的重要任务以后，全民阅读蔚然成风。第十四次全国国民阅读调查报告显示，2016 年我国国民人均图书阅读量为 7.86 本，较 2015 年增加了 0.02 本。

阅读，决定着一个民族思维的深度和高度。作为阅读者，最希望阅读的是什么书？希望从阅读中获知什么？对现有图书有什么样的认知和评价？如何去确定一本好书？

应该说，认定好书，各种图书奖项的推荐评选是一个重要途径。尽管范围有别、标准不一，但一个作家、一部图书一旦入选一个重要奖项，即会受到读者高度关注的确是一个不争的事实。譬如，历年诺贝尔文学奖结果公布后，获奖者的作品一般都会在图书市场形成一个销售高峰。除诺贝尔文学奖外，国际图书大奖诸如美国国家图书奖、法国龚古尔文学奖、英国红房子图书奖、西班牙塞万提斯奖、意大利诺尼诺国际文学奖、日本芥川奖等，还有中国的图书奖项，如中宣部“五个一工程”奖、中国出版政府奖、中华优秀出版物奖、茅盾文学奖等，也都会引发读者关注。

那么，图书奖项入选图书，是否就是网民心目中的好书呢？网民对这些奖项的认知、评价如何，网民心中理想的图书评选标准又是怎样的？

为了回答这些问题，国家新闻出版广电总局重点实验室、北京师范大学“新闻出版大数据用户行为跟踪与分析实验室”课题组首先针对读者阅读图书、购买图书情况，以及对图书奖项的认知、对图书奖项的评价等展开调查，以此为基础，围绕读者心目中的好书标准与国内外图书奖项的关系做出数据统计和分析。这一调查研究结果，有助于出版机构把满足读者需求作为第一要务，多出精品力作，繁荣图书市场，而对于推动全民阅读活动的开展，对于促进我国出版产业的发展也具有一定的指导意义。

第二节　研究方法

2018 年 1 月 31 日，中国互联网络信息中心（CNNIC）发布的第 41 次《中国互联网络发展状况统计报告》显示，截至 2017 年 12 月，我国网民规模达 7.72 亿。网民是个庞大的图书阅读群体，本次调查采取网络问卷调查的方式进行。

一、数据采集

本次网络问卷调查，面向全国网民，包含 19 个问题，主要涉及网民对图书奖项的认知、对中国图书奖项评选的评价等内容。共回收 5262 份有效问卷。样本分布符合人口学变量基本规律，抽样方法科学合理，所得结论具有较强代表性、解释力。

二、样本构成

本研究采集数据以后，经过清洗剔除无效样本，最终收回有效问卷 5262 份，具体构成如下（详见表 1.1）：

表 1.1　样本构成（单位：%）

性别构成	男	53.30
	女	46.70
年龄构成	25 岁以下	10.30
	26—35 岁	37.80
	36—45 岁	33.70
	46—55 岁	13.80
	56 岁以上	4.40
收入构成	2000 元及以下	7.50
	2001—5000 元	30.60
	5001—8000 元	30.30
	8001—10000 元	18.60
	10001—20000 元	9.80
	20000 元以上	3.20

续表（1）

文化构成	初中及以下	3.30
	高中、中专	14.60
	大专	23.60
	大学本科	50.60
	硕士及以上	7.90
地区构成	北京	10.10
	天津	2.30
	上海	11.10
	重庆	1.80
	河北	3.70
	河南	3.70
	云南	0.70
	辽宁	2.90
	黑龙江	1.50
	湖南	2.00
	安徽	3.20
	山东	6.90
	新疆	0.30
	江苏	9.20
	浙江	6.40
	江西	2.30
	湖北	4.10
	广西	2.30

续表（2）

地区构成	甘肃	0.40
	山西	1.80
	内蒙古	0.60
	陕西	1.70
	吉林	0.80
	福建	3.40
	贵州	0.40
	广东	12.20
	四川	3.80
	宁夏	0.10
	海南	0.20
	香港	0.10

从表中样本构成看，存在以下特点：

1. 地域分布

样本涵盖我国内地省份、直辖市、自治区（青海、西藏仅有一个样本，占比 0.019%，在表 1.1 中无法显示）。在港澳台地区中，采集样本只涵盖香港。

2. 人口特征

首先，性别特征。CNNIC 第 41 次《中国互联网络发展状况统计报告》显示，截至 2017 年 12 月，中国网民男女比例为 52.6：47.4，截至 2016 年底，中国人口男女比例为 51.2：48.8，网民性别结构与人口性别比例逐步接近。在本次调研样本中，男女比例较为均衡，男性（53.30%）占比略高于女性（46.70%），与我国网民性别结构基本接近。

其次，年龄特征。被调查者年龄在 26—35 岁者占比最多（37.80%），其次为 36—45 岁（33.70%），56 岁以上占比最少（4.40%）。CNNIC 第 41 次《中国互联网络发展状况统计报告》统计，截至 2017 年 12 月，我国网民中 20—29 岁年龄段的网民占比最高，达 30.0%；30—39 岁群体占比为 23.5%。由此可见，本次调研样本与我国网民年龄结构基本一致。

再次，学历特征。被调查网民学历为大学本科者最多，占比 50.60%；其次为大专学历者，占比 23.60%；初中及以下学历占比最低，仅为 3.30%。

最后，收入特征。被调查者的月收入被分为 6 档，分别为 2000 元及以下、2001—5000 元、5001—8000 元、8001—10000 元、10001—20000 元、20000 元以上。其中，收入在 5001—8000 元者最多，占比 30.30%；高收入者（20000 元以上）占比 3.20%；低收入者（2000 元及以下）占比 7.50%。

第二章
阅读、购买图书与获取图书信息情况

了解读者的图书阅读、购买情况，以及获取图书信息的情况，对读者个体关于好书的评价标准，会有一个基本的判断。本次调查问卷设置了有关图书阅读与图书购买的选项。

第一节　年阅读、购买图书总体情况

本次调查在问卷中设置了一年内 9 项图书阅读与图书购买数量区间，分别为 0 本、1—5 本、6—10 本、11—20 本、21—30 本、31—40 本、41—50 本、51—100 本、100 本以上。在对统计结果进行指数分析（取各组的组中值，结合权重，形成消费 / 阅读指数，此后的分析均基于本指数进行）后，最终网民的图书购买指数 9.99 ＜图书阅读指数 12.03（详见表 2.1），表明网民的阅读量要稍高于购买量。

表 2.1　购买与阅读情况统计表

图书阅读与购买量	图书购买	图书阅读
0 本	4.18%	4.36%
1—5 本	45.43%	37.68%
6—10 本	24.01%	24.41%
11—20 本	14.48%	16.36%

续表

图书阅读与购买量	图书购买	图书阅读
21—30 本	6.05%	8.54%
31—40 本	2.82%	3.99%
41—50 本	1.29%	2.49%
51—100 本	0.77%	1.22%
100 本以上	0.97%	0.95%
购买 / 阅读总指数	9.99	12.03

具体到各地的情况来看，以北京、上海、湖南、江苏四地为例，这些地区的网民购买 / 阅读指数差值均介于 –1.98 至 –1.25 之间，差值较大。说明该四地的网民在图书的购买和阅读选择上，更倾向于阅读而非直接购买，尤其是江苏地区的网民，其差值达到了 –1.98（详见图 2.1）。

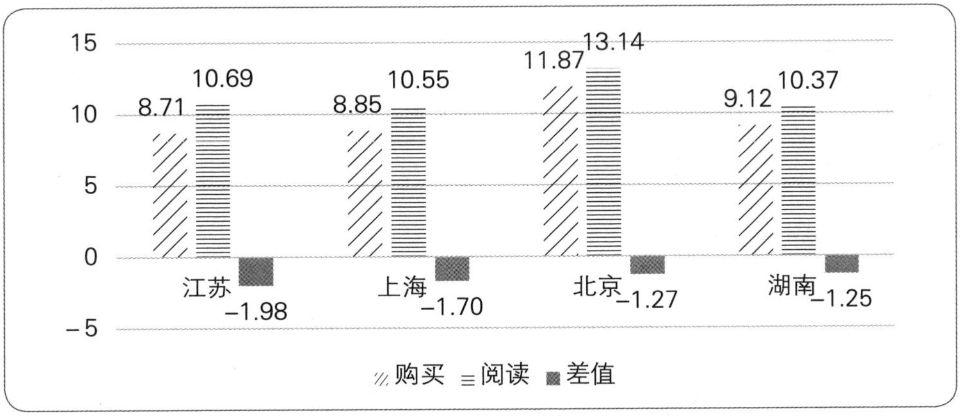

图 2.1　北京、上海、湖南、江苏四地的图书购买及阅读情况

一、年阅读图书总体情况

从图书购买与图书阅读的指数分析来看，网民大多有图书阅读经历。从

图书阅读情况看，一年内没有阅读图书者仅占比4.36%，年阅读量5本以上的占比57.96%，其中6—20本范围内占比较多，达40.77%（详见图2.2）。

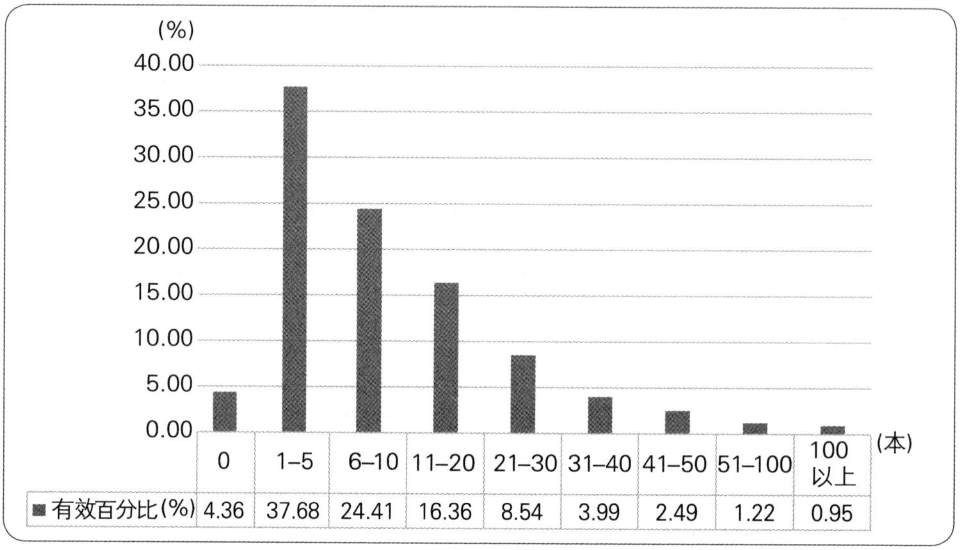

图2.2　年内总阅读情况

1. 女性阅读量稍高于男性

数据显示，不同性别网民年图书阅读指数略有差异。女性的阅读指数为12.28，男性阅读指数为11.24，表明女性网民在一年内的图书阅读数量稍高于男性（详见图2.3）。

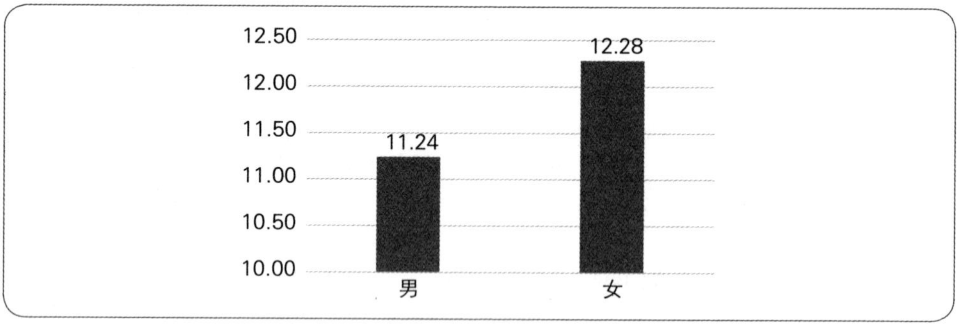

图2.3　不同性别阅读指数

2. 阅读量随着年龄的增高呈逐渐下降趋势

不同年龄段的网民，图书阅读量存在差异。25 岁及以下群体图书阅读量最高，图书阅读指数为 12.64。随着网民年龄的增高其图书阅读数量呈现逐渐下降趋势，56 岁及以上群体图书阅读指数为 11.10（详见图 2.4）。

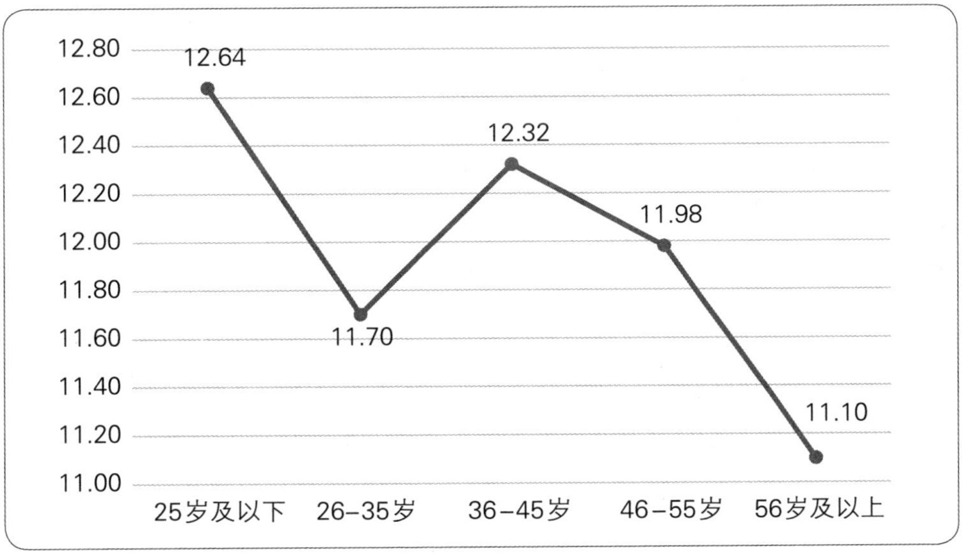

图 2.4　各年龄段阅读指数

3. 文学类图书阅读量最大

在给出的 7 种图书类型（文学类、社科类、生活类、教育类、少儿类、科技类、其他）中，阅读指数最高的为文学类，达到 5.83，其他 6 类图书阅读指数均在 3.31—3.85 的范围内，不具有显著的差异，说明网民总体更加偏好文学类图书的阅读（详见图 2.5）。

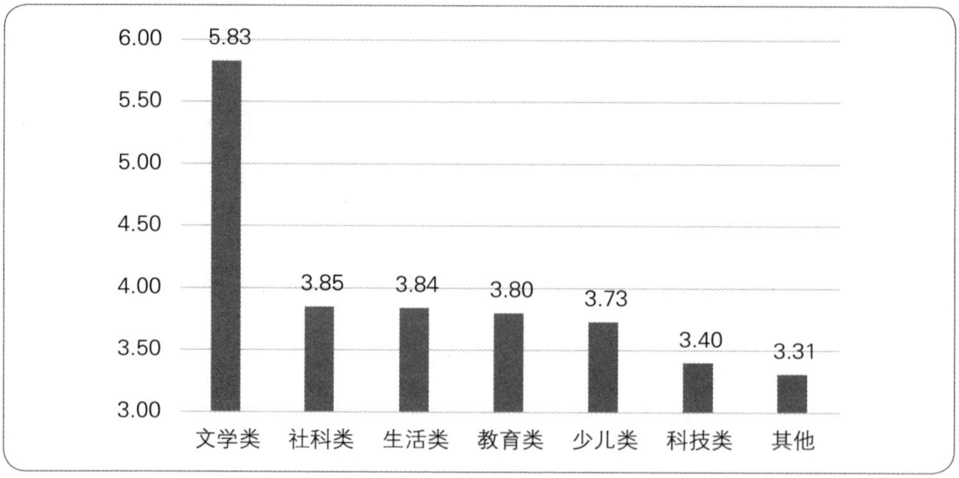

图 2.5　各类型图书阅读指数

4. 男性偏爱阅读社科、科技类图书，女性偏爱文学、少儿类图书

从不同性别网民的各图书类型的阅读指数来看，女性网民比男性网民更乐于阅读文学类、少儿类图书，生活类图书次之。而在社科类、科技类、教育类、其他类图书的阅读上，男性的阅读指数稍高于女性（详见图 2.6）。

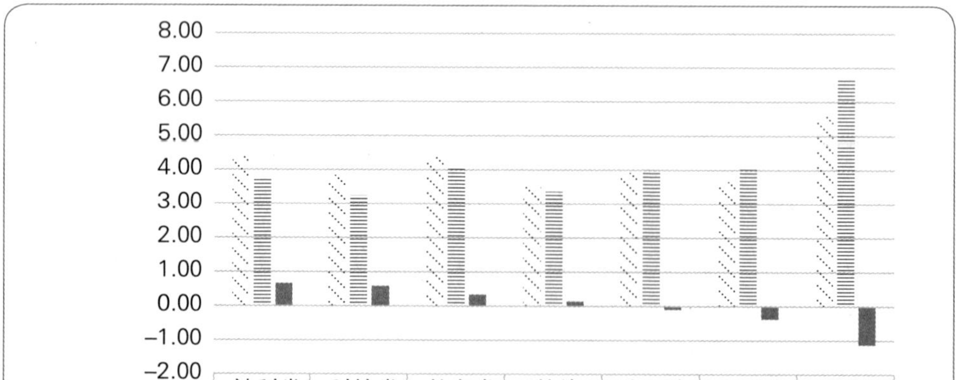

	社科类	科技类	教育类	其他	生活类	少儿类	文学类
男	4.40	3.84	4.38	3.50	3.92	3.66	5.59
女	3.74	3.25	4.04	3.36	4.01	4.03	6.72
差值（男−女）	0.66	0.59	0.34	0.14	−0.09	−0.37	−1.13

图 2.6　各类型图书阅读指数性别差值（男 − 女）

5. 科技、社科、生活类图书阅读量与年龄反向变动

在各类图书中，文学类图书的阅读情况在各个年龄段之间没有明显的波动，相对其他类型图书各年龄段的阅读指数均处在较高水平，为 5.86—6.34（见图 2.7），表明文学类图书在各年龄段网民中的阅读数量都较高。而科技类、社科类、生活类以及其他图书的阅读指数都随着年龄的升高而下降，表明年龄越高者，这几类图书的阅读数量就越低。

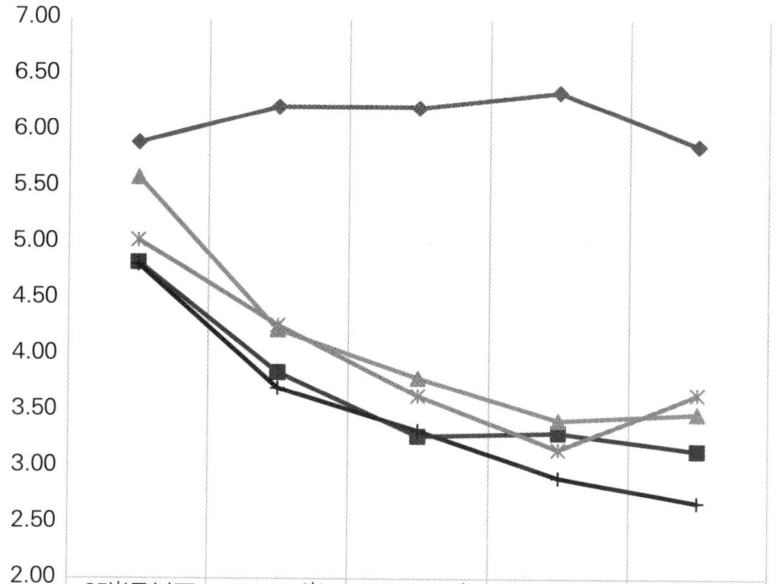

	25岁及以下	26–35岁	36–45岁	46–55岁	56岁及以上
文学类	5.89	6.21	6.20	6.34	5.86
科技类	4.82	3.84	3.27	3.30	3.14
社科类	5.58	4.22	3.79	3.41	3.47
生活类	5.02	4.26	3.63	3.15	3.64
其他	4.80	3.70	3.32	2.90	2.68

图 2.7　各年龄段不同类型图书的阅读指数

6. 本科学历者图书阅读量最低，初中及以下文化程度者阅读量最大

文化程度不同，各类型图书阅读指数有所变化。各类型图书阅读指数的最高值集中体现在初中及以下文化程度的受访者中，各类型图书阅读指数最

低值在大学本科学历受访者中普遍出现（详见图 2.8）。表明初中及以下受访者对大多数类型的图书阅读数量在各类文化程度中是最高的，而大学本科文化程度的受访者则对各类图书的阅读数量普遍最低。

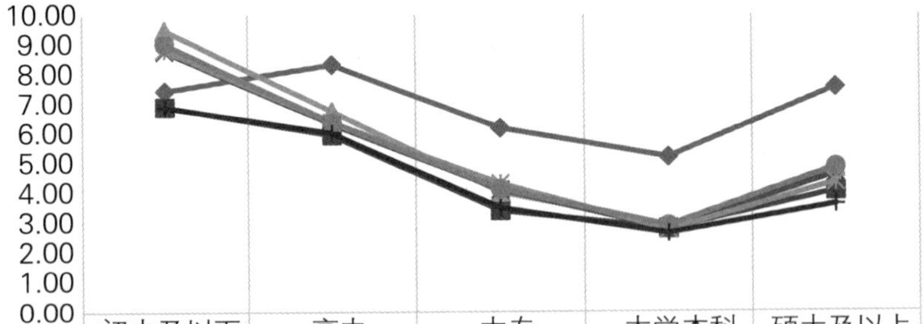

	初中及以下	高中	大专	大学本科	硕士及以上
文学类	7.46	8.34	6.19	5.20	7.54
科技类	6.92	5.96	3.41	2.79	4.05
社科类	9.50	6.77	4.03	2.90	4.79
少儿类	8.79	6.34	4.11	2.78	4.63
生活类	8.84	6.40	4.32	2.75	4.33
教育类	9.03	6.40	4.14	2.90	4.85
其他	6.91	6.03	3.50	2.64	3.60

图 2.8　各文化程度不同类型图书的阅读指数变化情况

7. 文学、社科类图书阅读量随着读者收入水平的增高而上升

数据显示，各类图书的阅读量均不同程度地随着收入水平的提升而提高，其中受到收入水平影响最明显的阅读类型集中在文学类、社科类和其他类图书（详见图 2.9）。表明收入越高者，对于文学、社科和其他类的图书的阅读兴趣越高，阅读量也越大。

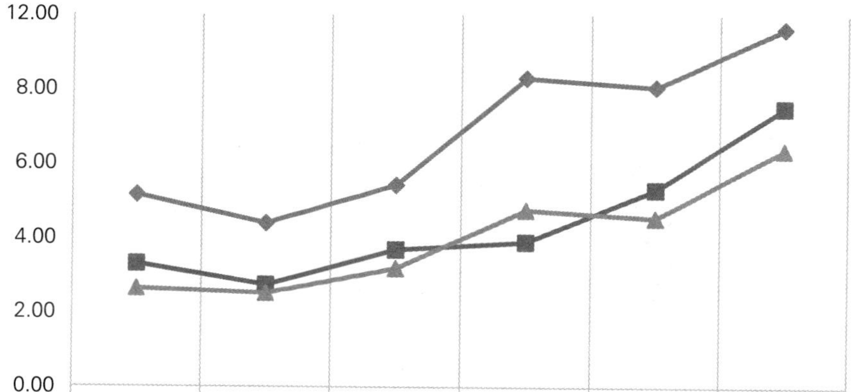

	2000元及以下	2001—5000 元	5001—8000 元	8001—10000 元	10001—20000元	20000元以上
文学类	5.15	4.39	5.42	8.31	8.07	9.64
社科类	3.30	2.74	3.69	3.90	5.31	7.52
其他	2.63	2.51	3.19	4.76	4.55	6.38

图 2.9　各收入水平不同类型图书的阅读指数变化情况（选取部分代表性）

二、年购买图书总体情况

从年购买图书的总体情况来看，95% 左右的网民有过图书购买经历，一年内没有购买图书者仅占比 4.18%。如表 2.1 所示，年购买 1—5 本图书的网民最多，占比 45.43%，其次为 6—10 本，占比 24.01%。

1. 性别、年龄差异对购书影响不大，硕士及以上学历者购书最多

从性别来看，男性与女性购书指数分别为 9.60 和 10.13，表明不同性别在购书数目上差异不大，女性略高于男性。从年龄来看，25 岁及以下、26—35 岁、36—45 岁、46—55 岁、56 岁及以上的网民购书指数在 9.32—10.04 范围内，相差较小，说明不同年龄层次的网民在购书数量上也没有明显差异（详见图 2.10）。在不同学历的受调查者中，硕士及以上群体购书指数（13.43）明显高于其他学历群体（详见图 2.11）。

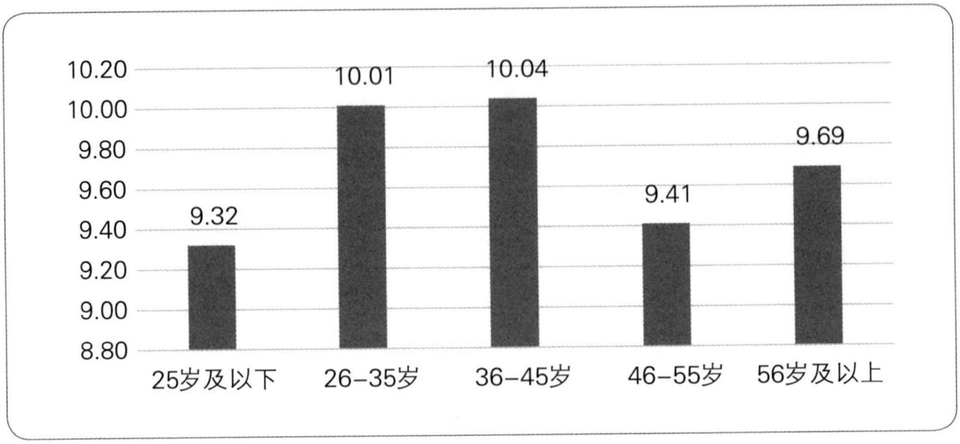

图 2.10　各年龄区间购书指数

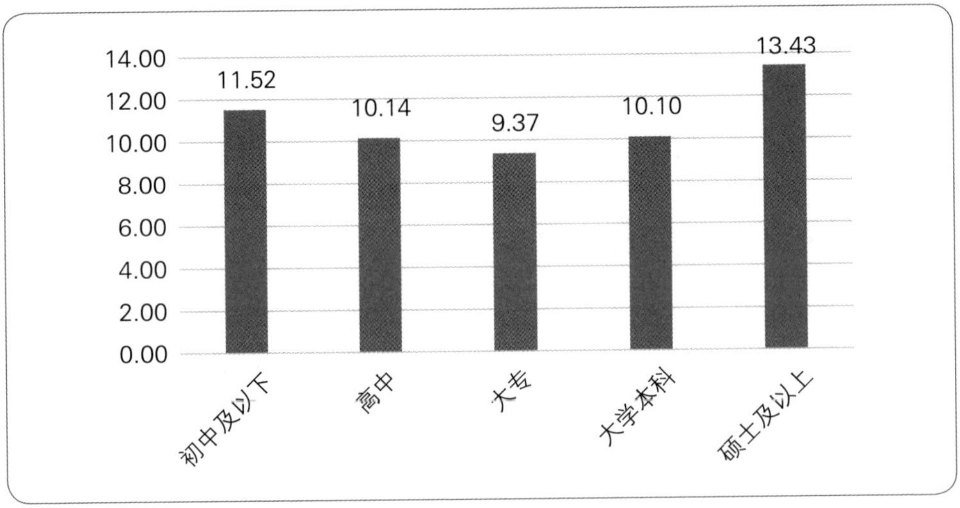

图 2.11　各学历购书指数

2. 文学、少儿类图书购买量最大

统计数据显示，在7种图书类型中，购买最多的图书类型为文学类（5.31）、少儿类（4.72）和社科类（4.38），教育类（4.32）次之，除其他类图书外，购买最少的图书类型为科技类（3.62）（详见图 2.12）。

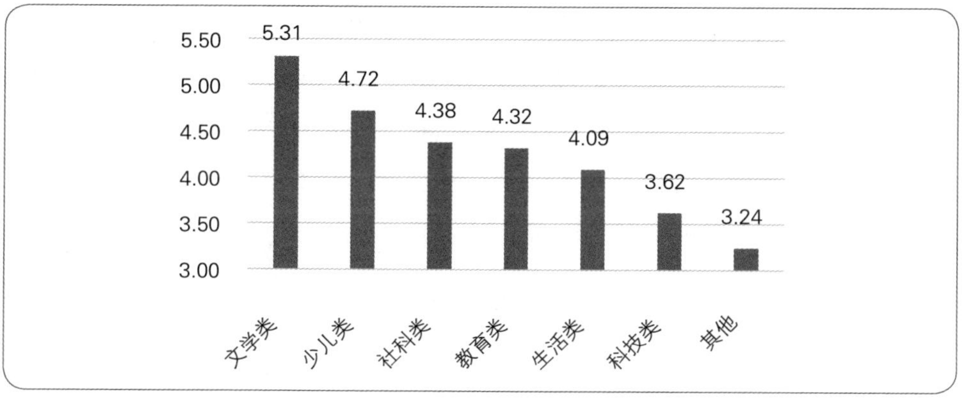

图 2.12　各类型图书购买指数

3. 男性偏爱购买科技、社科类图书，女性偏爱购买文学、少儿类图书

为了考察网民图书购买的类型偏好是否在不同性别中存在差异，本次调查对不同性别的网民各个图书类型下购买指数的差值进行了比较分析。

差值的比较结果显示，在 7 类图书中，男性相较于女性更愿意购买科技类、社科类图书，女性相较于男性更愿意购买文学类、少儿类图书，而在生活类、教育类和其他类图书的购买上，男女间没有明显差异。其中，购买偏好差异最大的类型为科技类（差值为 1.22），由男性主导购买（详情见图 2.13）。

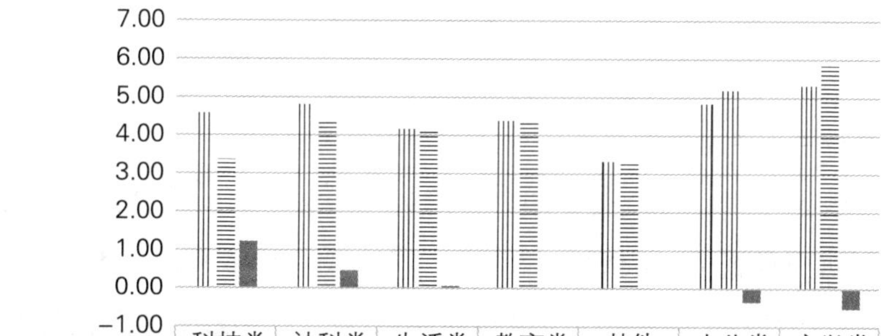

	科技类	社科类	生活类	教育类	其他	少儿类	文学类
男	4.58	4.81	4.16	4.38	3.32	4.84	5.32
女	3.36	4.34	4.10	4.38	3.32	5.19	5.84
差值（男女）	1.22	0.47	0.06	0.00	0.00	−0.35	−0.52

图 2.13　不同性别网民对各类图书的购买指数比较

4. 56 岁以下者图书购买量与年龄呈反向变动

统计数据显示，文学类、科技类、社科类、少儿类、生活类图书的购买指数最低值均出现在 46—55 岁的年龄区间内，而到了 56 岁及以上的年龄，购买指数则出现不同程度的回升甚至达到峰值。其中，科技类、社科类、生活类图书的购买指数在 55 岁及以下的年龄区间内均随着年龄增长而降低，并在 56 岁以后开始回升（详见图 2.14）。

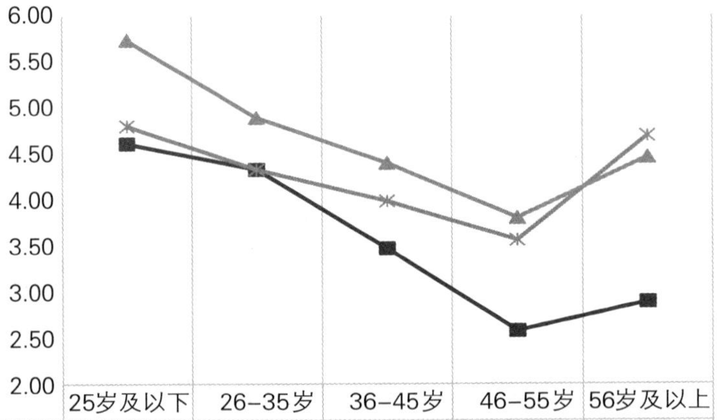

	25岁及以下	26-35岁	36-45岁	46-55岁	56岁及以上
科技类	4.62	4.34	3.49	2.60	2.91
社科类	5.74	4.90	4.41	3.82	4.47
生活类	4.81	4.34	4.00	3.58	4.70

图 2.14　各年龄段不同类型图书购买情况（选取部分代表性）

5. 本科学历以下者图书购买量与学历呈反向变动

统计数据显示，各个类型图书的购买均随着学历的升高逐渐降低，并在本科学历达到最低值，随后有所回升，但回升水平并不高，其中，初中及以下文化程度的网民对各类图书的购买水平均处在较高水平（详见图 2.15），在这一阶段，可能是为了拓宽知识面而进行的泛读。而本科生普遍处在最低水平，这可能是由于本科阶段由于学业压力突然降低，学生阅读积极性下降，或是高校为学生安排的活动日程比较紧密而占用了阅读时间导致的。

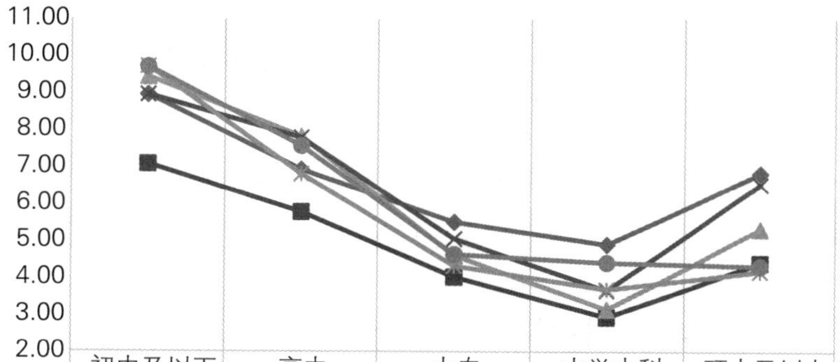

	初中及以下	高中	大专	大学本科	硕士及以上
文学类	8.94	6.92	5.50	4.90	6.83
科技类	7.07	5.77	4.02	2.94	4.41
社科类	9.42	7.81	4.60	3.15	5.32
少儿类	8.94	7.78	5.05	3.66	6.53
生活类	9.70	6.80	4.32	3.69	4.18
教育类	9.69	7.56	4.63	4.41	4.32

图 2.15 各学历不同类型图书购买情况

6. 文学、科技类图书购买量随着收入水平的增高而提升

在各类图书中，购买行为受到收入影响最为明显的是文学类和科技类图书，二者购买指数均随收入水平的提升而显著提高（详见图 2.16）。

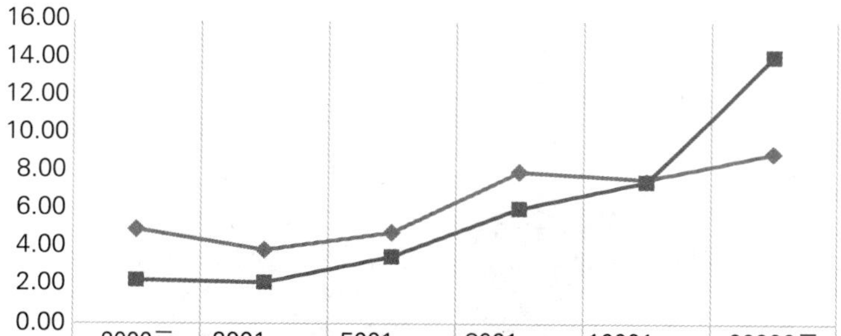

	2000元及以下	2001–5000元	5001–8000元	8001–10000元	10001–20000元	20000元以上
文学类	5.00	3.91	4.84	8.04	7.66	9.03
科技类	2.31	2.19	3.57	6.11	7.53	14.16

图 2.16 各收入水平的文学类、科技类图书购买情况

第二节　购书信息渠道的选择

网民通常从哪些途径获取购书信息？常去哪里购书？其购书行为是否受畅销书排行榜的影响？是否受获奖图书的影响？受这些影响的程度又有多大？

一、购书渠道选择情况

最近一年内网民购书渠道的选项主要有：网上书店、国营新华书店、民营书店、街角书摊、书市、图书博览会、二手书店，其他等。数据显示，位居前三的购书渠道分别为网上书店、新华书店以及民营书店。

1. 网上购书是首选

网上购书最受网民青睐。选择网上书店作为主要购书渠道的占比高达44.20%，几乎是第二名新华书店的两倍。可见随着电子商务以及现代物流业的快速发展，网上购书已成为网民首选（详见图 2.17）。

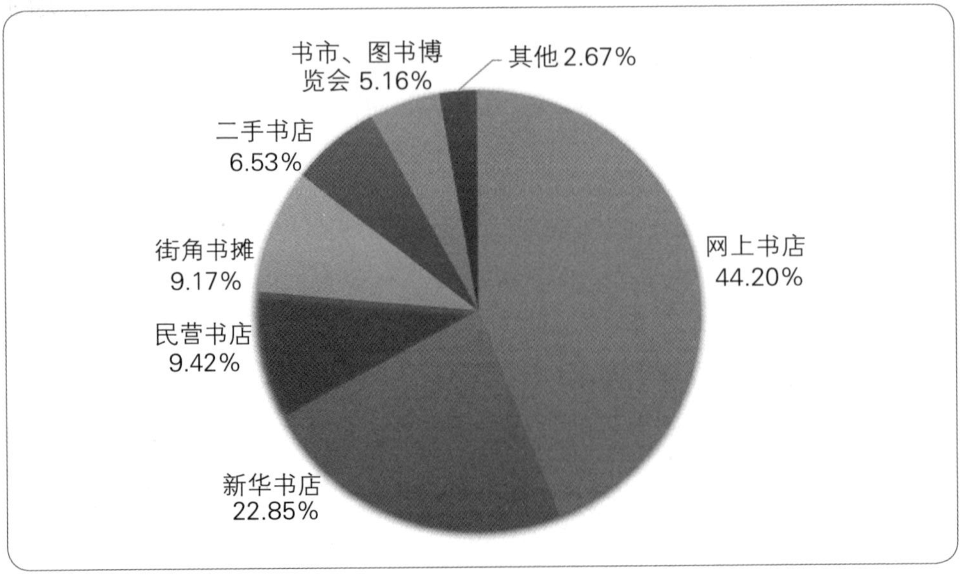

图 2.17　网民最近一年主要购书渠道

此外，虽然不同年龄段都将网上书店作为购书首选，占比均在半数以上。但相比 55 岁以下的用户，56 岁及以上的网民将网上书店作为购书渠道的选择比例下降了 10 个百分点左右，这可能与老年群体不太熟悉网络操作有关（详见图 2.18）。

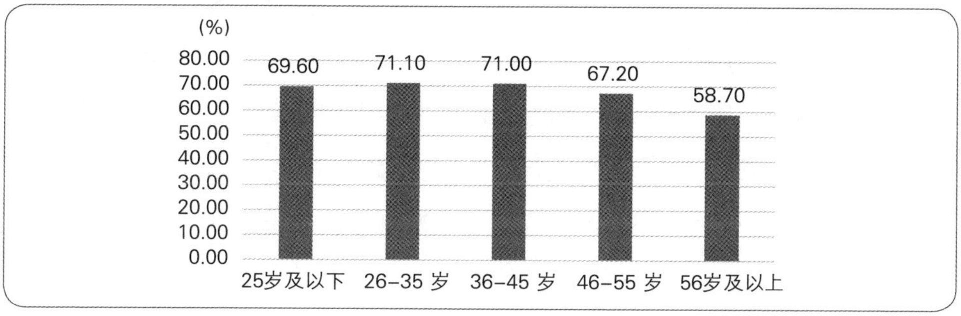

图 2.18　不同年龄段从网上书店购买图书的情况

2. 中年人偏爱新华书店，青年人爱逛二手书店

调查数据显示，除了网上书店这一普遍选择外，不同年龄段对于其他购书渠道有自身的偏爱。相比其他年龄段，46—55 岁的网民更偏爱新华书店，而 25 岁及以下的年轻网民则喜爱逛二手书店（详见图 2.19）。

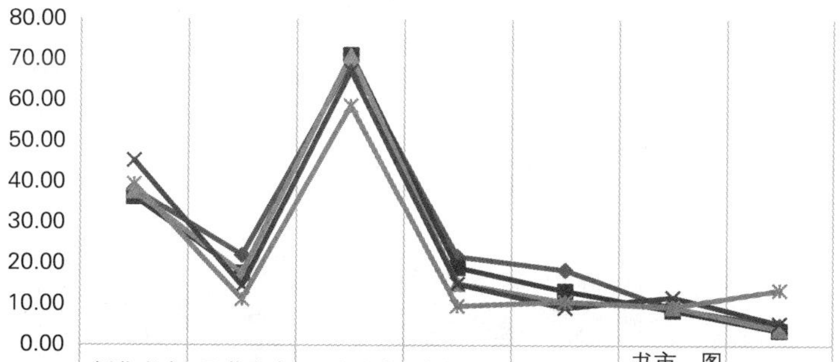

(%)	新华书店	民营书店	网上书店	街角书摊	二手书店	书市、图书博览会	其他
25岁及以下	38.20	22.00	69.60	21.70	18.40	9.10	4.90
26–35 岁	36.30	17.60	71.10	19.00	13.30	8.60	3.70
36–45 岁	37.70	17.50	71.00	15.10	10.60	9.40	4.00
46–55 岁	45.30	14.50	67.20	15.00	9.20	11.80	5.40
56岁及以上	39.50	11.20	58.70	9.60	10.70	9.50	13.60

(%)

图 2.19　年龄对图书购买渠道的影响

二、购书信息获取情况

本次调查在问卷中设置了12项获取图书信息的渠道，分别是：微博、书载广告、微信公众号、图书获奖信息公布、周围人推荐、实体书店推荐、图书销售网站、畅销书排行榜、报纸电视广播推荐、出版社自建网站、图书出版人推荐和单位、学校推荐。在此基础上，设置量表形式5个分值，分别为：1分表示“没有”，2分表示“很少”，3分表示“一些”，4分表示“较多”，5分表示“很多”，供网民根据各渠道使用情况打分，作出评判。

1. 购书信息获取更信赖第三方的推荐

数据显示，网民获取图书信息的渠道主要来自图书销售网站、畅销书排行榜、周围人推荐和微信公众号。来自图书出版人自荐的则较少，这在一定程度上表明网民更信赖第三方的推荐，尤其是信任基于销售数据支撑的图书网站（详见图2.20）。

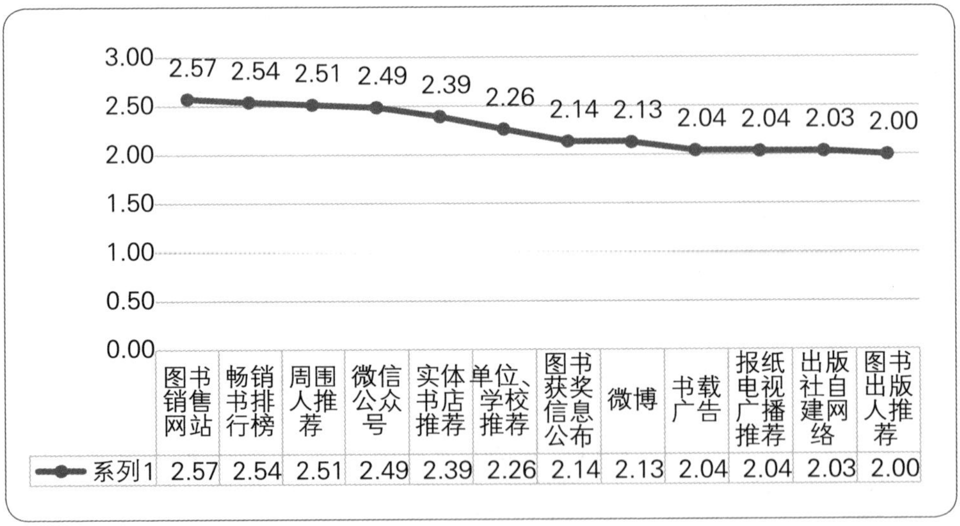

图2.20 获取图书信息的渠道

2. 年龄对购书信息获取的影响

数据分析显示，整体而言，各年龄段网民获取图书信息的主要来源均为图书销售网站、畅销书排行榜、周围人推荐和微信公众号。但相对而言，36—45 岁网民主要从图书销售网站获取信息，25 岁及以下网民最热衷于在畅销书排行榜获取购书信息，除了从图书销售网站、畅销书排行榜获取购书信息，56 岁及以上的网民还倾向于从报纸电视广播的推荐中得知图书信息。此外，相比其他年龄段，25 岁及以下网民更偏爱从微博获取图书信息，并随着年龄的增长，将微博作为图书信息获取来源的选择比例大幅下降（详见图 2.21）。

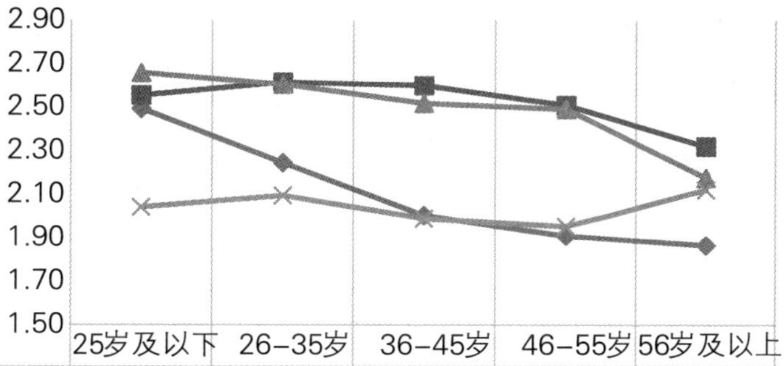

	25岁及以下	26–35岁	36–45岁	46–55岁	56岁及以上
微博	2.49	2.24	2.00	1.91	1.87
图书销售网站	2.55	2.61	2.60	2.51	2.32
畅销书排行榜	2.66	2.60	2.52	2.49	2.18
报纸电视广播推荐	2.04	2.09	1.99	1.95	2.12

图 2.21　年龄对获取图书信息渠道的影响（选取部分代表性）

3. 学历对购书信息获取的影响

比较不同学历读者获取图书信息渠道的差异，结果表明，初中及以下学历读者主要从微信公众号获取购书信息，而大专及以上学历读者更偏爱于从图书销售网站获得图书信息（详见图 2.22）。

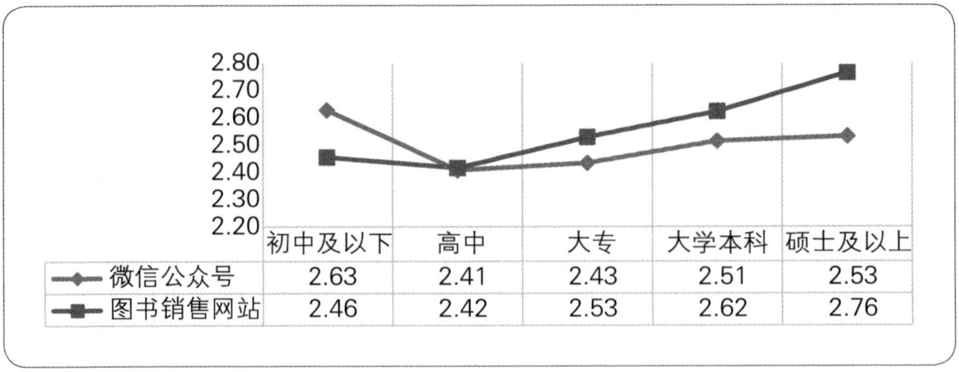

图 2.22 学历对获取图书信息渠道的影响（选取部分代表性）

4. 地域对购书信息获取的影响

总体来说，网民主要通过图书销售网站、畅销书排行榜、周围人推荐和微信公众号获取图书信息。但进一步的调查分析表明，不同地域的网民在图书信息获取渠道的选择上仍存在差异，西北地区网民主要从微信公众号获取图书信息，而华北地区网民更热衷于通过周围人推荐获取图书信息（详见图 2.23）。

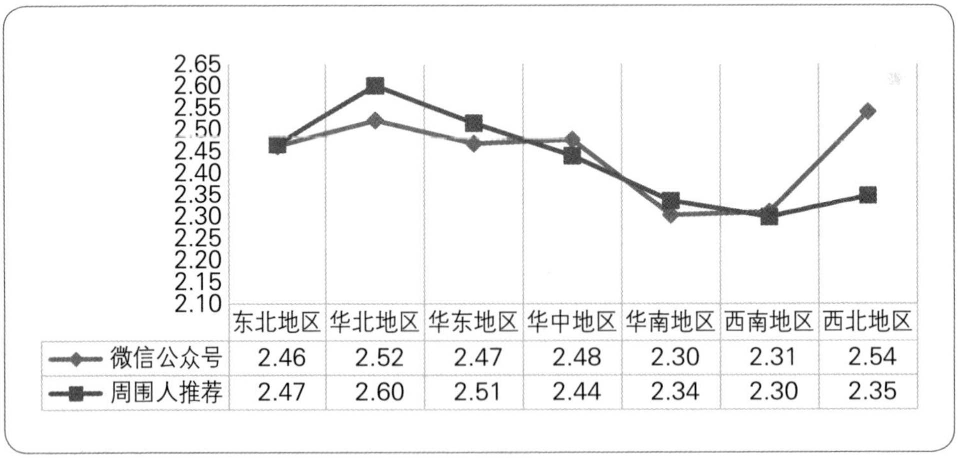

图 2.23 地域对获取图书信息渠道的影响（选取部分代表性）

第三节　结论

综上所述，根据数据分析可以得出以下结论：首先，网民的图书购买量要稍低于阅读量。本次调查在问卷中为网民设置了 9 项图书阅读与图书购买数量区间，最终分析结果显示读者的图书购买指数（9.99）小于图书阅读指数（12.03）。这表明网民在图书购买和阅读选择上，更倾向于阅读而非直接购买，也就是说网民愿意为阅读买单的意愿较低。

其次，从图书阅读上来看，虽然阅读量不够高，但网民总体阅读人数较多，女性在一年内的阅读图书数目比男性多。在所有的类别中，文学类是阅读最多的图书类型；从图书购买上来看，不同性别、年龄在购书数目上差异不大，硕士及以上群体购书较多，各类型图书中，文学类、少儿类、社科类购买最多。既然有阅读习惯和阅读需求，网民为什么不爱买书？究其原因，一方面在于中国人对图书的版权意识不强，能在网络上找到免费资源的就不愿意再花钱去购买书籍。另一方面在于出版社出版的图书无法吸引读者购买，以前我们读书是为了获得知识，现在我们读书可能是因为一种潮流或修养，甚至是一种生活态度。图书产品并非吃穿用等刚性需求，只有满足消费者的个性化需求，人们才会心甘情愿为图书花费。因此出版社要充分发挥图书作为商品的产业效应，以获取更大的经济价值，从而实现社会和经济两方面的整体效益。如今人们物质生活水平不断提高，图书购买力并不弱，这就要求出版社与时俱进、不断创新，给消费者一个非买不可的理由。

第三章
对图书功能的认知

作为文明传承的重要载体，图书在人们的生活、工作中扮演着重要的角色，读者通过阅读图书可以获取知识，提升自我，陶冶情操，增长才干。随着图书类型逐渐丰富，图书功能也愈加多样。网民对图书功能如何认知，是考察其评价“好书”的一个重要维度。

第一节　对图书功能的整体认知

本次调查按照一般图书功能把图书功能分为 9 类，即消遣娱乐、缓解压力、修身养性、指导人生、获取信息、了解社会、学习知识、辅助工作、获得谈资。对每一种图书功能的认知均有“没有”“一些”“很多”三种程度可供网民选择。其中，“没有”代表受访者认为图书不具有该种功能，“一些”代表网民认为图书具有一些该种功能，“很多”代表网民认为图书的该种功能极为明显。

一、高度认同的图书功能

“学习知识”和“修身养性”，是网民高度认同的图书功能。数据显示，在“没有”“一些”“很多”三种认知选择中，网民对“学习知识”与“修身养性”这两种图书功能的认同所占比例最高，分别占比 89.62% 和 89.03%。其次，消遣娱乐占比 87.63%，获取信息占比 86.81%（详见图 3.1）。

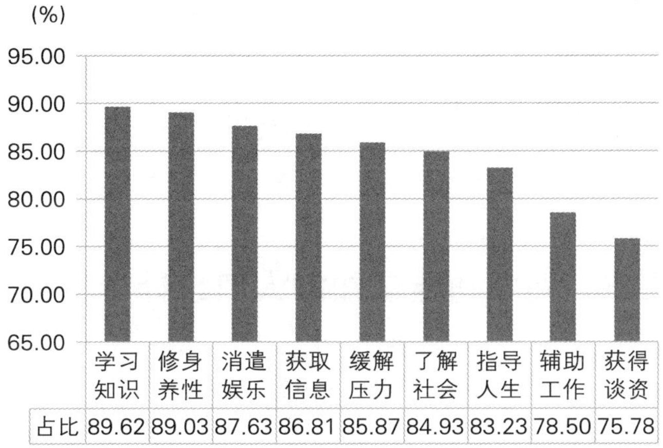

图 3.1　网民对图书功能的认同度

二、高度认同度最低的图书功能

“很多”选项代表网民认为图书的该种功能极为明显，即对图书的该项功能有着高度认同。因此可以通过统计选择“很多”的网民比例来反映其对图书功能的高度认同情况。网民对图书“获得谈资”这方面功能的高度认同度最低，占比仅为 12.98%（详见图 3.2）。

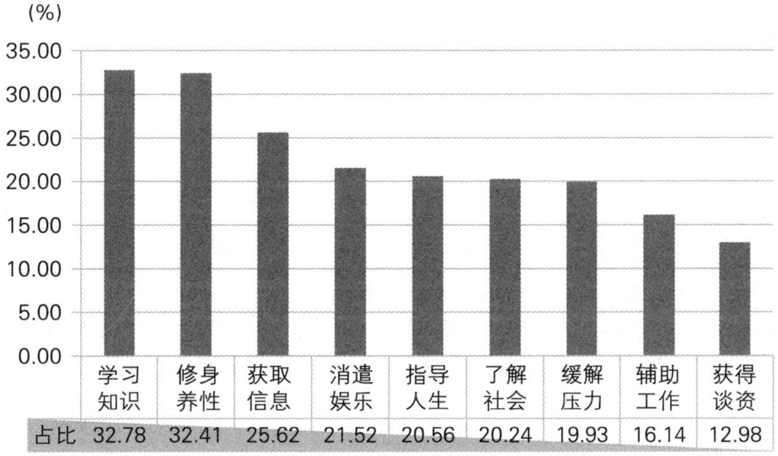

图 3.2　网民对图书功能的高度认同

相较于报纸、杂志、网站、社交媒体等媒介，图书是人类智慧、知识的结晶，内容更为严肃、科学、客观、正确，主题更为深邃，更适合人们学习知识，陶冶情操。图书时效性差，在与社会热点的吻合度上往往滞后，因而成为人们八卦、谈资内容的要少一些。

第二节　图书功能认知的人口统计学特征分析

调查结果显示，不同性别、年龄、文化水平、收入的网民对图书功能的认知有不同程度的差异。

一、不同性别对图书功能认知存在差异

调查数据显示，男性网民对图书了解社会和辅助工作功能的认可度高于女性，女性受访者对图书消遣娱乐、缓解压力、修身养性、指导人生、获得谈资功能的认可度高于男性（详见图 3.3）。

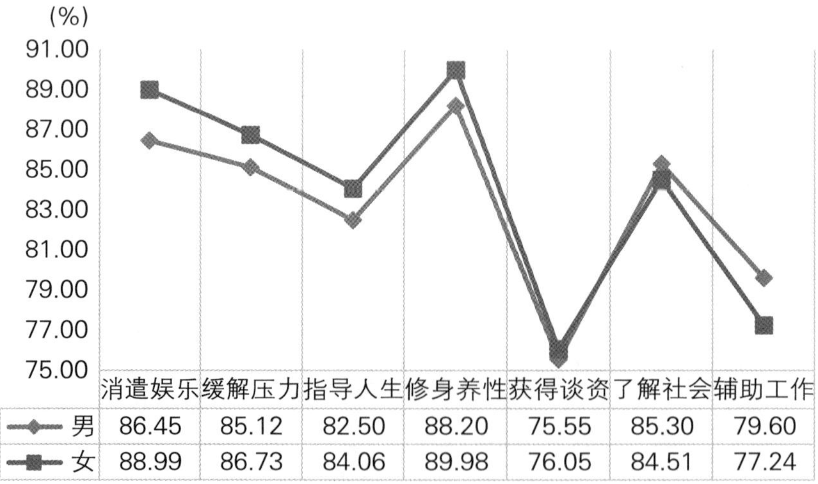

	消遣娱乐	缓解压力	指导人生	修身养性	获得谈资	了解社会	辅助工作
男	86.45	85.12	82.50	88.20	75.55	85.30	79.60
女	88.99	86.73	84.06	89.98	76.05	84.51	77.24

图 3.3　不同性别网民对图书功能的认知（选取部分代表性）

二、不同年龄对图书功能认知存在差异

从年龄上看，不同年龄的网民对图书功能认知略有差异。首先，25 岁及以下网民最看重图书消遣娱乐的功能；其次，是修身养性，缓解压力和指导人生并列；再次，其他年龄段网民都将修身养性作为图书的首要功能，其中，46—55 岁网民认同程度最高（详见图 3.4）。

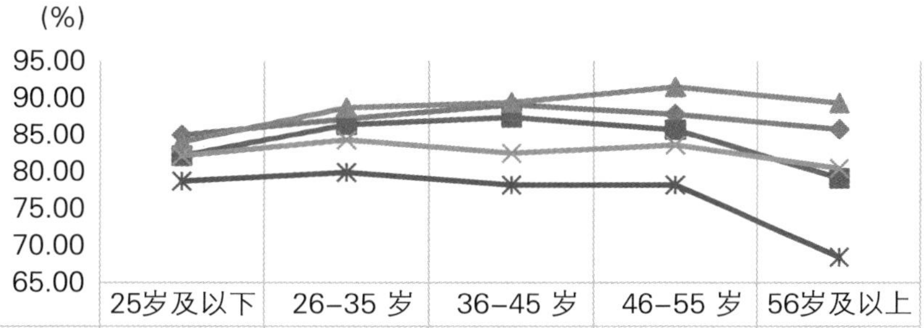

	25岁及以下	26-35 岁	36-45 岁	46-55 岁	56岁及以上
消遣娱乐	84.98	87.20	89.10	87.80	85.78
缓解压力	82.13	86.40	87.40	85.70	79.11
修身养性	84.03	88.70	89.40	91.50	89.33
指导人生	82.13	84.30	82.50	83.60	80.44
辅助工作	78.71	79.90	78.20	78.20	68.44

图 3.4　不同年龄网民对图书功能的认知（选取部分代表性）

三、不同学历对图书功能认知存在差异

通过统计数据发现，网民的文化程度不同，对于图书功能的认知也会产生差异。在所有调查对象中，大学本科学历的网民对图书消遣娱乐、缓解压力、辅助工作、获得谈资的功能认可度最高（详见图 3.5）。值得注意的是，就获取信息、了解社会、学习知识这三个图书功能而言，文化程度高的网民其认可度整体高于文化程度低的网民，硕士及以上学历受访者认可度最高（详见图 3.6）。

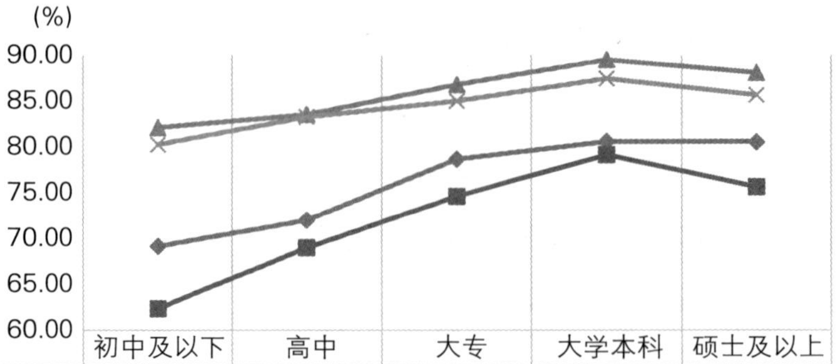

	初中及以下	高中	大专	大学本科	硕士及以上
辅助工作	69.14	71.99	78.65	80.56	80.49
获得谈资	62.35	68.98	74.59	79.13	75.61
消遣娱乐	82.10	83.51	86.77	89.49	88.05
缓解压力	80.25	83.25	84.98	87.42	85.61

图 3.5　不同学历网民图书功能认知

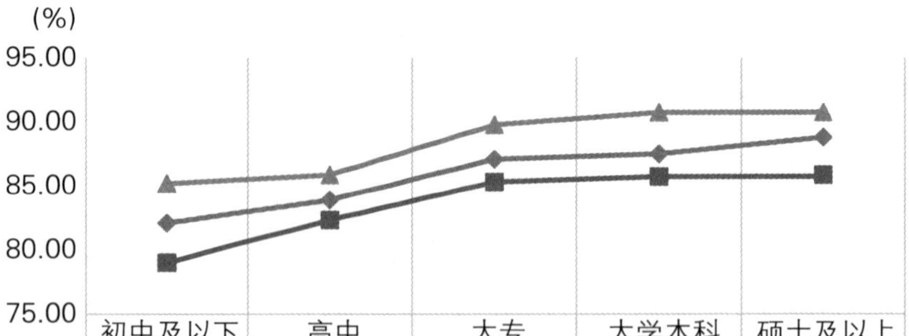

	初中及以下	高中	大专	大学本科	硕士及以上
获取信息	82.10	83.90	87.09	87.50	88.78
了解社会	79.01	82.33	85.31	85.73	85.85
学习知识	85.19	85.86	89.77	90.73	90.73

图 3.6　不同学历网民图书功能认知

四、不同收入对图书功能认知存在差异

通过对数据进行整理可以发现，不同收入对图书认知功能的影响不同。在所有收入群体中，月收入在 2001—5000 元区间的网民对图书的缓解压力功能和学习知识功能的认同度最高（详见图 3.7）。

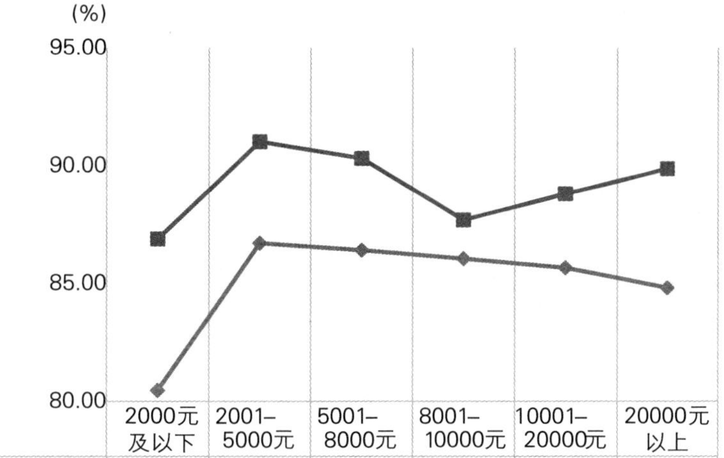

	2000元及以下	2001–5000元	5001–8000元	8001–10000元	10001–20000元	20000元以上
缓解压力	80.46	86.71	86.41	86.05	85.66	84.81
学习知识	86.89	91.02	90.31	87.69	88.80	89.87

图 3.7　不同收入网民对图书功能认知

月收入在 8001–10000 元区间的网民，则对图书的消遣娱乐、指导人生、了解社会功能的认同度最高（详见图 3.8）。

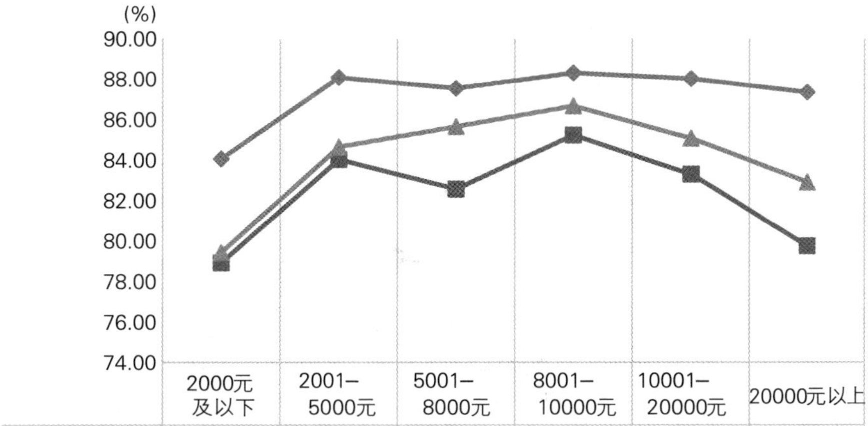

	2000元及以下	2001–5000元	5001–8000元	8001–10000元	10001–20000元	20000元以上
消遣娱乐	84.06	88.08	87.54	88.31	88.02	87.34
指导人生	78.92	84.03	82.57	85.23	83.30	79.75
了解社会	79.43	84.65	85.65	86.67	85.07	82.91

图 3.8　不同收入网民对图书功能认知

月收入在 10001—20000 元区间的网民，对图书的获取信息和获得谈资功能的认同度最高（详见图 3.9）。

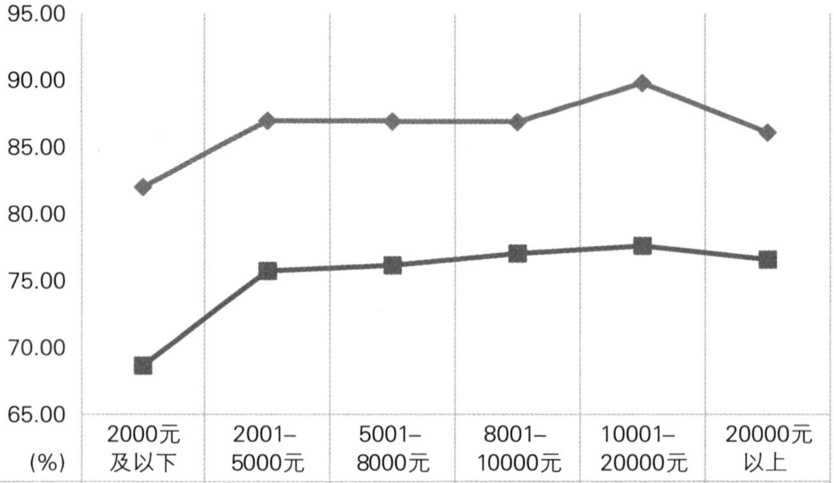

	2000元及以下	2001–5000元	5001–8000元	8001–10000元	10001–20000元	20000元以上
获取信息	82.01	86.96	86.91	86.87	89.78	86.08
获得谈资	68.64	75.73	76.15	77.03	77.60	76.58

图 3.9　不同收入网民对图书功能认知

月收入在 20000 元以上的网民，则对图书的修身养性功能和辅助工作功能的认同度最高（详见 3.10）。

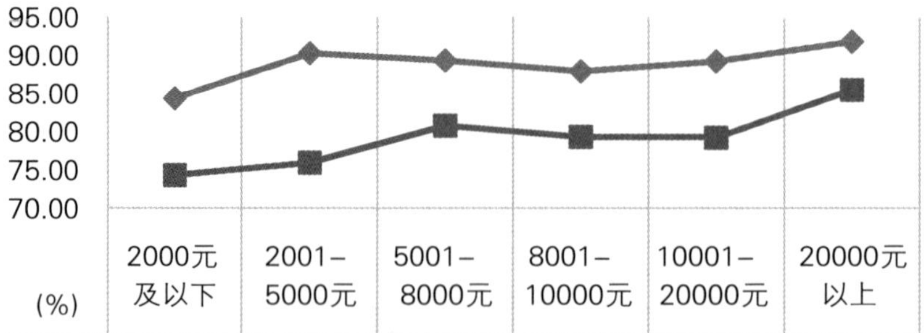

	2000元及以下	2001–5000元	5001–8000元	8001–10000元	10001–20000元	20000元以上
修身养性	84.32	90.27	89.30	87.90	89.19	91.77
辅助工作	74.29	75.92	80.74	79.28	79.17	85.44

图 3.10　不同收入网民对图书功能认知

第三节　不同人口特征对图书功能的高度认同情况

通过统计网民选择“很多”的占比情况，可以反映网民对图书功能的高度认同情况。

一、不同性别对图书功能的高度认同情况

通过数据统计发现，女性网民对 9 种图书功能的高度认同比重均高于男性网民。女性网民对“修身养性”这种图书功能的高度认同所占比例最高，其次为“学习知识”。而男性网民对“学习知识”这种图书功能的高度认同所占比例则最高，其次为“修身养性”（详见图 3.11）。

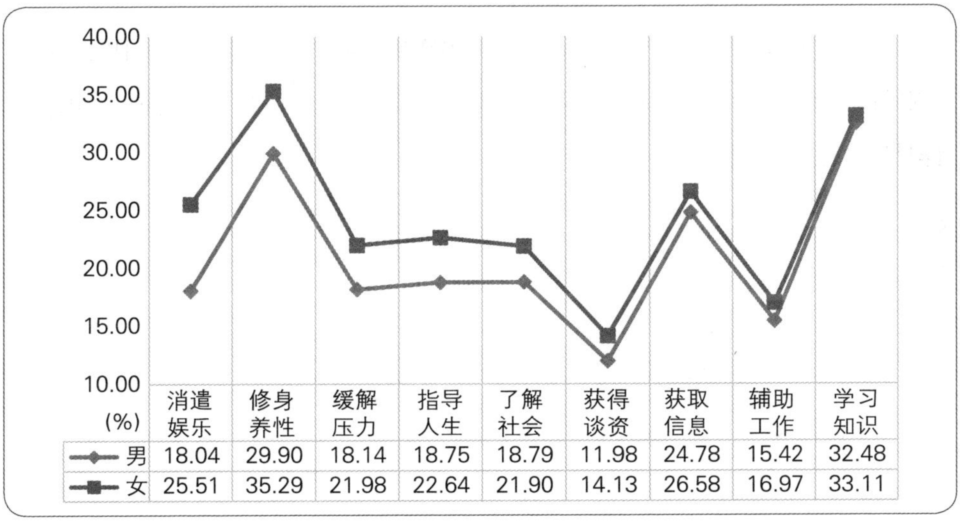

(%)	消遣娱乐	修身养性	缓解压力	指导人生	了解社会	获得谈资	获取信息	辅助工作	学习知识
男	18.04	29.90	18.14	18.75	18.79	11.98	24.78	15.42	32.48
女	25.51	35.29	21.98	22.64	21.90	14.13	26.58	16.97	33.11

图 3.11　不同性别网民对图书功能的高度认同

二、不同年龄对图书功能的高度认同情况

调查数据显示，25 岁及以下网民对指导人生、缓解压力、辅助工作三种图书功能的高度认同所占比重最高（详见图 3.12）。

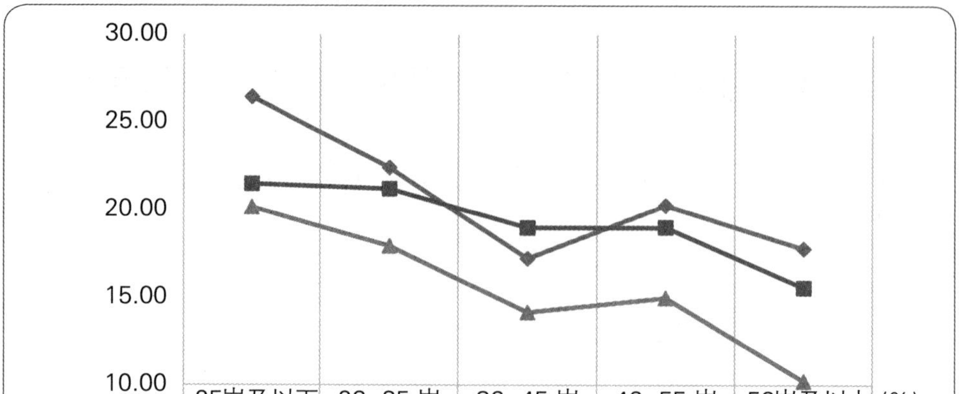

	25岁及以下	26–35 岁	36–45 岁	46–55 岁	56岁及以上 (%)
指导人生	26.43	22.41	17.22	20.25	17.78
缓解压力	21.48	21.20	18.98	19.00	15.56
辅助工作	20.15	17.93	14.16	14.98	10.22

图 3.12　不同年龄网民对图书功能的高度认同

46—55 岁受访者对“消遣娱乐”这种图书功能的高度认同所占比重最高；56 岁及以上受访者对“修身养性”这种图书功能的高度认同所占比重最高（详见图 3.13）。

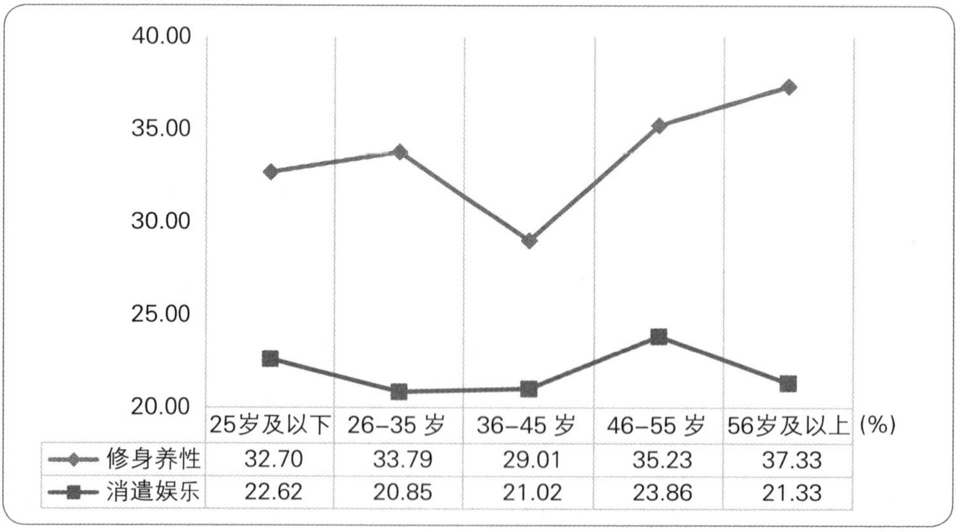

	25岁及以下	26–35 岁	36–45 岁	46–55 岁	56岁及以上 (%)
修身养性	32.70	33.79	29.01	35.23	37.33
消遣娱乐	22.62	20.85	21.02	23.86	21.33

图 3.13　不同年龄网民对图书功能的高度认同

三、不同学历对图书功能的高度认同情况

调查数据显示，硕士以上文化程度的网民对 9 种图书功能的高度认同所占比重均为最高，大学本科文化程度的受访者对 9 种图书功能的高度认同所占比重次之（详见图 3.14 和图 3.15）。

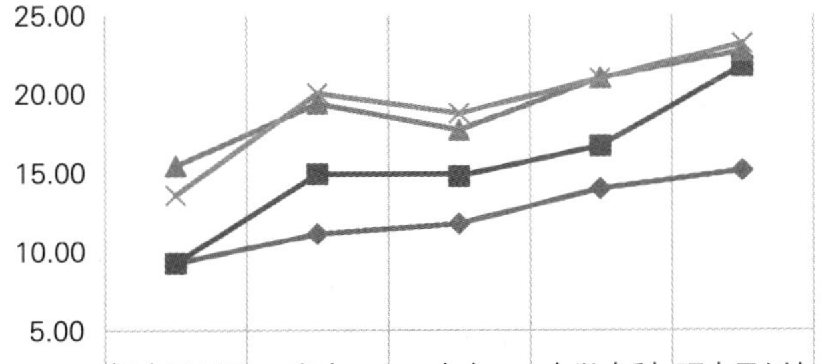

	初中及以下	高中	大专	大学本科	硕士及以上	
获得谈资	9.26	11.13	11.77	13.97	15.12	(%)
辅助工作	9.26	14.92	14.77	16.69	21.71	
缓解压力	15.43	19.37	17.69	20.98	22.68	
了解社会	13.58	20.03	18.75	20.94	23.17	

图 3.14　不同学历网民对图书功能的高度认同

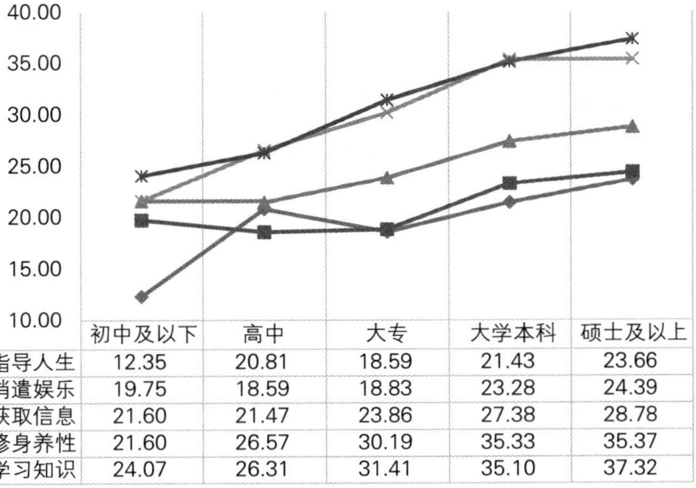

	初中及以下	高中	大专	大学本科	硕士及以上	
指导人生	12.35	20.81	18.59	21.43	23.66	(%)
消遣娱乐	19.75	18.59	18.83	23.28	24.39	
获取信息	21.60	21.47	23.86	27.38	28.78	
修身养性	21.60	26.57	30.19	35.33	35.37	
学习知识	24.07	26.31	31.41	35.10	37.32	

图 3.15　不同学历网民对图书功能的高度认同

四、不同收入对图书功能的高度认同情况

通过数据统计发现，月收入为10001—20000元区间的网民对“修身养性”“消遣娱乐”“指导人生”这3种图书功能的高度认同所占比重最高（详见图3.16）。

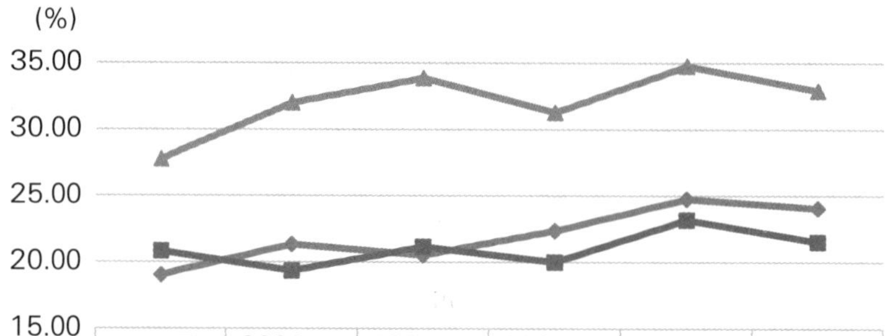

	2000元及以下	2001–5000元	5001–8000元	8001–10000元	10001–20000元	20000元以上
消遣娱乐	19.02	21.33	20.52	22.36	24.75	24.05
指导人生	20.82	19.34	21.15	20.00	23.18	21.52
修身养性	27.76	32.00	33.86	31.28	34.77	32.91

图3.16 不同收入网民对图书功能的高度认同

月收入为20000元以上的网民对“学习知识”“获取信息”“缓解压力”“辅助工作”“获得谈资”这5种图书功能的高度认同所占比重最高（详见图3.17）。

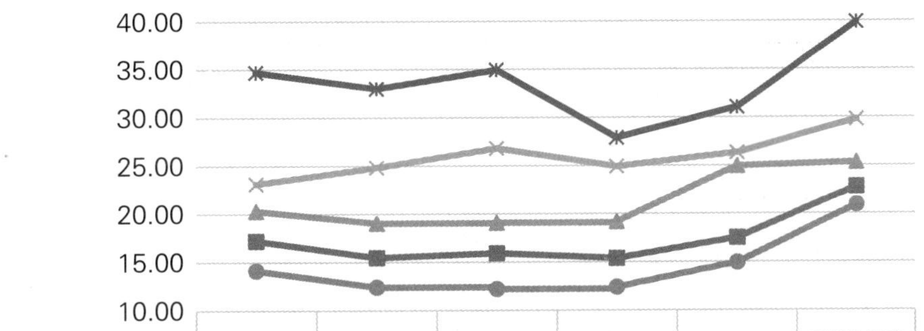

(%)	2000元及以下	2001–5000元	5001–8000元	8001–10000元	10001–20000元	20000元以上
获得谈资	14.14	12.41	12.21	12.41	14.93	20.89
辅助工作	17.22	15.47	15.92	15.38	17.49	22.78
缓解压力	20.31	19.03	19.07	19.18	24.95	25.32
获取信息	23.14	24.83	26.81	24.92	26.33	29.75
学习知识	34.70	33.00	34.93	27.90	31.04	39.87

图 3.17　不同收入网民对图书功能的高度认同

第四节　不同类型的图书阅读与图书功能认知

为考察网民对各类图书的阅读行为是否与其图书功能认知相关，故而对网民对不同类型图书的阅读与图书功能认知进行了皮尔森相关分析（详见表 3.1）。

表 3.1　不同类型图书阅读与图书功能认知的相关性

	文学类	科技类	社科类	少儿类	生活类	教育类
消遣娱乐	.123**					
缓解压力	.119**	.057**	.055**	.043**	.066**	.049**
修身养性					.039**	
指导人生	.034*	.067**	.075**	.048**	.089**	.087**

续表

	文学类	科技类	社科类	少儿类	生活类	教育类
获取信息		.067**	.052**		.065**	.073**
了解社会	.047**	.083**	.105**	.047**	.108**	.096**
学习知识	-.052**		-.031*	-.057**		
辅助工作		.118**	.105**	.061**	.103**	.131**
获得谈资	.030*	.043**	.038**		.048**	.036*

*. 在 0.05 水平（双侧）上显著相关。

**. 在 .01 水平（双侧）上显著相关。

分析结果显示，就一些图书类别而言，图书的阅读同网民对图书功能的认知存在密切相关性：网民阅读文学类图书与其对图书的消遣娱乐、缓解压力、指导人生、了解社会、获得谈资功能认同有显著的正相关关系，与图书的学习知识功能认同有显著的负相关关系；网民阅读科技类图书与其对图书的缓解压力、指导人生、获取信息、了解社会、辅助工作、获得谈资功能认同有显著的正相关关系；网民阅读社科类图书与其对图书的缓解压力、指导人生、获取信息、了解社会、辅助工作、获得谈资功能认同有显著的正相关关系，与图书的学习知识功能认同有显著的负相关关系；网民阅读少儿类图书与其对图书缓解压力、指导人生、了解社会、辅助工作的功能认同有显著的正相关关系，与其对学习知识的功能认同有显著的负相关关系；网民阅读生活类图书与其对图书缓解压力、修身养性、指导人生、获取信息、了解社会、辅助工作、获得谈资的功能认同有显著的正相关关系；网民阅读教育类图书与其对图书缓解压力、指导人生、获取信息、了解社会、辅助工作、获得谈资的功能认同有显著的正相关关系。

第五节　结论

综上所述，首先，就图书功能来看，网民对图书学习知识、修身养性的功能认可度最高。阅读不仅可以获取信息、修身养性，还可以辅助工作、指导人生。随着图书种类不断丰富，图书功能也越发多样。当网民被问到阅读会给生活带来哪些益处时，近九成的人一致认为通过阅读他们获得了知识，而且读书有利于修身养性。相比较而言，网民对图书“获得谈资”“辅助工作”等功能的认可度则较低。古人云：“立身以立学为先，立学以读书为本。”自古以来，读书就被认为具有修身养性的功能。现如今，图书“修身养性”的功能仍被多数人认可，这表明人们在阅读时不仅仅希望增长知识，更希望图书潜移默化地改造思想、加强修养。

其次，不同性别、年龄、文化程度、收入水平的网民对图书功能认知有所不同。男性网民对图书辅助工作和了解社会功能的认可度高于女性，女性网民则对图书消遣娱乐、缓解压力、修身养性、指导人生、获得谈资功能的认可度高于男性；相比其他年龄段人群，26—35 岁年龄段的网民对图书指导人生和辅助工作功能认可度最高，36—45 岁年龄段的网民对图书的消遣娱乐功能和缓解压力功能认可度最高，46—55 岁年龄段的网民对图书修身养性功能认可度最高；就获取信息、了解社会、学习知识这三个图书功能而言，文化程度高的网民其认可度整体高于文化程度低的，硕士及以上学历者认可度最高；收入越高的网民越认同图书修身养性的功能。

最后，值得注意的是，图书的阅读同网民对图书功能的认知存在显著相关性，阅读生活类图书的网民对图书的修身养性和获取信息功能认同度高，阅读文学类图书的网民则对图书的消遣娱乐功能认同度高，阅读科技类图书、社科类图书、教育类图书的网民对图书的获取信息功能认同度高。

第四章
好书评价标准

什么样的书是“好书”？不可否认，认定好书，各种图书奖的推荐评选是一个重要途径。尽管范围有别、标准不一，但一个作家、一部图书一旦入选一个重要奖项，即会受到读者高度关注，的确是一个不争的事实。那么，图书奖项入选图书，是否就是网民心目中的好书呢？网民在评判书籍质量时更看重哪些标准？基于此，本研究展开了相关调查，并进行了数据统计和相关分析。该调查结果，将有助于出版机构更加精准地把握书籍特性，有针对性地出版好书，从数量、质量等方面全面满足读者对于阅读品质的多重需求。

第一节 “读者评价高”是评判好书的第一标准

本次调查在问卷中设置了 14 项好书的评判标准，分别是：价格低廉、装帧质量好、社会影响大、获得奖项多、专家评价高、读者评价高、图书思想性强、图书艺术性强、图书指导性强、图书实用性强、图书娱乐性强、作者知名度高、出版社口碑好以及名列畅销书排行榜。统计数据显示，“读者评价高”是评判好书的第一标准，平均分为 3.69，其次是“图书实用性强”和“图书思想性强”，均分分别为 3.63 和 3.60。排名最后的三项为“获得奖项多”、“专家评价高”和“作者知名度高”，均分为 3.14、3.14、3.18（详见图 4.1）。

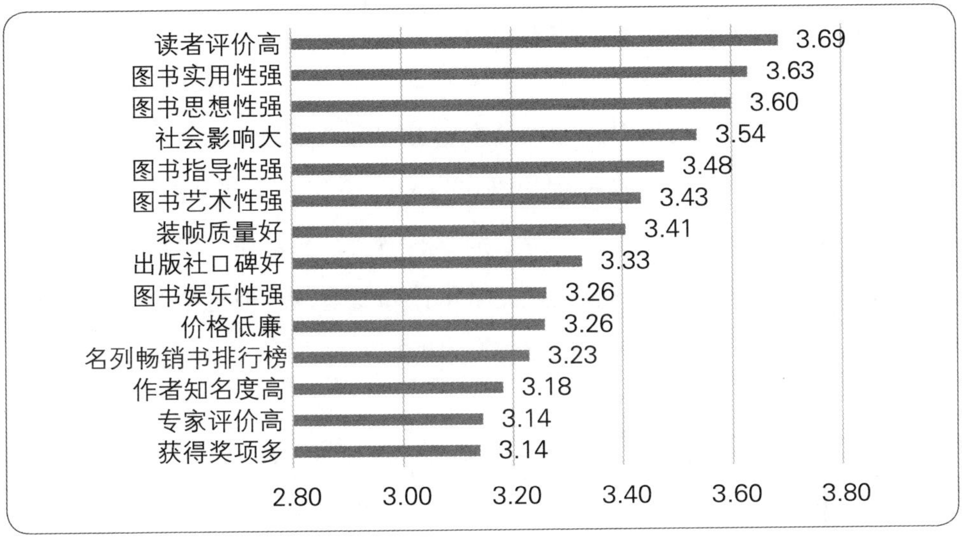

图 4.1　对好书标准的评判均分

可见，在好书标准的评判中，网民更关注图书的读者口碑和功能特性。相比之下，获得奖项、专家评价等较专业性的评判标准反而不是网民认为好书标准的重要因素。之所以“读者评价高”和“专家评价高”会成为网民对于好书标准评价排序的两个极端，很大程度上可能是由于中国当代文化形态的两种重要模式——大众文化和精英文化之间的博弈和对抗造成的。大众文化，就是现代社会中普通民众的生活方式。刘自雄、闫玉刚在《大众文化通论》中将大众文化定义为：“工业化、城市化、市场化社会中为民众普遍生产，并为普通民众所参加和消费的一切物质、符号、观念和活动。”① 认为精英文化是与大众文化等文化形态相对立而产生的文化现象。精英文化的主体多是专业知识分子，他们对若干专业领域了解深入，并且对理论学说有独立见解和判断能力。他们关注的主要是社会问题，主要以专业学术刊物以及少数大众媒体为话语平台，表达自己的主张和意见。② 由于精英文化和大众文化

①② 刘自雄，闫玉刚．大众文化通论 [M]. 北京：中国广播电视出版社，2007 (16).

在利益诉求和关注主体上有所差别，因此两者间往往存在着较大的鸿沟和冲突。“读者评价”来源于大众文化，从普通民众中产生，与普通民众有着天然的亲近性，又潜移默化地对普通民众产生着影响，容易使网民产生一种“大家都爱读”的认同心理，从而促使网民也去购买和阅读此类图书。“专家评价”无疑属于一种精英文化。由专家推荐的书籍，通常在价值观上趋向于权威性与社会性，在内容上具有更强的学术性和专业性。但这些标准，往往不是网民阅读（购买）图书时所考虑的第一因素。

第二节　人口统计学与好书标准分析

为考察不同年龄段网民对好书标准的评价是否存在差异，本次调查分析将年龄与好书标准之间进行了 Pearson 相关分析。

一、不同年龄对于好书标准的认知存在差异

结果显示，不同年龄段和好书标准评价之间存在显著性差异（0.000<0.01），相关系数为 0.064，为弱正相关。调查数据显示，25 岁及以下网民对好书标准的认知程度最低，均分为 3.25。在“25 岁及以下”低年龄段至“46—55 岁”前各年龄段网民中，年龄越高，对好书标准的认知程度越高；46—55 岁年龄段网民对好书标准的认知程度最高，均分为 3.45；而 56 岁以上年龄段网民对好书标准的认知程度较低。这可能是由于 25 岁及以下网民年纪较小，所阅读的图书有限，因此认知程度最低；而 56 岁以上网民出生于 20 世纪 60 年代之前，由于历史的原因，在接受教育方面大都略有缺失，之后伴随年纪渐长对书籍知识的需求下降，因此对好书标准的认知程度有限（详见表 4.1）。

表 4.1　不同年龄对于好书标准的认知均分

好书标准			
年龄	平均值	个案数	标准差
25 岁及以下	3.25	526	.71577
26—35 岁	3.37	1986	.61361
36—45 岁	3.40	1765	.58823
46—55 岁	3.45	721	.59174
56 岁及以上	3.38	225	.63468
总计	3.38	5223	.61613

调查数据显示，不同年龄段网民对好书标准的评判不同。25 岁及以下网民最看重图书的思想性，均分为 3.53；26—55 岁网民最看重读者评价；56 岁及以上网民更看重图书实用性，均分为 3.75。这大概是由于 25 岁及以下网民年龄较小，世界观、人生观、价值观正在形成中，因此在对图书的需求上更注重其思想性；而 56 岁以上网民更关注诸如健康养生、子女教育等实用类图书（详见表 4.2 和图 4.2）。

表 4.2　不同年龄段网民认为的好书标准

年龄	价格低廉	装帧质量好	社会影响大	获得奖项多	专家评价高	读者评价高	图书思想性强	图书艺术性强	图书指导性强	图书实用性强	图书娱乐性强	作者知名度高	出版社口碑好	名列畅销书排行榜
25 岁及以下	3.13	3.33	3.46	2.99	3.03	3.50	3.53	3.34	3.45	3.45	3.08	3.01	3.11	3.05
26—35 岁	3.23	3.38	3.52	3.15	3.18	3.65	3.61	3.39	3.49	3.63	3.26	3.19	3.32	3.23

续表

年龄	价格低廉	装帧质量好	社会影响大	获得奖项多	专家评价高	读者评价高	图书思想性强	图书艺术性强	图书指导性强	图书实用性强	图书娱乐性强	作者知名度高	出版社口碑好	名列畅销书排行榜
36—45岁	3.29	3.45	3.54	3.17	3.16	3.71	3.59	3.44	3.45	3.62	3.30	3.21	3.36	3.25
46—55岁	3.34	3.45	3.63	3.15	3.13	3.82	3.66	3.57	3.52	3.74	3.30	3.26	3.42	3.32
56岁及以上	3.31	3.32	3.61	3.12	3.04	3.73	3.55	3.55	3.41	3.75	3.28	3.12	3.31	3.22
总计	3.26	3.41	3.54	3.14	3.14	3.69	3.60	3.43	3.48	3.63	3.26	3.18	3.33	3.23

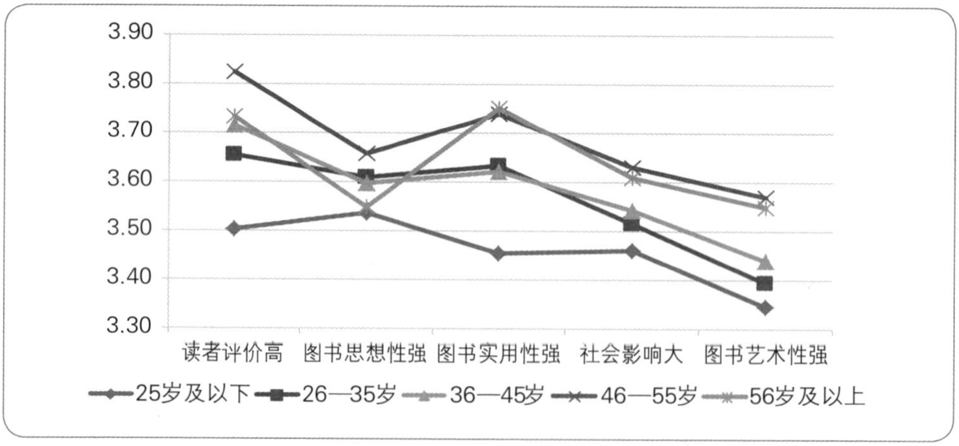

图 4.2　不同年龄段网民认为的好书标准（选取部分代表性）

二、不同学历对于好书标准的认知存在差异

为考察不同学历是否会造成对好书标准的认知不同，本调查将学历与好书标准进行了 Pearson 相关性分析。调查结果显示，学历与好书标准的评价之

间有显著性差异（0.000<0.01），相关系数为 0.126，为弱正相关。初中及以下学历对于好书标准的认知度最低，均分为 3.10；大学本科学历对于好书标准的认知度最高，为 3.45（详见表 4.3）。

表 4.3　不同学历对好书标准的认知均分

好书标准			
学历	平均值	个案数	标准差
初中及以下	3.10	162	.82198
高中	3.25	764	.65666
大专	3.34	1232	.59369
大学本科	3.45	2655	.58289
硕士及以上	3.38	410	.64211
总计	3.38	5223	.61613

调查数据显示，不同学历对好书的评判标准存在差异。初中及以下学历网民更看重“图书思想性强”作为好书的第一标准；高中学历网民看重“读者评价高”和“图书实用性强”；大专、本科、硕士及以上学历网民更看重“读者评价高”（详见表 4.4 和图 4.3）。

表 4.4　不同学历认为的好书标准

	平均值													
学历	价格低廉	装帧质量好	社会影响大	获得奖项多	专家评价高	读者评价高	图书思想性强	图书艺术性强	图书指导性强	图书实用性强	图书娱乐性强	作者知名度高	出版社口碑好	名列畅销书排行榜
初中及以下	3.14	3.16	3.31	3.02	3.02	3.29	3.30	3.13	3.14	3.23	2.96	3.01	2.86	2.77
高中	3.18	3.23	3.41	3.04	3.05	3.50	3.42	3.29	3.34	3.50	3.20	3.11	3.17	3.09
大专	3.23	3.33	3.47	3.12	3.10	3.66	3.55	3.41	3.45	3.60	3.27	3.14	3.27	3.18

续表

学历	平均值													
	价格低廉	装帧质量好	社会影响大	获得奖项多	专家评价高	读者评价高	图书思想性强	图书艺术性强	图书指导性强	图书实用性强	图书娱乐性强	作者知名度高	出版社口碑好	名列畅销书排行榜
大学本科	3.29	3.50	3.62	3.19	3.20	3.78	3.69	3.51	3.55	3.70	3.30	3.23	3.42	3.32
硕士及以上	3.34	3.45	3.52	3.12	3.17	3.69	3.62	3.42	3.48	3.61	3.22	3.19	3.33	3.21
总计	3.26	3.41	3.54	3.14	3.14	3.69	3.60	3.43	3.48	3.63	3.26	3.18	3.33	3.23

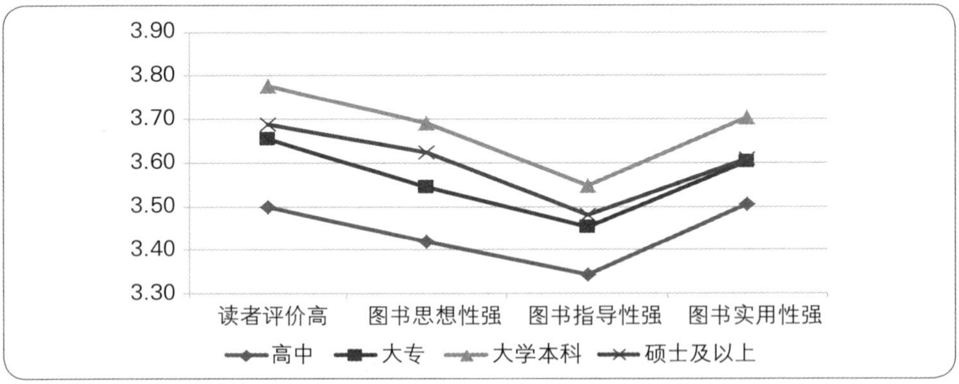

图 4.3　不同学历认为的好书标准（选取部分代表性）

三、不影响好书标准评价的因素

调查结果显示，性别、收入、职业、地域差异不是影响好书标准评价的因素。

在好书标准的评价中，男性与女性普遍认为好书的前三个标准为“读者评价高”“图书实用性强”“图书思想性强”，两者之间没有明显差异（详见图 4.4）；不同收入群体网民和不同职业网民对好书标准的评判基本无差异。

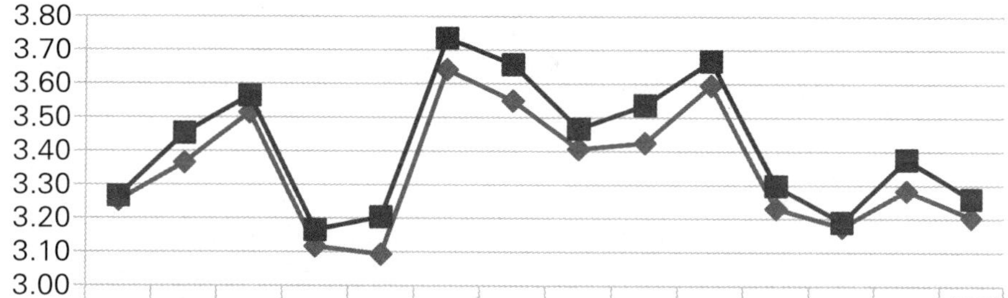

	价格低廉	装帧质量好	社会影响大	获得奖项多	专家评价高	读者评价高	图书思想性强	图书艺术性强	图书指导性强	图书实用性强	图书娱乐性强	作者知名度高	出版社口碑好	名列畅销书排行榜
男	3.25	3.37	3.51	3.12	3.09	3.64	3.55	3.41	3.42	3.60	3.23	3.17	3.28	3.20
女	3.27	3.45	3.56	3.17	3.20	3.74	3.66	3.47	3.54	3.67	3.30	3.19	3.38	3.26

图 4.4　不同性别所认为的好书标准

在地域上，本次调查研究对比了居住在北京、上海、湖南、江苏四地的网民所认为的好书标准，得出结论：居住地在上海的网民对好书标准的平均认知最高，均分为 3.50；其次是北京和江苏，均分分别为 3.45 和 3.42；湖南最低，均分为 3.21（详见图 4.5）。但四地网民对于好书标准的评判基本无差异，“读者评价高”仍为好书评判的第一标准（详见图 4.6）。

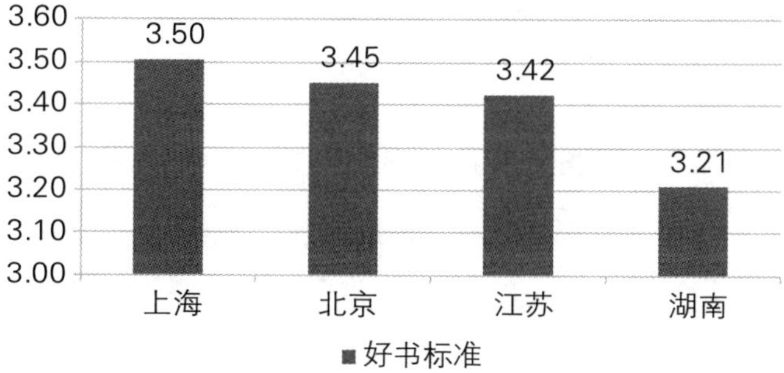

图 4.5　四地对好书标准的平均

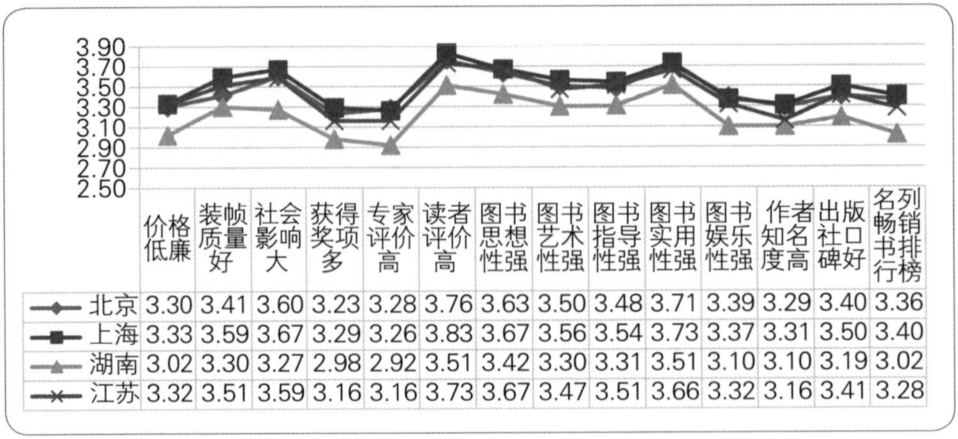

图 4.6 四地所认为的好书标准评判

第三节 信息渠道对好书标准认知的影响

为考察获取图书信息渠道不同是否会造成对好书标准的认知不同，本调查将获取信息渠道与好书标准进行了 Pearson 相关性分析。调查结果显示，总体来说，获取图书信息的程度与好书标准的认知程度存在显著性差异（0.000<0.01），相关系数为 0.183，为弱正相关。之后对获取图书信息的各个渠道与好书标准进行了 Pearson 相关性分析，均为正相关（详见表 4.5）。即获取图书信息的程度越高，对好书标准的认知程度就可能越高（详见图 4.7）。

表 4.5 获取图书各种渠道与好书标准的相关性

		微博	书载广告	微信公众号	周围人推荐	实体书店推荐	图书销售网站
好书标准	Pearson 相关性	.086**	.062**	.162**	.168**	.168**	.203**
	显著性	.000	.000	.000	.000	.000	.000

续表

		畅销书排行榜	出版社自建网站	图书出版人推荐	单位学校推荐	图书获奖信息公布	报纸电视广播推荐
好书标准	Pearson 相关性	.234**	.072**	.051**	.110**	.115**	.145**
	显著性	.000	.000	.000	.000	.000	.000
**. 在 0.01 级别（双尾），相关性显著							

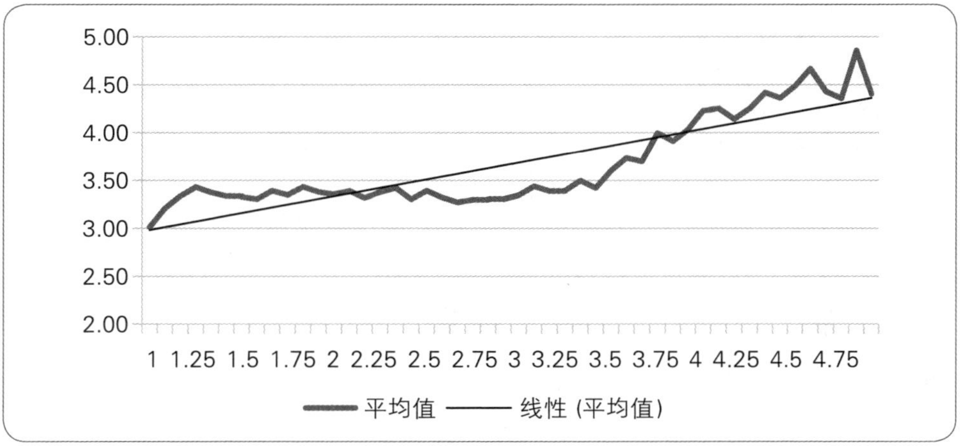

图 4.7　获取图书信息程度与好书标准的关系

调查结果显示，获取图书信息渠道不同对好书标准的认知不同。更倾向于从微信公众号、周围人推荐、单位学校推荐以及获奖信息公布来获取图书信息的网民认为好书的第一标准是“图书实用性强”；更倾向于从出版社自建网站以及图书出版人推荐获取图书信息的网民认为好书的第一标准是“图书指导性强”；更倾向于从微博、实体书店、网上销售网站、畅销书排行榜、报纸电视广播推荐等渠道获取图书信息的网民认为好书的第一标准是“读者评价高”；更倾向于从书载广告获取信息的网民认为“出版社口碑好”是第一标准（详见表 4.6）。

表 4.6　获取图书途径与好书标准认知

	价格低廉	装帧质量好	社会影响大	获得奖项多	专家评价高	读者评价高	图书思想性强	图书艺术性强	图书指导性强	图书实用性强	图书娱乐性强	作者知名度高	出版社口碑好	畅销书排行榜
微博	3.58	3.78	3.88	3.74	3.73	4.08	3.95	3.79	3.93	4.06	3.72	3.74	3.89	3.61
书载广告	3.77	3.91	3.90	3.86	3.73	3.88	3.88	3.96	3.84	3.94	3.73	3.90	3.97	3.69
微信公众号	3.65	3.84	3.98	3.51	3.59	3.99	3.94	3.84	3.99	4.04	3.67	3.65	3.78	3.57
周围人推荐	3.66	3.80	3.90	3.56	3.73	3.91	3.90	3.63	3.90	4.02	3.80	3.73	3.73	3.60
实体书店推荐	3.58	3.78	3.88	3.74	3.73	4.08	3.95	3.79	3.93	4.06	3.72	3.74	3.89	3.61
图书销售网站推荐	3.61	3.95	4.00	3.65	3.69	4.21	4.16	3.92	4.08	4.16	3.72	3.70	3.89	3.75
畅销书排行榜	3.72	3.89	4.01	3.65	3.56	4.20	4.06	3.95	3.99	4.05	3.78	3.74	3.90	3.84
出版社自建网站推荐	3.75	3.82	3.88	3.66	3.71	4.01	4.03	3.86	4.11	3.90	3.84	3.79	4.08	3.77
图书出版人推荐	3.80	3.89	3.87	3.78	3.88	4.09	3.94	3.84	4.16	4.09	3.91	3.93	3.93	3.76
单位、学校推荐	3.70	3.79	3.91	3.76	3.71	3.96	3.99	3.91	4.08	4.15	3.73	3.61	3.86	3.61
图书获奖信息公布	3.79	3.95	3.93	3.85	3.82	4.21	4.11	4.09	4.16	4.27	3.84	3.85	3.95	3.99
报纸电视广播推荐	3.85	4.03	4.23	4.00	3.92	4.35	4.23	4.10	4.32	4.31	4.00	4.00	3.94	4.06

第四节　阅读 / 购书数量不同对好书标准的认知不同

在读书数量与好书标准的认知上，调查结果显示，最近一年没有读书的网民对好书标准的认知程度最低，均分为 3.17；最近一年读书 41—50 本书的网民对好书标准的认知程度最高，均分为 3.44（详见表 4.7）。

表 4.7　阅读数量与好书标准的认知程度

好书标准			
最近一年阅读数量	平均值	个案数	标准差
0 本	3.17	224	.77392
1—5 本	3.40	1975	.56820
6—10 本	3.41	1278	.57690
11—20 本	3.38	858	.64738
21—30 本	3.33	448	.68742
31—40 本	3.37	206	.73192
41—50 本	3.44	127	.61344
51—100 本	3.33	58	.60973
100 本以上	3.28	49	.71417
总计	3.38	5223	.61613

在读 / 购书数量与好书标准的评判上，最近一年阅读 0 本书的网民认为好书第一标准是“社会影响大”，阅读 31—40 本书的网民更看重“图书的实用性强”；阅读 51—100 本书的网民认为的好书标准是“图书的思想性强”。年购书 11—20 本和 31—40 本的网民认为“图书的实用性强”是好书评价的第一标准，购书 100 本以上的网民则更看重“装帧质量好”和“社会影响

大”。这可能是因为购书 100 本以上的网民买书更多是出于收藏心理，因此更加看重书籍的装帧质量和社会影响。其余大多数网民都认可“读者评价高”作为好书评判的第一标准（详见图 4.8 和图 4.9）。

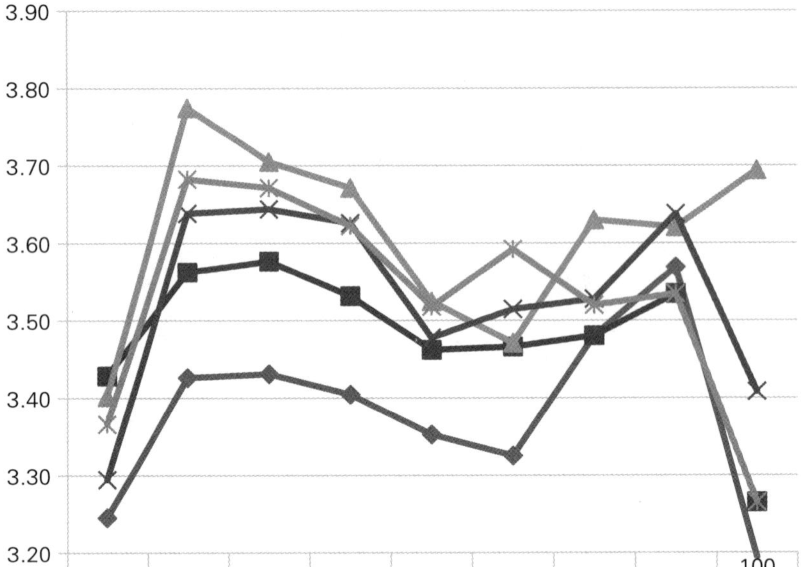

（本）	0	1–5	6–10	11–20	21–30	31–40	41–50	51–100	100以上
装帧质量好	3.25	3.43	3.43	3.40	3.35	3.33	3.48	3.57	3.18
社会影响大	3.43	3.56	3.58	3.53	3.46	3.47	3.48	3.53	3.27
读者评价高	3.40	3.77	3.71	3.67	3.52	3.47	3.63	3.62	3.69
图书思想性强	3.29	3.64	3.64	3.63	3.48	3.51	3.53	3.64	3.41
图书实用性强	3.37	3.68	3.67	3.62	3.52	3.59	3.52	3.53	3.27

图 4.8　读书数量与好书标准（选取部分代表性）

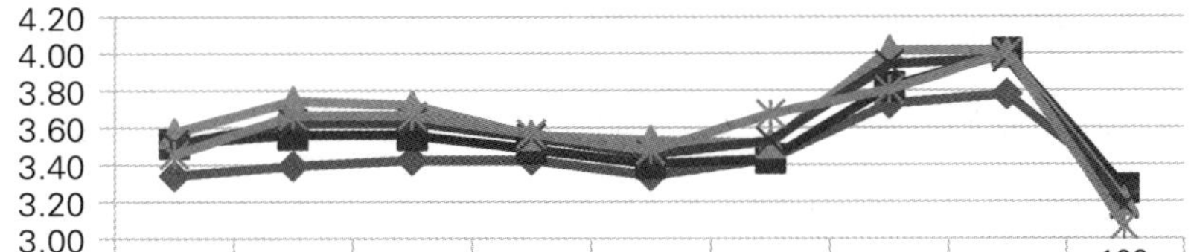

(本)	0	1–5	6–10	11–20	21–30	31–40	41–50	51–100	100以上
装帧质量好	3.34	3.39	3.42	3.43	3.34	3.43	3.73	3.78	3.27
社会影响大	3.51	3.56	3.56	3.48	3.40	3.43	3.82	4.00	3.27
读者评价高	3.57	3.74	3.72	3.56	3.53	3.51	4.02	4.00	3.20
图书思想性强	3.51	3.63	3.63	3.55	3.45	3.53	3.94	3.97	3.18
图书实用性强	3.45	3.67	3.66	3.57	3.48	3.67	3.80	4.00	3.07

图 4.9　购书数量与好书标准（选取部分代表性）

第五节　结论

根据调查结果可以看出，“读者评价高”是网民评判好书与否的第一标准，其次是“图书实用性强”和“图书思想性强”，而排名最后的三项为“获得奖项多”“专家评价高”和“作者知名度高”。由此可见，在对好书标准进行评判的过程中，网民更关注图书的功能特性和读者口碑，相较之下，获得奖项、专家评价等较为专业性的评判标准反而不是网民评判好书的主要因素。这体现出大众文化和精英文化之间的博弈和对抗，由读者产生的评论和意见会带给消费者一种人际传播式的接近性，而专家评价通常在内容上具有更强的学术性和专业性，往往与读者诉求之间存在着较大的鸿沟和冲突，因此，这些标准往往不是网民评判好书时所考虑的首要因素。另外，不同年龄段以及不同学历的网民对于好书标准的认知不同；获取图书信息渠道、年阅读/购书数量不同对好书标准的认知也存在差异。

综上所述，在未来发展中，图书出版业仍然需要坚持“内容为王”的理念，更多关注其自身特性——诸如图书实用性、思想性等的提升，根据读者评价得到反馈改进内容。同时出版机构还要基于庞大读者群的不同特性，诸如年龄、学历等因素有针对性地出版书籍，通过大数据技术为读者进行画像，将读者对于图书的信息获取行为与阅读 / 购书行为相结合，更多地掌握并生产符合读者需求的精品书籍，才能真正达到数量与质量相统一的出版繁荣。

第五章
网民对图书奖项的认知

图书奖项的设立是对图书价值进行评判的一个重要标准，其根本目的是为读者服务，为读者推荐优秀图书。但网民对图书奖项是一个怎样的认知？网民的图书购买和阅读是否受图书奖项的影响？本文以网络调查问卷的方式对此进行了调查。

第一节　研究框架与研究方法

人类认识、理解世界往往遵循由表及里的认知逻辑，中国网民对图书奖项的认知也不例外。

一、研究框架

本次调查遵循由表及里的认知逻辑，把研究主体分为两大部分，第一部分研究网民对图书奖项的认知情况，重点在于考察网民是否了解图书奖项，横向考察奖项的传播广度；第二部分研究网民对图书奖项的评价，重点在于了解网民的态度倾向，纵向挖掘奖项的传播深度。

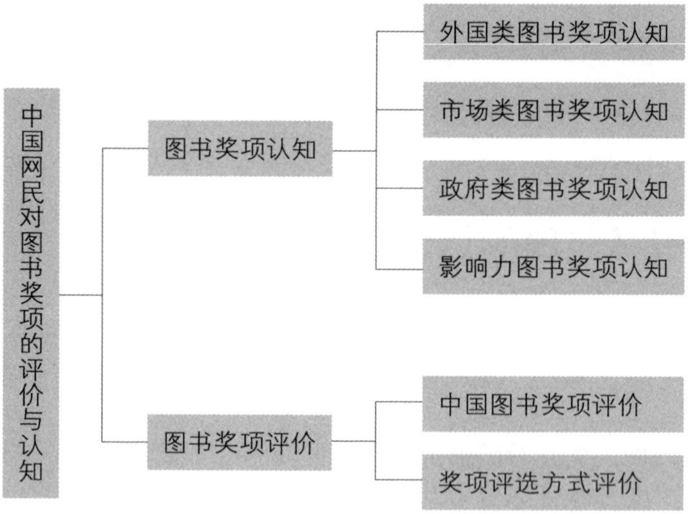

图 5.1 中国网民对图书奖项的评价与认知研究框架

在第一部分的图书奖项认知中，调查组对数据进行 KMO 和 Bartlett 检验，通过因子分析，将国内外 35 个具有影响力、代表性的图书奖项简化为 4 个因子，即外国类图书奖项、市场类图书奖项、政府类图书奖项以及影响力图书奖项。4 个因子经过正交旋转后的方差贡献率分别为 21.557%、18.987%、16.434% 和 10.689%，累积方差贡献率为 67.667%，共同度全部超过 0.5，达到了因子分析的要求。对因子的信度进行检验，其 Cronbach's α 值为 0.948、0.946、0.931、0.855，因子信度良好。

目前，世界上对图书进行评价的奖项很多，从奖项级别划分，有国内的图书奖和国外的图书奖；从学科涵盖范围划分，有综合性的奖项和专门类的奖项；从奖项性质来划分，有市场类奖项和政府类奖项。

本研究中，外国类图书奖项是指在国际上知名度比较高、有代表性的图书奖项，如英国布克文学奖、法国龚古尔文学奖、德国图书奖、美国国家图书奖等；市场类图书奖项是指国内以市场为导向的、有一定代表性的奖项，包括京东文学奖、新浪年度好书榜等；政府类图书奖是由政府单位主办的、有一定代表性的、全国性的奖项，包括中国出版政府奖、“三个一百”原创出版工程等；影响力图书奖项则包括国内外影响力较大，广受读者关注的、有一定代表性的图书奖项，如诺贝尔文学奖、茅盾文学奖等。

在第二部分的图书奖项评价中，调查组首先对中国本土具有代表性的图书奖项评价展开研究，探寻中国网民对本土奖项的态度评价与认可情况。其次对奖项推荐评选方式进行探讨，旨在通过优化图书奖项推荐评选方式，提升国内图书奖项评选的科学性、权威性，增强影响力，提升奖项认可度。

二、研究方法

国内外图书的奖项很多，本次调查选取了较有影响力和代表性的35个国内外图书奖项来了解网民对图书奖项的认知情况。分别是：诺贝尔文学奖，国际安徒生奖，美国普利策奖，美国国家图书奖，法国龚古尔文学奖，法国菲米娜文学奖，英国布克文学奖，英国红房子图书奖，德国图书奖，西班牙塞万提斯奖，意大利诺尼诺国际文学奖，日本芥川奖、直木奖，中宣部“五个一工程”奖，中国出版政府奖，中华优秀出版物奖，“三个一百”原创出版工程，国家图书馆文津图书奖，全国优秀儿童文学奖，全国优秀科普作品奖，全国优秀外国文学图书奖，输出版、引进版好书评选，茅盾文学奖，鲁迅文学奖，庄重文文学奖，陈伯吹国际儿童奖，冰心儿童图书奖，京东文学奖，年度中国好书，年度“桂冠童书”奖，年度影响力好书，深圳“年度十大好书”，新京报年度好书，新浪年度好书榜，南都年度十大好书，豆瓣读书年度好书推荐排行榜。同时，量表设置3个分值，即1分、2分和3分，供网民打分，分值越高，对图书奖项的认知度也就越高。

可以看出，图书奖项的构成种类繁多，那么，网民对这些图书奖项的认知度如何？哪些奖项获得网民更高的认知度？不同人口特征的网民对奖项的认知度又有怎样的差异？对网民认知度的考察可以看作衡量奖项影响力的一个重要方面。图书奖项设立的根本目的是为读者服务的，通过调查网民的阅读量和购书量的高低与对奖项认知度的关系，就可以知道图书奖项设立是否实现了它的根本目的。因此，除了基本的网民在人口统计变量、地理空间分布上对于图书奖项评价的不同外，本研究还考察了网民阅读量与奖项认知度的关系，并借助于因子分析将35个图书奖项进行降维与分类，在此基础上利用回归模型对其预测网民购书量的能力进行分析。

第二节　调查数据分析

总体上看，网民对图书奖项的认知有比较高的趋同性，但又受人口自身背景、地域分布空间的影响，不同年龄、学历、职业、收入、地域的网民对图书奖项的认知均呈现出一定差异。

一、网民对图书奖项认知的总体情况

在众多的奖项中，网民认知度最高的三个图书奖是茅盾文学奖、鲁迅文学奖和诺贝尔文学奖。其中，对国内奖项认知度最高的前三个是：茅盾文学奖、鲁迅文学奖和全国优秀儿童文学奖；对国外奖项认知度最高的前三个是：诺贝尔文学奖、国际安徒生奖和美国普利策奖。总体看，网民对国内图书奖的认知高于国外图书奖（详见图5.2）。

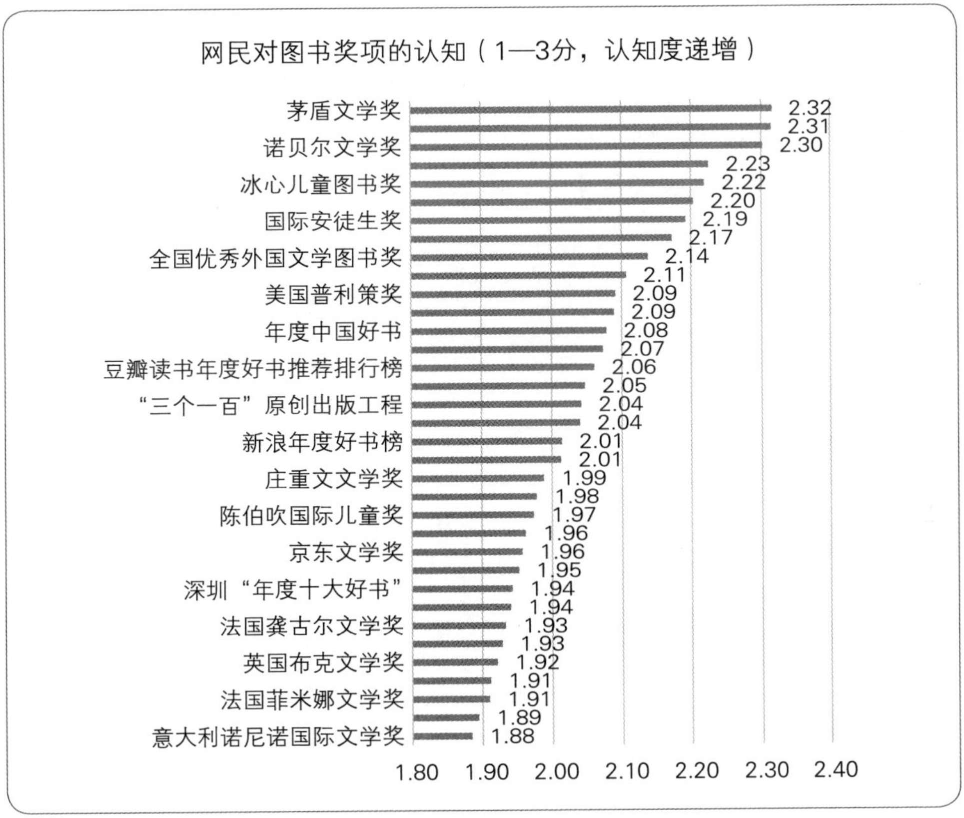

图 5.2　网民对图书奖项的认知

二、网民对图书奖项认知的人口统计特征分布

网民的人口统计特征主要指性别、年龄、学历、职业、收入等指标。

1. 46—55 岁年龄段网民认知度最高

年龄不同，对图书奖项的认知度不同。受访网民的年龄分 5 个阶段，分别为：25 岁及以下，26—35 岁，36—45 岁，46—55 岁，56 岁及以上。调查显示，46—55 岁网民对图书奖项的认知度最高，而 56 岁及以上的网民认知度最低。这可能是因为，56 岁以上的网民出生于 20 世纪 60 年代之前，新中国诞生和成长所经历的曲折历程不可避免地融入他们的成长记忆中。“文革”时期，整个社会不重视文化，大多人未能接受良好教育，因此对图书奖项的了解比较匮乏。而46—55岁的网民一方面因其出生于20世纪60—70年代，经历了恢复高考和改革开放，有更多机会接受高等教育，文化水平明显提升。另一方面则是年龄大，阅历丰富，所以成为对图书奖项认知度最高的人群（详见图5.3）。

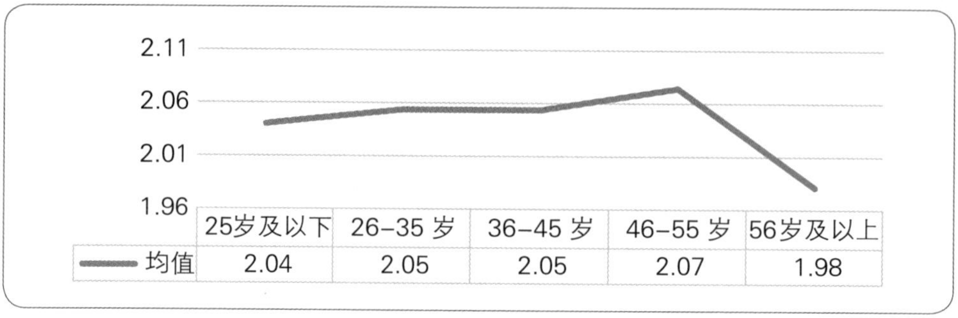

图5.3　不同年龄段网民对图书奖项的认知度

2. 学历越高认知度越高

学历越高，对图书奖项的认知度越高（详见图5.4）。不同学历对图书奖的认知度各有差异。低学历网民对陈伯吹国际儿童奖的认知度排名靠前，对国际安徒生奖的认知度相反。此外，网民对美国普利策奖、豆瓣读书年度好书推荐排行榜以及年度影响力好书的认知度差异也较大（详见图5.5）。

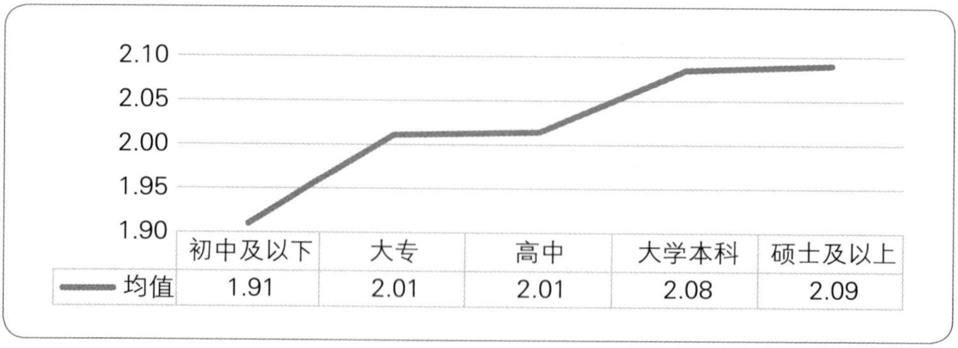

图5.4　不同学历对图书奖项的认知度

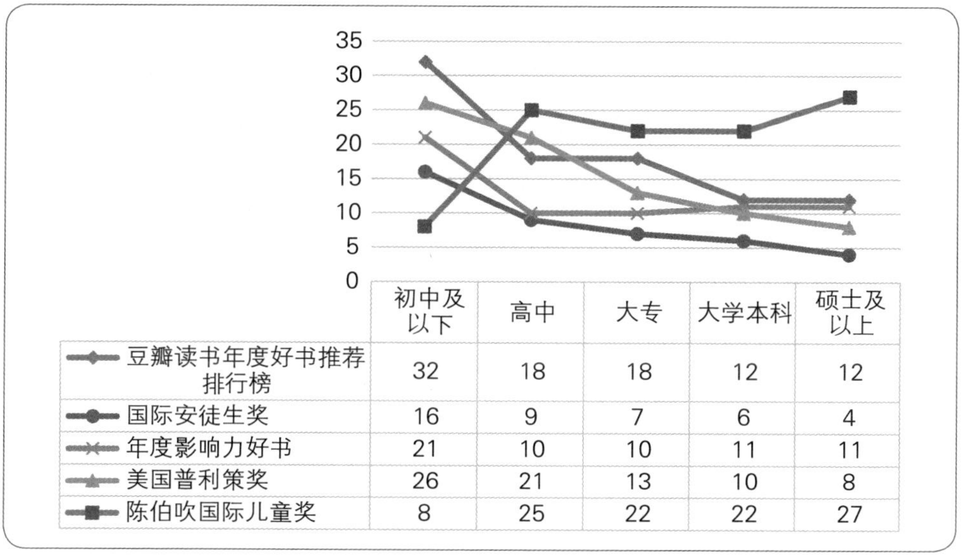

图 5.5　不同学历对个别图书奖项的认知度排序

3. 不同职业认知度不同

调查显示，对图书奖项认知度最高的职业是企业领导或管理人员。其他类和待业、无业人员及自由职业者认知度比较低（详见图 5.6）。

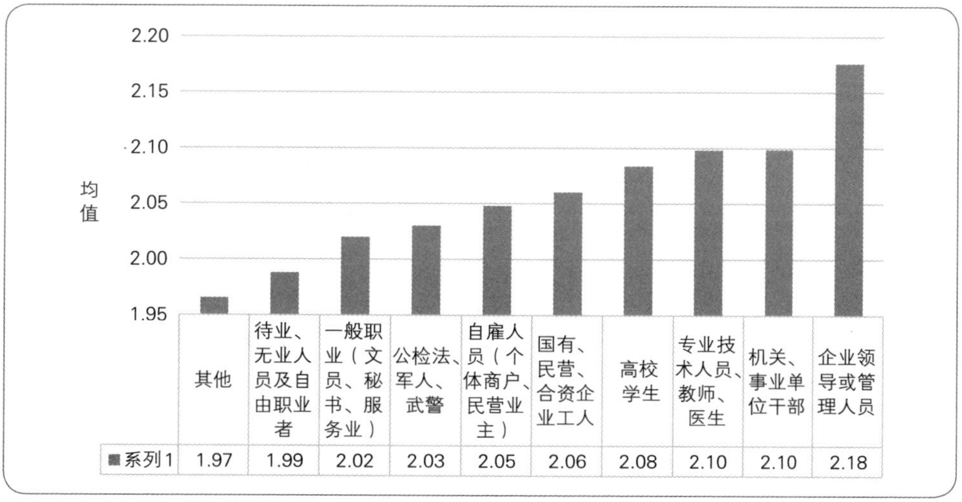

图 5.6　不同职业对图书奖项的认知度

4. 收入越高，对“五个一工程”奖、美国国家图书奖的认知度越高

收入越高，对奖项的总体认知度越高（详见图 5.7）。一些国外的奖项如美国国家图书奖、英国红房子图书奖，以及国内政府奖项的中宣部“五个一工程”奖都呈现出收入越高对其认知度排名越靠前的趋势（详见图 5.8）

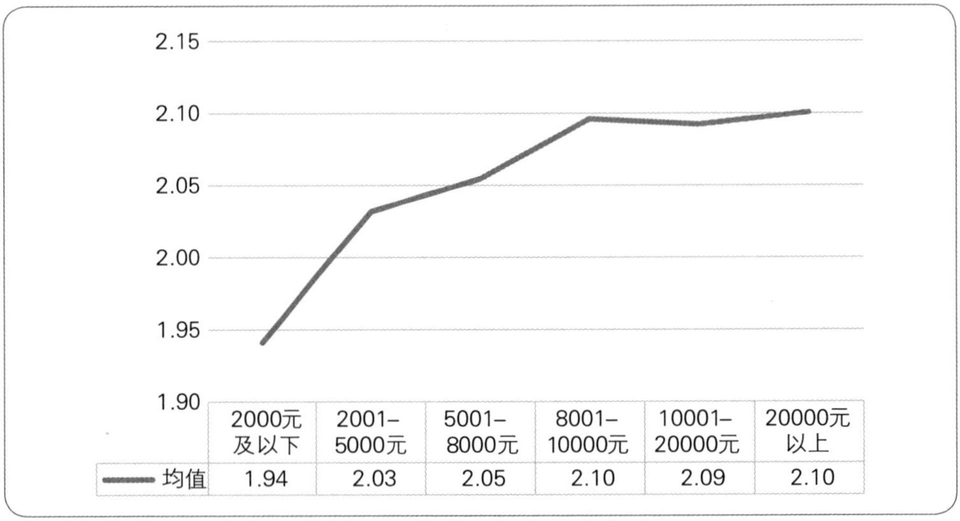

	2000元及以下	2001–5000元	5001–8000元	8001–10000元	10001–20000元	20000元以上
均值	1.94	2.03	2.05	2.10	2.09	2.10

图 5.7　不同月收入的网民对图书奖项的认知度

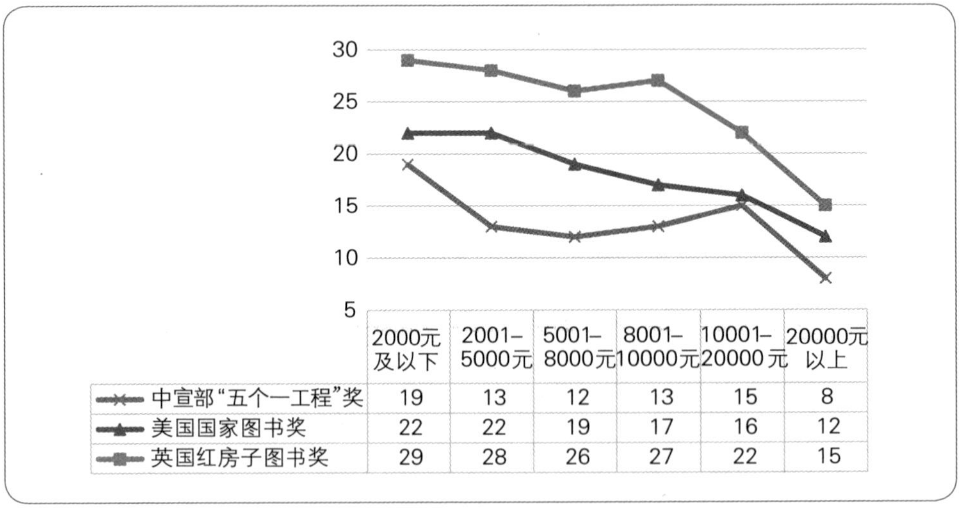

	2000元及以下	2001–5000元	5001–8000元	8001–10000元	10001–20000元	20000元以上
中宣部“五个一工程”奖	19	13	12	13	15	8
美国国家图书奖	22	22	19	17	16	12
英国红房子图书奖	29	28	26	27	22	15

图 5.8　不同月收入的网民对个别图书奖项的认知度排序

三、网民对图书奖项认知的地理空间分布

依照中国的行政区域，将网民所在地划分为七大分区，即华东地区、华北地区、华南地区、华中地区、西北地区、西南地区、东北地区。同时，重点关注北京、上海、江苏、广东四地网民。

1. 西北地区网民认知度最高，华中地区网民认知度最低

调查显示，西北地区网民对图书奖认知度最高，华中地区最低。基本呈现出北方认知度高、南方认知度低的趋势（详见图 5.9）。

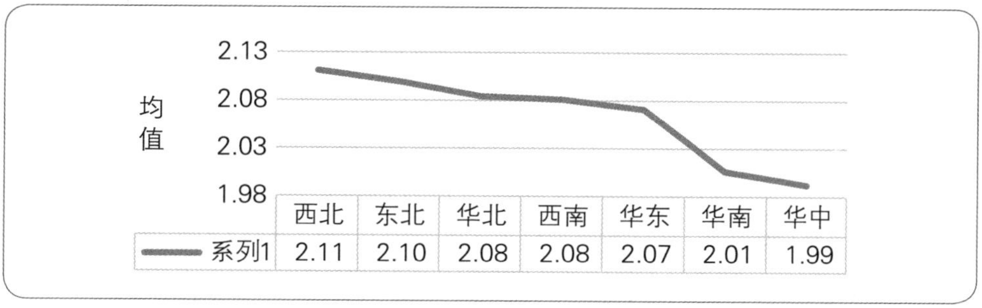

图 5.9　不同区域的网民对图书奖项的认知度

2. 北京、上海、江苏、广东四地网民的认知度

本次调查对比了居住在北京、上海、江苏、广东四地的网民对图书奖项的认知度，调查显示，四地网民对外国图书奖项认知度都较低。比较而言，北京网民对西班牙塞万提斯奖和英国红房子图书奖的认知度排名较靠前。广东网民对南都年度十大好书认知度排名靠前，原因大概是南都年度十大好书主办单位是南方都市报，主打深圳、广州两大城市。广东网民对此图书奖的认知度高合情合理。陈伯吹是上海人，因此，上海网民对陈伯吹国际儿童奖认知度排名靠前。不同地区的网民对与本地有关的图书奖项的认知度比较高（详见表 5.1）。总体而言，北京网民对图书奖项的认知度最高，广东网民认知

度最低（详见图 5.10）。

表 5.1　北京、上海、江苏、广东四地对图书奖项的认知度排序

	北京	上海	江苏	广东
西班牙塞万提斯奖	19	22	31	31
英国红房子图书奖	21	32	26	25
陈伯吹国际儿童奖	28	17	24	28
南都年度十大好书	35	34	27	21

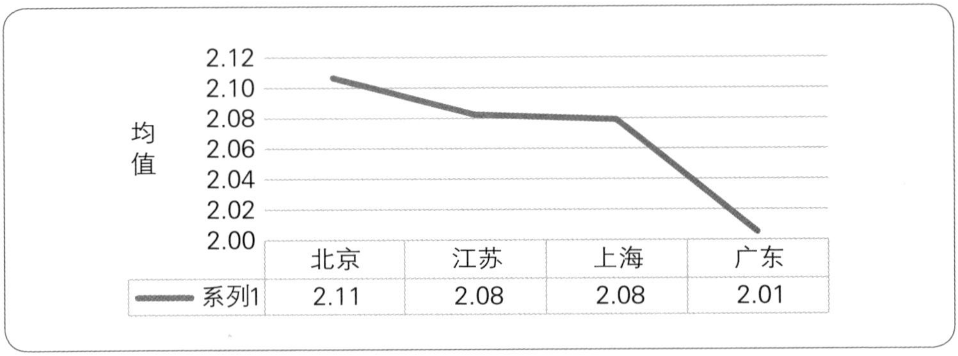

图 5.10　北京、上海、江苏、广东四地对图书奖项的认知度

四、不同读者群对图书奖项的认知

本调查按照一年内的阅读量将网民划为四类读者群，其中读书量 0 本的为非读者，读 1—5 本的为轻度读者，读 6—10 本的为中度读者，读 11 本以上的为重度读者。数据显示，网民阅读量越高，对图书奖项的认知度也就越高（详见图 5.11）。

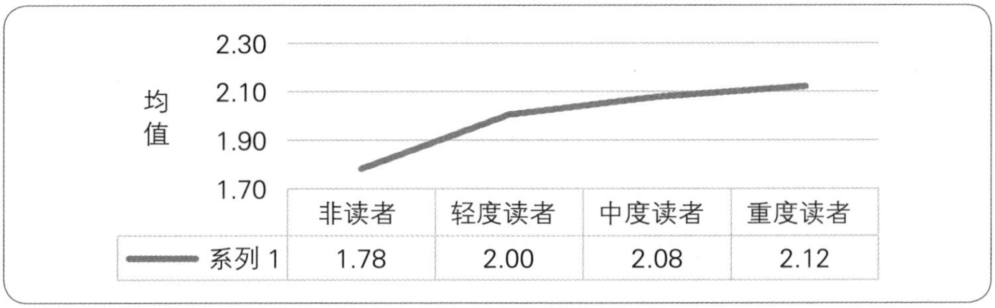

图 5.11　不同读者群对图书奖项的认知度

五、图书奖项认知度对图书销售的影响

本研究调查了网民一年内的购书量，分别为 0 本、1—5 本、6—10 本、11—20 本、21—30 本、31—40 本、41—50 本、51—100 本、100 本以上。调查显示，网民一年内的购书量主要集中在 1—5 本（详见表 5.2）。网民的购书量受到多种因素的影响，本部分关注的是网民对图书奖项的认知度对购书量有怎样的影响？主要从两个方面考察：第一，采用因子分析法分析 35 个图书奖项的构成维度。第二，通过回归分析探讨图书奖项认知度与网民购书量之间的关系。

表 5.2　网民一年内购书量

网民年购书量（本）	百分比（%）
0	4.18
1—5	45.43
6—10	24.01
11—20	14.48
21—30	6.05
31—40	2.82
41—50	1.29
51—100	0.77%
100 以上	0.97%

1. 对图书奖项的因子分析

本研究采用 SPSS19.0 软件对 35 个图书奖项进行了因子分析。针对数据进行 KMO 和 Bartlett 检验，得到 KMO 值（0.979）和 Bartlett 的球形度检验的在 0.000(sig=0.000）水平上统计检验显著。因子分析采用主成分分析法，以特征值大于 1 作为选择因子的标准，因子旋转采用最大方差旋转法。通过因子分析，测量网民对 35 个图书奖项的认知度，被简化为 4 个因子，分别命名为：国外图书奖项、市场类图书奖项、政府类图书奖项以及有影响力的图书奖项（详见表 5.3）。

表 5.3　对图书奖项的因子分析

题项变量	最大方差旋转法后的因素负荷量				共同性
	因子 1 外国图书奖项	因子 2 市场类图书奖项	因子 3 政府类图书奖项	因子 4 有影响力的图书奖项	
英国布克文学奖	0.808				0.763
法国菲米娜文学奖	0.805				0.760
法国龚古尔文学奖	0.782				0.728
德国图书奖	0.779				0.734
意大利诺尼诺国际文学奖	0.766				0.729
英国红房子图书奖	0.755				0.698
西班牙塞万提斯奖	0.741				0.666
日本芥川奖、直木奖	0.721				0.624
美国国家图书奖	0.693				0.656
新京报年度好书		0.749			0.738
南都年度十大好书		0.744			0.740
新浪年度好书榜		0.744			0.721
深圳“年度十大好书”		0.742			0.734
年度“桂冠童书”奖		0.690			0.709

续表

题项变量	最大方差旋转法后的因素负荷量				共同性
	因子 1 外国图书奖项	因子 2 市场类图书奖项	因子 3 政府类图书奖项	因子 4 有影响力的图书奖项	
豆瓣读书年度好书推荐排行榜		0.646			0.634
年度影响力好书		0.641			0.657
年度中国好书		0.632			0.655
京东文学奖		0.629			0.632
陈伯吹国际儿童奖		0.543			0.623
庄重文文学奖		0.540			0.630
中华优秀出版物奖			0.702		0.685
中国出版政府奖			0.701		0.698
“三个一百”原创出版工程			0.662		0.691
全国优秀科普作品奖			0.660		0.684
中宣部“五个一工程”奖			0.660		0.642
全国优秀儿童文学奖			0.633		0.663
国家图书馆文津图书奖			0.626		0.694
全国优秀外国文学图书奖			0.598		0.640
输出版、引进版好书评选			0.524		0.614
冰心儿童图书奖				0.508	0.612
鲁迅文学奖				0.676	0.697
茅盾文学奖				0.669	0.668
国际安徒生奖				0.636	0.598
诺贝尔文学奖				0.760	0.647
美国普利策奖				0.509	0.616
解释方差	21.557%	18.987%	16.434%	10.689%	
累积解释方差	21.557%	40.544%	56.978%	67.667%	

2. 图书奖项认知度对图书购买量的影响

借助于因子分析，梳理了 35 个图书奖项包含的 4 个基本维度。本部分将在此基础上探究图书奖项认知度对购书量的影响。涉及的测量指标如下：

因变量：网民的购书量。

自变量：网民对 35 个图书奖项认知评价的 4 个维度。

控制变量：性别、年龄和学历。

回归分析采用分层回归中的强迫进入变量法。结果显示，自变量的解释力为 2.4%。具体来看，外国图书奖和市场类图书奖对网民图书购买量有正向影响。网民对这两个奖项的认知度越高，购书量也就越多。有影响力的图书奖项对网民图书购买量有反向影响。网民对有影响力的图书奖项认知度越高，购书量就越少。政府类图书奖项对因变量无显著影响。在人口统计变量中，学历与购书量也在 0.001 水平上呈显著，学历越高，购书量越多。性别、年龄对购书量无显著影响（详见表 5.4）。

表 5.4　图书奖项认知度对图书购买量的影响

阶层变量	阶层内预测变量	模型一		模型二	
		β	t 值	β	t 值
控制变量	性别	–.004	–.271n.s.	–.007	–.532n.s.
	年龄	–.009	–.679n.s.	.004	.288n.s.
	学历	.050	3.598***	.051	3.681***
自变量	外国图书奖项			.131	9.564***
	市场类图书奖项			.068	4.979***
	政府类图书奖项			.015	1.077n.s.
	有影响力的图书奖项			–.042	–3.053**
回归模型摘要	F 值	4.542**		20.102***	
	R^2	.003		.026	
	ΔF 值	4.542**		31.692***	
	ΔR^2 值	.003		.024	

1. 性别设置为虚拟变量男 =1，女 =0。

2.n.s.p>.05，*p<.05，**p<.01，***p<.001。

第三节　结论

本研究针对35个国内外图书奖项的认知度，关注其在人口统计变量上的差异，并着重关注奖项的认知度与网民阅读、购买图书的关系。通过调查，得出以下结论：

首先，茅盾文学奖获得最高认知度，鲁迅文学奖、诺贝尔文学奖分列第二、第三位，对国内奖项认知度高于国外奖项。奖项认知度在人口统计变量上呈现出一定差异：学历越高、收入越高对图书奖项的认知度越高，在年龄方面，46—55岁网民对图书奖项的认知度最高。可以看出，尽管每年诺贝尔文学奖都很热门，但网民认知度最高的奖项仍是国内的茅盾文学奖。媒体宣传与网民的实际认知度之间存在一定的差异。

其次，在地理空间分布上，调查对比了中国七大区域和北京、上海、江苏、广东四地网民对图书奖项的认知度。西北地区网民对图书奖项的认知度最高，华中地区网民认知度最低，整体上呈现出北方认知度高、南方认知度低的趋势。北京、上海、江苏、广东四地的网民对图书奖项认知度的前三个奖项一致，在个别奖项上有差异。总体而言，北京网民对图书奖项的认知度最高，广东网民认知度最低。四地网民对和本地有关的图书奖项的认知度都比较高，如上海网民对陈伯吹国际儿童奖的认知度较高，广东网民对南都年度十大好书的认知度较高。

最后，本报告考察了网民阅读量、购买量与图书奖项认知度的关系。网民的阅读量影响对图书奖项的认知度，不同读者群对图书奖项的认知也不同。网民阅读量越高，对图书奖项的认知度也就越高。图书奖项的认知对销售的影响有差异。外国图书奖和市场类图书奖对网民的购书量有显著的正向影响，网民对这两类奖项的评价越高，购书量也就越大。有影响力的图书奖对购书量有负向影响，政府类图书奖对购书量无影响。可以看出，政府导向与网民购买及阅读之间存在一定的偏差。图书奖项的评选从根本上来说是为读者服务、为阅读服务的。政府类图书奖反映了国家和政府对优秀出版物的表彰和鼓励，这些获奖图书具有引领社会风气的作用。但在实际情况中，政府类图书奖项的评选并未对网民图书的购买量产生影响。这就说明了政府类图书奖对网民的实际影响程度不高，不能促进图书销量，也进一步说明其与网民阅读兴趣之间的偏差。政府类图书奖的设立是否体现了图书评选的根本目的，是值得思考的问题。

总的来说，本文通过对图书奖项认知度的调查，勾勒出了不同网民心目中认知度最高的奖项。经过数据分析，又发现了图书奖项认知度与网民阅读、购买图书之间存在一定关系。这一调查结果为图书市场提供了一定的参考，出版机构可以参考目标读者认知度较高的奖项，满足读者阅读兴趣，培养读者阅读习惯，提高图书销量，繁荣图书市场。

第六章
网民对中国图书奖项的评价

图书是一种特殊的产品，其不仅具有商业价值，更具有文化价值。图书评奖活动不仅可以帮助大众挑选高品质的书籍，同时有助于出版界形成精益求精的氛围，对社会文化风气的形成也有积极的引导作用。如何让评奖更贴近一般读者，评选出既有较高社会效益、又能产生一定经济效益的好书，已经成为众多出版人关心的问题。中国图书奖项的评选一般由政府机构、协会、媒体组织，依照一定的标准，组织相关领域的专家进行评审，这些奖项一般具有较大影响力以及较高的权威性，比如茅盾文学奖、鲁迅文学奖、中国出版政府奖等。网民对这些奖项的认知度高，是否意味对这些图书奖项评价就高？网民心目中好书的评选所依据的标准与专家眼中的评选规则是否一致？网民对目前中国图书奖项的评价呈现出怎样的特点？中国图书奖项的评选又将如何影响网民的阅读行为？本部分通过对相关数据的收集与分析，来研究以上问题。

第一节　网民对中国图书奖项的总体评价

为了探究网民对中国图书奖项的评价情况，本次调查在问卷中设置了 14 项中国图书奖项的评判标准，分别是：奖项影响力、奖项权威性、奖项知名度、奖项公正性、奖项宣传力度、奖项图书可读性、奖项图书思想性、奖项图书政治性、奖项图书艺术性、奖项图书时代性、奖项图书指导性、奖项图书实用性、奖项图书文字质量、获奖图书娱乐消遣性。在此基础上，设置量表形式 5 个分值，分别为：1 分表示“很弱”，2 分表示“比较弱”，3 分表示“一般”，4 分表示“比较强”，5 分表示“非常强”。最后，依据网民为各个标准打分情况，做出评判。

通过对图书奖项各个评价指标的得分情况的统计可以看出，网民认为获奖图书政治性、图书文字质量、图书的时代性、思想性以及可读性是中国图书奖评选所看重的标准，其中图书政治性指标尤为明显。除此之外，网民认为获奖图书的文字质量也是奖项评选的重要指标，平均得分为 3.27 分。网民普遍认为奖项的宣传力度较低，平均得分为 3.03 分，甚至低于“获奖图书娱乐消遣性”这一评价标准。整体来看，网民认为图书奖项的评选更看重图书自身的特点，而对奖项自身的关注度不高，认为奖项的影响力、知名度、宣传力度等都有待提升（详见图 6.1）。

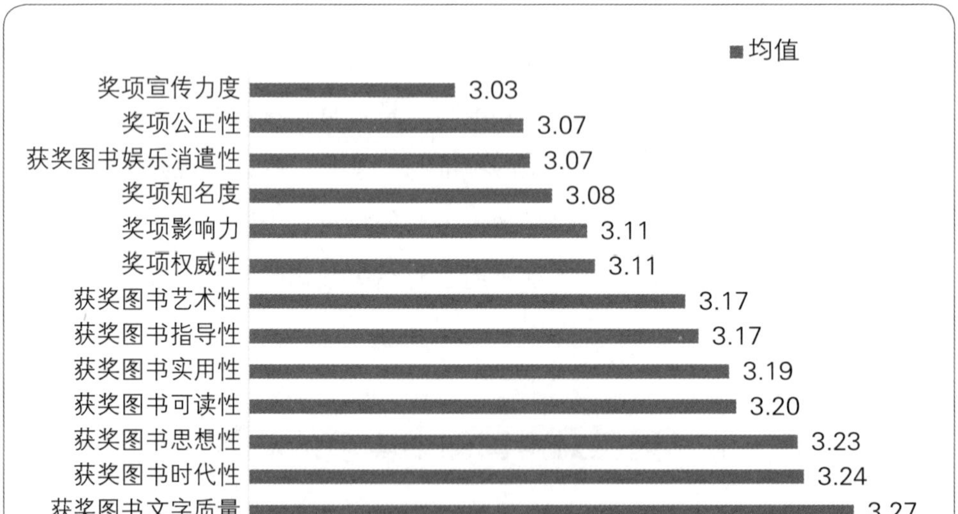

图 6.1　中国图书奖项各个指标得分

第二节　网民对中国图书奖项评价的人口特征分布

网民人口特征依然从性别、年龄、学历、职业、收入等方面考察。

一、性别对图书奖项评价的影响

由于男女个性特征的差异，对中国图书奖项的评价也呈现出明显的差异性。由下图可以看出，女性对中国图书奖项的评价明显高于男性的评价，其中女性对“获奖图书文字质量”这一指标评价最高，男性对“获奖图书政治性”的评价最高。男性女性网民均认为中国获奖图书的娱乐消遣性较弱，奖项的宣传力度也有待提升（详见图 6.2）。

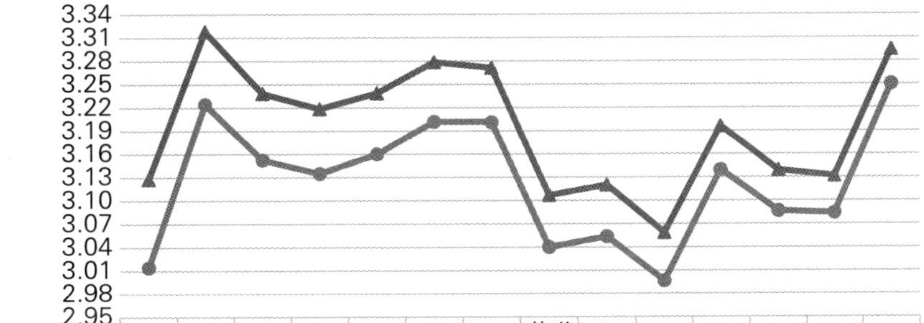

	奖项公正性	获奖图书文字质量	获奖图书实用性	获奖图书指导性	获奖图书可读性	获奖图书时代性	获奖图书思想性	获奖图书娱乐消遣性	奖项知名度	奖项宣传力度	获奖图书艺术性	奖项权威性	奖项影响力	获奖图书政治性
男性	3.01	3.22	3.15	3.13	3.16	3.20	3.20	3.04	3.05	3.00	3.14	3.09	3.08	3.25
女性	3.13	3.32	3.24	3.22	3.24	3.28	3.27	3.11	3.12	3.06	3.20	3.14	3.13	3.29

图 6.2　不同性别网民对图书奖项的评价

二、学历对图书奖项评价的影响

不同学历的网民对中国图书奖项的评价也呈现出明显的差异性。高中、中专或职中、大专对于“图书的文字质量”评价最高，认为中国图书奖项评选的图书文字质量很高。大学本科、硕士及以上学历对“获奖图书政治性”评价最高，认为中国图书奖项的评选受政治因素的影响较大。整体来看，大学本科学历的网民对中国图书奖项的评价最高，均值为 3.20；而初中及以下学历的网民对中国图书奖项的评价最低，整体均值为 2.96，比较重视中国获奖图书的实用性（详见图 6.3）。

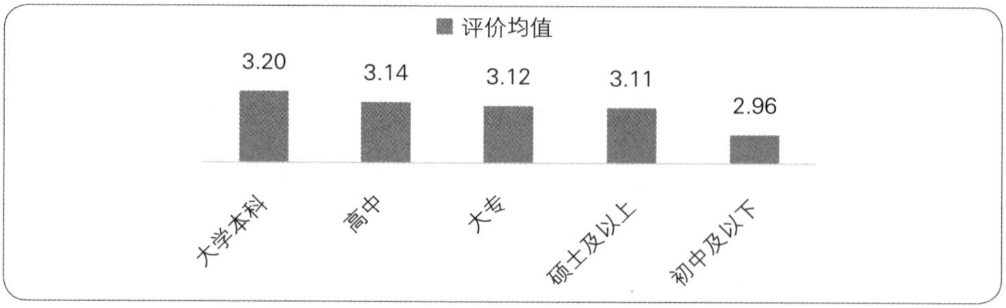

图 6.3　不同学历对中国图书奖项评价的均值

低学历（大专及以下学历）网民对中国图书奖项的评价整体高于高学历（本科及以上学历）网民对中国图书奖项的评价，获奖图书的思想性、可读性、奖项知名度、权威性以及获奖图书的指导性评价差别较大。无论是高学历还是低学历的网民均认为中国图书奖项的政治性较强，而奖项的宣传力度不足（详见图 6.4）。

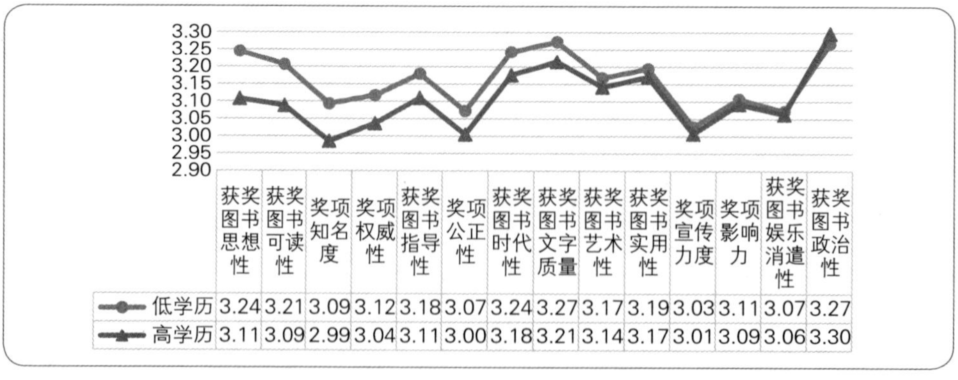

图 6.4　不同学历的读者对中国图书奖项的评价

三、年龄对图书奖项评价的影响

不同年龄层次的网民由于其所处时代背景以及成长环境的差异，对中国图书奖项的评价显示出差异：35 岁及以下的网民认为“获奖图书的文字质量”在中国获奖图书评选中最为重要；36—55 岁年龄段网民则认为“获奖图书的政治性”在中国图书奖项评选中最为突出；而 56 岁及以上年龄的网民则对“获奖图书的时代性”评价最高。整体来看，46—55 岁年龄段网民对中国图书奖项各指标的评分较高，均值为 3.20；56 岁及以上年龄的网民对中国图书奖项各个指标的评分最低，均值为 3.00。无论哪个年龄段的网民，对于奖项特点的评价均低于对奖项图书特点的评价（详见表 6.1）。

表 6.1　不同年龄段网民对中国图书奖项的评价

年龄	奖项影响力	奖项权威性	奖项知名度	奖项公正性	奖项宣传力度	获奖图书可读性	获奖图书思想性	获奖图书政治性	获奖图书艺术性	获奖图书时代性	获奖图书指导性	获奖图书实用性	获奖图书文字质量	获奖图书娱乐消遣性	总体均值
25 岁及以下	3.13	3.10	3.12	3.13	3.04	3.17	3.17	3.19	3.13	3.21	3.16	3.21	3.21	2.96	3.14
26—35 岁	3.10	3.11	3.09	3.08	3.05	3.21	3.24	3.24	3.15	3.23	3.18	3.21	3.27	3.08	3.16
36—45 岁	3.12	3.14	3.08	3.06	3.03	3.19	3.24	3.28	3.18	3.23	3.17	3.16	3.27	3.08	3.16
46—55 岁	3.12	3.12	3.12	3.06	3.00	3.23	3.30	3.43	3.23	3.32	3.21	3.25	3.35	3.13	3.20
56 岁及以上	2.90	2.86	2.88	2.87	2.84	3.04	3.04	3.11	3.08	3.16	3.05	3.10	3.07	3.03	3.00
总计	3.11	3.11	3.08	3.07	3.03	3.20	3.23	3.27	3.17	3.24	3.17	3.19	3.27	3.07	3.16

四、职业对图书奖项评价的影响

不同职业的网民由于其学历背景、图书阅读量以及阅读种类的差异，对中国图书奖项的评价也呈现出差异性。自由职业人员对图书奖项评价最低，公检法职员的奖项评价波动最大，企业领导或管理人员对中国图书奖项各个指标的评价最高，均值为 3.33，待业、无业人员及自由职业者对中国图书奖项的各个指标的评价最低，均值为 3.06（详见图 6.5）。

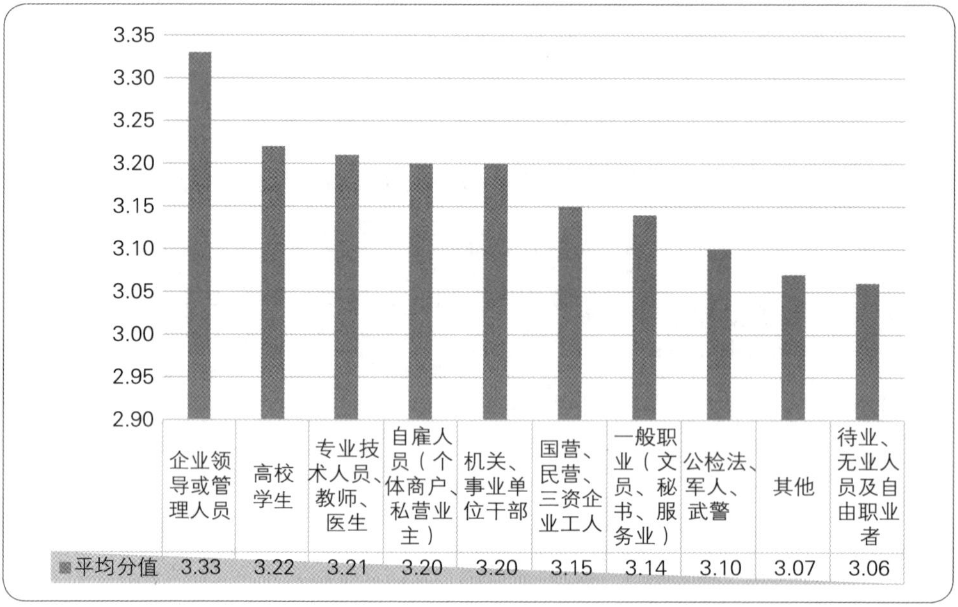

图 6.5　不同职业网民对中国图书奖项评价的均值

进一步分析发现，公检法、军人、武警对中国图书奖项的评价呈现较大的波动性，认为中国图书奖项的权威性不足，待业、无业人员及自由职业者对中国图书奖项的评价变化波动最小，各个指标得分差别较小，两种职业人群均认为中国图书奖项的政治性最强（详见图 6.6）。

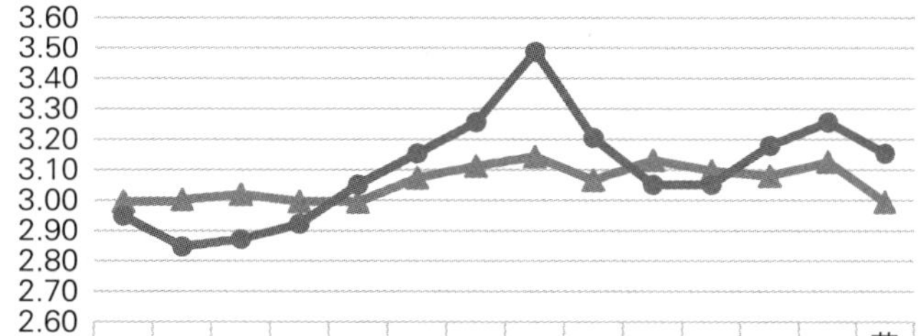

	奖项影响力	奖项权威性	奖项知名度	奖项公正性	奖项宣传力度	获奖图书可读性	获奖图书思想性	获奖图书政治性	获奖图书艺术性	获奖图书时代性	获奖图书指导性	获奖图书实用性	获奖图书文字质量	获奖图书娱乐消遣性
待业、无业人员及自由职业者	3.00	3.00	3.02	3.00	2.99	3.07	3.11	3.14	3.07	3.13	3.10	3.08	3.13	2.99
公检法、军人、武警	2.95	2.85	2.87	2.92	3.05	3.15	3.26	3.49	3.21	3.05	3.05	3.18	3.26	3.15

图 6.6　不同职业网民对中国图书奖项的评价

五、收入对图书奖项评价的影响

不同收入群体的人，由于其接受的教育水平以及职业的差异，对中国图书奖项的评价也呈现出差异。低收入者关注图书时代性，高收入者看重获奖图书的文字质量。月收入低于 2000 元的低收入人群认为获奖图书的时代性最强，而月收入高于 20000 元的高收入人群则认为获奖图书的文字质量较高。无论是高收入还是低收入的网民均认为中国图书奖项的宣传力度不足（详见图 6.7）。

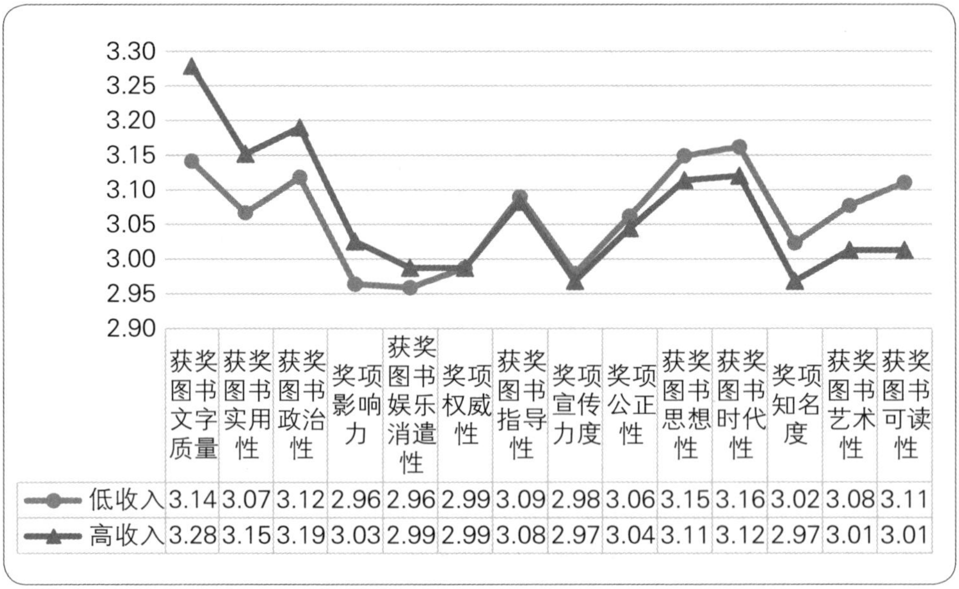

	获奖图书文字质量	获奖图书实用性	获奖图书政治性	奖项影响力	获奖图书娱乐消遣性	奖项权威性	获奖图书指导性	奖项宣传力度	奖项公正性	获奖图书思想性	获奖图书时代性	奖项知名度	获奖图书艺术性	获奖图书可读性
低收入	3.14	3.07	3.12	2.96	2.96	2.99	3.09	2.98	3.06	3.15	3.16	3.02	3.08	3.11
高收入	3.28	3.15	3.19	3.03	2.99	2.99	3.08	2.97	3.04	3.11	3.12	2.97	3.01	3.01

图 6.7　不同收入水平的网民对中国图书奖项的评价

第三节　网民对中国图书奖项评价的地理空间分布

依照中国的行政区域，将网民所在地区划分为七大区域，即华东、华北、华南、华中、西北、西南、东北。调查数据显示，不同地区网民对各个图书奖项的评价无明显差异。但在对图书奖项的总体评价上，西南地区的网民对图书奖项的评价最高，均值为3.24，东北、西北地区的网民对中国图书奖项的评价也相对较高，华南地区的网民对图书奖项的认同度则较低，华中地区的网民认同度最低。华南与华中地区网民更看重获奖图书的文字质量，其他区域的网民则认为中国图书奖项的评价政治性最强。不同区域网民对中国图书奖项的总体评价基本呈现出西部、东部高，中部低的趋势（详见图6.8）。

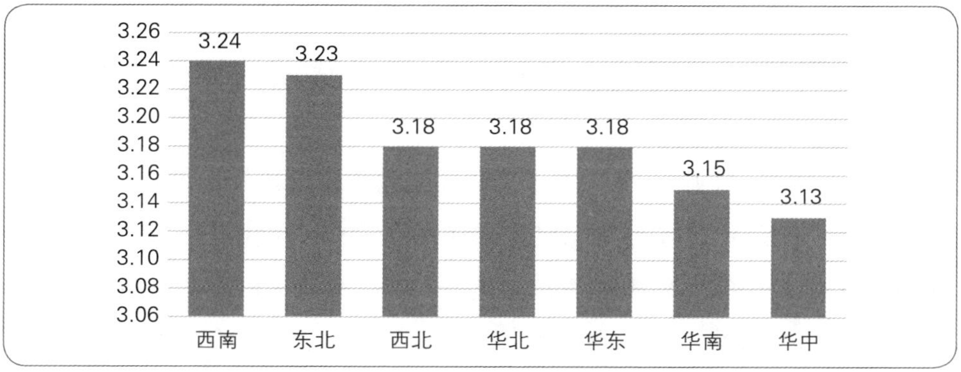

图 6.8　七大区域网民对中国图书奖项的评价

本次调查研究对比了北京、上海、江苏、广东四地的网民对中国图书奖项的评价，调查显示，北京、上海的网民对中国图书奖项的评价总体高于广东地区，上海地区的网民评价最高，总体均值为 3.21。北京以及上海的网民认为中国图书奖项的评选政治性较强，上海、江苏、广东地区的网民认为中国图书奖项的宣传力度不够（详见图 6.9）。

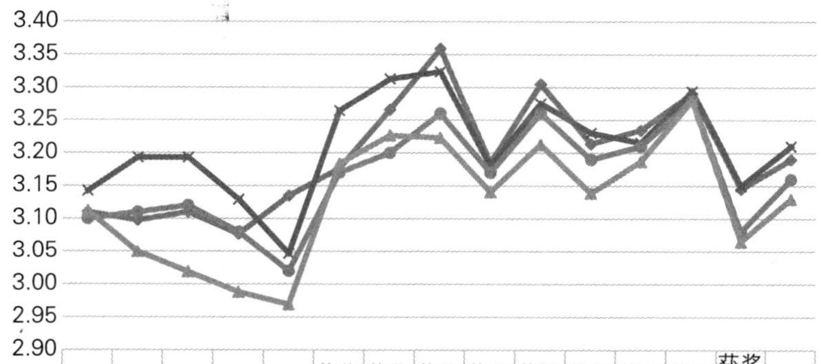

	奖项影响力	奖项权威性	奖项知名度	奖项公正性	奖项宣传力度	获奖图书可读性	获奖图书思想性	获奖图书政治性	获奖图书艺术性	获奖图书时代性	获奖图书指导性	获奖图书实用性	获奖图书文字质量	获奖图书娱乐消遣性	总体均值
北京	3.11	3.10	3.11	3.08	3.13	3.18	3.27	3.36	3.18	3.30	3.21	3.23	3.29	3.15	3.19
上海	3.14	3.19	3.19	3.13	3.05	3.26	3.31	3.32	3.18	3.28	3.23	3.22	3.29	3.15	3.21
江苏	3.10	3.11	3.12	3.08	3.02	3.17	3.20	3.26	3.17	3.26	3.19	3.21	3.28	3.08	3.16
广东	3.11	3.05	3.02	2.99	2.97	3.18	3.23	3.22	3.14	3.21	3.14	3.19	3.28	3.07	3.13

图 6.9　北上广苏地区网民对中国图书奖项的评价

第四节 不同读者群对中国图书奖项的评价差异

本次调查依据网民一年内的图书阅读数量将读者划分为四类不同的读者群，其中读书量为 0 本的为非读者，读 1—5 本的为轻度读者，读 6—10 本的为中度读者，读 11 本以上的为重度读者。数据显示，网民阅读量越高，对中国图书奖项的评价越高，非读者对中国图书奖项的评价均值仅为 2.84，而重度读者对中国图书奖项的评价均值为 3.22。此外，对中国图书奖项的评价，呈现出明显的读者与非读者之间的差异，非读者对中国图书奖项评选各个指标的评价明显低于读者（详见图 6.10）。

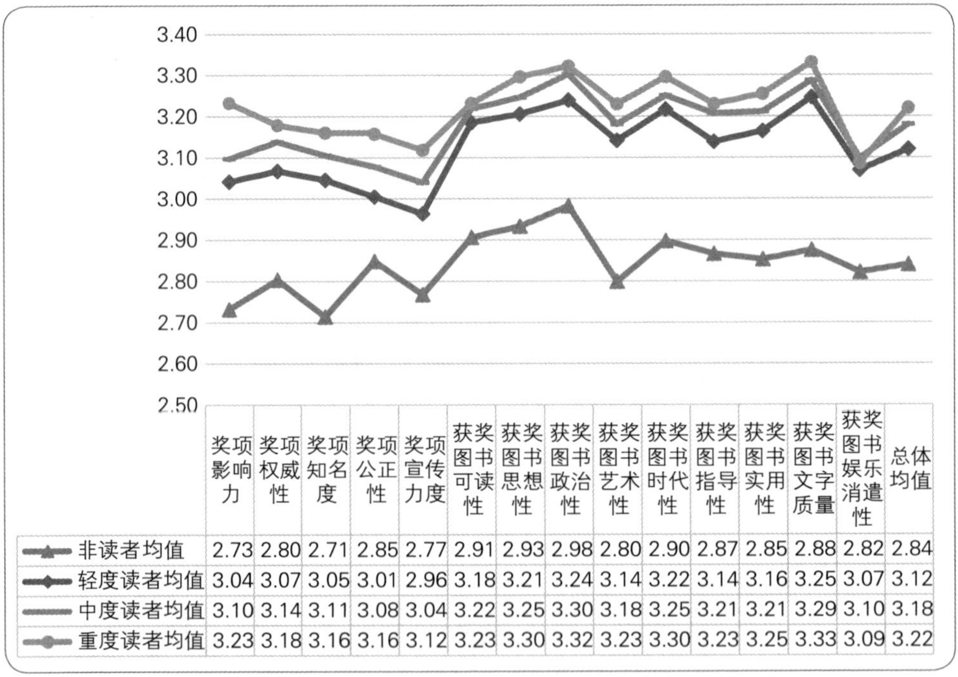

	奖项影响力	奖项权威性	奖项知名度	奖项公正性	奖项宣传力度	获奖图书可读性	获奖图书思想性	获奖图书政治性	获奖图书艺术性	获奖图书时代性	获奖图书指导性	获奖图书实用性	获奖图书文字质量	获奖图书娱乐消遣性	总体均值
非读者均值	2.73	2.80	2.71	2.85	2.77	2.91	2.93	2.98	2.80	2.90	2.87	2.85	2.88	2.82	2.84
轻度读者均值	3.04	3.07	3.05	3.01	2.96	3.18	3.21	3.24	3.14	3.22	3.14	3.16	3.25	3.07	3.12
中度读者均值	3.10	3.14	3.11	3.08	3.04	3.22	3.25	3.30	3.18	3.25	3.21	3.21	3.29	3.10	3.18
重度读者均值	3.23	3.18	3.16	3.16	3.12	3.23	3.30	3.32	3.23	3.30	3.23	3.25	3.33	3.09	3.22

图 6.10 不同类型的读者对中国图书奖项的评价

数据显示，豆瓣读书年度好书推荐排行榜和新浪年度好书榜呈现出阅读量越高对其认知度的排名越靠前的趋势，对其他奖项的认知度则无显著差异（详见表 6.2）。

表 6.2　不同读者群对图书奖项的认知度排序

	非读者	轻度读者	中度读者	重度读者
诺贝尔文学奖	1	3	3	3
鲁迅文学奖	2	2	2	2
茅盾文学奖	3	1	1	1
全国优秀儿童文学奖	4	4	4	4
冰心儿童图书奖	5	5	6	5
国际安徒生奖	6	7	7	7
全国优秀科普作品奖	7	6	5	6
中华优秀出版物奖	8	8	8	8
中国出版政府奖	9	13	12	13
全国优秀外国文学图书奖	10	9	9	9
中宣部“五个一工程”奖	11	14	13	14
“三个一百”原创出版工程	12	16	18	16
国家图书馆文津图书奖	13	17	16	17
年度中国好书	14	11	14	11
年度影响力好书	15	10	10	10
美国普利策奖	16	12	11	12
输出版、引进版优秀图书评选	17	18	17	18
年度“桂冠童书”奖	18	22	23	22
京东文学奖	19	24	26	24
美国国家图书奖	20	19	19	19

续表

	非读者	轻度读者	中度读者	重度读者
庄重文文学奖	21	21	21	21
豆瓣读书年度好书推荐排行榜	22	15	15	15
英国红房子图书奖	23	26	25	26
陈伯吹国际儿童奖	24	23	22	23
深圳"年度十大好书"	25	27	27	27
法国龚古尔文学奖	26	28	29	28
新京报年度好书	27	25	24	25
新浪年度好书榜	28	20	20	20
南都年度十大好书	29	29	28	29
英国布克文学奖	30	30	30	30
法国菲米娜文学奖	31	31	33	31
德国图书奖	32	33	32	33
西班牙塞万提斯奖	33	32	31	32
日本芥川奖、直木奖	34	34	34	34
意大利诺尼诺国际文学奖	35	35	35	35

第五节　中国图书奖项评价对图书阅读数量的影响

本次报告除了涉及网民对图书奖项评价外，对网民的图书阅读数量也进行了调查，通过数据分析发现，读者在阅读或购买图书的时候，会参照一些图书获奖名单，网民对中国图书奖项的评价也会影响其阅读行为。本部分将采用回归分析的方法探究中国图书奖项评价对图书阅读数量的影响，所涉及的测量指标如下：

因变量：图书阅读数量。

自变量：中国图书奖项评价的 14 个指标，具体包括奖项影响力、奖项权威性、奖项知名度、奖项公正性、奖项宣传力度、获奖图书思想性、获奖图书可读性、获奖图书政治性、获奖图书艺术性、获奖图书时代性、获奖图书指导性、获奖图书实用性、获奖图书文字质量以及获奖图书娱乐消遣性。

控制变量：性别、年龄和学历。

回归分析采用阶层回归分析中的强迫进入变量法，将 3 个控制变量放在第 1 层，14 个自变量放在第 2 层进行回归。结果显示，在模型 1 中控制变量对网民图书阅读数量的解释力为 0%，在模型 2 中，增加了自变量后，解释力增加了 1.4%，即自变量对因变量的解释力为 1.4%（详见表 6.3）。

表 6.3　图书奖项评价对图书阅读数量的影响

阶层变量	阶层内预测变量	模型 1	模型 2
		B	B
控制变量	性别	–0.005	0.004
	年龄	–0.011	–0.005
	学历	0.014	0.013
自变量	奖项影响力		0.195***
	奖项公正性		0.068*
	奖项宣传力度		0.062*
	获奖图书文字质量		0.079*
	奖项权威性		–0.080*
	获奖图书娱乐消遣性		–0.102**
	奖项知名度		–0.006

续表

阶层变量	阶层内预测变量	模型 1	模型 2
		B	B
自变量	获奖图书思想性		–0.006
	获奖图书政治性		0.033
	获奖图书艺术性		0.038
	获奖图书时代性		–0.006
	获奖图书指导性		–0.027
	获奖图书可读性		–0.114
	获奖图书实用性		0.018
回归模型摘要	调整 R^2	0%	1.4%
	Sig	0.886	0.000

1. 性别虚拟变量男 =1，女 =0。
2.*p<.05，**p<.01，***p<.001。

具体来看，在这 14 个自变量中，在置信度为 0.001 的水平上，奖项影响力对图书阅读数量具有正影响，回归系数为 0.195，网民对图书奖项影响力的评价越高，其图书阅读数量也越多；奖项公正性、奖项宣传力度、获奖图书文字质量在 0.05 的置信水平上显著相关，回归系数分别为 0.068、0.062、0.079，网民对以上三个指标评价越高，图书阅读数量也越高。网民在阅读图书的时候通常会选择比较知名、影响力比较大的图书，同时也会选择阅读文字质量比较高的图书。

获奖图书娱乐消遣性在置信度为 0.01 的水平上与图书阅读数量显著相关，回归系数为 –0.102，这说明图书娱乐消遣性对图书阅读量具有负影响，认为获奖图书的娱乐消遣性越强，图书阅读数量越低。网民对图书奖项的评选更看重其思想性而非娱乐性。奖项知名度、获奖图书思想性、获奖图书政治性、获奖图书艺术性、获奖图书时代性、获奖图书指导性以及获奖图书实用性与图书阅读数量并无显著相关性。以上可以看出，人们阅读图书更看重图书文字质量，而不是图书的娱乐消遣性，尽管人们希望通过阅读来减轻压力，但人们阅读图书更多是为了获得知识、提升个人修养。下图是中国图书奖项评价对图书阅读数量的影响模型，虚线框表中的四个指标对图书阅读数量具有正影响，实线框中的指标对图书阅读数量有负影响，其中奖项影响力以及获奖图书娱乐消遣性对图书阅读数量的影响最大（详见图 6.11）。

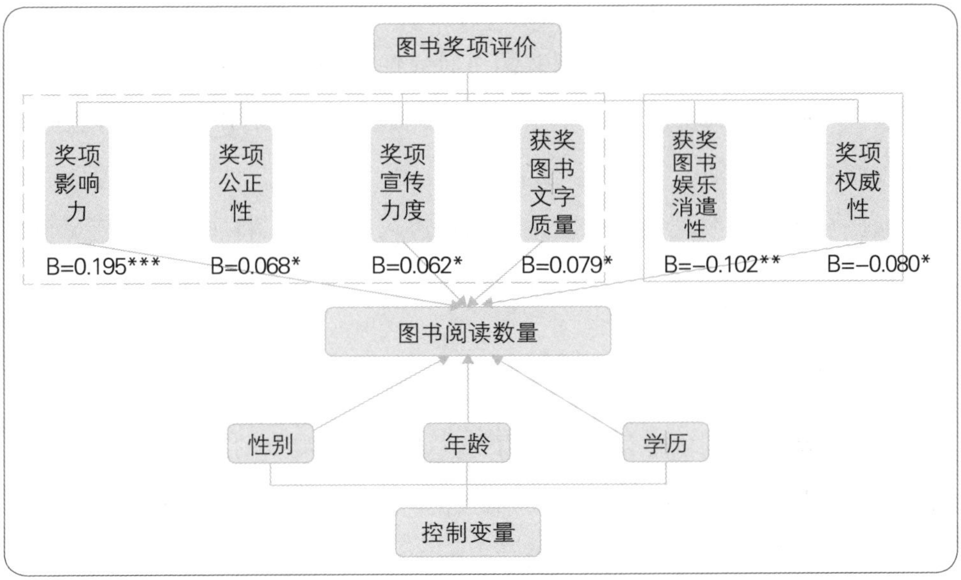

图 6.11　图书奖项评价对图书阅读数量的影响模型

第六节　不同类型图书阅读量对图书奖项评价的影响

为了进一步分析奖项评价对网民图书阅读的影响，本次研究详细调查了网民阅读不同类型图书的情况，报告中图书类型划分是：文学类、科技类、社科类、少儿类、生活类、教育类以及其他类型的图书。研究发现，中国图书奖项评价会影响网民的阅读行为，不同类型的图书由于其特点不同，网民的阅读情况也呈现出一定的差异性。本部分将采用回归分析的方法探究中国图书奖项评价对不同类型图书阅读数量的影响，其中涉及的指标有：

因变量：不同类型图书的阅读数量，具体包括文学类图书阅读数量、科技类图书阅读数量、社科类图书阅读数量、少儿类图书阅读数量、生活类图书阅读数量以及教育类图书的阅读数量。

自变量：中国图书奖项评价的 14 个指标，具体包括奖项影响力、奖项权威性、奖项知名度、奖项公正性、奖项宣传力度、获奖图书思想性、获奖图书政治性、获奖图书艺术性、获奖图书时代性、获奖图书指导性、获奖图书的可读性、获奖图书实用性、获奖图书文字质量以及获奖图书娱乐消遣性。

控制变量：性别、年龄和学历。

回归分析采用阶层回归分析中的强迫进入变量法，将 3 个控制变量放在第 1 层，14 个自变量放在第 2 层进行回归。

一、文学类图书

文学类图书最受女性偏爱，学历越高，读文学类书的越少。通过回归分析发现，在显著度为 0.001 的水平上，学历与文学类图书阅读数量呈负相关，此时回归系数为 –0.083，即学历越高人们阅读文学类作品越少，由于专业的细分，高学历网民对专业性图书的阅读需求较高，会深耕某一领域的专业知识，对大众文学类图书的阅读数量较低。奖项影响力、奖项宣传力度对文学类图书阅读数量具有正影响，回归系数分别为 0.198、0.062，对中国图书奖项影响力评价越高，认为中国图书奖项宣传力度越大，其阅读文学类图书的数量就越高。一般来说，人们倾向于阅读影响力较大的文学作品。在显著度为 0.001 的水平上，获奖图书的娱乐消遣性对文学类图书阅读量具有负影响，回归系数为 –0.167，读者对获奖图书娱乐消遣性评价越高，文学类图书阅读数量就越低。获奖图书的可读性与文学类图书阅读量也具有微弱的负相关，这主要是因为受众对文学类图书评价存有刻板印象，认为文学类图书文化内涵较高，不像通俗读物那样浅显易懂。获奖图书的政治性以及艺术性与文学类图书的阅读数量无显著相关。文学类图书大部分为虚构作品，其内容实用性相对较弱，但具有很高的文化价值（详见表 6.4）。

表 6.4　图书奖项评价对文学类图书阅读量的影响

阶层变量	阶层内预测变量	模型 1	模型 2
		B	B
控制变量	性别	–0.108**	–0.117**
	年龄	–0.008	0.002
	学历	–0.092***	–0.083***
自变量	奖项影响力		0.198***
	奖项知名度		0.060*
	奖项宣传力度		0.062*
	获奖图书娱乐消遣性		–0.167***
	奖项图书可读性		–0.083**
	奖项权威性		–0.059
	奖项公正性		0.039
	获奖图书思想性		–0.034
	获奖图书政治性		–0.007
	获奖图书艺术性		0.047
	获奖图书时代性		–0.006
	获奖图书指导性		–0.026
	获奖图书实用性		0.013
	获奖图书文字质量		0.021
回归模型摘要	调整 R^2	0.6%	2.5%
	Sig	0.000	0.000

1. 性别虚拟变量男 =1，女 =0。
2. *p<.05，**p<.01，***p<.001。

二、科技类图书

科技类图书为男性偏爱。通过回归分析发现，在显著度为0.001的水平上，年龄、学历与科技类图书的阅读数量呈现负相关，性别与科技类图书阅读量呈正相关，男性相比于女性阅读更多科技类图书。现有科技类图书科普性较强，既开拓个人视野，又可以满足个人好奇心、求知欲。年龄较小的网民好奇心强，会阅读相关书籍。随着年龄的增长，实用成为阅读的首要目的，因此在年龄较大的人群中，科技图书阅读量较低。

学历越低阅读科技类图书的数量越高。当今科技类图书质量参差不齐，有些科技图书猎奇性过强。学历较低的读者辨别力不足，容易受好奇心驱使，阅读低质量科技图书，而学历较高者则更具有判断力，选择科技类图书时更为谨慎。奖项的影响力、奖项的公正性、奖项的宣传力度以及获奖图书的实用性对科技类图书阅读量具有正影响，回归系数分别为0.125、0.056、0.070、0.087，其中获奖图书的实用性评价对科技类图书阅读数量影响最大，这也说明人们倾向于阅读实用性比较强且比较知名的科技类图书。在显著度为0.001的水平上，获奖图书的思想性以及获奖图书的娱乐消遣性对科技类图书阅读数量具有负影响，人们阅读科技类图书更多是为了获取相关专业知识，并非出于休闲娱乐的目的（详见表6.5）。

表6.5 图书奖项评价对科技类图书阅读量的影响

阶层变量	阶层内预测变量	模型1	模型2
		B	B
控制变量	性别	0.233***	0.231***
	年龄	−0.082***	−0.072***
	学历	−0.146***	−0.138***

续表

阶层变量	阶层内预测变量	模型 1	模型 2
		B	B
自变量	奖项影响力		0.125***
	奖项公正性		0.056*
	奖项宣传力度		0.070**
	获奖图书实用性		0.087***
	获奖图书思想性		–0.093***
	获奖图书娱乐消遣性		–0.102***
	获奖图书权威性		–0.037
	获奖图书知名度		–0.019
	获奖图书可读性		–0.043
	获奖图书政治性		0.002
	获奖图书艺术性		0.046
	获奖图书时代性		–0.031
	获奖图书指导性		–0.016
	获奖图书文字质量		–0.027
回归模型摘要	调整 R^2	2.7%	4.3%
	Sig	0.000	0.000

1. 性别虚拟变量男 =1，女 =0。
2.*p<.05，**p<.01，***p<.001。

三、社科类图书

社科类图书的时代性评价越高，网民阅读量越低。数据显示，在显著度为 0.001 的置信水平下，社科类图书的阅读数量与网民年龄、学历呈现负相关，年龄越高、学历越高，社科类图书阅读数量就越低，此外，男性社科类图书阅读数量高于女性。社科类图书涵盖行业广泛，但更贴近于大众生活知识，没有很强的专业性，人人都可以学习。随着年龄增长以及学历的提升，人们对此类型的图书需求也随之降低。奖项影响力、奖项宣传力度以及获奖图书实用性对社科类图书阅读数量具有正影响，回归系数分别为 0.166、0.066、0.068，人们更倾向于选择影响力较大且实用性较强的社科类图书。奖项的权威性、奖项图书的时代性、奖项图书的娱乐消遣性对社科类图书阅读数量成负影响，人们对获奖图书的时代性评价越高，社科类图书阅读数量越低。社会科学类图书主要研究与阐述各种社会现象及其发展规律，而社会发展规律总结需要一定的时间，因此社科类图书的时代性相对较弱。此外，人们倾向于阅读以往经典社科图书，而不是一味地追求时代热点。而获奖图书的政治性、思想性以及艺术性对社科类图书阅读数量无显著影响。社科类图书追求严谨科学，艺术性要求相对较低（详见表 6.6）。

表 6.6　图书奖项评价对社科类图书阅读量的影响

阶层变量	阶层内预测变量	模型 1	模型 2
		B	B
控制变量	性别	0.196***	0.191***
	年龄	−0.083***	−0.072***
	学历	−0.180***	−0.169***
自变量	奖项影响力		0.166***
	获奖图书实用性		0.068*
	奖项宣传力度		0.066**
	获奖图书时代性		−0.077**
	奖项权威性		−0.072*
	获奖图书娱乐消遣性		−0.103***

续表

阶层变量	阶层内预测变量	模型 1	模型 2
		B	B
	奖项知名度		0.005
	获奖图书思想性		–0.047
	获奖图书政治性		–0.023
	获奖图书可读性		–0.049
	获奖图书艺术性		0.050
	奖项公正性		0.028
	获奖图书指导性		0.027
	获奖图书文字质量		–0.037
回归模型摘要	调整 R^2	2.6%	4.3%
	Sig	0.000	0.000

1. 性别虚拟变量男 =1，女 =0。
2. *p<.05，**p<.01，***p<.001。

四、少儿类图书

少儿类图书奖项权威性不足，文字质量待提升。通过回归分析发现，在显著度为 0.001 的水平上，少儿类图书阅读数量与年龄、学历呈现明显负相关。少儿类图书的适用对象具有很强的针对性，购买群体一般为年轻的父母，读者为少儿群体。少儿类图书内容浅显，图画丰富，对儿童的成长有一定的引导作用。在显著度 0.001 的置信水平下，奖项影响力、奖项宣传力度、获奖图书实用性对少儿类图书阅读数量具有正影响，回归系数分别为 0.179、0.098、0.102，说明人们倾向于阅读比较知名且实用性比较强的少儿类图书。奖项权威性、获奖图书时代性、获奖图书文字质量以及获奖图书娱乐消遣性对少儿类图书阅读量具有负影响，其中获奖图书的娱乐消遣性对少儿类图书阅读数量影响最大，回归系数为 –0.122。获奖图书政治性、思想性以及艺术性对少儿类图书阅读量无显著影响。少儿类图书语言简练，书中情节主要依靠画面来呈现，使儿童能够从画面中了解书中内容，从而发挥图书的教育引导作用，因此并不刻意追求图书的政治性以及思想性（详见表 6.7）。

表 6.7　图书奖项评价对少儿类图书阅读量的影响

阶层变量	阶层内预测变量	模型 1	模型 2
		B	B
控制变量	性别	–0.004	–0.013
	年龄	–0.118***	–0.105***
	学历	–0.199***	–0.185***
自变量	奖项影响力		0.179***
	获奖图书实用性		0.102***
	奖项宣传力度		0.098***
	获奖图书时代性		–0.070*
	奖项权威性		–0.061*
	获奖图书娱乐消遣性		–0.122***
	获奖图书的文字质量		–0.060*
	获奖图书可读性		–0.081**
	获奖图书思想性		–0.052
	获奖图书政治性		–0.043
	获奖图书艺术性		0.049
	奖项知名度		–0.035
	获奖图书指导性		0.023
	奖项公正性		0.031
回归模型摘要	调整 R^2	2.8%	5.1%
	Sig	0.000	0.000

1. 性别虚拟变量男 =1，女 =0。

2.*p<.05，**p<.01，***p<.001。

五、生活类图书

生活类图书，网民学历越高，阅读量越低。数据显示，在显著度为 0.001 的水平下，生活类图书阅读数量与学历呈明显负相关，学历越高，生活类图书阅读数量越低。随着人们知识储备的增加和生活阅历的丰富，人们基本不再通过生活类图书获取生活知识。年龄对生活类图书的阅读量也呈现负相关，即产生负影响，年龄越大其生活阅历越多，对生活类图书的依赖就少，而年龄较小的人，生活知识相对缺乏，需要通过看书来补充这方面知识。在显著度为 0.001 的水平下，奖项影响力、获奖图书实用性对生活类图书阅读数量具有正影响。生活类图书的实用性比较强，人们希望阅读实用性比较强且能够对生活产生指导作用的图书。获奖图书文字质量以及获奖图书娱乐消遣性对生活类图书阅读数量呈负影响，回归系数分别为 –0.041、–0.103。生活类图书市场持续发展，对生活类图书的用户划分也更加精细化、精准化，加之人民生活品质的提升，因此对生活类图书的可读性以及文字质量也提出了更高的要求（详见表 6.8）。

表 6.8　图书奖项评价对生活类图书阅读量的影响

阶层变量	阶层内预测变量	模型 1	模型 2
		B	B
控制变量	性别	0.034	0.031
	年龄	–0.047*	–0.037*
	学历	–0.199***	–0.191***
自变量	奖项影响力		0.148***
	获奖图书实用性		0.099***
	奖项宣传力度		0.070**
	获奖图书文字质量		–0.041*
	获奖图书娱乐消遣性		–0.103***
	获奖图书可读性		–0.068

续表

阶层变量	阶层内预测变量	模型 1	模型 2
		B	B
自变量	奖项权威性		–0.039
	奖项知名度		–0.014
	奖项公正性		0.016
	获奖图书思想性		–0.027
	获奖图书政治性		–0.004
	获奖图书艺术性		0.051
	获奖图书时代性		–0.051
	获奖图书指导性		–0.006
回归模型摘要	调整 R^2	2.6%	4.4%
	Sig	0.000	0.000

1. 性别虚拟变量男 =1，女 =0。
2.*p<.05，**p<.01，***p<.001。

六、教育类图书

教育类图书，网民年龄越大，读得越少。通过回归分析发现，在显著度 0.001 的置信水平下，教育类图书阅读数量与年龄、学历呈现明显负相关，学历越高、年龄越大，教育类图书阅读数量越低。教育类图书中很大一部分是教材、教辅类，尽管近年来成人教育、继续教育不断发展壮大，但学生群体仍是教辅类图书的阅读主力，学历越高对教材类图书的依赖越低。奖项影响力、奖项公正性、奖项宣传力度以及获奖图书的艺术性对教育类图书阅读数量均具有正影响，回归系数分别为：0.159、0.057、0.064、0.055。奖项影响力越大，教育类图书阅读数量越多，人们比较认可影响力较大、评选比较公正的图书。获奖图书娱乐消遣性以及获奖图书的可读性对教育类图书阅读数量具有负影响，回归系数分别为 –0.124，–0.082。教育类图书比较注重严谨科学性，对图书文字质量要求较高，具有一定的理论深度以及思想性，不像普通的大众读物那样浅显易懂（详见表 6.9）。

表 6.9　图书奖项评价对教育类图书阅读量的影响

阶层变量	阶层内预测变量	模型 1	模型 2
		B	B
控制变量	性别	0.073*	0.069*
	年龄	–0.111***	–0.100 ***
	学历	–0.182***	–0.133***
自变量	奖项影响力		0.159***
	奖项公正性		0.057*
	奖项宣传力度		0.064**
	获奖图书艺术性		0.055*
	获奖图书娱乐消遣性		–0.124***
	获奖图书可读性		–0.082**
	奖项权威性		–0.045
	奖项知名度		–0.043
	获奖图书思想性		–0.009
	获奖图书政治性		–0.033
	获奖图书时代性		–0.041
	获奖图书指导性		0.016
	获奖图书文字质量		–0.018
	获奖图书实用性		0.044
回归模型摘要	调整 R^2	2.7%	4.3%
	Sig	0.000	0.000

1. 性别虚拟变量男 =1，女 =0。

2. *p<.05，**p<.01，***p<.001。

第七节 结论

在对中国图书奖项的评价中，网民认为获奖图书政治性、图书文字质量、图书的时代性、思想性以及可读性是中国图书奖评选所看重的标准，其中图书的政治性尤为明显。由于中国的图书奖项大多由政府组织、专家评选，要求获奖图书能够传递社会的正能量，宣传社会主义价值观，对社会主义文化建设起到很好的引导示范作用，因此在网民眼里，中国图书评选天然地带有政治色彩。网民认为图书奖项的评选更看重图书自身的特点，认为图书应当具有实用性、思想性以及可读性，对图书的文字质量也比较重视，网民对奖项自身的评价较低，认为奖项的影响力、知名度、宣传力度等都有待提升。2016 年，中国国民平均阅读量 7.86 本，纸质书阅读量不足 5 本，在本次调查中有 42% 的网民阅读量在 5 本以内，由此可见大部分网民并未形成阅读的习惯，对中国图书奖项的关注度也较低。

从人口特征上来看，女性网民认为图书奖项的评选看重图文质量，而男性则认为中国图书奖项的政治性较强；老年人更关注图书的时代性，中年人则认为中国获奖图书的政治性较强。不同职业的网民由于其学历背景、阅读图书数量以及种类的差异，对中国图书奖项的评价也呈现出差异性。企业领导或管理人员对中国图书奖项各个指标的评价最高，自由从业者对中国图书奖项的评价最低，而公检法系统职员对中国图书奖项的评价具有较大的波动性。

在地理空间分布上，不同区域网民对中国图书奖项的总体评价基本呈现出西部、东部高、中部低的趋势。此外，网民购买图书的数量以及阅读图书的数量会影响其对中国图书奖项的评价，人们会依据自己以往的经验对中国图书奖项进行评价。阅读以及购买图书数量越多，对图书奖项影响力的评价就越高，并且呈现出明显的读者与非读者之间的差异，非读者对中国图书奖项评选各个指标的评价明显低于读者。

对中国图书奖项的评价在一定程度上会影响网民的阅读选择，不少网民会根据中国获奖图书名单来决定自己阅读图书的类型，也会根据图书的获奖情况来决定是否购买。尽管如此，网民对中国图书奖项各个指标的认可度并不高，认为中国图书奖项的评选指标与心中的评估标准有较大差距，网民倾向于购买影响力比较大的图书，而阅读图书时不仅会考虑到图书的影响力，还会考虑图书的文字质量。

第七章
对图书奖项推荐评选方式的评价

好书具有教育大众、引导社会风气的作用。好书不仅能为大众文化消费提供必要参考，也可以协助读者形成与社会主流价值相一致的人生观、世界观。怎样选好书，以什么标准选好书，好书的推荐评选方式很重要。网民对图书奖项的推荐评选方式怎么看？图书奖项推荐评选方式是否会影响网民对图书奖项的认知与评价？本章节通过对图书奖项推荐评选方式的调查和网民认同度进行分析，旨在发现网民最为认可的推荐评选方式，了解网民心目中的“好”书。

第一节　对图书奖项推荐评选方式的认同度

在图书推荐评选方式中，设置了10个选项，即读者、网络平台、媒体组织、文化组织、专家、图书馆、书店、出版社、政府管理部门、两类以上权威组织。在诸多方式中，读者推荐评选占比25.25%，位列第一；两类以上权威组织推荐评选占比13.97%，网络平台推荐评选占比13.00%，分列第二、三名（详见图7.1）。

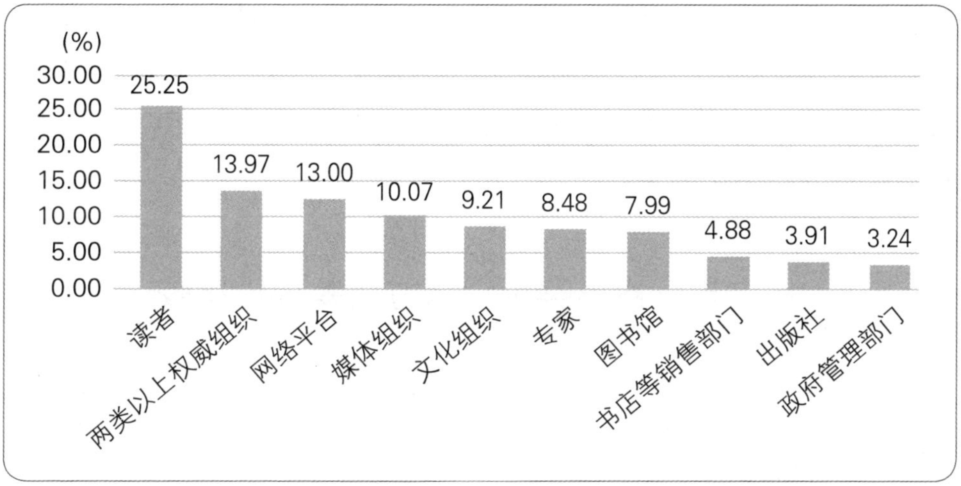

图 7.1　推荐方式排序

读者推荐评选居于首位大概有两大主要原因：首先，可归因于身份相近而引发的同理心效应。同为消费者，共享类似的讨论立场、观察视角，有助于其在一定程度形成一致的图书评判标准，故网民认可度较高。其次，作为评奖结果的非直接获益者，读者在评选图书时更易秉持客观公正态度，不受其他利益因素影响，以图书作品本身为首要参评标准。因此，读者推荐评选方式在心理上最为网民推崇。但结合网民对图书奖项的评价看，网民评价高、排序靠前的诸多奖项并不是读者推荐评选方式选出的。网民的这种矛盾心理折射出当今读者推荐评选方式评出的图书奖项的各项指标还有待提高。

两类以上权威组织推荐评选强调双重认证，多重检验，增强了图书奖项评选的可信度。同时，随着互联网发展，民众接触、使用媒介时间进一步延长，网购图书蔚然成风，网络平台已经成为消费者获取图书信息、阅读、消费图书产品的重要场景之一。消费者无形中将对平台的熟悉度、信任感映射于图书奖项评选领域，使得网络平台颇受信赖。因此，两类以上权威组织推荐评选、网络平台推荐评选亦获得消费者认可。

而作为获奖图书利益主体的书店（4.88%）、出版社（3.91%）推荐评选方式网民认可度较低。政府管理部门组织评奖的认可度最低（3.24%），网民对官方属性评选机构的“刻板印象”或是其根源。但结合网民对图书奖项的评价看，政府组织的很多奖项网民评价排名都不低，说明政府组织评出的奖项在网民心中还是有影响力的。

第二节　图书奖项评选方式差异性比较

男女性别差异与年龄差异这两个方面对图书推荐评选的评价影响较大。

一、性别差异

从整体认同态势来看，男性略高于女性。就具体推荐方式排序而言，女性更认可两类以上权威组织、文化组织、专家评选推荐，可见女性更容易受“专业主义”权威性的影响（详见表 7.1）。

表 7.1　推荐方式的性别差异

	男	女
读者	1	1
网络平台	2	3
两类以上权威组织	3	2
媒体组织	4	5
文化组织	5	4
图书馆	6	7
专家	7	6
书店	8	8
出版社	9	9
政府管理部门	10	10

从对各类推荐评选方式认可程度差值来看，男、女两性在政府管理部门推荐评选中差异最大，高达18.20%，而在专家、两类以上权威组织推荐评选方式上认可差距最小，仅为1.40%（详见表7.2）。

表7.2　推荐方式的差异程度

	男	女	差值
政府管理部门	59.10%	40.90%	18.20%
媒体组织	55.20%	44.80%	10.40%
读者	53.30%	46.70%	6.60%
网络平台	53.20%	46.80%	6.40%
出版社	52.80%	47.20%	5.60%
书店	47.20%	52.80%	5.60%
图书馆	52.60%	47.40%	5.20%
文化组织	47.70%	51.30%	2.60%
专家	49.30%	50.70%	1.40%
两类以上权威组织	49.30%	50.70%	1.40%

男性在日常生活中接触新闻频率较高，更关注政府事宜，接触信任差异延伸至推荐信任差异，成为产生差值的根源。专家、两类以上权威组织均以专业性见长，信源威望高，因此男女两性在这两类推荐评选方式上认知差异较小。

二、年龄差异

年龄差异对图书推荐评选方式认可度影响较小，大体趋势相同，但仍存在少许变化。在25岁及以下群体中，图书馆、两类以上权威组织推荐并列第三，出版社、书店则同居第八（详见表7.3）。

表 7.3　推荐方式排序的年龄差异

	25 岁及以下	26—35 岁	36—45 岁	46—55 岁	56 岁及以上
读者	1	1	1	1	1
网络平台	2	2	3	3	4
图书馆	3	5	7	8	8
两类以上权威组织	3	3	2	2	2
文化组织	5	6	5	5	5
媒体组织	6	4	4	6	7
专家	7	7	6	4	3
出版社	8	9	9	9	10
书店	8	8	8	7	6
政府管理部门	10	10	10	10	9

虽然网络平台推荐评选一直居于前列，但随着年龄增长，呈现下降趋势。这或许与年长者对网络平台接触时间较短、使用频率较低的生活习惯有关。

图书馆推荐在 25 岁及以下网民中作用显著。该年龄段网民仍以在校学生为主，对图书的文化品位要求较高。图书馆享有较高的学术声誉，且又是 25 岁及以下网民阅读图书的重要场景，因此颇受信赖。

媒体组织推荐评选在 26—35 岁、36—45 岁网民中地位有所上升。媒体是这两大群体获取信息的主要渠道，强媒介沉浸感、信息获取依赖使得媒体在图书推荐、评奖上拥有一定话语权。

专家推荐评选方式整体表现不佳，但却在 56 岁及以上的网民中获得较高认可度。可见年长者在评价图书时，更注重其专业性、学理性，专家正是凭借其丰富的专业知识赢得了 56 岁及以上网民的认同。

第三节 读者推选与专家推选各有所长

以专家为代表的精英文化、以读者为代表的大众文化看似对立，实则殊途同归。网民虽在投票中更认可读者推选评价，但在图书奖项认同度中专家推荐评选却最高。

一、读者推选与专家推选差异性大

数据显示，在图书奖项推荐评选方式上，以读者为代表的大众文化一马当先最受网民欢迎，而以专家为代表的精英文化却位于倒数位置，形成鲜明对比。该结果与网民对好书评价标准趋势一致，即“读者评价高”是网民评判好书与否的第一标准，而“专家评价高”却处于倒数位置。

这与评选方特定的身份、立场密切相关。同为消费者的身份属性引发同理心效应，而作为评奖结果的非直接获益者，这一中立立场使其评选态度更为公正客观，不易受其他利益因素影响。因此，读者推荐评选方式最为网民推崇。

专家推荐不受欢迎则与其或半官方身份，或污名化现象有关。网民主观认为在中国获奖图书评选中，政治性是最受重视的标准。而专家在一定程度上扮演了官方机构的发言人，加之受到过去“砖家”事件的污名化影响，其推荐认可度大打折扣。

二、推选方式与奖项认同差异性大

整体而言，网民评价最高的图书奖项为茅盾文学奖、鲁迅文学奖、诺贝尔文学奖。在国内奖项中，评价最高者分别是茅盾文学奖、鲁迅文学奖等，以上奖项均由专家评选推荐产生，可见网民对专家的“逆反心理”并未影响其对专家推荐评选图书奖项的认可。

专家推荐评选的图书奖项实际上更受网民认可，大概可归结为以下三方面原因：第一，图书使用目的决定了专家推荐评选最有用。本次调查显示，网民最认可图书的学习知识功能。具备这一功能的图书专业性强、文化品位高，普通读者无法凭一己之力完成优质图书的筛选、品读。而专家凭借其专业优势、学识阅历，在该类图书评选上具有绝对的话语优势，这在一定程度上解释了为何专家评选奖项最受信赖。第二，由专家评选的图书奖项历史悠久，享有良好的声誉和深厚的群众基础。因此，网民更倾向于认同此类具有较大社会影响力的图书奖项。换言之，在一定程度上，熟悉度与信任度存在正向关系。第三，读者推荐评选的图书奖项还不成熟，网民推选的网络奖项受众有限，仅在“网络活跃群体”中有所影响。此外，某些网络推荐评选以销量为纲，更关注经济效益，在具体的推荐评选活动中存在利益纠葛，佐以花样繁多的营销活动，一定程度上消解了奖项的权威性，因此评出的奖项并不受消费者信赖。

综上所述，大众文化和精英文化相互影响、相互渗透，最终走向融合是一种必然的趋势。精英文化应适当地借鉴和利用大众文化形式，实现对其正面引导。因此，作为精英文化代表的专家应加强自身形象品牌建设，提高读者信赖度、认同度，利用自身专业优势，在好书推荐评选中发挥积极作用。

第四节　结论

“读者推荐评选”被认为是人们心中好书评奖的最佳方式，其次是两类以上权威组织和网络平台。但结合网民对图书奖项的评价看，网民评价高、排序靠前的诸多奖项并不是读者推荐评选方式选出的。网民的这种矛盾心理折射出当今读者推荐评选方式评出的图书奖项各项指标还有待提高。网民对专家推荐评选方式评价排名较低。专家推荐不受欢迎则与其或半官方身份，或污名化现象有关。消费者虽在投票中更认可读者推选评价，但在对图书奖项的认可中仍以专家评选为准。以专家为代表的精英文化、以读者为代表的大众文化看似对立，实则殊途同归。由读者产生的评论和意见往往会带给消费者一种人际传播式的接近性，产生一种“大家都爱读”的心理，从而促使消费者去购买和阅读。而“专家评价”是由专家推荐的书籍，通常在价值观上趋向于权威性与社会性，在内容上具有更强的学术性和专业性。但这些标准，往往不是消费者读(买)书时所考虑的第一因素。整体而言，网民认同度高的奖项为茅盾文学奖、鲁迅文学奖、诺贝尔文学奖。在国内奖项中，认同度高的分别是茅盾文学奖、鲁迅文学奖等。以上奖项均由专家评选推荐产生，可见读者对专家的“逆反心理”并未影响其实际行动。首先，因为普通读者无法凭一己之力完成优质图书的筛选，而专家凭借其专业优势、学识阅历，在该类图书评选上具有绝对的话语优势。其次，由专家评选的图书奖项历史悠久，享有良好的声誉和深厚的群众基础。因此，网民更倾向于认同此类具有较大社会影响力的图书奖项。最后，读者推荐评选图书奖项还不成熟，网民评选的网络奖项受众有限，仅在“网络活跃群体”中有所影响，并未全民普及。

网民对图书奖项的认知在一定程度上影响其阅读行为。加强对图书奖项的宣传力度，提高各大图书奖项的知名度，有助于形成全民阅读的社会风气。改变网民对中国图书奖项的传统认知，保持中国图书奖项评选权威性、影响力的同时，还应吸纳更多大众的意见，开辟专门的读者评选渠道，让读者亲自参与到图书评选中。另外，还要关注受众的差异性，图书评选不能“一刀切”，应根据网民群体特点评选出不同类型的书籍。倡导专家评选、读者评选的同时，对于某些以销量、热度为评选标准的网络好书评选，应给予相应的引导。图书奖项评价不仅关乎网民的阅读偏好，更关乎社会文化的建设，因此不能只追求经济利益而忽略社会意义。

第八章
图书出版满意度调查

本调查为网络调查，在全国 34 个省级行政区共采集有效调查问卷 29744 份，涉及网民对出版工作的职业认知情况、图书类型关注度、读书目的分析、对当前图书不满意的原因、图书载体偏爱度比较和获取图书信息的渠道比较等方面的内容。数据分析结果表明：一是大多数消费者都将出版工作视为“文化的职业”，二是“内容”是消费者购买图书最看重的因素，三是生活实用类图书是消费者最关注的图书类型，四是消费者的主要读书目的是“个人知识面扩大”和“娱乐消遣”，五是“内容空洞”和“价格高”是造成读者对当前图书不满意的主要原因，六是传统的纸质书仍是最让消费者满意的阅读载体，七是当前消费者对“微信公众号”这一图书信息获取渠道的使用率最高。

第一节　研究背景与方法

出版业以服务读者为旨归，而读者的需求又总是在不断变化。图书出版满意度的调查研究，实际上是对某一特定时段的出版业态的研究。研究既以作为接受者的网民为研究对象，更强调网民的认知和体验，倾向于从“读者”的视角出发来界定“出版”，即出版主要是指出版工作者对图书、报刊、电子、网络、音像等载体所承载的内容进行编辑、印刷、复制以及发行的整体过程。因此，关于图书出版满意度的调查实质上就是就网民对现阶段图书的编辑、印制和发行的整体过程以及在整个过程中所产出的产品、所提供的服务是否满足了他们的意愿以及满足的程度如何进行的调查。

一、研究背景

媒介融合背景下，出版业正发生着深刻变化。数字技术的飞速革新升级以及各行业以“优势互补”为基点进行的互动式协作发展，已将图书出版推向了一个全新的生长业态中。媒介融合对于出版产业发展的意义，是使出版产业获得“媒介技术”的支持，推动出版流程重塑再造，产品形态和产业形态转型升级。不同媒介在出版领域通过内容、渠道、平台、终端、经营、管理等方面的深度融合，极大地提高了出版的传播力、影响力和竞争力，因而为出版产业创新发展带来巨大机遇，为促进文化大发展、大繁荣提供了强劲动力。从读者方面来看，物质生活的满足正不断地激发他们对精神生活的更高追求，阅读作为一种知识汲取方式和娱乐消遣方式，必然会给读者群体带来精神上的愉悦和享受，而被视为“场景时代”[①]五大技术力量的大数据、移动设备、社交媒体、传感器和定位系统，也将在未来进一步刺激读者对图书出版全方位的体验性需求。如何能最大限度地满足读者的需要，为他们提供满意度较高的服务，也由此成为图书出版从业者亟待思考和解决的问题。

实际上，学界和业界都曾预言过纸质书的消亡，但从目前来看，传统的纸质书阅读仍然占据相当的比例，而像手机、电脑、Kindle 阅读器这些以数字技术为核心的图书载体，也确实以其极高的便捷度吸引着更多的读者。图书出版业虽然是文化生产型行业，其产业链条的每一个环节牵动着整个业态的变化和发展，但从根本上说，其生产的产品和提供服务的接受效果才最能反映当下图书出版的现状。

本报告是网络调查报告，共采集有效调查问卷 29744 份，涉及网民对出

---

① 罗伯特·斯考伯，谢尔·伊斯雷尔．即将到来的场景时代．赵乾坤，周宝曜译．北京：北京联合出版公司，2014：11.

版工作的职业认知情况、图书类型关注度、读书目的分析、对当前图书不满意的原因、图书载体偏爱度比较和获取图书信息的渠道比较六个方面的内容。本次研究试图对网民进行一次比较全面的关于图书出版满意度的调查，研究将不仅有助于展现当前图书出版的“接受”状况，也会为图书出版业的优化升级提供一些可供参考的意见。

二、概念厘清

在进行图书出版满意度调查和分析之前，首先必须要厘清两个核心概念：一是图书出版，二是满意度。对出版的定义历来众说纷纭，学界更看重理论性阐述，业界更注重实践性分析。事实上，出版业以服务读者为旨归，而读者的需求又总是在不断变化，所以出版业是动态性极强的产业；但是，对图书出版满意度的调查研究实际上又是一种对某一特定时段的出版业态的研究，这样出版又是一个相对静态的阶段性概念。本次研究既以作为接受者的网民为研究对象，强调网民的认知和体验，又更倾向于从“读者”的视角出发来界定出版，也就是一般意义上较容易理解的出版，即出版主要是指出版工作者对图书、报刊、电子、网络、音像等载体所承载的内容进行编辑、印刷、复制及发行的整体过程。本次研究中所指的图书出版是出版的一个分支，它将图书视为与报纸杂志、音像制品等相区别的一类，但不再对出版载体进行划分剔除，因此，既包括纸质书出版，也涵盖数字出版。

满意，就是意愿得到满足、符合心愿。满意度一词更多地应用于管理学和经济学当中，许多调查性研究都以“用户满意度”或者“员工满意度”为核心展开，而实际上调查的就是用户对企业提供的产品的质量、价格，所涉及的服务或员工对企业提供的薪资待遇、工作环境、职业发展前景等是否满意和满意程度如何。所以满意度是一种心理状态，强调的是一种愉悦感和满足感。度似乎是一个能够给出具体数值的概念，但其实也只是一种抽象的说法。网民是用户群体中的一员，网民对于图书出版的满意程度究竟怎样，是需要通过对网民进行一系列有指向性的提问来评估的。因为缺乏科学权威的价值评判参考标准，所以现阶段这种评估还不能够以测评分值的结果形式来呈现，不过它却可以通过对心理感受的调查来从整体上反映网民对当下图书出版的基本态度。因此，关于图书出版满意度的调查，实质上就是就网民对现阶段图书的编辑、印制和发行的整体过程以及在整个过程中所产出的产品、所提供的服务是否满足了他们的意愿以及满足的程度如何进行的调查。

三、研究方法

本次调查收回有效问卷 29744 人份，地域涵盖我国大陆所有省、直辖市、自治区和港澳台地区（样本构成详见表 8.1）。

表 8.1　样本构成

性别构成	男	47.8%
	女	52.2%
年龄构成	20 岁及以下	3.6%
	21—30 岁	30.8%
	31—40 岁	38.1%
	41—50 岁	20.1%
	50 岁以上	7.4%
收入构成	2000 元及以下	22.0%
	2001—4000 元	40.4%
	4001—6000 元	19.2%
	6001—8000 元	8.0%
	8001—10000 元	4.9%
	10001—15000 元	2.8%
	15001—20000 元	0.9%
	20001—30000 元	0.7%
	30000 元以上	1.1%

续表（1）

文化程度构成	小学及以下	0.9%
	初中	2.8%
	高中	16.7%
	大学	73.0%
	硕士	5.6%
	博士	1.0%
地区构成	北京	7.7%
	天津	2.2%
	上海	10.0%
	重庆	1.1%
	河北	3.2%
	河南	3.2%
	云南	0.5%
	辽宁	3.6%
	黑龙江	1.7%
	湖南	2.5%
	安徽	4.4%
	山东	5.5%
	新疆	0.3%
	江苏	10.4%
	浙江	7.0%
	江西	3.0%
	湖北	3.7%
	广西	2.3%
	甘肃	1.1%
	山西	1.5%
	内蒙古	0.9%

续表（2）

地区构成	陕西	1.3%
	吉林	1.6%
	福建	4.3%
	贵州	0.7%
	广东	11.5%
	青海	0.2%
	西藏	0.1%
	四川	2.6%
	宁夏	0.2%
	海南	0.6%
	台湾	0.1%
	香港	0.1%
	澳门	0.9%

第二节　对图书出版工作的职业认知

图书是人类智慧的结晶，是知识传播的重要工具。图书出版业负责图书的生产与传播。网民对图书出版业是否了解？如何看待图书出版职业？如何评价？从调查中，我们看到了不同的答案。

一、网民对图书出版业认知的总体情况

41.9%的网民没有把出版工作视为“神圣的职业”和“文化的职业”。本次调查在“对出版工作的看法”一问中设置了“神圣的职业”“文化的职业”“普通职业”“商业气息浓厚的职业”四个选项。数据显示，网民认为出版工作是“神圣的职业”占11.0%；认为出版工作是“文化的职业”占47.1%；

而把出版工作视为“普通职业”的网民占27.2%；认为出版工作者所从事的是“商业气息浓厚的职业”的网民占14.7%。共计41.9%的网民没有把出版工作视为“神圣的职业”和“文化的职业”（详见图8.1）。

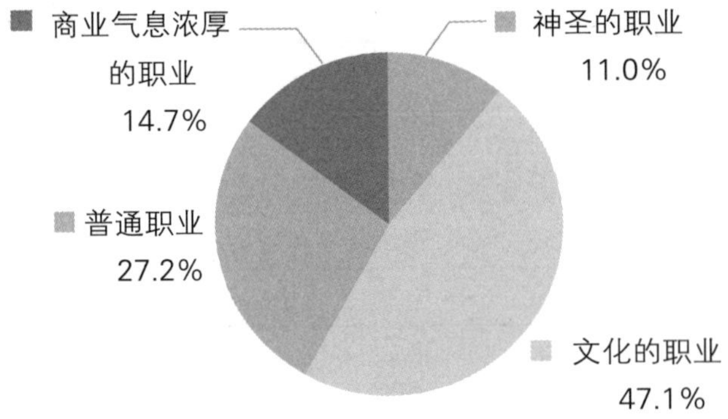

图8.1 网民对出版工作的看法

二、性别对图书出版业认知的影响

女性和男性网民对出版工作的职业认知存在一定差异。调查发现，“神圣的职业”和“文化的职业”反映了网民对出版工作的“专业性的职业”认知，即认为出版工作者是值得尊重和肯定的，是具有面向文化的专业技能的职业群体；而“普通职业”和“商业气息浓厚的职业”则体现出网民对出版工作的“非专业性的职业”判定，即把出版工作者视为没有专业技能且更侧重以营利为工作目的的职业群体。通过调查可以发现，尽管从总体上网民对出版工作的职业认知比较统一，但是性别差异也带来了认知上的差异：在“非专业性的职业”认知涵盖的两个选项中，男性的比例均稍高于女性；而在“专业性的职业”认知部分，更多的女性认为出版工作是一项“文化的职业”，而选择“神圣的职业”的男性比例则要高于女性（详见图8.2）。

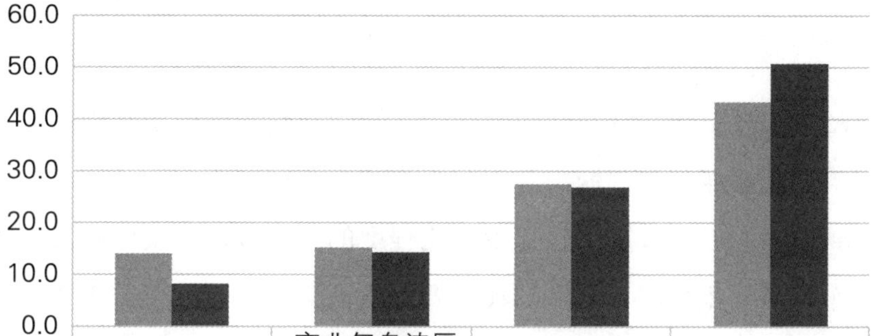

(%)	神圣的职业	商业气息浓厚的职业	普通职业	文化的职业
男	14.0	15.2	27.5	43.3
女	8.2	14.3	26.9	50.7

图 8.2　不同性别网民对出版工作的看法

三、年龄对图书出版业认知的影响

20 岁及以下的网民视出版工作为“专业性的工作”的比例最高。综合调查数据分析可以得出：不同年龄的网民对出版工作的看法有所不同，其中，20 岁及以下的网民视出版工作为“专业性的工作”的比例最高，占 64.5%。中年人视出版工作为“非专业性的工作”的比例高于青少年，反映出年龄较大的网民群体由于知识和经验积累较为丰富，对出版工作的专业性要求较高（详见图 8.3）。

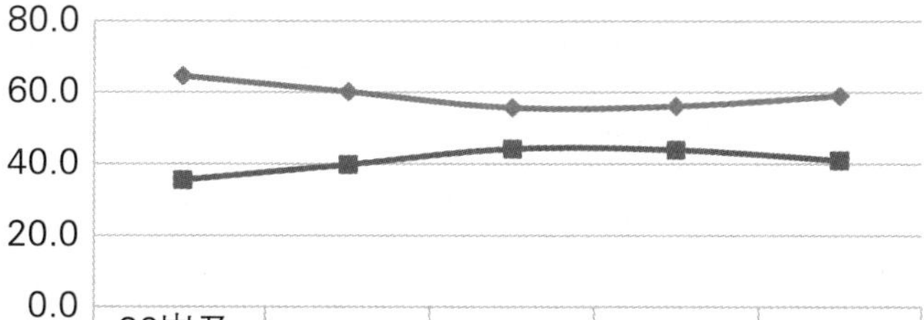

(%)	20岁及以下	21–30岁	31–40岁	41–50岁	50岁以上
专业性的	64.5	60.1	55.7	56.1	59.0
非专业性的	35.5	39.8	44.2	43.9	41.0

图 8.3　不同年龄的网民对出版工作的看法

四、学历对图书出版业认知的影响

网民对出版工作“专业性的工作”认知随文化程度的增高而递减。调查数据表明：从总体上看，网民对出版工作“专业性的工作”认知随文化程度的增高而递减。小学及以下、初中文化程度的网民较博士文化程度的网民视出版工作为“专业性的工作”的比例要明显高于“非专业性的工作”的判定比例（详见图 8.4）。

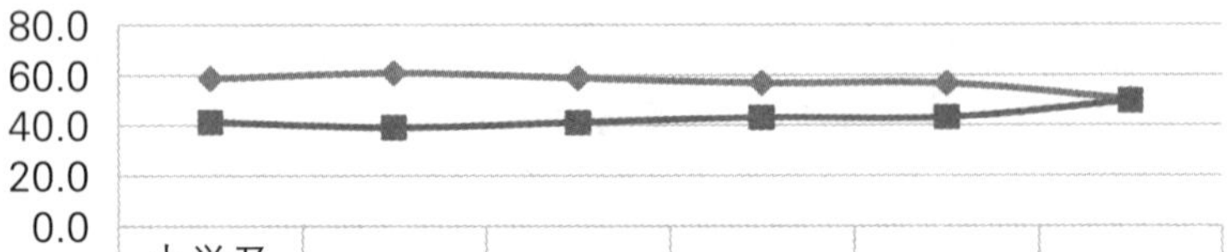

(%)	小学及以下	初中	高中	大学	硕士	博士
专业性的	58.7	60.9	58.9	56.9	56.7	50.2
非专业性的	41.3	39.1	41.1	43.1	43.3	49.8

图 8.4　不同文化程度的网民对出版工作者的看法

五、收入对图书出版业认知的影响

收入在 15001—30000 元区间的网民多视出版工作为“专业性的工作”。调查数据显示：网民对出版工作的“专业性”与“非专业性”的认知受他们的收入水平因素影响相对较小；不过比较而言，收入在 15001—30000 元之间的网民更倾向视出版工作为“专业性的工作”（详见图 8.5）。

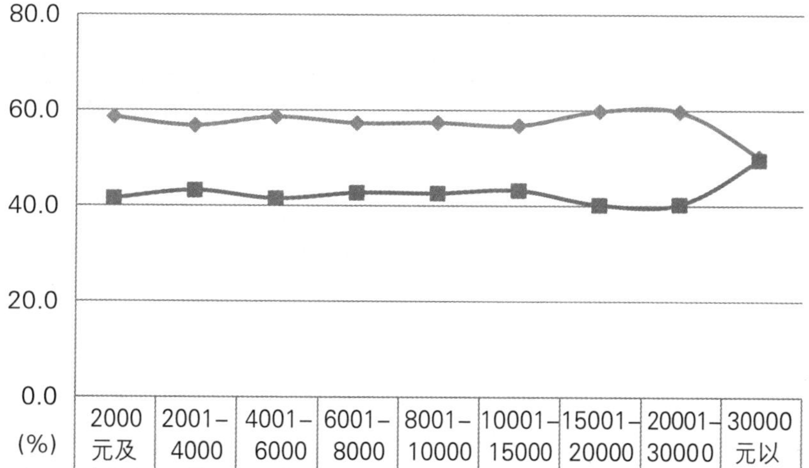

	2000元及以下	2001–4000元	4001–6000元	6001–8000元	8001–10000元	10001–15000元	15001–20000元	20001–30000元	30000元以上
专业性的	58.6	56.8	58.5	57.3	57.4	56.8	59.8	59.7	50.4
非专业性的	41.4	43.2	41.5	42.7	42.6	43.2	40.2	40.3	49.6

图 8.5 不同收入水平的网民对出版工作的看法

六、地域对图书出版业认知的影响

港澳台地区网民对出版工作的“专业性的工作”认知比例较高。调查数据显示，在台湾地区有 83.3% 的网民认为出版工作是“专业性的工作”，澳门地区和香港地区的比例也分别达到了 68.6% 和 68.2%。港澳台地区网民对出版工作“专业性”的认同比例之所以较高，一方面是由于区域内读者的文化素养相对较高，图书的需求量大，读者对图书的判定价值也相对较高；另一方面与之相应的，是港澳台地区的出版业无论是在出版体制的建设、出版企业的运营管理上，还是在图书的选题策划和出版营销以及提供相关的服务上，都积累了更丰富的经验（详见表 8.2）。

表 8.2　不同地区网民对出版工作的看法

地区	对出版工作者的“专业性的职业”认知比例（%）	地区	对出版工作者的“专业性的职业”认知比例（%）
北京	57.0	广西	55.4
天津	55.8	甘肃	60.9
上海	60.2	山西	58.4
重庆	55.2	内蒙古	55.8
河北	56.5	陕西	57.9
河南	55.6	吉林	62.2
云南	57.0	福建	57.6
辽宁	53.3	贵州	60.6
黑龙江	60.2	广东	58.4
湖南	60.0	四川	56.9
安徽	58.4	宁夏	72.0
山东	57.1	海南	59.4
新疆	61.7	西藏	61.1
江苏	57.2	香港	68.2
浙江	58.2	澳门	68.6
江西	60.9	台湾	83.3
湖北	58.4		

第三节　网民对图书元素、图书类型的关注度

构成图书的元素很多，图书的类型也很多。了解网民看重图书的哪些元素，喜欢什么类型的书，对于图书出版业细分受众进行更有针对性的知识服务很重要。

一、“内容”是网民最关注的图书元素

本次调查在问卷中为网民设置了 9 项图书关注元素，供其进行多项选择。这些元素分别为内容、作者、书名、封面与装帧设计、出版社、开本大小、电子书的音（视）频多媒体表现形式、厚度和其他。统计数据显示，“内容”是网民最关注的一项图书元素，选择此项的被调查者比例高达 76.7%，这就反映出内容是影响网民进行图书购买和阅读的最主要元素。因此，图书出版业仍然需要秉持“内容为王”的理念。“作者”元素的关注度在调查中位列第二位，有 34.6% 的被调查者选择了此项，证明“作者”元素也对网民购买和阅读图书有很大影响（详见图 8.6）。

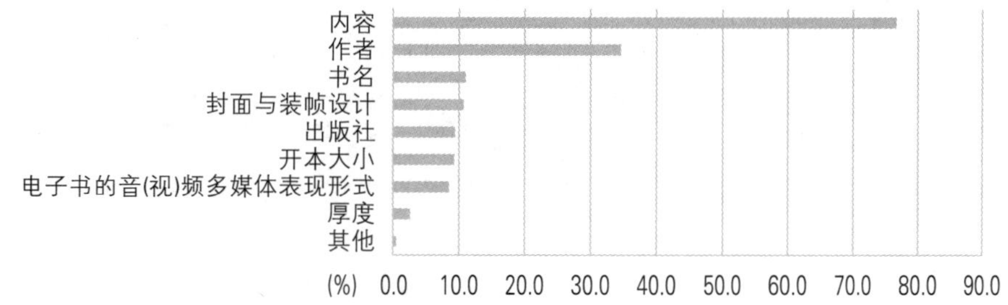

	其他	厚度	电子书的音(视)频多媒体表现形式	开本大小	出版社	封面与装帧设计	书名	作者	内容
系列1	0.5	2.6	8.5	9.3	9.4	10.7	11.0	34.6	76.7

图 8.6　网民对图书各项元素的关注度

二、最受网民关注的四类图书

本次调查依据图书内容的不同共列举了 14 类图书，分别为哲学社会科学类、文学类、艺术类、金融经济类、休闲时尚旅游类、自然科学技术类、

网络流行类、成功励志类、历史类、教育类、政治军事类、情感类、生活实用类和动漫类。统计数据显示，消费者最关注的图书类型的前四名为生活实用类（27.2%）、文学类（25.1%）、休闲时尚旅游类（24.2%）与历史类（24.0%），最不关注的图书类型是动漫类（6.4%）（详见图 8.7）。

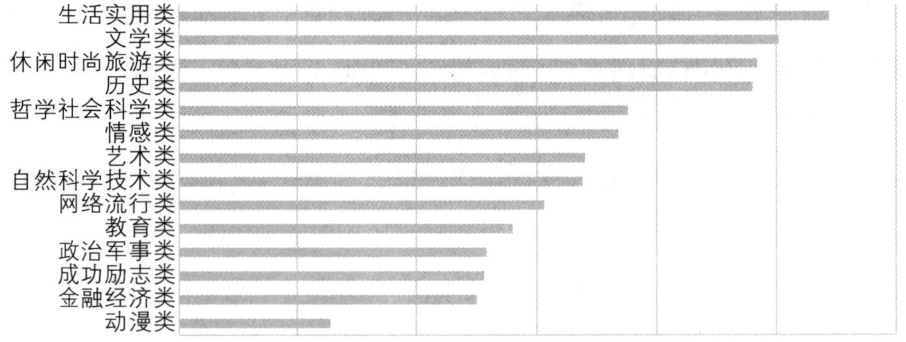

	动漫类	金融经济类	成功励志类	政治军事类	教育类	网络流行类	自然科学技术类	艺术类	情感类	哲学社会科学类	历史类	休闲时尚旅游类	文学类	生活实用类
系列1	6.4	12.5	12.8	12.9	14.0	15.3	16.9	17.0	18.4	18.8	24.0	24.2	25.1	27.2

图 8.7　不同类型图书的总体关注度

三、性别对图书类型关注度的影响

为考察网民对不同类型图书的关注度是否与性别因素有关，本次调查分析将不同性别的网民对多种类型图书的关注度进行了差值比较分析，即用男性网民的选项比例减去女性网民的选项比例——差值在 5% 以上，代表男性更加关注该图书；差值在 5% 与 –5% 之间，代表男性和女性对该图书的关注度无明显区别；差值在 –5% 以下，则代表女性更关注该图书。

差值比较结果显示，在上述 14 类图书中，政治军事类、历史类、哲学社会科学类、金融经济类和自然科学技术类图书更受男性的关注；情感类、生活实用类、休闲时尚旅游类、文学类和教育类图书更受女性关注；而网民对网络流行类、艺术类、成功励志类和动漫类图书的关注并无明显的性别差异（详见表 8.3）。

表 8.3　不同性别网民对 14 种类型图书的关注度比较

图书类型	男	女	差值（男—女）
政治军事类	21.4%	5.2%	16.2%
历史类	29.0%	19.4%	9.6%
哲学社会科学类	23.7%	14.4%	9.3%
金融经济类	16.4%	8.9%	7.5%
自然科学技术类	20.7%	13.5%	7.2%
网络流行类	15.0%	15.6%	–0.6%
艺术类	16.0%	17.9%	–1.9%
成功励志类	11.4%	14.0%	–2.6%
动漫类	4.7%	7.9%	–3.2%
教育类	10.9%	16.8%	–5.9%
文学类	20.0%	29.8%	–9.8%
休闲时尚旅游类	18.6%	29.4%	–10.8%
生活实用类	21.3%	32.6%	–11.3%
情感类	8.6%	27.4%	–18.8%

四、年龄对图书类型关注度的影响

调查数据显示，年龄越大的网民越关注生活实用类和自然科学技术类图书，而年龄越小的网民越关注哲学社会科学类图书。这样的结果其实也与不同年龄层网民的现实生活需求和知识累积度基本相符（详见图 8.8）。

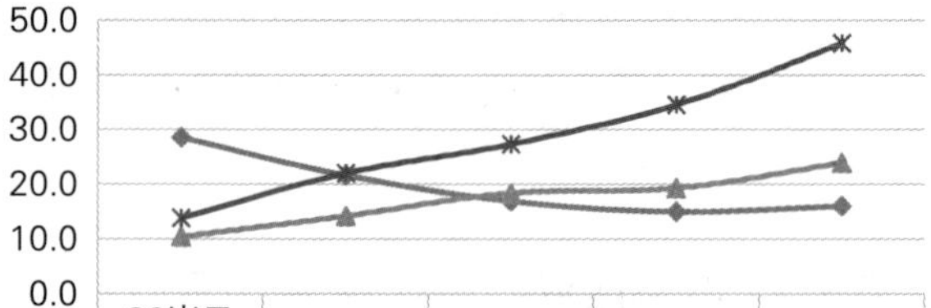

(%)	20岁及以下	21–30岁	31–40岁	41–50岁	50岁以上
哲学社会科学类	28.5	21.6	16.9	15.0	16.0
自然科学技术类	10.4	14.2	18.4	19.3	23.9
生活实用类	13.8	22.0	27.3	34.5	45.8

图 8.8　不同年龄的网民对不同类型图书的关注度

五、学历对图书类型关注度的影响

调查数据显示，网民的文化程度会对部分类型图书的关注度产生明显影响。首先，网民文化程度越高，对历史类、自然科学技术类和金融经济类图书的关注度就越高，这是由于这三类图书在内容上更具专业性，对读者的知识积累和理解能力要求也相对较高；其次，网民对于生活实用类和情感类图书的关注度呈现单峰状态，这两类图书比较受初中、高中和大学三种文化程度的网民的关注（详见图 8.9）。

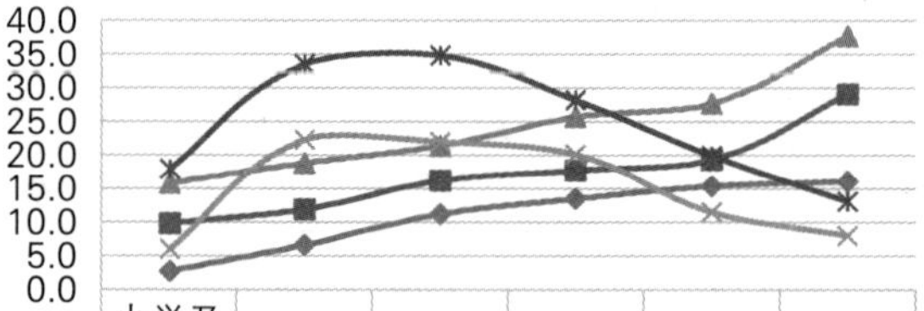

(%)	小学及以下	初中	高中	大学	硕士	博士
金融经济类	2.7	6.6	11.2	13.5	15.4	16.1
自然科学技术类	9.8	11.9	16.2	17.7	19.3	29.1
历史类	15.8	18.8	21.4	25.7	27.7	37.7
情感类	6.0	22.3	22.0	20.1	11.5	8.0
生活实用类	17.9	33.5	34.8	28.2	19.9	13.1

图 8.9　不同文化程度的网民对不同类型图书的关注度

六、收入对图书类型关注度的影响

统计数据显示，网民收入水平对“不同类型图书受关注度”产生比较明显影响的主要有艺术类、金融经济类、休闲时尚旅游类和生活实用类这四类图书。首先，随着收入的增加，网民对金融经济类图书的关注度总体呈现上升趋势，而对生活实用类图书的关注度总体呈现下降趋势，但其中均有一定波动；其次，休闲时尚旅游类和艺术类图书受到了收入在15001—20000元之间的网民的重点关注，而其他收入水平的网民对这两类图书的关注度并无突出差异（详见图8.10）。

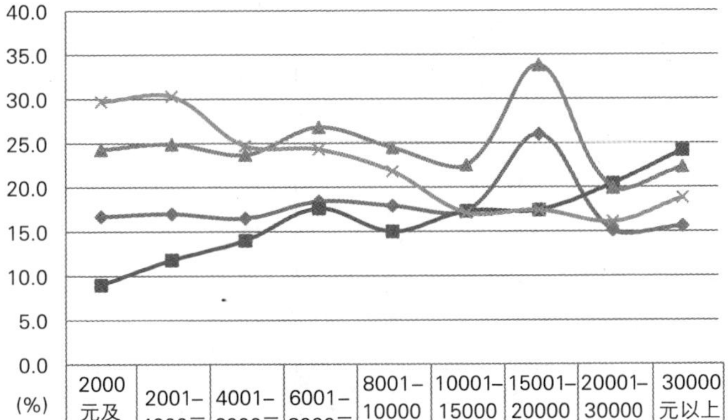

	2000元及以下	2001–4000元	4001–6000元	6001–8000元	8001–10000元	10001–15000元	15001–20000元	20001–30000元	30000元以上
艺术类	16.7	17.0	16.5	18.4	17.9	17.3	26.0	15.1	15.6
金融经济类	9.0	11.8	14.0	17.6	15.0	17.3	17.4	20.4	24.2
休闲时尚旅游类	24.3	24.9	23.7	26.8	24.5	22.5	33.8	19.9	22.3
生活实用类	29.7	30.3	24.7	24.3	21.8	17.1	17.4	16.1	18.8

图8.10　不同收入水平的网民对不同类型图书的关注度

七、地域对图书类型关注度的影响

文学类、历史类、哲学社会科学类图书都属于人文社科类图书，三类图书都有助于提升读者的基础文化知识水平，增强读者的综合阅读能力和理解能力。本次调查统计数据显示，大陆地区、台湾网民对文史哲类图书的关注度较高，而港澳地区网民对文史哲类图书的关注度较低，除意识形态差异之外，还受到语言阅读习惯的影响。西藏地区因参与此项调查人数少，数据缺失（详见表 8.4）。

表 8.4 不同地区网民对文史哲类图书的关注度

地区	对文史哲类图书的关注度占比（%）	地区	对文史哲类图书的关注度占比（%）
北京	78.2	广西	56.1
天津	71.0	甘肃	59.6
上海	69.6	山西	67.8
重庆	76.5	内蒙古	62.9
河北	66.0	陕西	75.5
河南	75.1	吉林	62.7
云南	81.8	福建	62.4
辽宁	64.5	贵州	60.6
黑龙江	63.2	广东	62.9
湖南	66.0	青海	58.4
安徽	69.1	西藏	缺失（数据太少）
山东	74.6	四川	67.0
新疆	85.2	宁夏	62.0
江苏	69.2	海南	60.6
浙江	67.6	台湾	71.4
江西	64.5	香港	49.9
湖北	67.0	澳门	48.4

休闲时尚旅游类图书与生活实用类图书服务于人们的日常生活，对提升消费者的生活品质有帮助，所以都属于生活类图书。根据调查统计数据可以发现，一方面，香港网民最关注生活类图书，而澳门和台湾网民对生活类图书的关注度最低；另一方面，华北、华中、华东和华南地区网民对生活类图

书的关注度相对高于东北、西北和西南地区（详见表 8.5）。

表 8.5　不同地区网民对生活类图书的关注度

地区	对生活类图书的关注度占比（%）	地区	对生活类图书的关注度占比（%）
北京	48.4	广西	58.5
天津	54.9	甘肃	36.6
上海	57.0	山西	57.6
重庆	50.4	内蒙古	41.5
河北	50.7	陕西	48.7
河南	49.9	吉林	41.4
云南	49.4	福建	49.9
辽宁	48.0	贵州	38.4
黑龙江	47.9	广东	54.6
湖南	50.9	青海	33.4
安徽	47.2	西藏	44.5
山东	74.6	四川	54.3
新疆	51.9	宁夏	44.0
江苏	52.7	海南	41.8
浙江	53.8	台湾	19.0
江西	50.7	香港	91.0
湖北	53.6	澳门	30.0

第四节　网民对读书目的的认知

本次调查共为网民提供了 6 个读书目的选项（多选），即考试与学习、娱乐消遣、扩大个人知识面、陶冶情操、工作需要和其他。

一、网民对读书目的认知的总体情况

网民的主要读书目的是“扩大个人知识面”与“娱乐消遣”。调查显示，网民的主要读书目的是“扩大个人知识面”与“娱乐消遣”，出于“陶冶情操”与“考试与学习”这两个目的而阅读图书的网民比例基本持平，以“工作需要”为目的进行阅读的网民比例仅为 13.1%（详见图 8.11）。

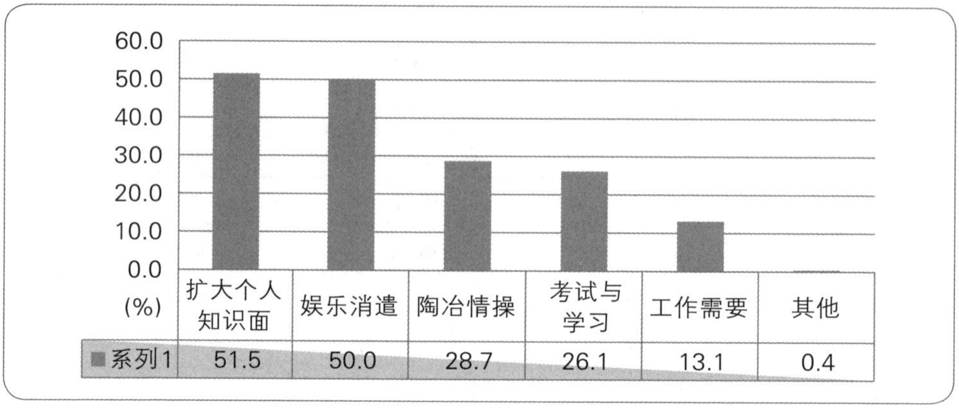

图 8.11　对读书目的的总体调查

二、性别对读书目的的影响

不同性别网民的读书目的有很大不同。调查数据显示，以“娱乐消遣”和“陶冶情操”为读书目的的女性网民比例远高于男性，而以“扩大个人知识面”和“考试与学习”为读书目的的男性网民比例相对要高于女性（详见图 8.12）。

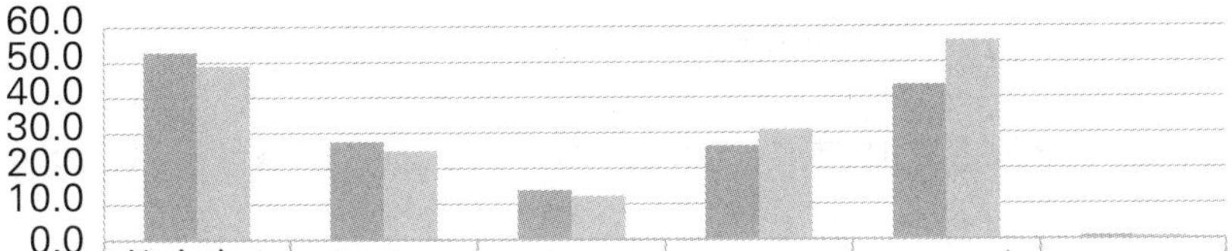

	扩大个人知识面	考试与学习	工作需要	陶冶情操	娱乐消遣	其他
男	54.1	27.5	13.9	26.3	43.4	0.4
女	49.1	24.9	12.3	30.9	56.0	0.3

图 8.12　不同性别网民的读书目的

三、年龄对读书目的的影响

除“工作需要”目的外，其他读书目的受网民年龄因素影响较大。调查数据表明：首先，网民的年龄越大，他们的“扩大个人知识面”和“陶冶情操”的读书目的性就越强；其次，网民的“考试与学习”的目的性随着年龄段的上升而呈现下降趋势；再次，在以“娱乐消遣”为主要读书目的的群体中，31—50 岁的网民占据相当大比重；最后，网民的年龄因素对“工作需要”这一读书目的的影响不大（详见图 8.13）。

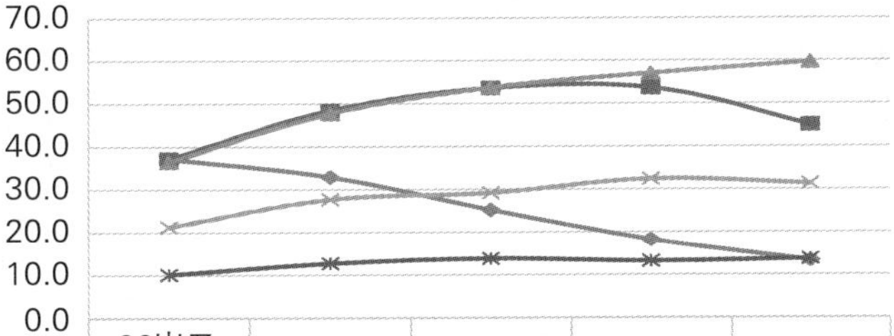

	20岁及以下	21–30岁	31–40岁	41–50岁	50岁以上
考试与学习	37.2	32.9	25.2	18.2	13.3
娱乐消遣	37.2	48.4	53.6	53.6	45.0
扩大个人知识面	36.5	47.7	53.7	57.0	59.6
陶冶情操	21.3	27.7	29.2	32.4	31.3
工作需要	10.1	12.7	13.8	13.2	13.7

图 8.13　不同年龄的网民的读书目的

四、学历对读书目的的影响

网民的文化程度对其读书目的的影响极大。通过调查统计数据可以发现，网民的文化程度对其读书目的的影响极大。首先，随着文化程度的增高，网民的“扩大个人知识面”和“工作需要”的读书目的性不断增强；其次，在以“娱乐消遣”为读书目的的网民中，大学文化程度的占比最高；再次，在以“考试与学习”为读书目的的网民中，硕士文化程度的占比最高，且这一读书目的受学历因素影响最大（详见图 8.14）。

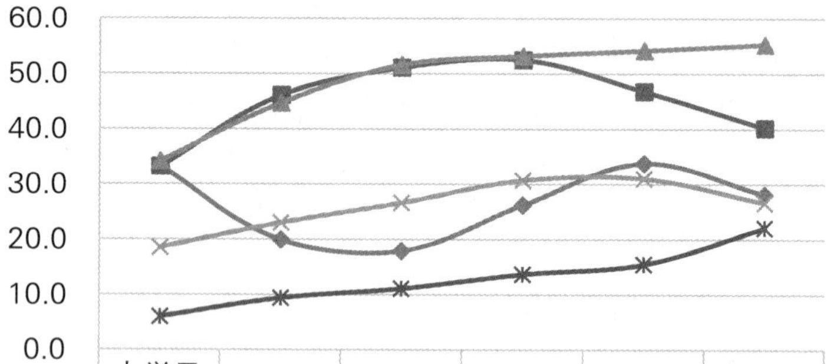

	小学及以下	初中	高中	大学	硕士	博士
考试与学习	33.2	19.9	17.9	26.2	33.8	28.1
娱乐消遣	33.2	46.1	51.1	52.5	46.8	40.2
扩大个人知识面	34.2	44.7	51.6	53.2	54.2	55.3
陶冶情操	18.5	23.0	26.6	30.7	31.0	26.6
工作需要	6.0	9.4	11.1	13.7	15.5	22.1

图 8.14　不同文化程度的网民的读书目的

五、读书目的对出版工作看法的影响

通过对数据进行综合整理可以看出，不同的读书目的在一定程度上影响了网民对出版工作的看法。首先，在视出版工作为“神圣的职业”的网民中，以“考试与学习”为读书目的的所占比重最大，这其实反映了这一目的的网民群体由于对图书需求的指向性极强，所以对出版工作更为尊重；其次，以“陶冶情操”为读书目的的网民更多地视出版工作为“文化的职业”（详见图8.15）。

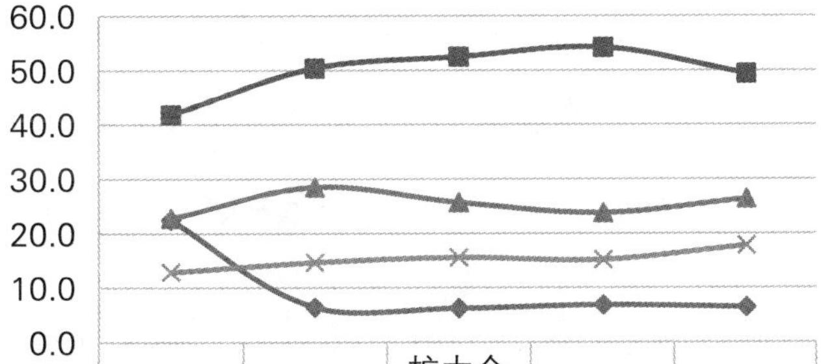

(%)	考试与学习	娱乐消遣	扩大个人知识面	陶冶情操	工作需要
神圣的职业	22.50	6.40	6.20	6.80	6.40
文化的职业	41.80	50.40	52.50	54.20	49.40
普通职业	22.80	28.50	25.70	23.80	26.40
商业气息浓厚的职业	12.90	14.70	15.60	15.20	17.80

图 8.15　不同读书目的的读者对出版工作的看法

六、关注不同类型图书的网民在读书目的上的差异

在整合不同图书类型的关注度数据和读书目的排行数据的基础上可以发现，关注不同类型图书的网民在读书目的上存在比较显著的差异。具体来说：首先，关注哲学社会科学类图书的网民主要以“考试与学习”为读书目的，这是因为在应对考试和学习方面，此类图书所涉及的知识对于读者帮助较大；其次，关注生活实用类和自然科学技术类图书的网民主要出于满足“工作需要”的目的，这是由于这两类图书的读者往往日常工作比较繁忙，需要通过

阅读相关内容来提升工作效率和生活品质；再次，关注文学类图书的网民较少以“考试与学习”为读书目的；最后，关注网络流行类图书的读者偏重以“娱乐消遣”为读书目的（详见图 8.16）。

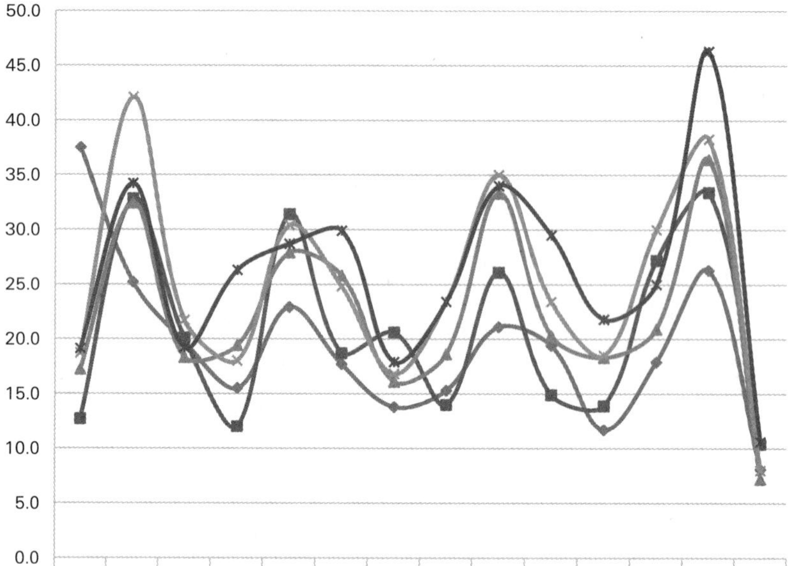

(%)	哲学社会科学类	文学类	艺术类	金融经济类	休闲时尚旅游类	自然科学技术类	网络流行类	成功励志类	历史类	教育类	政治军事类	情感类	生活实用类	动漫类
考试与学习	37.5	25.2	19.7	15.5	22.9	17.7	13.8	15.3	21.1	19.4	11.7	17.9	26.3	8.1
娱乐消遣	12.7	32.8	20.1	12.0	31.4	18.7	20.6	14.0	26.1	14.9	13.9	27.2	33.4	10.4
扩大个人知识面	17.2	32.4	18.3	19.4	27.9	25.8	16.1	18.6	33.3	20.3	18.3	20.9	36.4	7.2
陶冶情操	18.7	42.1	21.7	18.0	30.4	24.8	16.8	23.4	35.0	23.4	18.5	30.0	38.3	8.0
工作需要	19.1	34.2	19.2	26.3	28.7	29.9	17.9	23.4	34.0	29.5	21.8	25.0	46.3	10.6

图 8.16　不同类型图书的关注网民的读书目的

第五节　网民对当前图书不满意的原因

本次调查共为网民提供了 8 个对当前图书不满意的原因选项，分别为内容空洞、内容低俗、文字差错率高、装帧低劣、内容不能满足阅读需求、价格高、过分炒作和其他。

一、对当前图书不满意的原因总体情况

调查数据显示，网民对图书不满意的原因主要是“内容空洞”和“价格高”，其他依次为文字差错率高、内容不能满足阅读需求、过分炒作、内容低俗和装帧低劣（详见图 8.17）。

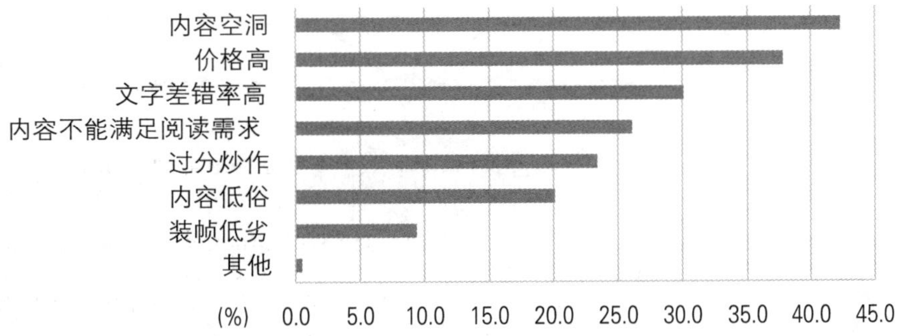

	其他	装帧低劣	内容低俗	过分炒作	内容不能满足阅读需求	文字差错率高	价格高	内容空洞
■系列1	0.5	9.4	20.1	23.4	26.1	30.1	37.8	42.3

图 8.17　对当前图书不满意的原因

二、对不同类型图书不满意的原因存在差异

调查数据表明，网民对不同类型图书的不满意原因总体上存在差异，而就“内容空洞”“价格高”和“过分炒作”这三个令网民不满意的原因来说，不同类型图书之间也存在很大不同。首先，“内容空洞”和“价格高”是文学类、金融经济类、自然科学技术类、成功励志类、历史类和政治军事类图书令网民不满意的主要原因，而哲学社会科学类图书也存在内容空洞的弊病，

教育类、动漫类、情感类和生活实用类图书则因价格高而让网民不甚满意；其次，较之其他类型图书，文学类、金融经济类、自然科学技术类、成功励志类、教育类、情感类、生活实用类和动漫类图书存在的过分炒作问题更为严重（详见图 8.18）。

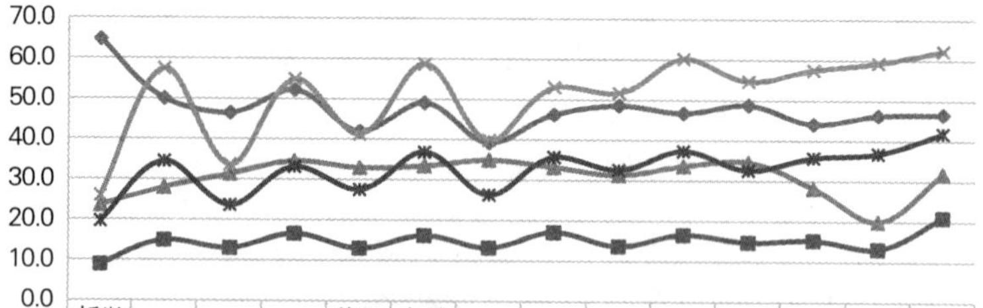

(%)	哲学社会科学类	文学类	艺术类	金融经济类	休闲时尚旅游类	自然科学技术类	网络流行类	成功励志类	历史类	教育类	政治军事类	情感类	生活实用类	动漫类
内容空洞	64.7	50.0	46.5	52.2	41.9	49.1	39.2	46.3	48.6	46.8	48.8	44.1	46.3	46.6
装帧低劣	8.9	14.9	13.0	16.6	13.0	16.2	13.2	17.1	13.7	16.6	14.8	15.3	13.2	21.0
内容不能满足阅读需求	23.5	27.9	31.3	34.5	32.9	33.4	34.9	33.2	31.3	33.6	34.6	28.2	20.0	31.8
价格高	25.9	57.4	33.6	54.9	41.2	58.7	39.8	53.1	51.7	60.2	54.7	57.5	59.3	62.3
过分炒作	19.6	34.4	23.6	33.1	27.5	36.8	26.3	35.7	32.6	37.3	32.6	35.7	36.8	41.8

图 8.18　网民对不同类型图书不满意的原因

第六节　图书载体偏爱度比较

网民喜欢阅读什么载体形式的图书？本次调查选取了“纸质书”“手机阅读”“电脑屏幕阅读”“Kindle 阅读器”和其他几个选项进行调查。

一、对图书载体偏爱度的总体情况

纸质书是网民最偏爱的图书载体，数字阅读方式也为网民所接受。在被问到“您最喜欢阅读什么载体形式的图书”时，51.9% 的网民选择了“纸质书”，纸质书由此位列图书载体偏爱度排行榜首位；选择“手机阅读”的网民占比 26.8%，位居第二；之后依次是“电脑屏幕阅读”（15.5%）和“Kindle 阅读器”（5.4%）。由此观之，纸质图书仍是网民最偏爱的图书载体，而以“手机 + 电脑 +Kindle”为图书载体的数字阅读方式也为越来越多的网民所青睐（详见图 8.19）。

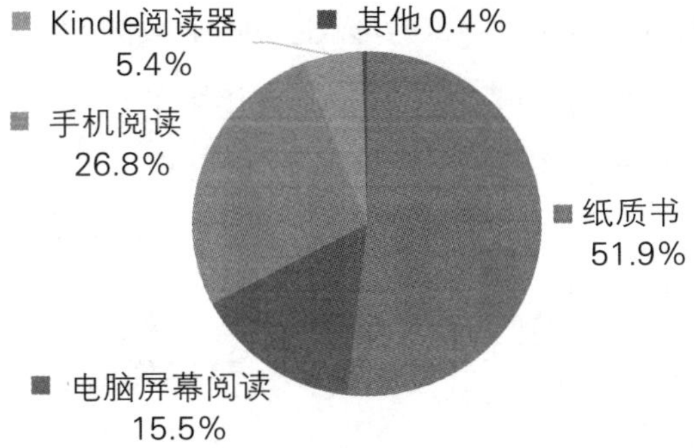

图 8.19 图书载体偏爱度排行榜

二、性别对图书载体偏爱度的影响

通过对不同性别的网民对不同图书载体的偏爱度进行统计分析得出，女性比男性更倾向于阅读纸质书，而男性则更喜欢通过电脑屏幕来进行阅读（详见表 8.6）。

表 8.6 不同性别的网民对图书载体的偏爱度

图书载体	男	女
电脑屏幕阅读	17.6%	13.6%
Kindle 阅读器	5.9%	4.9%
手机阅读	26.1%	27.5%
纸质书	49.9%	53.7%
其他	0.5%	0.3%

三、年龄对图书载体偏爱度的影响

“年龄”是影响网民的图书载体偏爱度的重要因素。调查显示，在不同图书载体的偏爱中，“纸质书”“手机阅读”和“Kindle 阅读器”的年龄特征比较明显。对“纸质书”的偏爱度随着网民年龄的增长明显增高，即由“20 岁及以下”年龄段的 42.0% 增长到“50 岁以上”年龄段的 60.2%；而“手机阅读”和“Kindle 阅读器”的偏爱度则基本上随着年龄的增长呈现出下降趋势，这说明数字阅读对年轻人更具吸引力（详见图 8.20）。

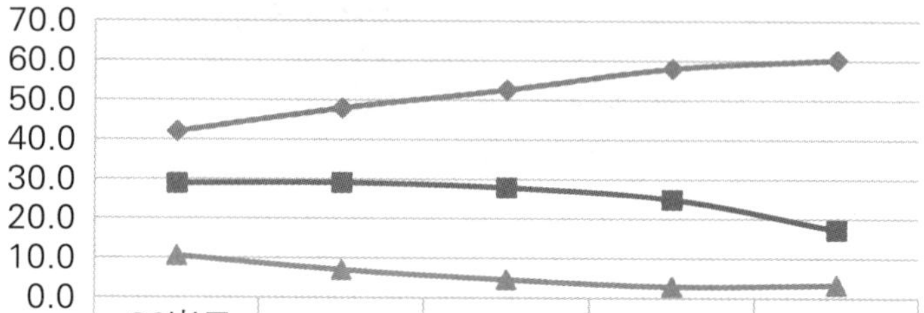

(%)	20岁及以下	21–30岁	31–40岁	41–50岁	50岁以上
纸质书	42.0	47.9	52.6	58.0	60.2
手机阅读	28.9	29.1	27.9	24.9	17.2
Kindle阅读器	10.5	7.0	4.6	2.9	3.3

图 8.20　不同年龄的网民对图书载体的偏爱度

四、学历对图书载体偏爱度的影响

中等文化水平的网民偏爱手机阅读。调查数据表明，网民对图书载体的偏爱度，特别是对“纸质书”“手机阅读”和“Kindle 阅读器”的偏爱度受到了文化程度因素的影响。首先，“小学以下”文化程度的网民对纸质书的满意度较高，达到了 51.1%，而初中文化程度的网民的满意度只有 42.4%，随着文化程度的提高，网民对纸质书的偏爱度也逐步提升。造成这种差异的主要原因是：首先，“小学及以下”文化程度的网民多数正处于启蒙教育阶段，因此他们的阅读通常以纸质书阅读为主；其次，“小学及以下”“硕士”和“博士”三种文化程度的网民对手机阅读的偏爱度在 20% 左右，趋于平稳，“初中”“高中”和“大学”文化程度的网民对“手机阅读”的偏爱度则较高，这说明偏爱“手机阅读”的网民多为中等文化水平，而这主要与他们进行数字阅读的能力和平时的学习生活主题有关；最后，偏爱“Kindle 阅读器”的网民的文化程度分布与“手机阅读”正好形成了互补，即“小学及以下”“硕士”“博士”文化程度的网民更愿意使用 Kindle 阅读器进行阅读（详见图 8.21）。

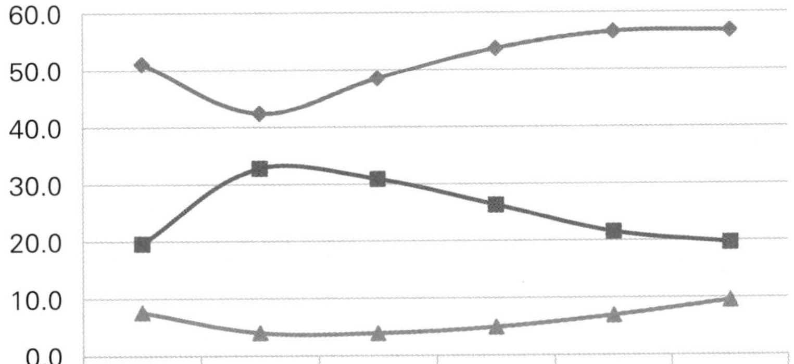

(%)	小学及以下	初中	高中	大学	硕士	博士
纸质书	51.1	42.4	48.5	53.7	56.6	56.8
手机阅读	19.6	32.8	30.9	26.3	21.5	19.6
Kindle阅读器	7.6	4.0	3.9	4.9	6.9	9.5

图 8.21 不同文化程度的网民对图书载体的偏爱度

五、地域对图书载体偏爱度的影响

台湾地区和西部地区的网民对移动阅读终端的偏爱度较高。在数字阅读内部，以阅读终端进行划分，手机和 Kindle 阅读器提供的是移动阅读终端，而电脑屏幕阅读则主要指向 PC 端阅读。通过对调查数据的统计可以看出，我国大部分地区对移动阅读终端的偏爱度在三成左右，而宁夏、甘肃、青海、贵州、台湾对移动阅读终端的偏爱度均超过了四成，香港对移动阅读终端的偏爱度则不足两成（详见表 8.7）。

表 8.7 不同地区网民对移动阅读终端的偏爱度

地区	对移动阅读终端的偏爱度占比（%）	地区	对移动阅读终端的偏爱度占比（%）
北京	32.0	广西	36.5
天津	28.9	甘肃	41.1
上海	28.8	山西	32.5
重庆	37.2	内蒙古	30.9
河北	34.8	陕西	32.2
河南	31.5	吉林	31.3
云南	29.6	福建	31.8
辽宁	33.9	贵州	40.9
黑龙江	30.2	广东	31.7
湖南	32.4	青海	45.8
安徽	30.2	西藏	缺失（数据太少）
山东	29.3	四川	36.3
新疆	32.1	宁夏	46.0
江苏	31.6	海南	33.4
浙江	32.6	台湾	40.4
江西	35.1	香港	18.2
湖北	33.9	澳门	37.5

第七节 获取图书信息渠道比较

获取信息渠道是多选项。调查的选项有：“微博”“微信公众号”“周围人推荐”“报纸电视广播的推荐”“出版社等自建网站”“当当网等图书销售网站”“图书出版人推荐”“书店看到”“其他”等。

一、获取图书信息渠道排行

数据显示，在获取图书信息渠道排行中，微信公众号最受欢迎。通过“微信公众号”获取图书信息的网民占比最多，其次是“周围人推荐”，传统的“报纸电视广播的推荐”仅仅排在第三位。具体而言，调查数据显示，首先，“微信公众号”和“微博”两个获取图书信息渠道的相加占比达到了48.6%，由此可见新媒体平台已经成为网民获取图书信息的重要阵地，而相较之下，通过传统的大众媒介和实体书店来获取图书信息的人数比例反而要低一些；其次，通过“出版社等自建网站”和“当当网等图书销售网站”来获取图书信息的网民合计占比达到了38.3%，这说明互联网也是图书信息传递的重要平台；再次，调查中有29.7%的网民选择了“周围人推荐”这一获取图书信息的渠道，表明图书口碑仍然是出版企业应该关注的重点之一（详见图8.22）。

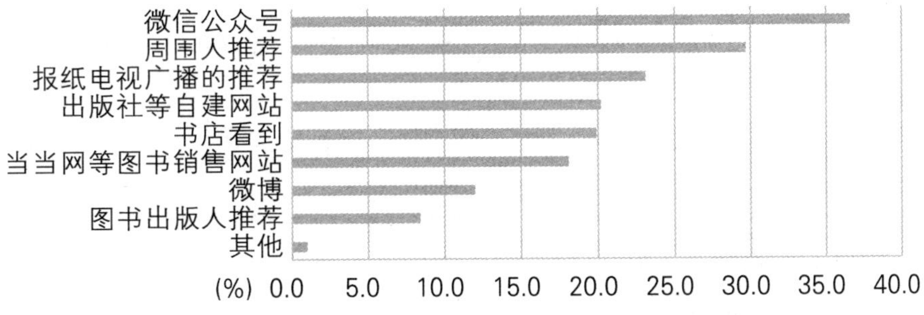

	其他	图书出版人推荐	微博	当当网等图书销售网站	书店看到	出版社等自建网站	报纸电视广播的推荐	周围人推荐	微信公众号
■系列1	1.0	8.4	12.0	18.1	19.9	20.2	23.1	29.7	36.6

图 8.22　获取图书信息渠道排行

二、性别对获取信息渠道的影响

男性热衷“出版社等自建网站”，女性偏好“周围人推荐”。尽管从总体上看，网民是从微信公众号那里获得图书信息最多，但是调查显示，女性和男性在获取图书信息的渠道选择上存在一定的差异。首先，男性在获取图书信息时对出版社等自建网站的使用率高于女性，同时他们比女性更乐于使用微信公众号和报纸电视广播的推荐等传统媒介；其次，女性偏爱周围人推荐的图书信息，而她们对微博、实体书店和当当网等图书销售网站这三种图书信息获取渠道的利用度也高于男性（详见表 8.8）。

表 8.8 不同性别的网民对渠道的使用率比较

获取图书信息渠道	男	女
出版社等自建网站	23.1%	17.5%
微信公众号	37.5%	35.8%
报纸电视广播的推荐	23.9%	22.2%
图书出版人推荐	8.6%	8.2%
当当网等图书销售网站	16.7%	19.3%
书店看到	18.6%	21.2%
微博	10.2%	13.7%
周围人推荐	26.4%	32.8%

三、年龄对获取信息渠道的影响

调查数据显示：21—30 岁的网民群体最爱新媒体信息渠道。首先，在整个被调查群体中，20 岁及以下的网民对出版社等自建网站的使用率最高，这主要是因为该年龄段的网民多为学生，其阅读的图书多为教材，而教材类图书对出版社的品牌要求较高；其次，21—30 岁的青年网民群体最喜欢通过“微信公众号”和“微博”这两条渠道获得图书信息，而这个年龄段的网民也正是受新媒体影响最大的一代；再次，中年网民对当当网等图书销售网站的使用率较高（详见图 8.23）。

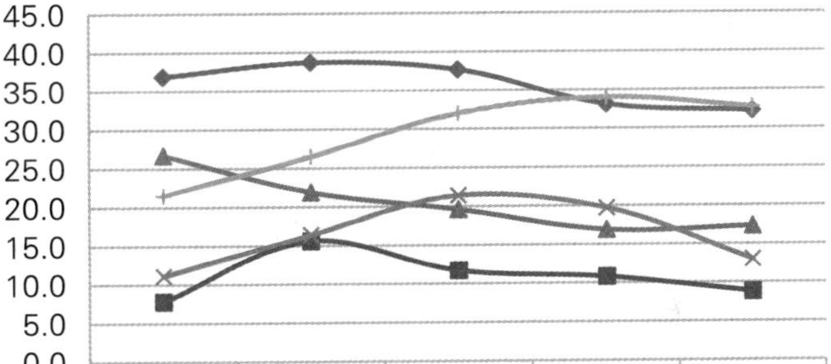

	20岁及以下	21–30岁	31–40岁	41–50岁	50岁以上
微信公众号	36.9	38.7	37.7	33.1	32.2
微博	7.8	15.6	11.7	10.8	8.8
出版社等自建网站	26.7	21.9	19.6	16.9	17.3
当当网等图书销售网站	11.1	16.4	21.4	19.7	13.0
周围人推荐	21.5	26.5	32.0	34.0	32.7

图 8.23　不同年龄的网民对渠道的使用率

四、学历对获取信息渠道的影响

大学以上文化程度群体中，硕士文化程度的网民最不爱逛书店。调查表明，网民对不同图书信息获取渠道的使用受其文化程度影响很大。首先，在“周围人推荐”这一信息获取渠道的使用上，从“小学及以下”到“大学”的文化程度递进中，网民的渠道使用率一直处于递增趋势，而从“大学”到“博士”的文化程度递进中，网民对他人的图书建议接受度不断降低；其次，与其他文化程度的网民相比，文化程度在高中、大学、硕士层面的网民更喜欢接受报纸电视广播等传统媒介推荐的图书信息；再次，高中文化程度的网民通过逛书店获取图书信息者众多，而大学以上文化程度群体中，硕士文化程度的网民对书店这一图书信息获取渠道的使用率最低，而通过当当网等图书销售网站获取图书信息者在各类文化程度群体中占比最高（详见图 8.24）。

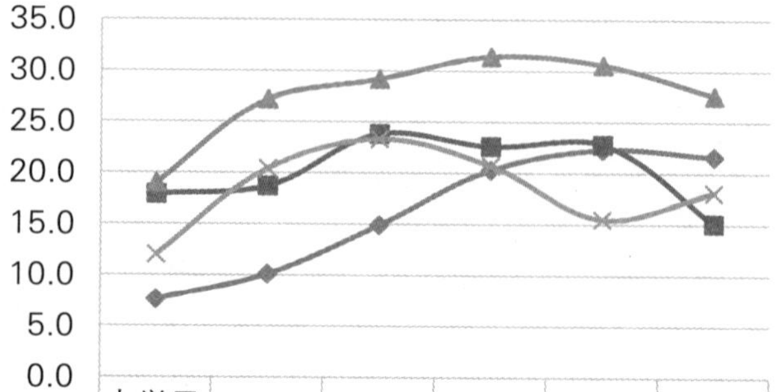

(%)	小学及以下	初中	高中	大学	硕士	博士
当当网等图书销售网站	7.6	10.1	14.9	20.3	22.3	21.6
报纸电视广播的推荐	17.9	18.7	23.8	22.6	22.8	15.1
周围人推荐	19.0	27.2	29.2	31.4	30.6	27.6
书店看到	12.0	20.4	23.3	20.7	15.5	18.1

图 8.24　不同文化程度的网民对渠道的使用率

五、地域对获取信息渠道的影响

西部地区网民对微博、微信公众号的使用率较低。根据本次调查的统计数据可知，新疆、宁夏、青海、内蒙古、甘肃和贵州等地的网民对微博和微信公众号这两种图书信息获取渠道的使用率比较低，而沿海地区的网民对这两种渠道的使用率要高于内陆地区的网民，这其实也反映出目前西部地区的新媒体技术应用覆盖率较低的问题（详见表 8.9）。

表 8.9　不同地区网民对渠道的使用率

地区	网民对渠道的使用率（%）	地区	网民对渠道的使用率（%）
北京	48.8	广西	45.9
天津	47.1	甘肃	37.3
上海	52.0	山西	52.2
重庆	48.0	内蒙古	36.8
河北	45.3	陕西	51.6
河南	46.4	吉林	44.2
云南	41.4	福建	49.9
辽宁	43.8	贵州	37.9
黑龙江	42.7	广东	52.0
湖南	50.2	青海	35.4
安徽	48.5	西藏	缺失（数据太少）
山东	49.9	四川	46.1
新疆	33.3	宁夏	34.0
江苏	48.3	海南	42.5
浙江	53.3	台湾	40.4
江西	48.5	香港	38.1
湖北	47.6	澳门	40.8

第八节　结论

对全国 29744 名网民进行的图书出版满意度网络问卷调查和分析，不仅可以大体呈现网民对于图书出版的认知态度和满意程度，而且能够在一定程度上反映出目前我国图书出版存在的问题。

第一，网民对图书出版工作作为“文化的职业”认知不容乐观。调查中有 47.1% 的网民将出版工作视为“文化的职业”，而合计 58.1% 的网民认为出版工作是“文化的职业”和“神圣的职业”，但还有 41.9% 的网民并非认为如此，且认为图书出版工作是“神圣的职业”的所占比仅为 11.0%。这一方面表明出版工作作为一种专业性职业被多数人认可，另一方面反映出网民把图书消费视为一种文化消费。于此，网民对出版工作的认知定位既符合图书出版生产文化产品的事实，也体现了网民对“出版”的一种潜在要求，即出版工作者应以专业性的文化生产为工作核心。图书出版本身具有精神生产的性质，其所提供的产品确实承载着丰富的“文化”，而“文化作为符号表意系统，被产业部门成批生产出来，满足公众的消费需要”①。一方面，图书出版的内容是人类智慧漫长累积的结晶，其中必然蕴藏着可以传承的国家或民族的精神文化成果，比如历史、文学艺术、价值观念、风土人情等；另一方面，作为“载体”的媒介在发展升级中不断将这些“结晶”推向更广阔的人群，这就构成了一种极为广泛的文化传播网络。不仅如此，“文化的职业”和“神圣的职业”的综合定位也表现出大部分网民对于出版从业人员的一种基本的尊重态度，当然，其实网民也就判定了出版工作者应该具备专业性技能，即具备能够有效复制和传播文化的能力。图书出版工作者所从事的职业文化性极强，但这一文化性并没有得到全社会的普遍认可。网民对图书出版这一职业的文化性认知度不高，相应地对于图书的文化价值认知度也会受影响。

第二，图书出版作为文化产业，要奉行“内容至上”，而作者作为影响网民购买行为的重要元素也要被理性地、积极地运用起来。既然更多的网民将出版工作视为“文化的职业”，那么他们自然对文化的品质有所要求，而文化的品质需求反映在图书上就集中体现为“内容需求”。调查表明，在“您选择图书主要看中哪些元素”一问中，有 76.7% 的网民选择了“内容”一项，这就意味着提高网民的阅读满意度首先必须确保图书内容的质量。图书的内容

① 王一川．大众文化导论：第二版[M]．北京：高等教育出版社，2009：187.

应当坚守“有趣味、有养分、有传承、有创新”这“四有”原则：“有趣味”是吸引读者购买书籍的动力，一本书想要以最快的速度吸引读者关注并激发读者购买欲，必须在内容上展现出趣味性；“有养分”强调的是图书内容的品质和规格，也是“内容至上”的根本表现，出版从业者应当为读者提供有精神营养价值的图书，图书的内容应当具有帮助读者提升精神境界、丰富文化内涵的作用；“有传承”是指图书的内容要力求“长寿”，即不被时代的浪潮所淹没，在任何一代读者那里都具有阅读价值；“有创新”则要求图书出版不要千篇一律，要挖掘新颖的内容，拒绝模式化的、僵硬的工业化复制生产。这四个原则其实是对作者、编辑和发行人员提出的总体要求，文化生产者不仅要以满足读者的需求为己任，也应积极地发挥自己的文化生产导向作用。此外，调查中也有相当一部分网民很看重图书的作者，这就与当下的“名人效应”“权威推荐”密切相关，许多知名作家的口碑自然是内容品质不断累积的结果。但不可否认的是，大众文化的娱乐性也催生了消费者的从众心理，于此，“知名”或者“权威”就带有古斯塔夫·勒庞所说的“群体领袖”[①]的特质，“名望”由此具备了支配读者头脑的力量。当然，出版从业人员也恰恰可以在确保内容品质的前提下，充分利用这一点进行图书营销。

第三，物质生活需求的极大满足刺激了大众的精神文化消费，生活实用类、文学类、休闲时尚旅游类、历史类等图书受到了广大网民的青睐。调查中网民表现出的对生活实用类图书的高度兴趣，反映了现代人对于提升生活品质的迫切愿望。“生活”决定了此类图书的易读性和贴近性，而“实用”则证明网民对此类图书的技术性和可操作性有所要求。从这个意义上说，休闲时尚旅游类图书也有相类似的特点，只不过从目的上看，这类图书的娱乐消遣意味更强，其较高的关注度也受到了当代都市人缓解生活压力的需求的影响。文学类和历史类图书都是有助于充盈读者精神内涵的图书类型，且并不

① 古斯塔夫·勒庞．乌合之众：大众心理研究[M]．冯克利译．北京：中央编译出版社，2000：96.

特别要求读者具有极强的理性思维。不过需要明确的是，它们自身就在内容主题和艺术品质上具备了较大差异，而不同的性别、年龄、文化程度、收入水平、生活地域的网民对这两种类型图书的关注程度也有所不同。总体而言，网民对不同图书类型的关注体现出的是他们的个体需求差异，比如女性偏爱文学类、情感类是因为她们更关注家庭、关注婚恋问题，而男性喜读历史类和政治军事类，则与他们年幼时的英雄梦想和对时代问题的习惯性关切紧密相连。因此，当下的图书消费行为并非全然是一种无意识、无目的的行为，而读书更不能说是“无用而读”。既然网民在选择图书类型上存在明显的差异，图书出版工作者就需要有“因人而异”的生产意识。比如调查显示，“20岁及以下”的网民对哲学社会科学类图书关注度最高，那么编辑和发行人员就应该把主要目标读者群体定位在“20岁以下”，分析这个年龄段的读者在阅读需求上有哪些特点（如知识水平还处于初级阶段、对内容的趣味性要求高、倾向购买价格较低的图书、倾向购买有助于课外学习的辅导性用书等），也可小范围地对这一群体进行更进一步的市场需求调查，然后有面向性和针对性地展开图书的选题、组稿、选稿以及营销策划等环节。

第四，以“扩大个人知识面”和“娱乐消遣”为主要读书目的，不仅折射出当下消费者的“个人本位”思想取向，还充分体现出大众文化消费时代读者的无意识“狂欢”姿态。调查显示，在“您读书的目的是什么（多选）”一问中，有51.5%的网民选择了“扩大个人知识面”，选择“娱乐消遣”的网民也达到了50.0%，而选择“陶冶情操”“考试与学习”和“工作需要”的分别为28.7%、26.1%和13.1%。这个结果表明大部分网民的读书目的都是出于满足个人化的需求，也就是他们读书的直接目的是充实自己或让自己愉快，而非为社会或他人提供服务或价值。诚然，这也反映出目前国内大部分读者在阅读上没有受到强制性因素的干扰，阅读对绝大多数读者而言是一种令人感到快乐的自愿行为。不过，“娱乐消遣”这一目的也恰恰派生出图书出版和读者阅读的“媚俗”和“享乐主义”倾向问题。当前，为读者们咀嚼得津津有味的“大众文化”是“以工业方式大批量生产、复制各类消费文化商品的文化形式”[①]。这种工业化运作形式以“共享文化”达成对其他异质文化的消解和排斥，通过迎合和满足大众的文化诉求来吸引大众沉溺于大众文化之中，力图消除雅俗文化的边界，并最终剥夺了审美文化的多样性。[②]于此，原本具有积极意义的巴赫金的“狂欢化”美学命题在图书出版领域也同样以一种负面的基调呈现出来——图书消费者渴求的无差别的“事物欢悦”与无节制的“狂乱生活”虽然打破了阅读上的等级差距（比如精英和大众间的差距），却让图书出版呈现出过分的娱乐化、模式化，甚至是低俗化的倾向。出版工作者必须明白的是，出版业作为文化产业首先强调的是文化，而后才是产业。作为文化“把关人”的出版从业人员如何在集体无意识的“乌合”潮流中坚守品质，引导正确的图书阅读和消费取向，始终坚持把社会效益放在首位、实现社会效益和经济效益相统一，是当前出版业需要着重思考和解决的难题之一。

第五，“内容空洞”和“价格高”是造成网民对当前图书不满意的主要原因。图书出版从业人员只有既把好质量关，又尽量控制成本，才能激发更多读者的购买欲。在整个调查中，图书的内容问题被反复地呈现出来：出版的职业认知以文化为核心，实际上要求的就是内容的文化品质；影响网民购买行为的最主要元素是内容；图书类型关注度的差异存在也是基于图书内容差异和内容需求差异；而网民对当前图书的不满意原因在总体上又率先指向了“内容空洞”。“内容空洞”其实也是一个相对抽象的说法，“不空洞”的标准是什么并没有科学的界定，不过有 42.3% 的网民选择了此项，就足以证明目前的图书出版确实在内容的质量上欠缺太多。内容是图书的核心竞争力所在，有品质的图书应该在内容上言之有物，逻辑合理，具有一定社会价值和文化

① 李陀，杨建平 . 失控与无名的文化现实——访“当代大众文化批评丛书”主编李陀 [J]. 天涯，2000（01）：139-140.

② 周宪 . 中国当代审美文化研究 [M]. 北京：北京大学出版社，1997：81-91.

影响力的，而且图书内容要保证创新性，杜绝模仿和复制。“价格高”在多种类型图书的不满意原因调查中都位列榜首，而这个问题应该从两个层面来分析：一是当下图书市场上确实存在图书价格过高的现象，一些书的价值本身并不符合它的价格，但出版方以“名家名作”“装帧精良”“版本限量”“项目支持”等为由把价格抬高，特别是在数字技术得到广泛应用的今天，纸质书的价格如果过高，势必会造成消费者的“厌买”情绪；二是目前国内的读者在“买书”一事上还有所保留，一些读者虽然也有阅读意愿，但还是更倾向于向图书馆或他人借阅，或是购买价格低廉的盗版图书，而从根本上说，这还是消费者没有对图书形成健康合理的价值判断。

第六，传统的纸质书仍是网民最偏爱的阅读载体，而本就方便快捷的手机阅读、电脑屏幕阅读和Kindle阅读器阅读已在图书价格上具备优势，其提升点就在于版权的维护、文本品质的保证以及视觉、触觉等应用舒适度的调整。伴随着科学技术的飞速发展，各种媒介的技术功能正在不断提高，其面向于人、服务于人的态势也更为鲜明，在这个基点上，“报刊、广播电视、互联网所依赖的技术越来越趋同，以信息技术为中介，以卫星、电缆、计算机技术等为传输手段，数字技术改变了获得数据、视像和语音三种基本信息的时间、空间及成本，各种信息在同一平台上得到了整合，不同形式的媒介彼此之间的互换性与互联性得到了加强，媒介一体化的趋势日趋明显”[①]，而这也就是“媒介融合”。许多学者曾预言过纸质书的消亡，但调查显示，当前网民最偏爱的阅读载体仍然是纸质书籍，这一方面受纸质书阅读已形成了长久的习惯性传统影响，另一方面与其他形式阅读载体的功能技术尚待开掘和完善有关。人类的阅读方式在多元化的进程中必然要经历从纸质书阅读向数字阅读转向的过程，但如何以技术升级来实现数字阅读对读者需求的全方位满足呢？首先，一定要在数字阅读中保留纸质书阅读的优点，如果出版工作者

---

① 喻国明等．传媒经济学教程［M］．北京：人民大学出版社，2009：252.

为了提供便捷和迅速的服务而使图书丧失了原有的品质，那必然是得不偿失。比如当前的数字版权开发和维护都没有纸质书做得好，又如读者在阅读电子书时的视觉感受还无法达到阅读纸质书的舒适度；其次，数字阅读的技术革新要以提供更立体的服务为旨归，出版工作者在确保内容品质的基础上需要更多地考察读者的身心感受，不仅要把眼光投掷在电子媒介阅读用户的广度拓展上，还要重视提升用户黏度，利用优质的品牌和服务把“流动客”转化为“常客”。

第七，当前网民获取图书信息的渠道极为多元化，总体上，微信公众号的影响力已然超过了“周围人”和“报纸电视广播”的传统推荐方式，而出版社等自建网站、当当网等图书销售网、微博等也为网民了解图书提供了有效的信息传播平台，出版工作者要最大限度地利用这些渠道，以整合性思维应对未来消费者的各种阅读需求。实际上，对于“获取信息渠道”的特别强调是基于这些渠道作为实现大众传播的桥梁，会提供能够左右人们关注点和关注次序的信息或议题，而个体的导向需求最初正是通过感受信息或议题与个人或社会的关联性来界定的。[①] 也就是说，图书信息的获取渠道会对图书消费者的关注行为和购买行为产生直接影响。其实，为获取图书信息开拓更多元的渠道与图书的阅读载体的完善是相辅相成的，二者的核心都在技术的综合应用。更进一步说，对图书消费的推动或者说对图书出版业的优化升级还必须树立起“互联网 +”的思维，即像出版业这样的传统行业要同互联网进行“优势互补式”和“融合互动式”的合作。从内部来说，人们获取图书信息，除了需要渠道广阔，还应该有针对性、有质量、有效率；而从外部来说，消费者如果可以通过图书信息连带获得其他领域的相关有效信息，那么就一定会提升其对图书出版的满意度。大数据时代，出版企业可以通过和数据公司合作，进行“用户画像”（年龄、性别、学历、星座、语言风格等）分析，

---

① 马克斯韦尔·麦库姆斯．议程设置：大众媒介与舆论[M]．郭镇之，徐培喜译．北京：北京大学出版社，2008:62-64.

以此来实现对读者的细化分类，然后根据各类型读者的需求进行图书的选题策划和出版营销。

就目前来看，网民对于图书出版的满意度的考量还更多地集中于图书品质本身，但从更长远来看，图书出版想要受到广大消费者的关注和肯定，势必要以为消费者提供全方位、立体化的服务为宗旨，即最大限度地满足消费者对于精神生活的诸种需求，这也是一项极为艰难又富于挑战性的工作。

下编：图书出版用户研究

第一章
图书用户分类

大数据时代，用户价值凸显。2015 年 3 月 31 日中共中央办公厅、国务院办公厅印发的《关于推动传统媒体和新兴媒体融合发展的指导意见》明确提出：运用大数据、云计算、移动互联网、物联网等技术，加强出版内容、产品、用户数据库建设，提高数据采集、存储、管理、分析和运用能力①。“用户”“用户数据库建设”成了业界关注的焦点。通过追踪出版用户行为，采集、存储、管理、分析用户数据，为用户画像，构建出版用户数据库，是出版业未来发展的一大趋势。研究用户信息分类是出版业用户数据库建设所需，并最终运用该分类方法指导出版产业生产经营活动。

通过研究图书出版用户信息，进行合理分类，可从以下三大角度指导实践应用：第一，划分用户群组，开展市场细分和精准营销。第二，通过识别现有行为，展开用户行为预测，从而辅助出版社的选题策划与商业决策。第三，深入挖掘并利用社交网络中的群体互动行为，以提供更贴近读者的服务。

因此，研究图书出版用户信息分类，不仅有助于出版机构根据用户所需，精准定位，丰富出版机构的内容资源，更好地为行业解决产、供、销环节流通不畅的问题，也对建设出版机构、发行机构的客户关系管理系统具有重要

---

① 国家新闻出版广电总局．关于推动传统出版和新兴出版融合发展的指导意见．2016-03-21. http://www.gapp.gov.cn/news/1663/248321.shtml.

价值，对现实工作指导意义大，且需求急迫。

用户画像，又称“用户属性”“用户标签”等，是“建立在一系列真实数据之上的目标用户模型，是真实用户的虚拟代表”[①]。对于图书用户来说，通过对用户数据的分析和挖掘，可以使图书用户的信息标签化，全方位地反映用户的性格、习惯以及行为特征。为图书用户画像，并进行分类，有助于出版机构针对性地为用户提供个性化、精准化的推荐服务，在满足用户需求的基础上，促进图书市场的繁荣发展。

本研究将图书用户细分为三组：以年阅读量作为划分指标，将用户分为目标用户（中度读者和重度读者）和非目标用户（非读者和轻度读者）；以年购书量作为划分指标，将用户分为付费用户（有购书行为）和免费用户（无购书行为）；以年购书量和年阅读量为指标，将最近一年内无购书行为且无阅读行为的用户划分为蓝海用户。随后，本研究分别对这三组用户绘制了更为具体的用户画像，对他们的人口特征以及行为特征进行了考察与分析，详细的用户画像数据集包含的数据类型如图 1.1 所示。

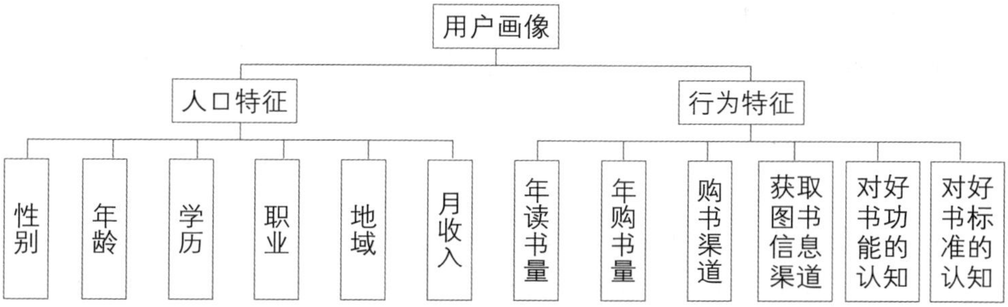

图 1.1　用户画像数据集

① 何娟 . 基于用户个人及群体画像相结合的图书个性化推荐应用研究 [J/OL]. 情报理论与实践 :1-8[2018-09-14].

第一节　蓝海用户

蓝海，指的是未知的、充满利润且没有竞争的市场空间。对图书出版而言，蓝海用户所指的是阅读量和购买量非常低甚至无阅读、购买行为的用户，是图书出版企业的潜在用户群体。基于此，本研究将网民的年阅读量和购买量作为划分指标，将年阅读量和购买量同时为0本的用户定义为“蓝海用户”，并对该类用户的人口特征和行为特征进行了考察和分析。最后，根据该类用户所表现出来的不同特性和需求，出版机构可以采取适当的营销手段刺激、开发这部分“蓝海”，创造全新的图书市场空间，促进图书市场的繁荣发展。

根据数据结果显示，在全部有效样本中，蓝海用户数量为128人，占样本总体的2.4%。

蓝海用户关键词：

人口特征：男性，中青年，中低收入，本科，一般职业，待业、无业及自由职业，华东地区

行为特征：看微信微博，学习知识，修身养性，看重社会影响，重口碑

一、人口特征

在人口特征上，本研究主要对网民的性别、年龄、学历、地域、职业、月收入六大属性进行考察与分析。

1. 男性居多，以中青年为主

在图书产品的蓝海用户中，男女比例分别为53.91%和46.09%，男性比例高于女性。在年龄上，以26—35岁年龄段为主，占比35.93%；其次是36—45岁，占比33.60%。由此可见，在蓝海用户中，近七成用户为中青年。从地域上来看，以华东地区用户居多，占比33.33%；其次是华南地区和华北地区（详见图1.2）。

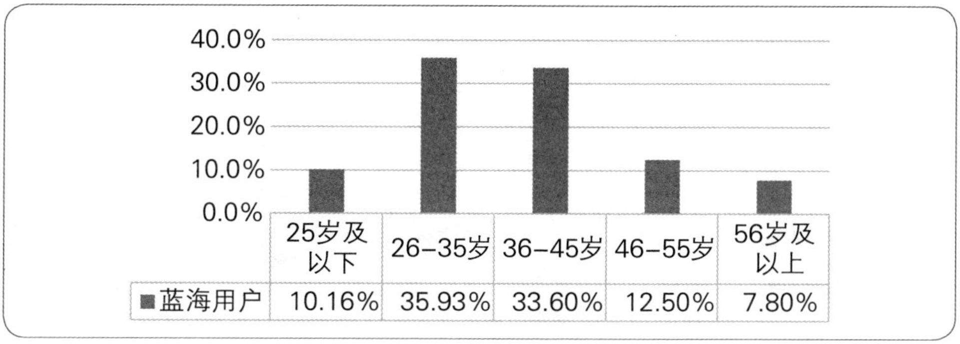

图 1.2　蓝海用户年龄

2. 中低收入人群占主力

从月收入来看，2001—5000 元用户最多，占比 39.10%。54.7% 的蓝海用户月收入为 5000 元以下，占比过半；八成以上用户月收入为 8000 以下。总体来看，在蓝海用户中，中低收入用户居多（详见图 1.3）。

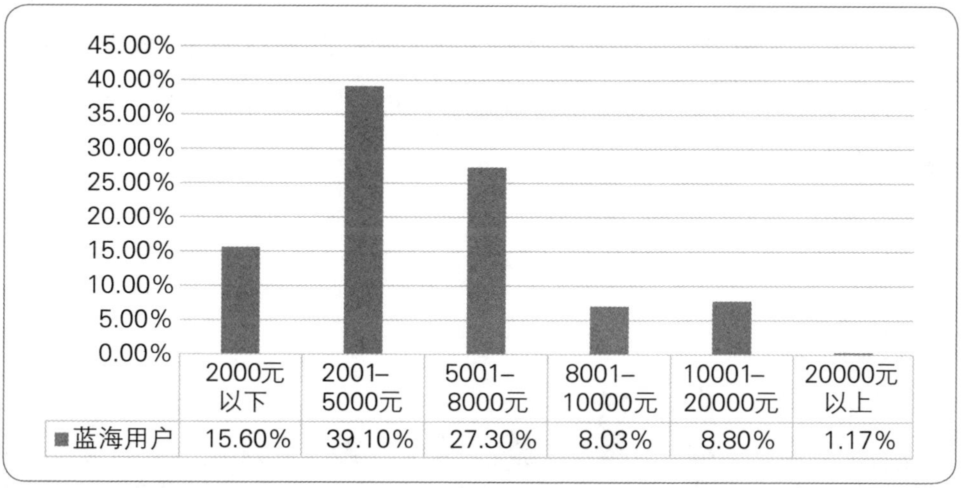

图 1.3　蓝海用户月收入

3. 近八成以上用户为大专以上学历

在学历上，学历为大学本科的用户最多，占比 49.20%，几乎过半。八成以上用户为大专及以上学历，可见蓝海用户总体来说学历较高（详见图 1.4）。

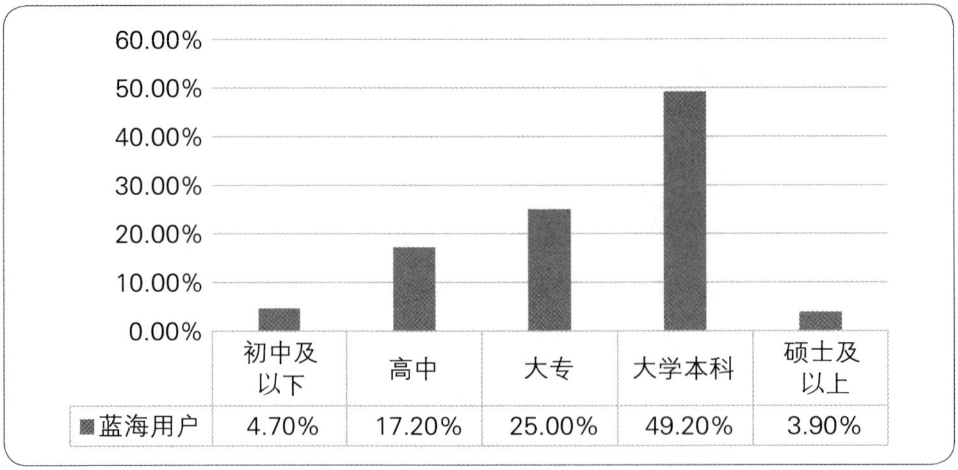

图 1.4 蓝海用户学历

4. 一般职业最多，待业、无业及自由职业者次之

在蓝海用户中，以文员、秘书、服务业等一般职业用户居多，占比 31.25%；其次是待业、无业人员及自由职业者，占比 18.75%。值得注意的是，在蓝海用户的职业类型中，没有高校学生。可见高校学生并不属于图书产品的蓝海用户（详见图 1.5）。

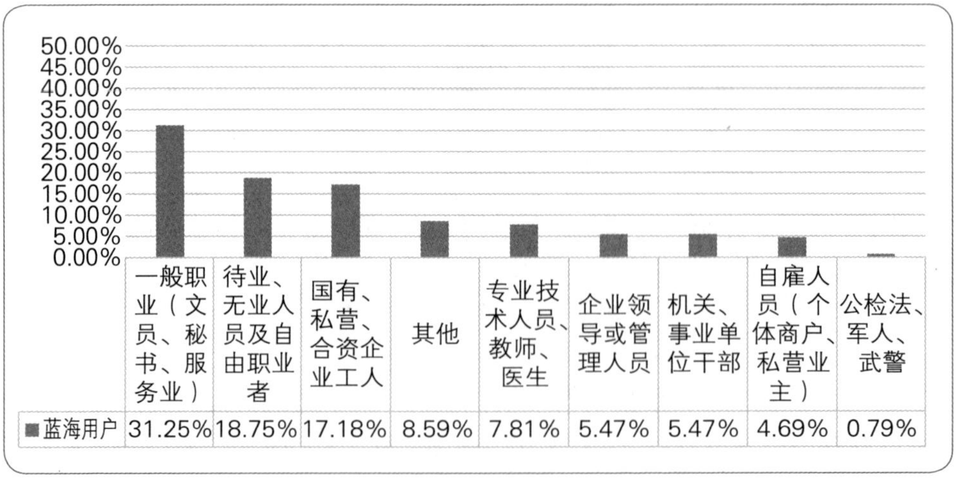

图 1.5 蓝海用户职业

二、行为特征

在行为特征上，本研究主要对网民的年读书量、年购书量、购书渠道、获取图书信息的渠道、对好书功能和好书标准的认知等几个方面进行了分析。

1. 社会影响大是好书的首要标准

在评判图书优劣时，蓝海用户认为社会影响大是最重要的指标；其次是读者评价高和图书思想性强；名列畅销书排行榜没有进入前三，认可度较低。专家评价高是最不被认可的好书标准（详见图 1.6）。

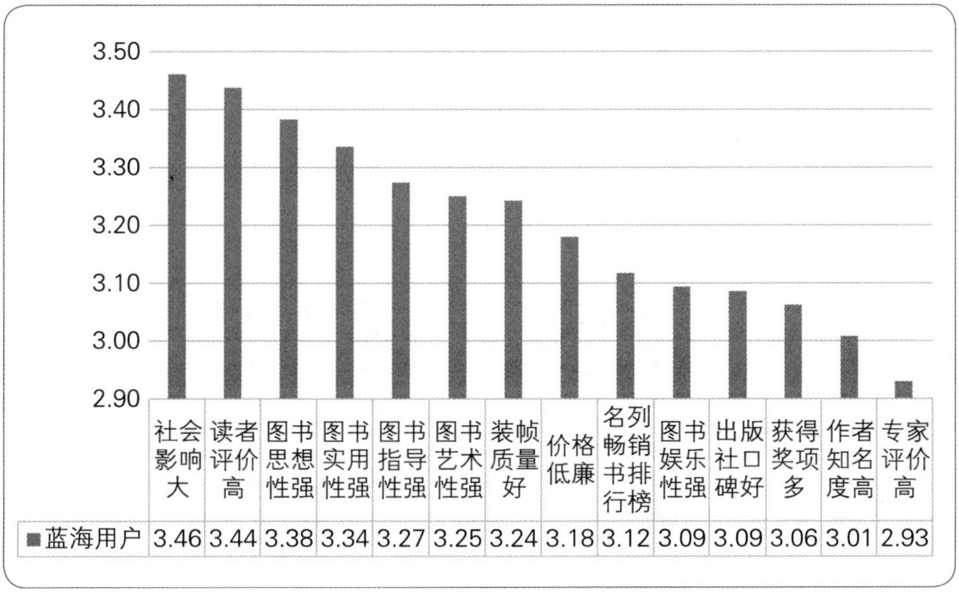

图 1.6 蓝海用户对好书标准的认知

2. 学习知识是最重要的图书功能

蓝海用户认为，学习知识是图书最重要的功能，修身养性次之，同样获得很高评分。缓解压力获得认可度最低（详见图 1.7）。

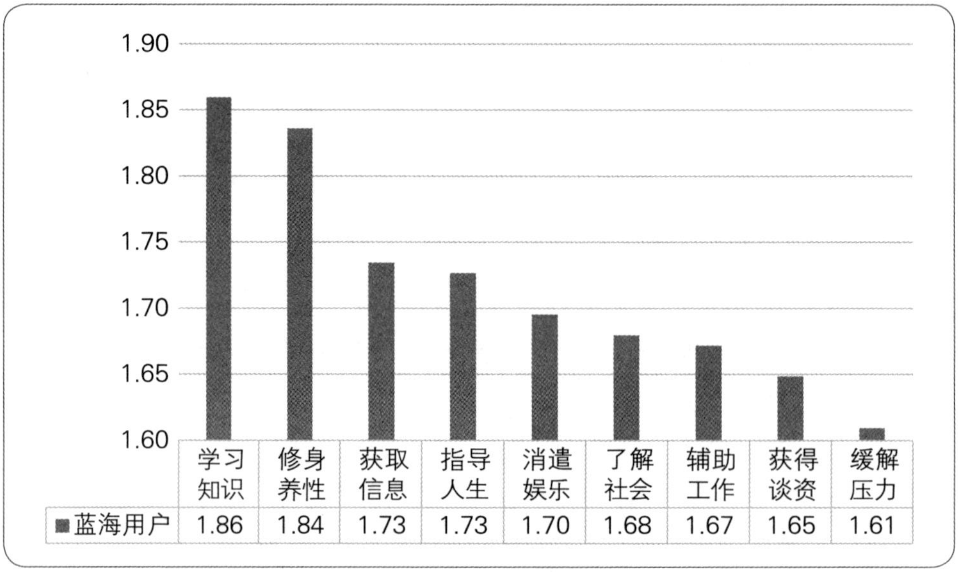

图 1.7　蓝海用户对图书功能的认知

3. 从微信微博获取图书信息

在获取图书信息时，微信公众号获得蓝海用户最高认可，其次是周围人推荐，微博也是重要渠道。图书出版人推荐是最不常用的获取图书信息的方式（详见图 1.8）。

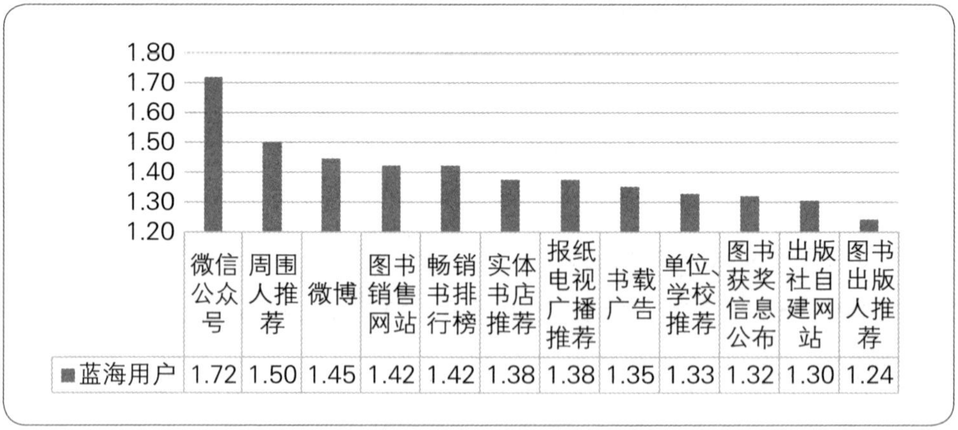

图 1.8　蓝海用户获取图书信息的渠道

三、小结

总体来看，蓝海用户在人口特征上表现为年龄上以 26—45 岁的中青年为主，男性略多于女性，月收入大多是 2001—5000 元的中低收入群体。在这些人中，八成以上拥有大专及以上学历，其职业以文员、秘书、服务业等一般职业用户居多；其次是待业、无业人员及自由职业者，高校学生不属于图书产品的蓝海用户。在行为特征上，图书产品的蓝海用户主要通过微信微博获取图书信息，周围人推荐也是重要方式。学习知识和修身养性是他们认为图书最重要的功能。在评价图书时，社会影响大是他们认为最重要的标准。因此，针对蓝海用户，应从人口特征入手，对特定人群进行营销。着重强调图书的知识性和社会影响力，并多在微信公众号和微博上宣传，图书出版人以及专家等专业人员推荐图书并非有效的营销手段。

第二节 目标用户与非目标用户

目标用户是需要企业或商家提供产品、服务的对象。图书产品的目标用户就是图书为之提供服务的群体。一般来说，阅读图书数量高的人群是图书产品的目标用户，阅读量低的人则是非目标用户。因此，本文将网民的年阅读量作为指标划分用户群体为目标用户和非目标用户。其中目标用户为年阅读 6—10 本的中度读者和年阅读 11 本以上的重度读者，非目标用户为年阅读 0 本的非读者及年阅读 1—5 本的轻度读者。在此基础上，首先勾勒出图书产品整体的目标用户和非目标用户的人口特征及行为特征，并进一步按照图书类型（文学类、科技类、生活类、社科类、少儿类、教育类）细分，对各类图书的目标用户与非目标用户有个更清晰的画像。根据不同类型用户的特点，精准营销，实现对目标用户的重点维护和关系保持，对非目标用户则通过恰当的营销手段进行刺激，促使其由非目标用户转化为目标用户。

一、目标用户

目标用户关键词：

人口特征：男性，年轻人，本科，企业工人，中高收入，华东地区

行为特征：爱买书，网购书，新华书店买书，关注图书网站，看畅销书榜，修身养性，重口碑，重实用

1. 人口特征

在人口特征上，目标用户与非目标用户的差异较为明显。

1.1 男性略多，26—35 岁为主力军

数据显示，在目标用户中，不同性别所占的比例略有差异。其中，男性用户占比 54.45%，较女性略高。在年龄变量上，数据显示，26—35 岁的人群占比最高，为 37.77%，36—45 岁人群次之，56 岁及以上最低。可见，图书产品的主要目标人群为 26—45 岁的中青年（详见图 1.9）。

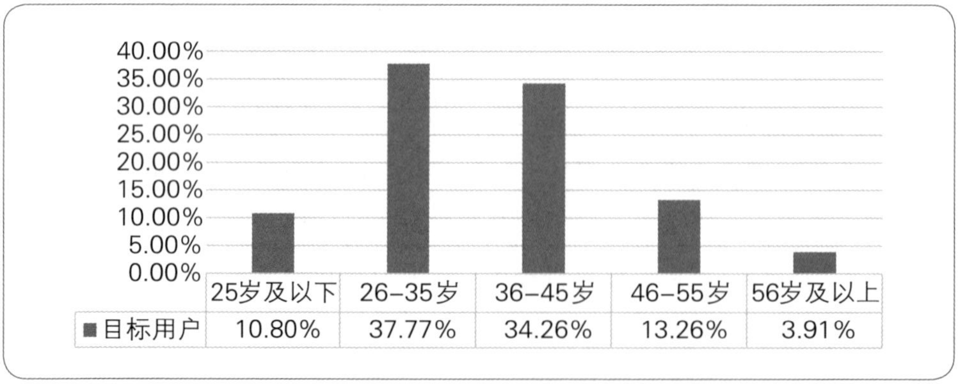

图 1.9　目标用户年龄

1.2 本科学历为主，学历偏高

图书作为一种文化产品，其目标用户的主要学历构成以本科为主，占比 51.20%。目标用户八成以上为大专及以上学历，由此可见图书的目标用户学历偏高（详见图 1.10）。

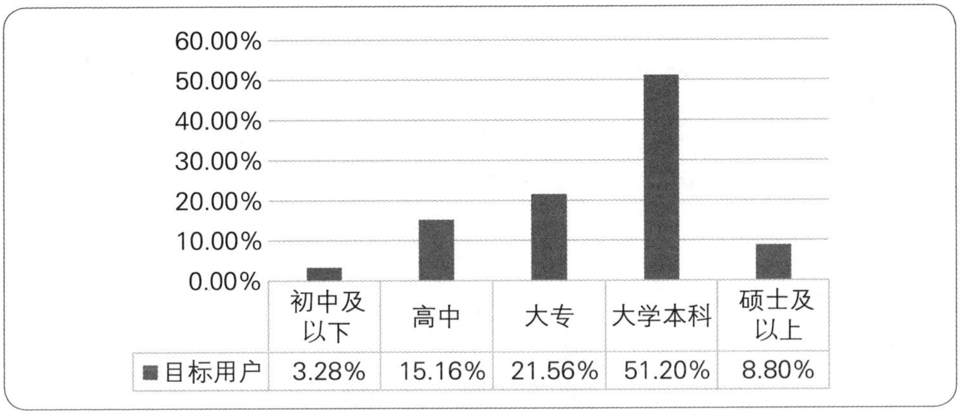

图 1.10　目标用户学历

1.3 职业多为国有、民营、合资企业工人

在目标用户的职业构成中，国有、民营、合资企业工人和一般职业以及专业技术人员、教师、医生占比较高。高校学生并不是主要的目标人群（详见图 1.11）。

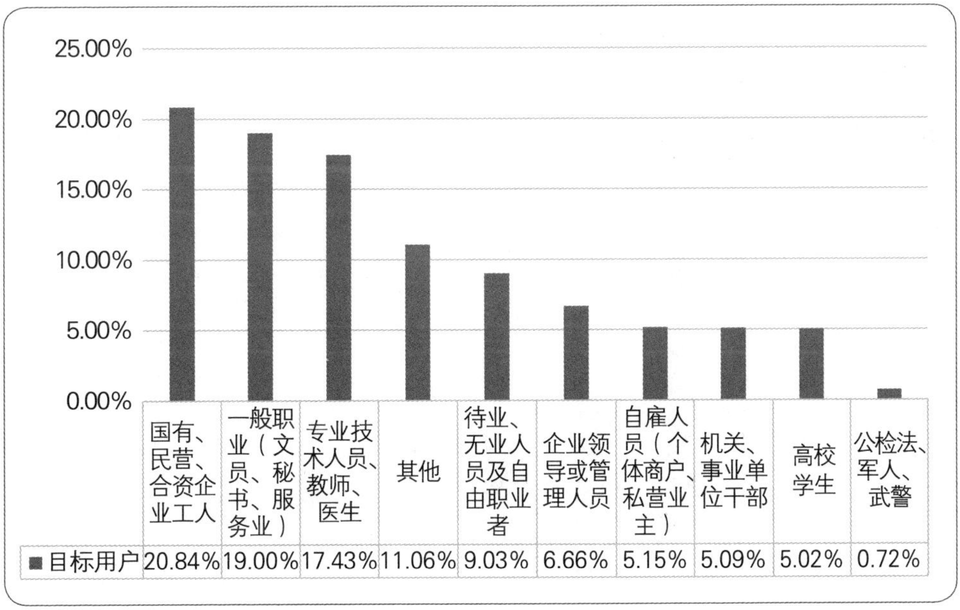

图 1.11　目标用户职业

1.4 月收入中等偏高

月收入为 5001—8000 元的群体为主要目标用户，2000 元以下和 10000 元以上的人群不是主要的目标用户。即中等收入群体占主流，高收入和低收入群体较少（详见图 1.12）。

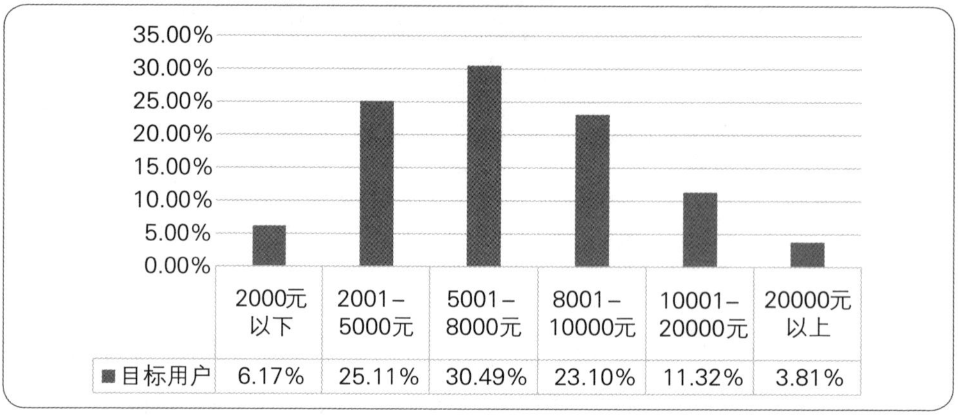

图 1.12　目标用户月收入

1.5 主要分布于华东地区

在地理空间分布上，华东地区的用户占比遥遥领先，西北、东北、西南地区目标用户占比很低。可以看出，经济发达地区为主要的目标区域（详见图 1.13）。

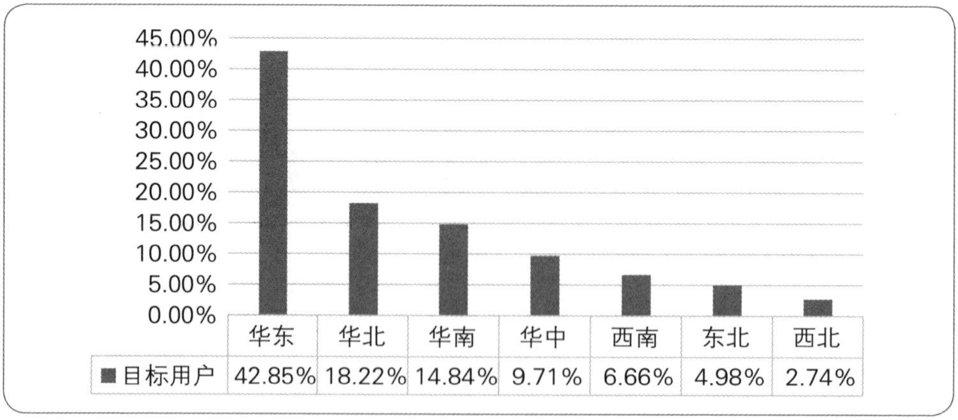

图 1.13　目标用户地理空间分布

2. 行为特征

在行为特征上，总体来看目标用户的年购书量大于非目标用户，在购书渠道、对图书功能和好书标准的认知上也有所不同。

2.1 年购书量适中，6—10 本居多

目标用户的购书量以 6—10 本居多，整体上比非目标用户购书量大。可见，阅读图书多的目标用户其购书量也更多（详见表 1.1）。

表 1.1　目标用户与非目标用户年购书量

	非目标用户	目标用户
0 本	8.51%	1.05%
1—5 本	71.63%	26.42%
6—10 本	12.62%	32.26%
11—20 本	4.62%	21.63%
21—30 本	1.49%	9.35%
31—40 本	0.59%	4.43%
41—50 本	0.14%	2.13%
51—100 本	0.18%	1.21%
100 本以上	0.22%	1.52%

2.2 网上买书成主流选择，新华书店次之

随着电子商务和物流业的迅速发展，网购在图书市场成为主流。目标用户选择网上书店购书的比例最高，是位居第二的新华书店比例的两倍。网上书店成为图书营销的重要渠道（详见图 1.14）。

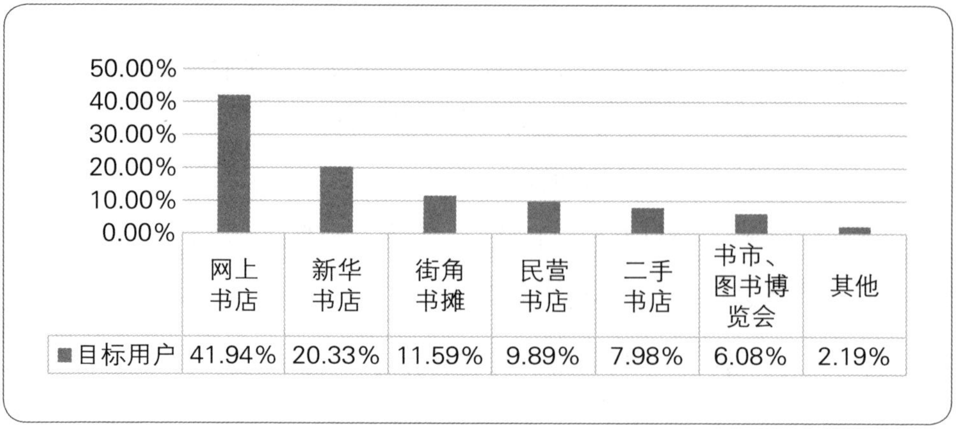

图 1.14　目标用户购书渠道

2.3 关注图书销售网站

在目标用户获取图书信息的主要渠道中排名前三的分别是图书销售网站、畅销书排行榜和周围人推荐，排名末位的则是报纸电视广播推荐。可见，互联网成为目标用户最主要的获取图书信息的渠道，传统媒体在这方面比较落后。目标用户图书信息的获取为图书营销方式的选择提供参考价值（详见图 1.15）。

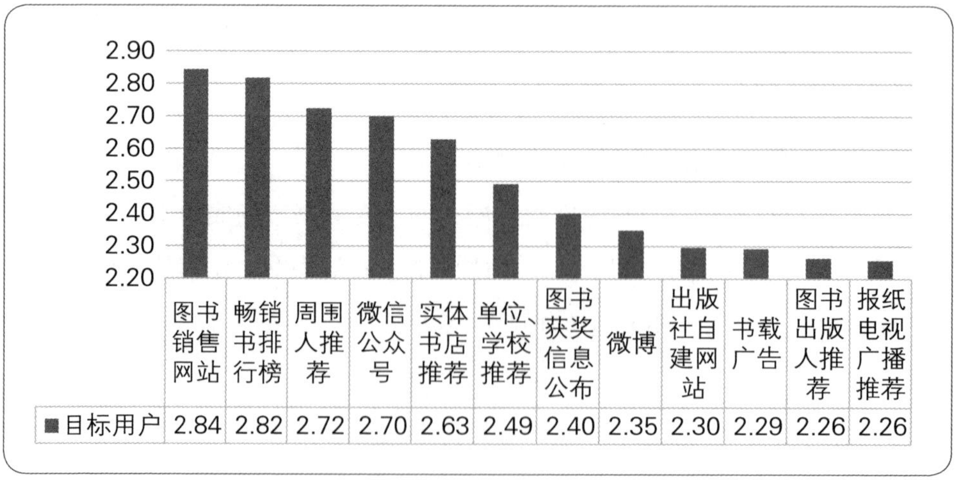

图 1.15　目标用户获取图书信息方式

2.4 以修身养性为目的，读者口碑是好书标准

修身养性与学习知识是目标用户最看重的图书功能，获得谈资则居末位。读者评价高是目标用户最认可的好书标准，其次为图书实用性强、图书思想性强。专家评价高则是最不认可的标准。可见，读者评价与专家评价成为目标受众评判好书标准的两个极端。图书营销更应从读者口碑入手（详见图 1.16）。

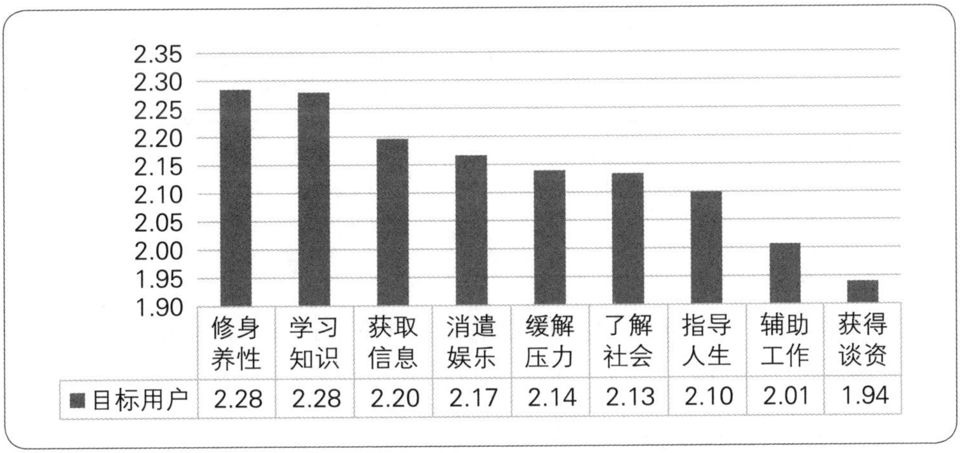

图 1.16　目标用户对图书功能的认知

二、非目标用户

非目标用户关键词：

人口特征：一般职业，中低收入

行为特征：网购，买书少，周围人推荐，学习知识，重口碑

1. 人口特征

在性别方面，男女比例较为均衡。非目标用户中男性占比 51.81%，女性占比 48.19%。在职业方面，一般职业（文员、秘书、服务业等）为主流，占比 23.67%。就收入而言，与目标用户不同，非目标用户的收入构成主要是 2001—5000 元群体，整体上收入不如目标用户高（详见图 1.17）。

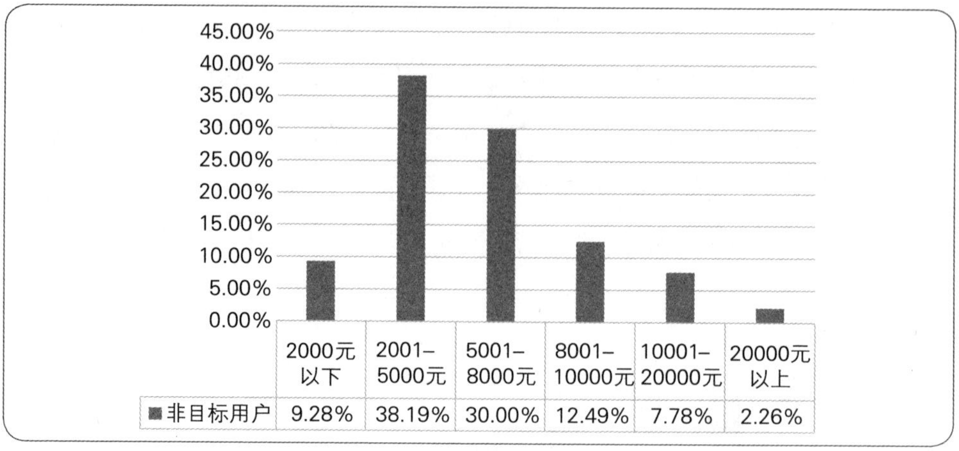

图 1.17 非目标用户月收入

2. 行为特征

总体来看，非目标用户整体阅读量、购书量较目标用户来说要低。在其他行为特征上，非目标用户与目标用户之间差异较小。

2.1 八成用户年购书 5 本以下

相较于目标用户，非目标用户整体购书量较低，将近八成的非目标用户年购书量为 5 本以下。由此可见，阅读量较低的非目标用户购书量也低。

2.2 近一半用户网购图书

在非目标用户的购书渠道选择上，同样以网上书店购买为主，新华书店为其次。基本与目标用户的购买渠道一致（详见图 1.18）。

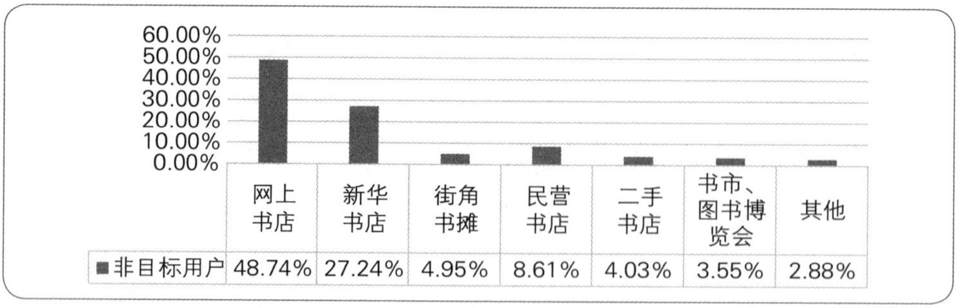

图 1.18 非目标用户购书渠道

2.3 图书信息从身边获取

周围人推荐是非目标用户最主要的获取图书信息的方式，其次才是图书销售网站。可见将非目标用户转化为目标用户一个重要的途径便是口碑传播，打通非目标用户的周围人群，传播图书信息，促使其进一步的图书阅读与购买行为（详见图 1.19）。

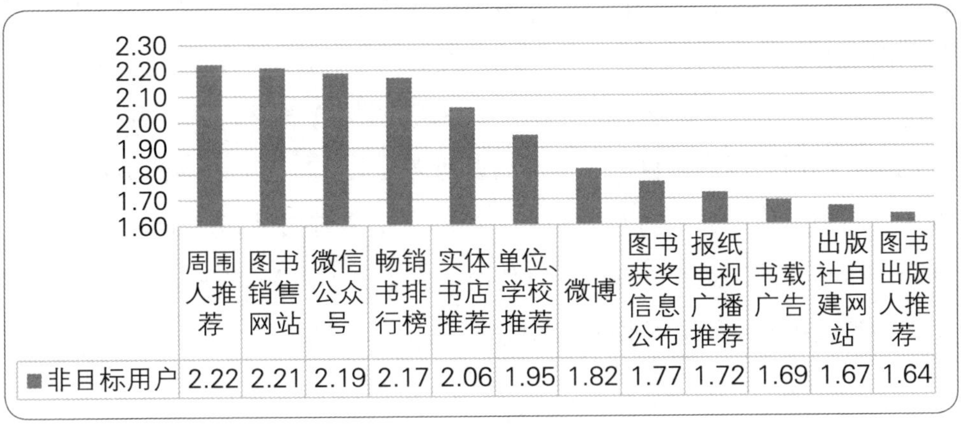

图 1.19 非目标用户获取图书信息方式

2.4 重视读者口碑

与目标用户一致的是，读者评价高是非目标用户最认可的好书标准，其次为图书实用性强、图书思想性强。获得奖项多是最不认可的标准，专家评价高同样不被认可。在图书营销中，应该从读者评价着手，并强调图书的实用性和思想性，过多地渲染图书获奖并不能刺激用户。

2.5 学习知识是主要目的

与目标用户类似，学习知识是非目标用户最看重的图书功能，其次是修身养性，获得谈资占末位。

3. 小结

总体上看，在人口特征上，图书产品的目标用户主要是男性，比较年轻，26—35 岁之间居多，学历大多为本科，职业上以国有、私营、合资企业工人为主，收入多是 5001—8000 元的中高收入，分布在华东地区。而非目标用户则在职业上与月收入上与目标用户呈现不同，主要是一般职业（文员、秘书、服务业等），月收入 2001—5000 元的中低收入人群。在行为特征上，目标用户与非目标用户都呈现出爱在网店买书，重视读者口碑的特征。不同的是，目标用户年购书量高于非目标用户，并且更加关注图书销售网站，希望通过读书修身养性。非目标用户则主要听周围人的推荐，通过读书学习知识。可见，图书产品在做营销时，应该从用户特征入手，针对用户的人口特征进行精准营销，重点针对高学历的年轻男性和经济发达的地区。就行为特征而言，无论是目标用户还是非目标用户都热衷网络购书，实体书店的营销效果不如网店。图书销售网站的宣传、网上书店的营销是重要措施；在实体书店中，新华书店是营销的重点。在图书宣传时，应重点突出图书的修身养性功能和图书的知识性，并强调图书的读者口碑。

第三节　各类图书产品的目标用户与非目标用户

在勾勒出图书产品整体的目标用户和非目标用户的人口特征及行为特征之后，本研究进一步按照六大图书类型（文学类、科技类、生活类、社科类、少儿类、教育类）细分，以期对各类图书的目标用户与非目标用户有个更清晰的画像，从而根据不同类型用户的特点实现精准营销，促使非目标用户向目标用户的转化。

一、文学类图书

本研究首先对文学类图书的目标用户和非目标用户的人口及行为属性进行了对比和分析。

1. 文学类图书目标用户

文学类图书目标用户关键词：

人口特征：男女均衡，年轻人，本科，企业工人，高收入，华东地区

行为特征：爱买书，网购书，书摊买书，关注排行榜，修身养性，消遣娱乐，重口碑，重思想性

1.1 七成大专及以上学历，月收入较高

文学类图书目标用户在性别方面较均衡，年龄以26—35岁为主。大学本科最多，占比43.03%，大专及以上学历占将近七成。在职业构成上，国有、私营、合资企业工人最多，机关事业单位干部较少。多为高收入群体，近六成人月收入5001—10000元。在地理空间分布上，将近四成（39.87%）的目标用户为华东地区，其次为华北地区。西北地区最低，仅为1.97%。

1.2 购书较多，网购为主

文学类图书的目标用户年购书量较大，多为6—20本。在购买渠道的选择上，网购是最重要的方式，新华书店次之（详见表1.2）。

表1.2　文学类图书用户年购书量

	非目标用户	目标用户
0本	2.03%	1.30%
1—5本	55.97%	19.45%
6—10本	24.13%	26.72%
11—20本	11.67%	24.43%
21—30本	3.71%	13.32%
31—40本	1.46%	6.74%
41—50本	0.54%	3.52%
51—100本	0.32%	1.76%
100本以上	0.16%	2.76%

1.3 从畅销书排行榜获取信息，但并不认可

在文学类图书的目标用户中，获取图书信息的主要方式排名前三的是畅销书排行榜、图书销售网站以及微信公众号。可以看出，文学类图书目标用户主要依靠网络获取图书信息。报纸电视广播推荐和书载广告排在末位。可见传统媒体并非文学类图书营销的有效手段。

在评判好书时，该类用户认为读者评价高是最重要的标准，其次是图书的思想性强、实用性强。名列畅销书排行榜是最不认可的评判标准。可以看出，尽管文学类图书产品的目标用户通过畅销书排行榜获取图书信息，但并不认可将其作为评判好书的标准。

1.4 以修身养性为主，消遣娱乐同样重要

修身养性是文学类产品目标用户最看重的图书功能，消遣娱乐次之。也就是说，文学类图书产品的目标用户希望获得文字滋养，修身养性，并通过阅读实现消遣娱乐的目的。

2. 文学类图书非目标用户

文学类图书非目标用户关键词：

人口特征：一般职业，中低收入

行为特征：买书少，网购书，新华书店买书，关注图书网站，看畅销书榜，学习知识，重思想性，重口碑

2.1 多为一般职业，月入 2001—5000 元

在职业方面，文学类图书的非目标用户主要为一般职业（文员、秘书、服务业等），占比 21.99%。在月收入方面，则以 2001—5000 元为主，占 34.47%。收入较文学类图书的目标用户低。

2.2 报纸广播电视推荐图书效果差

文学类图书的非目标用户在获取图书信息时，排名前三的是图书销售网站、畅销书排行榜以及周围人推荐，从报纸广播电视推荐的渠道获得图书信息的比例最低。与图书总体的非目标用户有一定差异。其他行为特征与图书总体

的非目标用户一致。即购书量少，爱网上买书，重视图书的学习知识功能，在评判图书优劣时，读者评价高，图书实用性强、思想性强是最重要的指标。

3. 小结

总的来看，文学类图书的目标用户最重要的特征是他们主要通过畅销书排行榜来获取图书信息，因此，图书营销时应在畅销书排行榜上多下功夫。不过，虽然他们通过排行榜来获取图书信息，但并不认可将其作为评判好书的标准。并且，他们主要想通过读书达到修身养性和娱乐消遣的目的，因此可以强调图书内涵丰富但并不严肃，通俗易读。

其他的人口特征与行为特征方面，文学类图书的目标用户与非目标用户均与图书总体的目标用户和非目标用户类似。就目标用户而言，他们男女各占一半，大多是年轻人，学历为本科，职业以国有、私营、合资企业工人为主，月收入在8001—10000元之间居多，主要分布在华东地区。非目标用户则多为一般职业，收入中低。无论文学类图书的目标用户还是非目标用户，都主要通过网上书店买书，重视图书的读者评价。

二、科技类图书

总体来看，科技类图书产品目标用户的年购书量高于非目标用户，在其他行为特征上也有所不同。

1. 科技类图书目标用户

科技类图书目标用户关键词：

人口特征：男性，年轻人，本科，企业工人，收入高，华东地区

行为特征：爱买书，网购图书，书摊买书，看公众号，关注图书网站，获取信息为目的，重实用，注重社会影响

1.1 网购为主，街角书摊也是重要渠道

科技类图书的目标用户年购书量主要集中在6—20本，购书量较多。在高购书量选项上的占比均高于非目标用户（详见表1.3）。

表 1.3 科技类图书用户年购书量

	非目标用户	目标用户
0 本	2.13%	0.26%
1—5 本	51.48%	19.10%
6—10 本	24.70%	25.38%
11—20 本	13.18%	24.87%
21—30 本	4.76%	14.10%
31—40 本	1.87%	8.08%
41—50 本	0.81%	4.10%
51—100 本	0.50%	1.79%
100 本以上	0.57%	2.32%

在获取图书信息时，科技类图书目标用户主要通过图书销售网站和微信公众号获得，周围人推荐和畅销书排行榜也是较为重要的途径。报纸电视广播推荐则排在获取图书信息方式的末位。在具体的购书渠道上，此类目标用户也以网上书店作为最主要的选择。此外，街角书摊是科技类图书目标用户的重要购书渠道（详见图 1.20）。

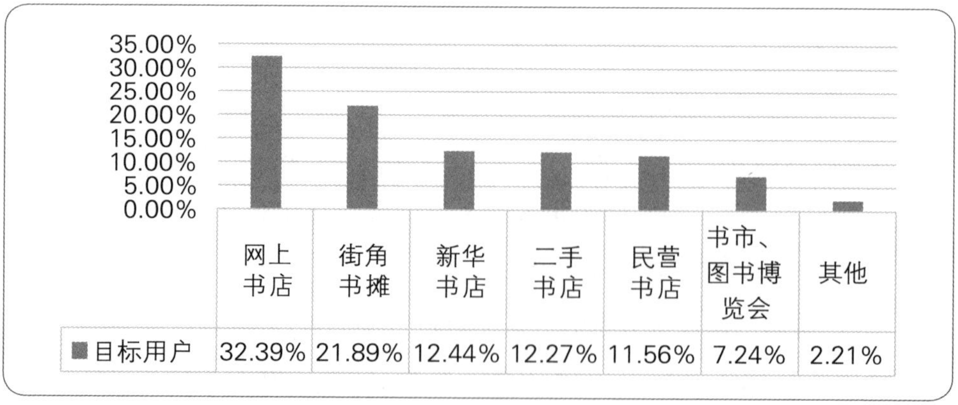

图 1.20 科技类图书目标用户购书渠道

1.2 修身养性与获取信息为目的，实用性是好书第一标准

对于科技类图书目标用户来说，其最认可的图书功能是修身养性与获取信息，其次是学习知识。在评判图书优劣时，图书的实用性强、社会影响大、图书的艺术性强是位列前三的标准。

2. 科技类图书非目标用户

科技类图书非目标用户关键词：

人口特征：男女均衡，一般职业，中低收入

行为特征：买书少，网购图书，新华书店买书，关注图书网站，看畅销书榜，学习知识，重口碑，重实用

在性别方面，数据显示，科技类图书非目标用户的男女比例较为均衡。就职业而言，科技类图书非目标用户主要为一般职业（文员、秘书、服务业等），占比 21.92%，专业技术人员、教师、医生占比也较高，为 17.54%。

在获取图书信息时，科技类图书非目标用户主要通过图书销售网站获得，畅销书排行榜和周围人推荐分列二、三，也是较为重要的途径。图书出版人推荐排在获取图书信息方式的末位。在其他行为特征方面，科技类图书非目标用户与图书总体的非目标用户一致。

3. 小结

总体来看，科技类图书的目标用户看重图书的实用性，非目标用户重视读者口碑，因此科技类图书应该重点强调其实用性和读者评价高。同时，科技类图书应该实现和强调让用户获取信息和学习知识的功能。此外，网络同样是科技类图书目标与非目标用户重要的获知信息和购书的途径。值得关注的是，街角书摊是科技类图书目标用户在网上书店后排名第二的购书方式。科技类图书在宣传和投放时要重视街角书摊这一渠道。

具体来看，在行为特征上，科技类图书的目标用户与非目标用户都主要从图书销售网站获取图书信息，并主要是网购图书。科技类图书的目标用户更爱买书，年购书量集中在 11—20 本，占比高于图书总体的目标用户和文学

类图书的目标用户。

三、生活类图书

就生活类图书来看，其目标用户年购书量较非目标用户高，在其他行为特征上也有所差异。

1. 生活类图书目标用户

生活类图书目标用户关键词：

人口特征：男性，年轻人，大专及以上，企业工人，高收入，华东地区

行为特征：爱买书，网店购买，书摊买书，修身养性，重实用，重艺术性，关注图书网，看公众号，看畅销书榜

1.1 关注图书销售网，热衷网购书

生活类图书的目标用户年购书量主要是 11—20 本，6—10 本次之，二者相加占五成。可见此类图书的目标用户年购书量较高（详见表 1.4）。

表 1.4 生活类图书用户年购书量

	非目标用户	目标用户
0 本	2.12%	0.37%
1—5 本	51.87%	18.27%
6—10 本	24.71%	25.31%
11—20 本	12.96%	25.56%
21—30 本	4.70%	14.07%
31—40 本	1.84%	8.02%
41—50 本	0.88%	3.58%
51—100 本	0.50%	1.73%
100 本以上	0.41%	3.09%

并且，生活类图书的目标用户善用网络，主要体现在两方面。一是在获取图书信息时，生活类图书的目标用户主要通过图书销售网的形式，畅销书排行榜和微信公众号也是重要方式。二是在购书渠道的选择上，32.86% 的人是通过网上书店购买，街角书摊也占一定比例，为 20.90%。

1.2 重视图书的思想性、艺术性和指导性

在图书功能的认可上，生活类图书的目标用户认为图书主要的功能是修身养性，学习知识和获取信息次之。在评判好书时，实用性是第一标准。图书的思想性强、艺术性强、指导性强并列第二。

2. 生活类图书非目标用户

生活类图书非目标用户关键词：

人口特征：中低收入

行为特征：买书少，网购图书，新华书店买书，关注图书网，看畅销书榜，学习知识，重口碑，注重实用

生活类图书的非目标用户年购书量较低，半数人一年内买书 1—5 本，整体购书量比此类图书的目标用户低；与目标用户一致，生活类图书非目标用户也热衷使用互联网，喜欢网购图书，占 46.73%，新华书店是 24.66% 的人的选择。图书信息的获取主要通过图书销售网站，此外畅销书排行榜和周围人推荐也是重要的获取信息途径。学习知识是他们认为图书最重要的功能。在评判一本书的质量时，读者评价高是生活类图书非目标用户最重视的标准。

3. 小结

总体来看，生活类图书的目标用户看重图书的实用性，非目标用户注重学习知识。因此，生活类图书应该重点强调其实用性和知识性。网络同样是生活类图书目标与非目标用户重要的获知信息和购书途径，畅销书排行榜和微信公众号是重要方式。街角书摊在生活类图书目标用户的购书渠道上占有一定比例，在图书宣传营销时应重点关注。

四、社科类图书

本研究也对社科类图书的目标用户和非目标用户进行了分析。

1. 社科类图书目标用户

社科类图书目标用户关键词：

人口特征：男性，年轻人，高中及以上，企业工人，中高收入，华东地区

行为特征：买书多，网店购书，街摊买书，看畅销书榜，关注图书网，修身养性，看重社会影响，重视实用

1.1 学历比较均衡，八成高中及以上学历

社科类图书目标用户与图书总体目标用户人口特征基本一致，但也有一些差别。在学历上，社科类目标用户以本科居多，占 36.01%；高中学历和大专学历各占 25.69%、22.69%，学历较为均衡。图书总体的目标用户中，本科学历占 51.20%，可见社科类图书的目标用户学历与图书总体目标用户相比不算高。

1.2 街角书摊购书多于新华书店

网上书店购书同样是社科类目标用户的大多数选择，占三分之一，但街角书摊购书的比例也很高，排在第二位，占比 22.36%。尽管图书总体的目标用户更爱从新华书店买书，但社科类、生活类、科技类目标用户在街角书摊购书比例高于新华书店（详见图 1.21）。

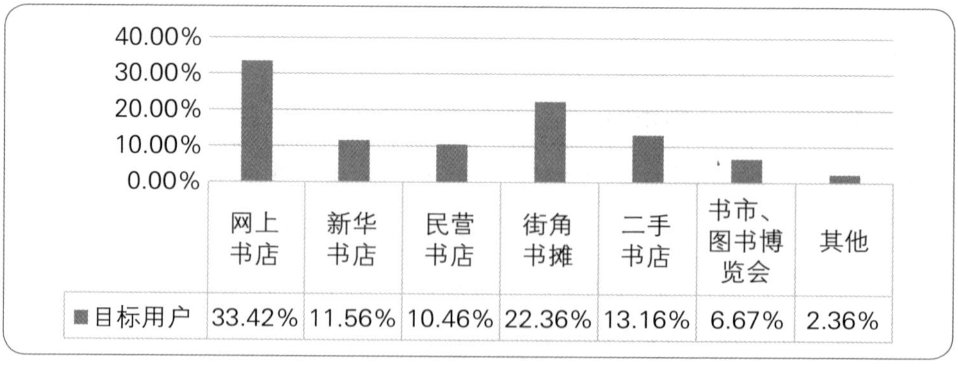

图 1.21 社科类图书目标用户购书渠道

1.3 看重图书的社会影响

在评判好书时，实用性同样是社科类图书目标用户的第一标准，社会影响大排在第二位。另外，图书的思想性强、艺术性强、指导性强也是重要的标准。

2. 社科类图书非目标用户

社科类图书非目标用户关键词：

人口特征：中低收入，一般职业

行为特征：网购书，不爱买书，关注图书网，看畅销书榜，学习知识，修身养性，看重实用性，重视思想性，关注口碑

与社科类图书目标用户不同，非目标用户首选购书渠道同样是网上书店，比例高达46.59%，同时，他们爱在新华书店买书，占比25.17%，在街角书摊购书的比例仅占6.68%。在获取图书信息时，排名前三的方式是图书销售网站、畅销书排行榜以及周围人推荐（详见图1.22）。

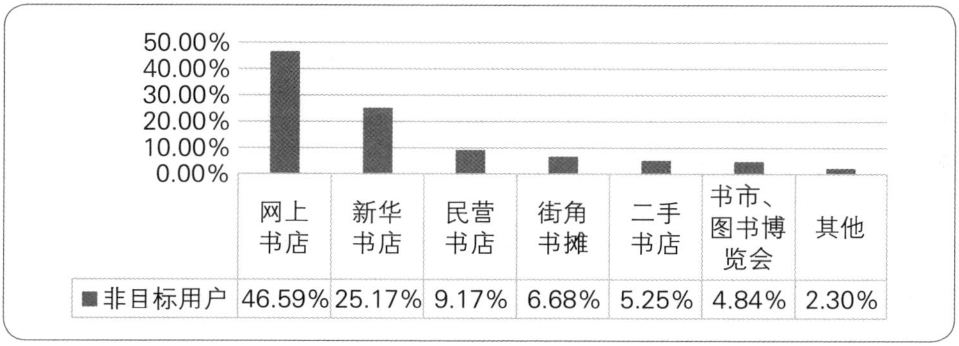

图 1.22 社科类图书非目标用户购书渠道

3. 小结

总体来看，社科类图书用户主要有两个明显特征。第一，虽然网上书店同样是社科类图书用户的首选购书渠道，但社科类图书的目标用户爱从街角书摊买书，非目标用户则很少选择这一渠道，更倾向于从新华书店买书。社科类图书应将网上书店、新华书店、街角书摊都作为重点投放渠道。第二，

实用性是社科类图书用户的好书第一标准。此外，目标用户更看重图书的社会影响大，非目标用户关注图书的思想性。

五、少儿类图书

对于少儿类图书来说，其目标用户和非目标用户相对差异较小。

1. 少儿类图书目标用户

少儿类图书目标用户关键词：

人口特征：男性，年轻人，高学历，中高收入，企业工人，华东地区

行为特征：爱买书，网购书，书摊买书，爱看公众号，关注图书网，重实用，看口碑，注重思想性，学习知识，修身养性

对于少儿类图书目标用户来说，图书销售网站是最重要的获取图书信息的渠道，微信公众号位列第二，畅销书排行榜、周围人推荐同样重要。值得注意的是，单位、学校推荐也名列前茅，与前面几个获取图书信息的渠道得分相差无几。可见，少儿类图书如果经由单位学校、周围人推荐的话，会促进阅读和购买行为。在购书时，少儿类图书目标用户以网购为主，街角书摊次之，占比20.58%，新华书店和二手书店购书比例齐平。各个购书渠道之间所占比例相差不太大，因此，少儿类图书目标用户在购书时没有偏好的渠道选择（详见表 1.5）。

表 1.5　少儿类图书用户购书渠道

	目标用户	非目标用户
网上书店	35.22%	46.23%
街角书摊	20.58%	7.04%
新华书店	12.70%	24.94%
二手书店	12.19%	5.45%
民营书店	10.08%	9.25%
书市、图书博览会	6.44%	4.89%
其他	2.79%	2.20%

2. 少儿类图书非目标用户

少儿类图书非目标用户关键词：

人口特征：中低收入，一般职业

行为特征：买书少，网购书，新华书店购书，看图书网，看畅销书榜，学习知识，修身养性，重实用，重口碑

少儿类图书非目标用户在获取图书信息时，排名前三的是图书销售网站、畅销书排行榜以及周围人推荐。他们认为图书最重要的功能是学习知识和修身养性。读者评价高、图书的实用性强、图书思想性强是评判好书的重要标准。在购书时，网上购书和新华书店购书二者相加占 71.17%。总的来说，少儿类图书的非目标用户的特征与其他非目标用户特征基本一致。

3. 小结

少儿类图书的目标用户与非目标用户在获取图书信息时都比较关注图书销售网站和畅销书排行榜，此外，目标用户更多从微信公众号获取图书信息，单位、学校推荐也较多，非目标用户则更爱从周围人获取图书信息。在购书时，少儿类图书目标用户没有偏好的购书渠道。非目标用户则大多在网店购书，新华书店也占一定比例。

六、教育类图书

对于教育类图书来说，其目标用户和非目标用户在人口以及行为特征上存在较为明显的差异。

1. 教育类图书目标用户

教育类图书目标用户关键词：

人口特征：男性，年轻人，高中及以上，中高收入，华东地区

行为特征：爱买书，网购书，书摊买书，看重实用性，看重指导性，修身养性，学习知识，关注图书网站，看公众号，听周围人推荐

教育类图书目标用户以年轻人居多，主要分布在华东（36.72%）、华北

（21.79%）、华南（16.87%）地区。高中、大专和本科学历人群是主力军，其占比分别是25.77%，23.07%，36.44%，分布较为均衡。在购书时，33.99%的人选择网上书店，21.06%的人选择街角书摊购买，占比较高。可见街角书摊不仅是社科类、科技类、生活类图书的重要购书渠道，也是教育类图书的重要渠道。教育类图书目标用户所认可的好书标准前三个分别是图书的实用性强、思想性强以及社会影响大，读者评价高没有进入前三。这一点与其他类图书的目标用户所认可的好书标准有所差异。其他在人口和行为上的特征与别的图书类型的目标用户特征无显著差异。

2. 教育类图书非目标用户

教育类图书非目标用户关键词：

人口特征：一般职业，中低收入

行为特征：买书少，爱网购，新华书店购书，重口碑，看重实用性，关注图书网，关注畅销书榜，听周围人推荐，修身养性，学习知识

教育类图书非目标用户与目标用户不同。首先，他们在评价图书时，更关注读者口碑，其次才是实用性。其次，在购书时，两类用户偏好的购书渠道也不同。教育类图书的非目标用户首选网上购书，占比46.45%，新华书店购买排第二名，占24.61%，目标用户仅有14.30%选择新华书店。同时有21.06%的目标用户选择街角书摊购书，非目标用户仅有6.98%。

3. 小结

教育类图书的目标与非目标用户主要有以下特点：第一，教育类图书的目标用户更加看重图书的实用性和指导性，认为这是评价好书的最重要指标，读者口碑并不是第一位的。因此，教育类图书在营销宣传时，应该着重突出图书的实用性和指导性的特点。第二，教育类图书的目标与非目标用户的购书渠道都以网购为主，但目标用户比非目标用户更爱在街角书摊买书，非目标用户比目标用户更爱在新华书店买书。因此，街角书摊可以维系目标用户，新华书店的宣传推广则有助于将非目标用户转化为目标用户。

第四节　付费用户与免费用户

从消费行为来看，基于用户是否愿意为图书付费，图书用户可以分为付费用户和免费用户。根据调查数据，本研究将最近一年内购书量为1—100本以上的用户重新编码为“付费用户”，无购书行为的用户编码为“免费用户”，并对这两类用户的行为数据进行了分析。在此基础上，本研究进一步按照六大主要图书类型（文学类、科技类、社科类、生活类、少儿类、教育类）细分用户，对各类图书的付费用户与免费用户的人口特征与行为特征进行了分析与考察。一是希望对这两个用户群体进行更为清晰的用户画像，以助图书出版机构实现精准营销和推广；二是通过画像，出版机构可以通过适当的出版和营销手段，促进免费用户向付费用户的转化，实现效益的最大化。

一、付费用户

付费用户关键词：

人口特征：男性，中青年，本科，华东地区，一般职业，中高收入

行为特征：阅读量高，网购书，文学类、关注图书网站、看重学习知识、认可图书思想性和实用性

问卷调查结果显示，样本中有5037人为付费用户，占比95.82%；仅有220人为免费用户，占比4.18%。可见付费用户比例远高于免费用户（详见图1.23）。

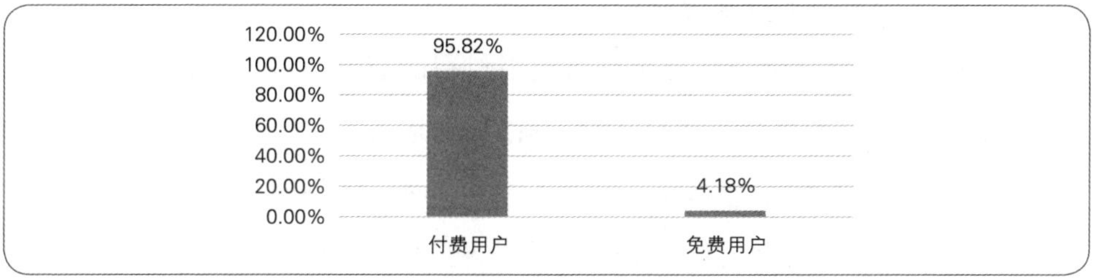

图1.23　付费用户和免费用户数量

1. 人口特征

付费用户的性别、年龄、学历、地域、职业以及月收入值得关注。不同人口特征的付费用户其行为习惯有差异。

1.1 中青年用户最多，老年用户最少

在付费用户中，男性用户占比 53.40%，女性用户占比 46.70%，男性比例略高于女性。从年龄上来看，26—35 岁的付费用户占比最高，为 38.06%，其次是 36—45 岁，占比 33.61%。最不愿意为图书付费的年龄段是 56 岁及以上，仅占比 4.19%。这可能是因为 26—35 岁图书用户相对来说消费能力更高，且对于知识付费的消费理念更为超前。而 56 岁及以上年龄段的用户消费观念更为节俭，付费意愿较低（详见图 1.24）。

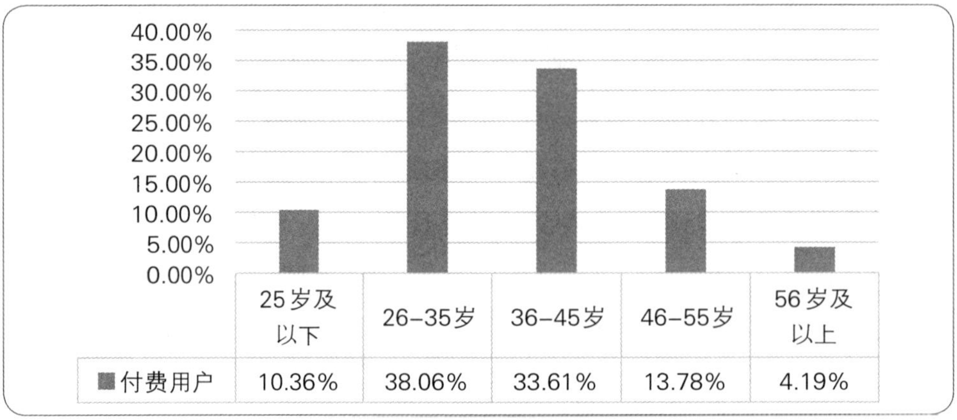

图 1.24　付费用户年龄段分析

1.2 过半用户为本科学历

不同学历的用户对于是否愿意为图书付费的意愿程度也有所不同。过半付费用户为大学本科学历，占比 50.67%；其次是大专学历，占比 23.53%。初中及以下的用户付费意愿最低，仅为 3.22%。这可能是因为学历为大学本科的用户相对来说对图书的认知程度和需求更高，因此也更愿意为图书付费（详见图 1.25）。

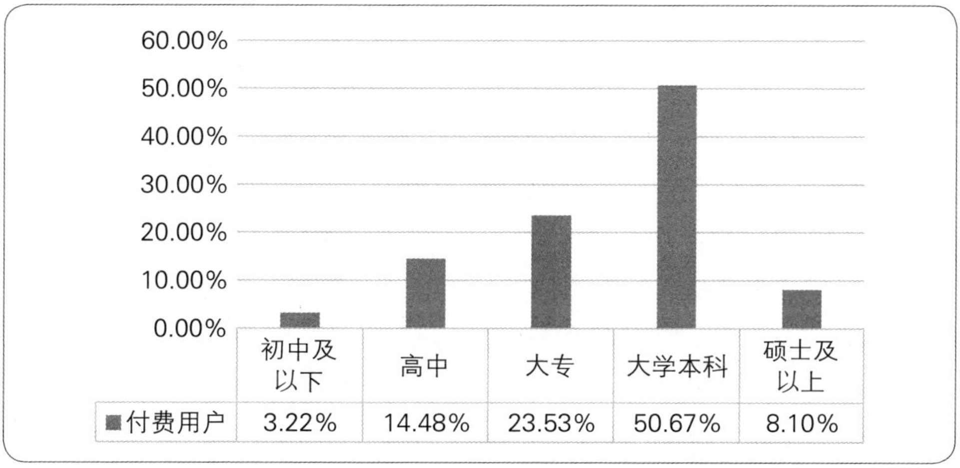

图 1.25　付费人群学历分析

1.3 华东地区用户居多

在地域上，华东地区的用户更愿意为图书付费，占比 42.77%，几乎过半；付费意愿最低的用户为西北地区用户，仅占比 2.61%（详见图 1.26）。

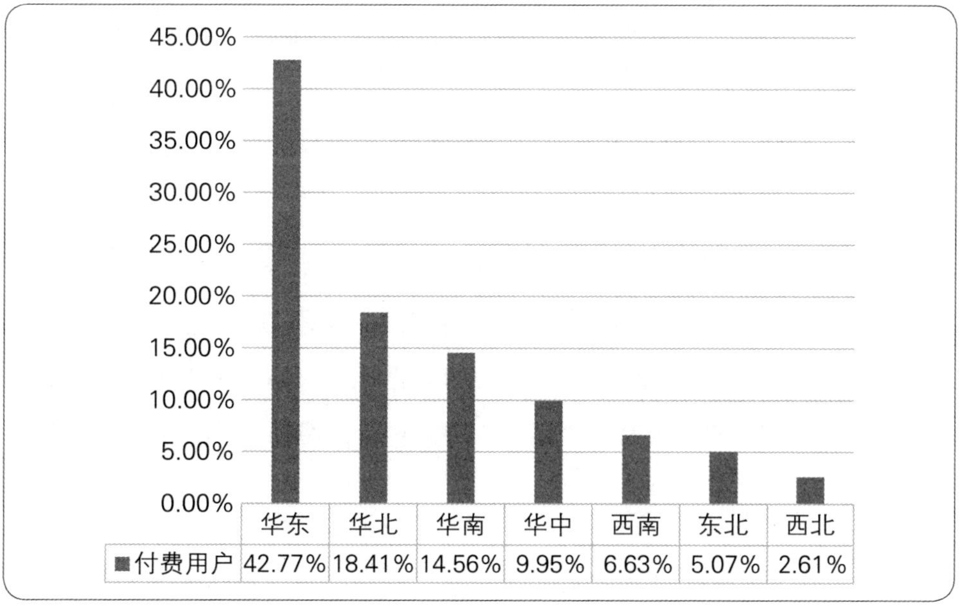

图 1.26　付费用户地域分析

1.4 职业以国有、民营以及合资企业工人为主

从职业来看，职业为国有、民营以及合资企业工人的付费用户占比最高，为 21.06%。相对来说，高校学生占比较低，说明高校学生并不是付费用户的主力人群（详见图 1.27）。

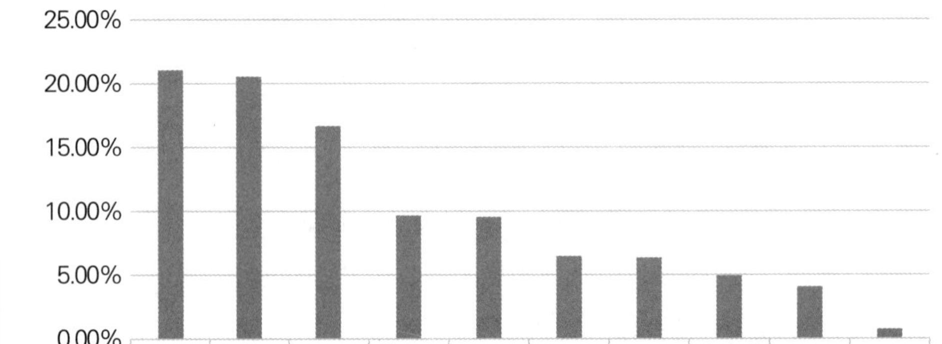

	国有、民营、合资企业工人	一般职业（文员、秘书、服务业）	专业技术人员、教师、医生	待业、无业人员及自由职业者	其他	企业领导或管理人员	机关、事业单位干部	自雇人员（个体商户、私营业主）	高校学生	公检法、军人、武警
■付费用户	21.06%	20.55%	16.66%	9.67%	9.55%	6.45%	6.33%	4.92%	4.05%	0.76%

图 1.27 付费用户职业分析

1.5 中高收入用户居多

收入也是影响用户是否愿意为图书付费的一个重要因素。月收入 5001—8000 元的人最愿意为图书付费，占比 30.40%，其次是月收入 2001—5000 元和 8001—10000 元的用户人群，分别占比 30.12% 和 19.04%。由此可见，有一定的经济收入与其是否愿意为图书付费密切相关（详见图 1.28）。

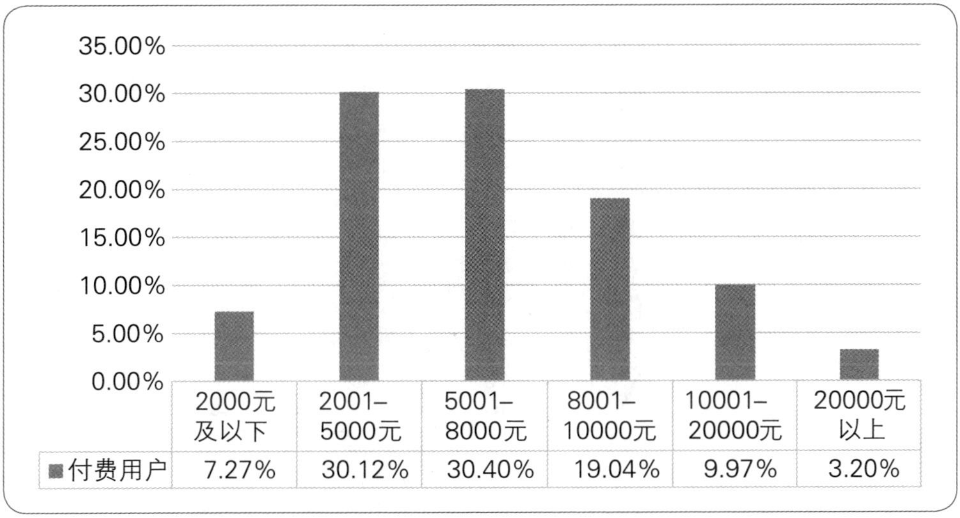

图 1.28　付费用户月收入分析

2. 行为特征

在行为特征上，本研究主要从付费用户的年阅读量、年购买量、购书渠道、购书类型、获取图书信息的渠道、对图书功能和好书标准的认知等几方面展开分析。

2.1　年阅读量高于免费用户

本研究对付费用户最近一年的阅读情况进行了统计分析。研究结果显示，付费用户及免费用户最近一年的平均阅读量分别为 3.27 本和 1.71 本，总体来说付费用户的年阅读量高于免费用户。在付费用户中，最近一年阅读量 1—5 本的人最多，占比 38.14%，其次是 6—10 本，占比 25.19%（详见图 1.29）。

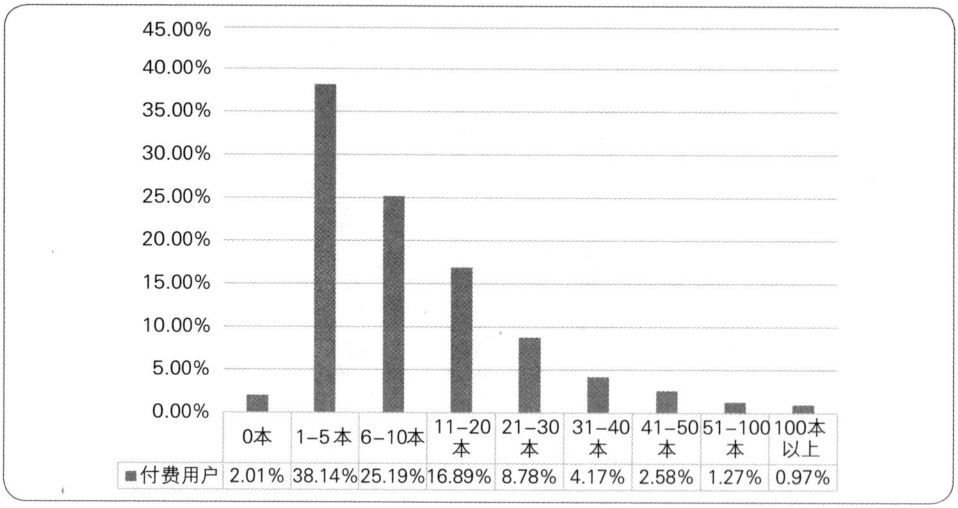

图 1.29　付费用户最近一年的阅读量分析

2.2 主要购书渠道为网上书店

对于不同的购书渠道，本研究发现，在付费用户中，通过网上书店购书的用户最多，占比 44.36%，其次是新华书店和民营书店，街角书摊也占有一定比例。通过书市、图书博览会以及二手书店买书的用户最少。这说明网上购书已经成为主流趋势（详见图 1.30）。

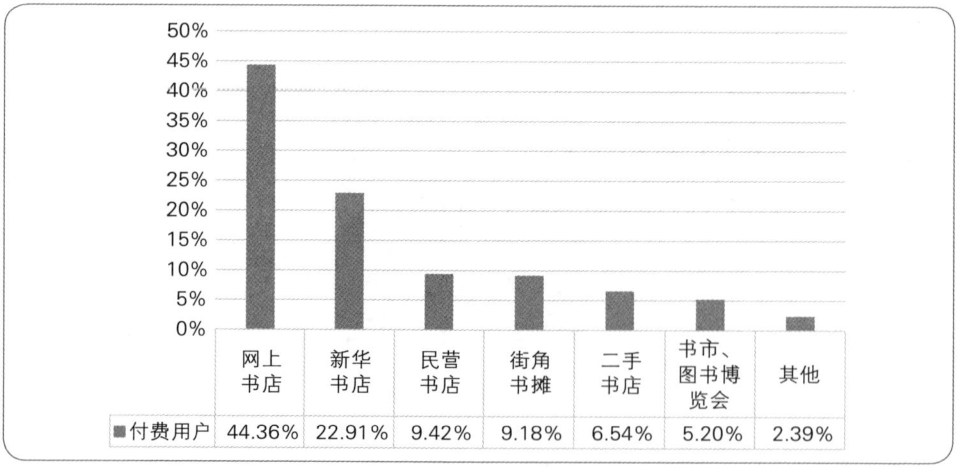

图 1.30　付费用户主要购书渠道分析

2.3 最愿意购买文学类图书

对于付费用户来说，最愿意为之付费的图书类型是文学类图书；其次是少儿类和社科类图书。从读书类型来看，付费用户更愿意阅读文学类、生活类、社科类和教育类的图书（详见图 1.31）。

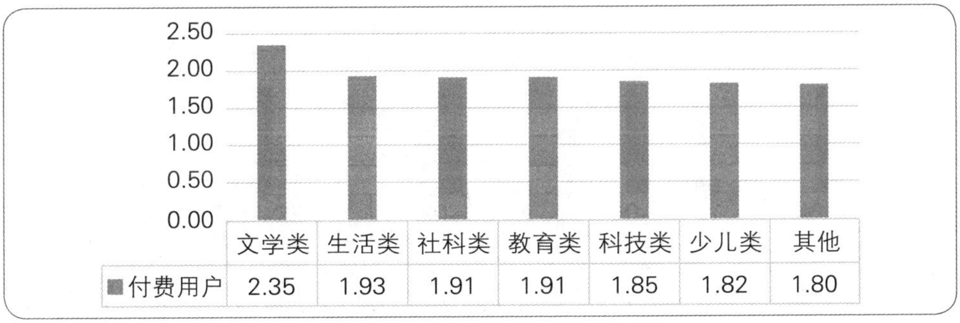

图 1.31　付费用户阅读图书类型

2.4 更倾向于从网络渠道而非传统渠道获取图书信息

本研究对付费用户获取图书信息的渠道进行了分析，可见付费用户更倾向于从图书销售网站、畅销书排行榜以及周围人推荐中获取图书信息，而图书出版人推荐、书载广告等传统意义上获取图书信息的渠道则排在末位（详见图 1.32）。

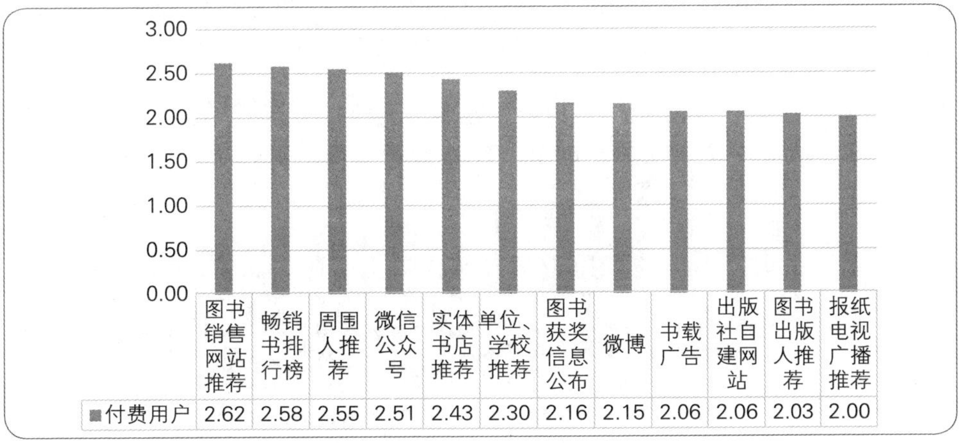

图 1.32　付费用户获取图书信息的渠道

2.5 看重修身养性和学习知识作为图书首要功能

在对于图书功能的认知上，如图所示，付费用户最看重图书学习知识和修身养性的功能，其次是获取信息和消遣娱乐。由此可见，在进行图书出版时，在图书内容上应坚持在传播知识的基础上与可读性、趣味性相结合，才能更好地吸引读者（详见图 1.33）。

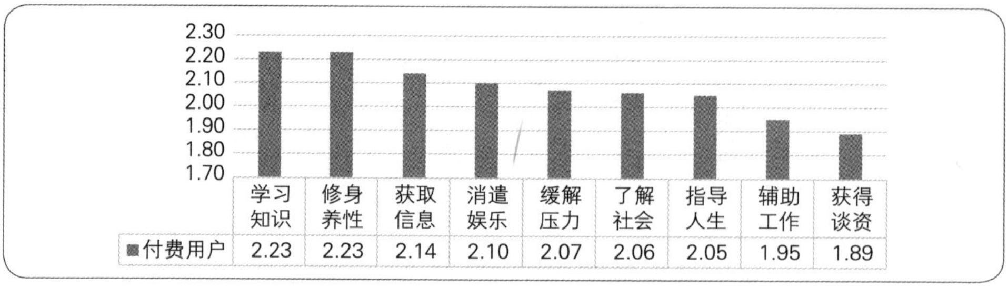

图 1.33　付费用户对图书功能的认知

2.6 认可读者评价，不认可获得奖项和专家评价

总体来看，付费用户更倾向于把读者评价高、图书实用性强以及图书思想性强作为评价好书的前三个标准，分别为 3.69、3.64 和 3.60；而获得奖项多、专家评价高和作者知名度高所获均分最低，分别为 3.14、3.15 和 3.19。总体来看，付费用户对于好书标准的认知和样本总体的认知基本保持一致（详见图 1.34）。

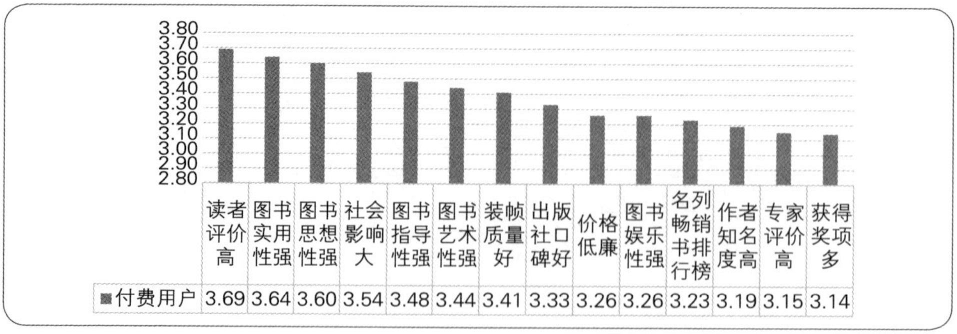

图 1.34　付费用户对好书标准的认知

二、免费用户

免费用户关键词：

人口特征：一般职业、中等收入

行为特征：阅读量少、从微信公众号获取信息、看重学习知识、认可社会影响

1. 人口特征

在4.2%的免费用户中，男女比例相对也较为均衡，男性用户占比52.73%，女性用户占比47.27%。在年龄上，36—45岁的用户占比最高，为35.45%（详见图1.35）。

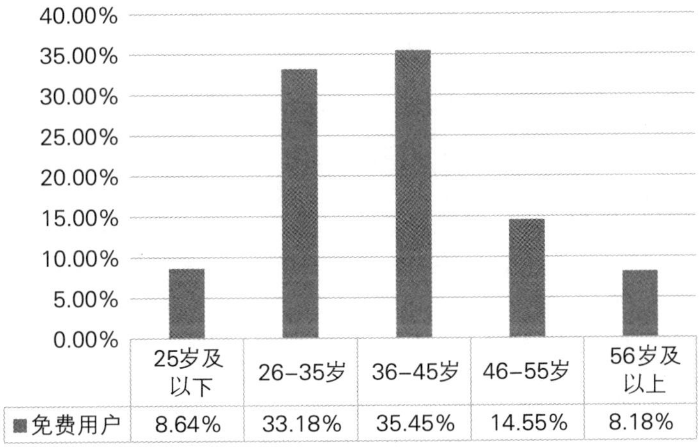

图1.35　免费用户年龄段分析

在职业上，文员、秘书、服务业等一般职业中免费用户最多，占比30.45%（详见图1.36）。

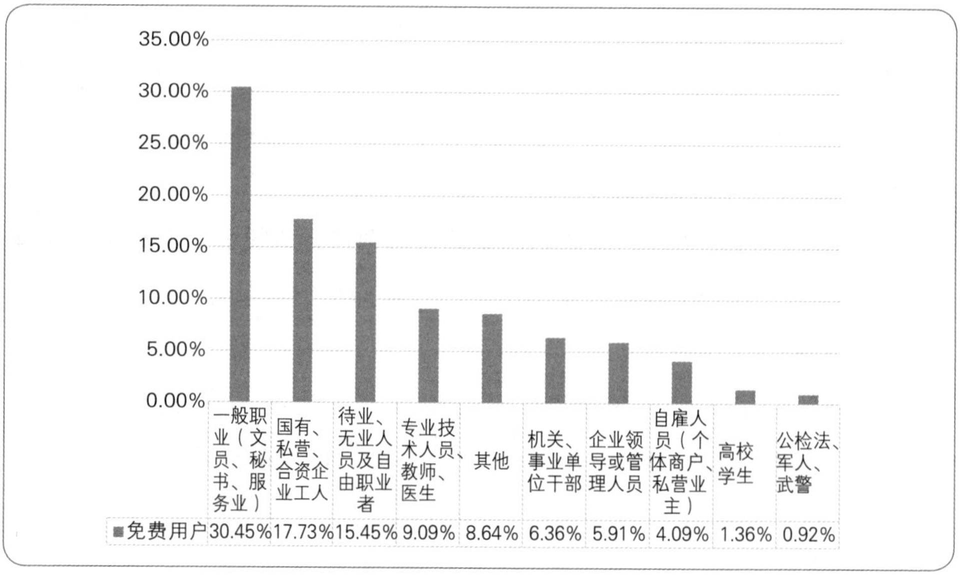

图 1.36　免费用户职业分析

在收入上，与付费用户明显有所不同的是，月收入 2001—5000 元的人占免费用户的主力，占比 41.82%；月收入 2 万以上的人群对图书免费的意愿程度最低，仅占比 2.27%（详见图 1.37）。

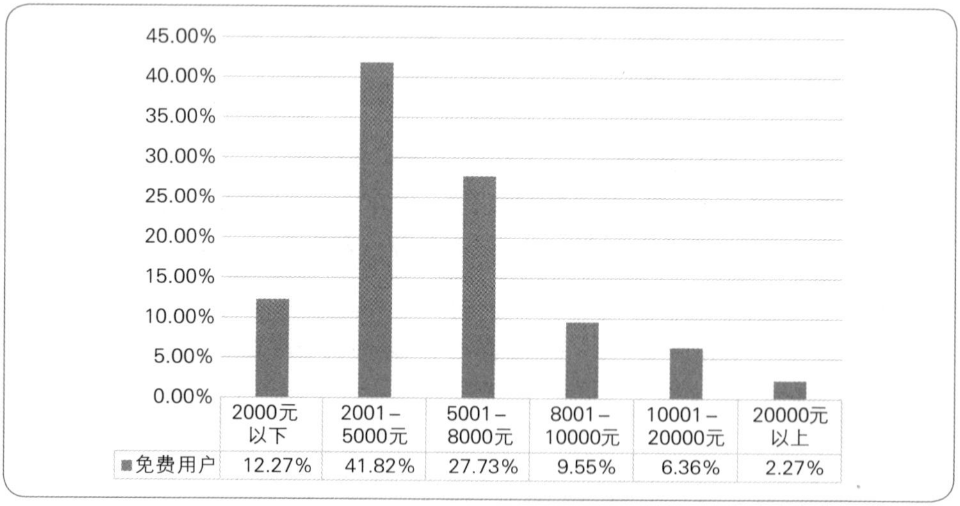

图 1.37　免费用户月收入分析

2. 行为特征

本研究对免费用户的行为特征进行了考察与分析。总体来看，免费用户的年阅读量低于付费用户，在其他行为特征上也与付费用户有所不同。

2.1 超一半免费用户最近一年没有读书

本研究对免费用户近一年内的阅读数量进行了分析。研究结果如图所示，在免费用户中，有 58.18% 的免费用户最近一年没有阅读图书，占比最高，且免费用户在整体阅读量上要低于付费用户（详见图 1.38）。

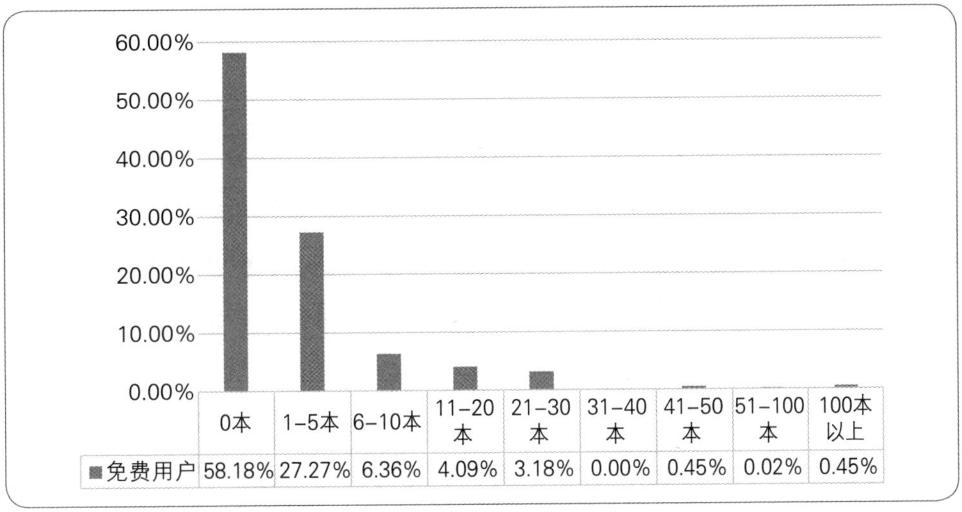

图 1.38　免费用户最近一年的阅读数量

2.2 文学类图书是免费用户阅读首选

研究结果显示，在对于阅读图书的类型上，免费用户最愿意阅读文学类图书，均分为 1.99 分，远远高于其他图书类型；其次是生活类、科技类和教育类图书。相较于付费用户来说，两类用户之间没有明显差别（详见图 1.39）。

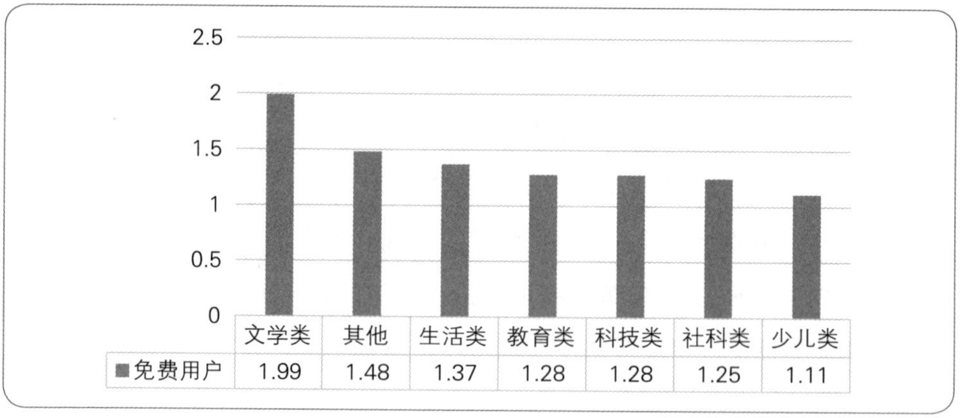

图 1.39　免费用户阅读图书的类型

2.3 微信公众号是免费用户获取图书信息的主要来源

本研究对免费用户获取图书信息的渠道进行了分析。结果显示，免费用户对于获取信息渠道的整体认知均分低于付费用户，微信公众号、周围人推荐和畅销书排行榜是免费用户获取图书信息的主要来源（详见图 1.40）。

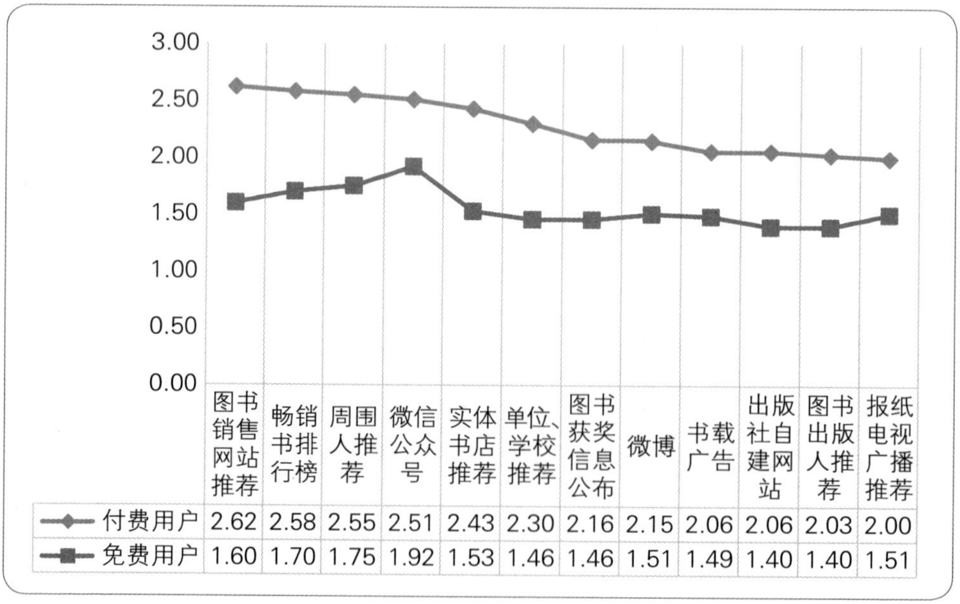

图 1.40　付费用户和免费用户获取信息的渠道

2.4 看重学习知识，最不看重获得谈资

在对于图书功能的认知上，免费用户更看重学习知识、修身养性和消遣娱乐，总体来说和付费用户没有明显差别（详见图 1.41）。

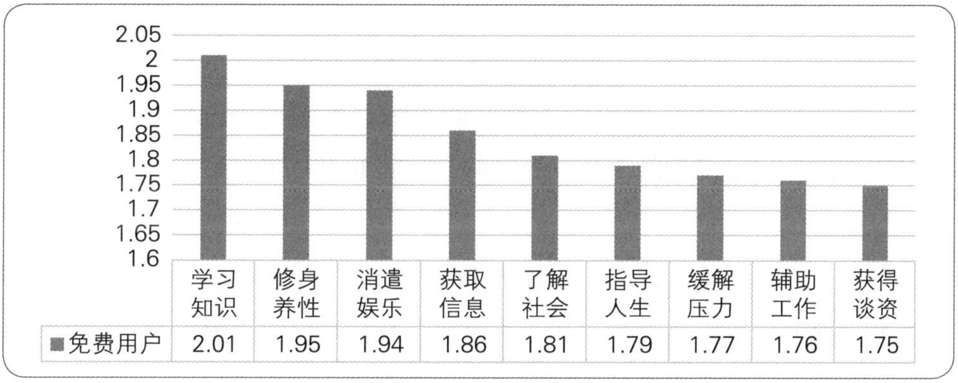

图 1.41　免费用户对于图书功能的认知

2.5 认可图书的社会影响

在对于好书标准的评判上，如图所示，免费用户认为读者评价高、社会影响大以及图书思想性强是评价好书的首要标准。相对来说，付费用户更看重图书实用性，而免费用户更看重该书的社会影响（详见图 1.42）。

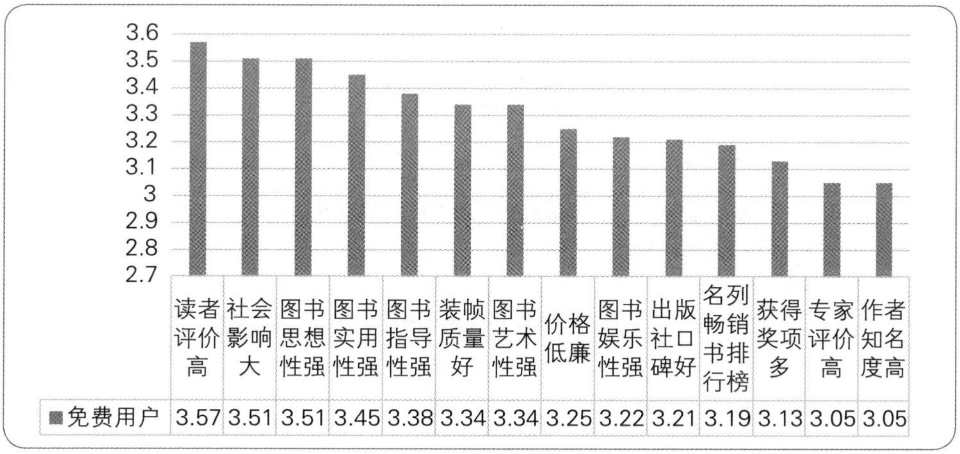

图 1.42　免费用户对于好书标准的认知

3. 小结

综上所述，付费用户和免费用户的主要差异更多表现在他们的人口统计学属性上。图书产品的付费用户较为年轻，以 26—35 岁为主，学历大多为本科学历，分布在华东地区，职业以国有、私营、合资企业工人为主，月收入多为 5001—8000 元。因此，在进行图书出版和营销时，应重点关注这部分用户群体。而 36—45 岁年龄段、一般职业以及月收入 2001—5000 元的用户是免费用户的主力，受年龄、收入等影响，这部分用户相对来说对图书的付费意愿程度较低。

在行为特征上，付费用户和免费用户基本保持总体认知一致情况下的轻微差异。他们均以网络渠道而非传统渠道获取信息；首选网上购书；认可学习知识和修身养性是图书的首要功能，把读者评价高作为好书的第一评判标准。可见这些评判标准无论是对付费用户还是免费用户来说都具有非常重要的适用性价值。相比之下，付费用户更倾向从图书销售网站获取信息，也在街角书摊购书，强调图书消遣娱乐的功能，在评判好书时看重图书的实用性；而免费用户更偏好微信公众号推荐，看重图书获取知识的功能，并认为图书的社会影响也是评判好书的重要标准之一。

综上所述，图书推广和宣传应以线上网络渠道为主，线下渠道为辅，秉承“内容为王”的理念，在内容上以用户学习知识、获取信息、修身养性等为目标，在导向上坚持图书思想性和实用性的统一。同时增进图书的趣味性和可读性，重视读者评价。此外，图书出版机构也应主要针对两者用户不同的人口特征，重点在高学历、高收入人群以及经济发达的地区进行营销。

第五节　各类图书产品的付费用户与免费用户

在对付费用户和免费用户进行画像后，本研究还对各类图书的付费用户 / 免费用户的比例和其人口特征、行为特征进行了考察。研究结果发现，不同类型图书付费用户\免费用户的人口特征基本与付费用户\免费用户总体保持一致，即付费用户主要以26—35岁为主，大多为本科学历，男性居多，华东地区用户居多，职业类型主要为国有、私营和合资企业工人，月收入5001—8000元的中高收入群体居多；而免费用户以女性居多，多为一般职业（文员、秘书、服务业等），月收入2001—5000元的中等收入人群为主，较付费用户来说月收入要低。因此，本研究主要对不同图书类型付费用户及免费用户的行为特征展开讨论与分析。

一、文学类图书

在文学类图书中，免费用户占比23.39%，付费用占比76.61%，付费用户数量远远高于免费用户，说明图书用户在很大程度上愿意为文学类图书付费。其中，男性付费用户比例高于女性（详见图1.43）。

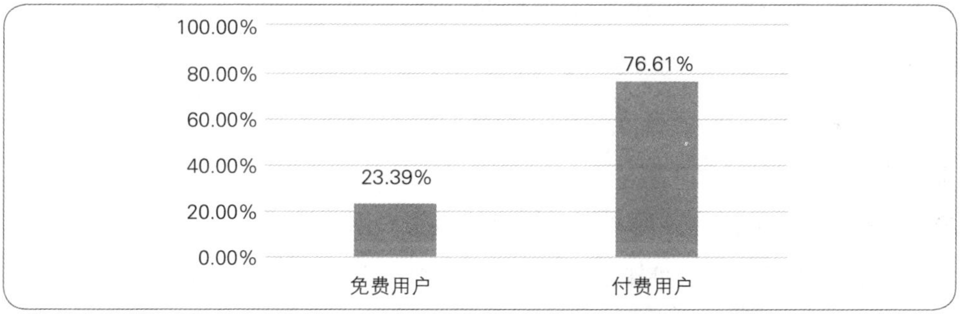

图1.43　文学类图书付费用户

1. 文学类图书付费用户

文学类图书付费用户关键词：

人口特征：男性，年轻人，本科，华东地区，国有、私营、合资企业工人、中高收入

行为特征：阅读量高，购书线上线下结合，关注图书网站，看重修身养性，认可图书实用性和思想性

1.1 中青年用户为主，本科学历最多

从人口特征上来看，在文学类图书的付费用户中，男性比例略高于女性，年龄以 26—35 岁为主，其次是 36—45 岁，56 岁及以上年龄人群付费意愿最低。过半文学类付费用户为本科学历，占比 51.82%，初中及以下学历用户最少，仅为 2.99%。

1.2 过半用户年阅读 6—20 本

最近一年内，文学类付费用户和免费用户年均阅读量分别为 3.46 分和 2.62 分，文学类付费用户比免费用户阅读量要高。在年阅读数量上，年阅读 6—10 本的文学类付费用户占比最高，为 32.11%，其次为 11—20 本，占比 26.63%。

1.3 网店购书为首选，街角书摊也是主要渠道

在购书渠道上，文学类图书的付费用户在网上购书比例最高，为 39.50%，其次是新华书店和民营书店，与此同时，街角书摊也是文学类图书付费用户的主要购书渠道之一（详见图 1.44）。

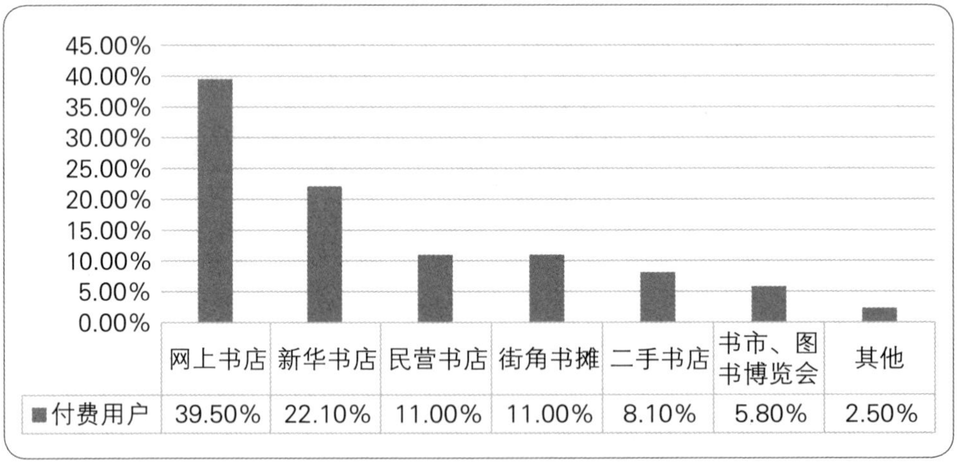

图 1.44 文学类图书付费用户的购书渠道

总体来看，文学类图书付费用户对于图书信息获取渠道的认知均分高于

免费用户，图书销售网站、畅销书排行榜和周围人推荐是这类用户获取图书信息最主要的渠道，图书出版人推荐和报纸广播电视推荐则排在末位。由此可见，网络渠道是文学类图书付费用户获取图书信息的主要手段。

1.4 看重图书实用性和思想性，重视修身养性

在对于图书功能和好书标准的认知上，文学类付费用户认为读者评价高是评价好书最重要的标准，其次则看重图书的实用性和思想性，排在最末位的是“获得奖项多”，这说明文学类图书付费用户并不将图书所获奖项作为评判好书的主要标准。最后，这类用户认为，图书最重要的功能是修身养性，其次是学习知识和获取信息。

2. 文学类图书免费用户

文学类图书免费用户关键词：

人口特征：一般职业，中等收入

行为特征：阅读量少，关注图书网站和微信公众号，网店购书，看重学习知识

2.1 阅读量少，信赖微信公众号

在年阅读量上，文学类免费用户的平均阅读量要低于付费用户。这类用户对于图书信息的获取渠道主要为图书销售网站、周围人推荐以及微信公众号，而图书出版人推荐和图书自建网站推荐所占比例最低。

2.2 重视学习知识作为图书首要功能

在对于图书功能和好书标准的认知上，文学类免费用户认为图书最重要的功能是学习知识，其次是修身养性和获取信息；而读者评价高、图书实用性强和图书思想性强是评判好书的首要标准。

3. 小结

整体来看，文学类图书的付费用户数量远远高于文学类图书的免费用户，说明相对来说用户为文学类图书付费的意愿较高。这两类用户均最常在网上书店购书，获取图书信息的渠道均主要来源于图书销售网站等网络渠道，都

认可读者评价高是评判好书的首要标准，其次是图书的实用性和思想性。但对于文学类付费用户来说，街角书店也是一个重要的购书渠道；周围人推荐是该类用户获取图书信息最主要的渠道之一，他们更看重图书修身养性的功能。而免费用户更偏好微信公众号推荐，看重图书学习知识的功能。

由此可见，对于文学类图书，出版社应在发挥图书修身养性、学习知识等功能以及坚守图书实用性、思想性等普遍适用性价值的基础之上，以网络渠道为主，更多针对两者人口特征上的不同特点进行精准营销。

二、科技类图书

总体来看，科技类图书的付费用户和免费用户数量基本均等，分别占比 50.30% 和 49.70%（详见图 1.45）。

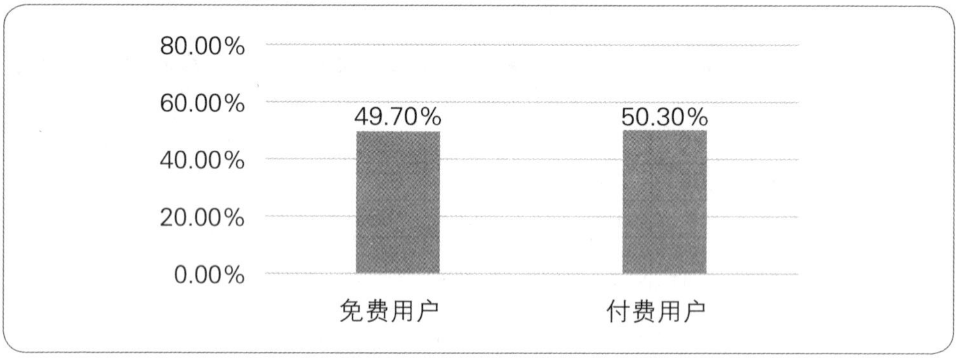

图 1.45　科技类图书付费用户和免费用户数量

1. 科技类图书付费用户

科技类图书付费用户关键词：

人口特征：男性，年轻人，国有、民营以及合资企业工人，华东地区，中高收入

行为特征：阅读量高，线上线下购书结合，关注图书网站，看重学习知识，认可图书思想性和实用性

1.1 过半用户年阅读 1—10 本

从阅读量上来看，最近一年科技类付费用户和免费用户平均阅读数量分别为 3.46 本和 2.62 本，科技类付费用户的阅读数量高于免费用户；过半用户年阅读为 1—10 本，占比 54.42%。在购书渠道上，该类用户在网上书店购书最多，其次是新华书店和街角书摊。

1.2 获取信息及购书以网络渠道为主

在获取图书信息的渠道上，总体来看，科技类付费用户对于获取图书信息渠道的认知程度高于免费用户，且更愿意从图书销售网站、畅销书排行榜、周围人推荐和微信公众号中获取图书信息。最后，在对图书功能和好书标准的认知上，科技类图书付费用户与免费用户总体认知情况类似，即将学习知识作为图书的首要功能，其次是修身养性和获取信息，认为读者评价高、图书实用性强、图书思想性强是评判好书的重要标准。

2. 科技类图书免费用户

科技类图书免费用户关键词：

人口特征：女性、一般职业、中等收入

行为特征：阅读量少、网店购买、关注图书网站和畅销书排行榜，认可消遣娱乐

在年阅读量上，过半科技类图书免费用户年阅读为 1—5 本，较付费用户来说要少；网购也是该类用户购买图书的主要渠道，其次是新华书店和民营书店；图书销售网站等网络渠道同样是科技类免费用户获取图书信息的主要渠道；该类用户将修身养性和学习知识并列作为图书最重要的功能，同时看重消遣娱乐和获取信息。在好书标准的认知上，免费用户与付费用户基本保持一致。

3. 小结

总体来看，对于科技类图书来说，付费用户和免费用户数量基本保持均等。这两类用户都认可通过图书的思想性和实用性来评判好书；都把图书销

售网站和畅销书排行榜作为获取图书信息的主要渠道，但付费用户还关注微信公众号；在图书功能上，付费用户重视图书学习知识的功能，而免费用户还看重图书消遣娱乐的功能。综上所述，科技类图书应秉承内容为王的宗旨，同时应加强趣味性，以让用户增长知识、获取信息为主要目的。此外，应适当关注男性用户，在图书销售网站、畅销书排行榜的投放和宣传上多下功夫。

三、社科类图书

在社科类图书中，付费用户略少于免费用户，分别占比 49.78% 和 50.22%，相对文学类图书来说，用户对于社科类图书的付费意愿更低（详见图 1.46）。

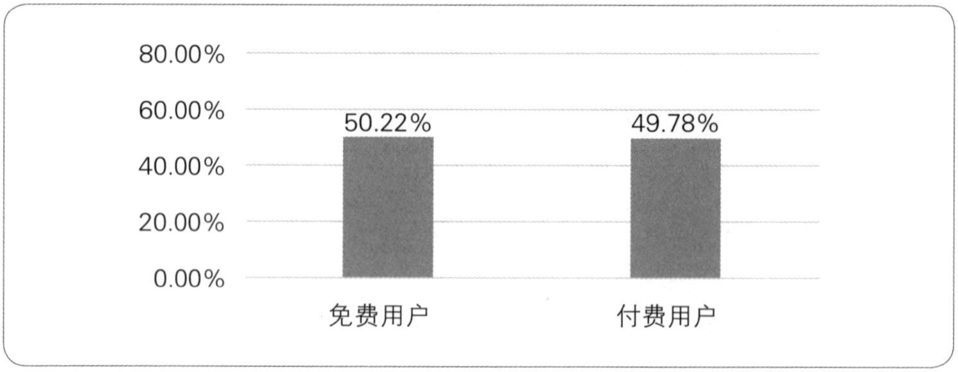

图 1.46 社科类图书付费用户和免费用户比例

1. 社科类图书付费用户

社科类图书付费用户关键词：

人口特征：男性，年轻人，本科，华东地区，国有、民营及合资企业工人，中高收入

行为特征：信赖图书销售网站，关注微信公众号，线上线下购书结合，看重修身养性，认可图书实用性

1.1 年阅读 6—10 本最多，0 本最少

在行为上，总体来说，社科类图书付费用户的总体阅读量要高于免费用户；年阅读 6—10 本图书的付费用户最多，占比 25.90%，阅读 0 本图书的付费用户最少，仅占比 0.80%。在获取图书信息的渠道上，社科类图书付费用户把图书销售网站、畅销书排行榜和微信公众号作为获取信息的主要渠道，最不关注报纸电视广播推荐。

1.2 线上线下购书结合

在购书渠道上，付费用户将网上书店购书作为首选，其次是新华书店和街角书摊。在对于图书功能和好书标准的认知上，社科类图书付费用户与付费用户总体基本保持一致，认为修身养性是图书的首要功能，其次是学习知识和获取信息；图书的实用性强和读者评价高并列成为该类用户评判好书的首要标准，其次看重图书的思想性。

2. 社科类图书免费用户

社科类图书免费用户关键词：

人口特征：女性、一般职业、中等收入

行为特征：年阅读 1—5 本、网上购书、信赖图书网站，学习知识和消遣娱乐相结合

在阅读量上，年阅读 1—5 本图书的用户是社科类图书免费用户的主力；社科类图书免费用户同样将网上书店作为自己购书的首选渠道，其次是新华书店和民营书店；该类图书免费用户对于获取图书信息渠道的认知程度总体来说低于付费用户，图书网站、畅销书排行榜和周围人推荐是他们获取图书信息的最主要渠道。最后，在图书功能上，与付费用户有所不同的是，他们认为学习知识是图书的首要功能，其次是修身养性和消遣娱乐（详见图 1.47）。

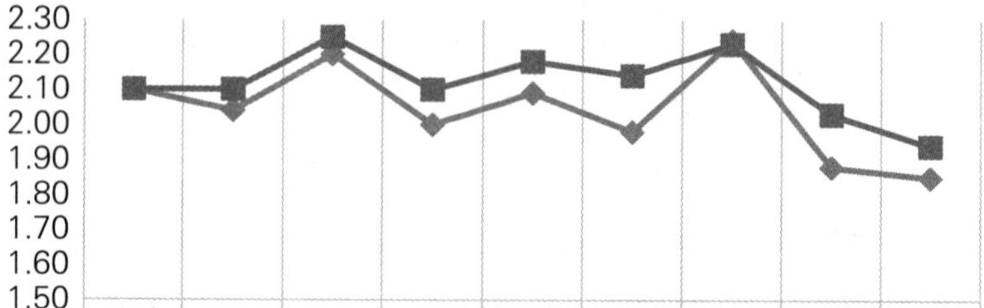

	消遣娱乐	缓解压力	修身养性	指导人生	获取信息	了解社会	学习知识	辅助工作	获得谈资
免费用户	2.10	2.04	2.20	2.00	2.09	1.98	2.24	1.88	1.85
付费用户	2.10	2.10	2.25	2.10	2.18	2.14	2.23	2.03	1.94

图 1.47　社科类图书付费用户和免费用户对图书功能的认知

3. 小结

总体来看，在社科类图书中，免费用户略多于付费用户，男性付费用户数量要高于女性。在行为特征上，除网上书店和新华书店外，街角书摊也是社科类图书付费用户购买图书的重要渠道；无论是付费用户还是免费用户，图书销售网站和畅销书排行榜都是其获取图书信息最主要的渠道，此外，付费用户较为关注微信公众号推荐，免费用户更关注周围人推荐。在图书功能上，付费用户认为图书的首要功能是修身养性，而免费用户则将学习知识放在首位，同时强调社科类图书消遣娱乐的功能。由此可见，出版机构在进行图书营销时，应以网络渠道为主，在畅销书排行榜上多下功夫；同时关注男性用户，在内容上秉承图书修身养性和学习知识的功能，有针对性地进行营销和宣传。

四、少儿类图书

对于少儿类图书来说，付费用户比例高于免费用户，分别占比 53.32% 和 46.68%（详见图 1.48）。

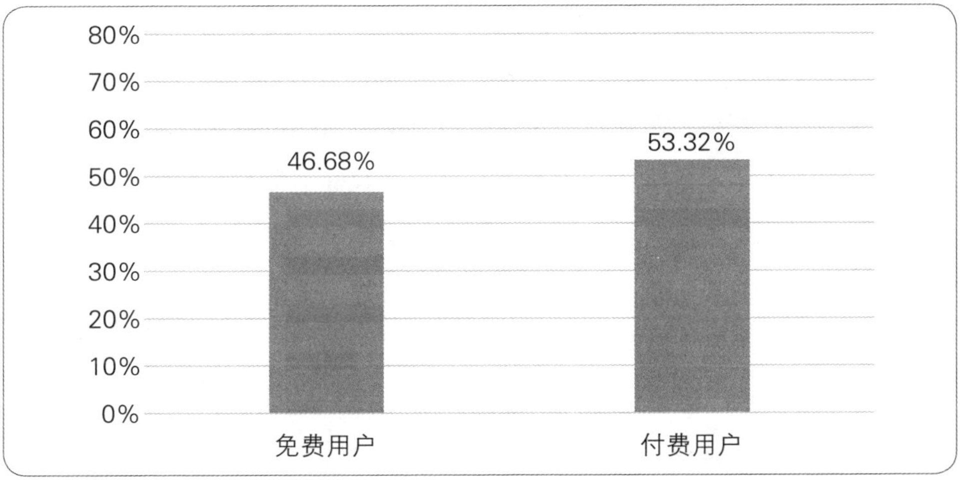

图 1.48　少儿类图书付费用户和免费用户比例

1. 少儿类图书付费用户

少儿类图书付费用户关键词：

人口特征：年轻人，本科学历，华东地区，国有、民营、合资企业工人，中高收入

行为特征：阅读量高，网购为主，街角书摊，信赖图书网站和周围人推荐，看重学习知识，认可思想性

1.1　中高收入人群居多，过半月收入为 5001—10000 元

就少儿类图书付费用户来看，月收入 5001—8000 元的付费用户占比最高，为 30.77%，其次是 8001—10000 元，占比 21.76%。由此可见，少儿类图书的付费用户主要为中高收入人群。

1.2　过半用户年阅读量为 1—10 本

总体来看，少儿类图书付费用户的年阅读量要高于免费用户。过半（54.22%）付费用户年阅读量为 1—10 本。在购书渠道上，四成以上（42.10%）用户以网购图书为主，其次是新华书店和街角书摊。在获取图书信息的渠道上，他们以网络渠道为主，信赖图书销售网站，同时也关注畅销书排行榜和周围人推荐。

1.3 看重学习知识，认可图书思想性

对于少儿类图书付费用户来说，学习知识是图书最重要的功能，其次是修身养性和获取信息。他们认可读者评价是评判好书最重要的标准，同时看重图书的实用性和思想性。

2. 少儿类图书免费用户

少儿类图书免费用户关键词：

人口特征：女性，一般职业，中等收入

行为特征：阅读量少，网店购书，认可图书网站，看重学习知识和消遣娱乐

2.1 中低收入人群居多

在少儿类图书免费用户中，三分之一免费用户月收入为2001—5000元，为免费人群主力。

2.2 看重学习知识和消遣娱乐相结合

总体来看，少儿类图书免费用户年阅读量较少，以1—5本为主，购书主要渠道为网店购买，其次是新华书店和民营书店。在获取图书信息的渠道和好书标准的认知上，少儿类图书免费用户与付费用户基本保持一致。在图书功能上，他们将学习知识和修身养性并列看作少儿类图书的首要功能，其次是修身养性和消遣娱乐。

3. 小结

总体来看，少儿类图书付费用户比例要高于免费用户，男性比例略高于女性。在行为上，两类用户都主要通过网络渠道购书和获取图书信息，但值得关注的是，街角书摊也是付费用户的主要购书渠道之一，因此图书投放市场时也应关注线下书摊这个渠道。在图书功能上，付费用户认为图书的首要功能是学习知识，而免费用户则将学习知识和修身养性并列首位，同时强调少儿类图书消遣娱乐的功能。

由此可见，在对少儿类图书进行营销时，应强化图书销售网站等线上渠道与街角书摊等线下渠道相结合，重点关注男性中高收入群体。同时，由于少儿类图书的特殊性，在图书内容上以让用户轻松愉快地学习知识为主要目的，提升图书内容的趣味性和可读性。

五、生活类图书

对于生活类图书来说，付费用户比例略高于免费用户，分别占比 53.78% 和 46.22%，男性付费用户数量高于女性（详见图 1.49）。

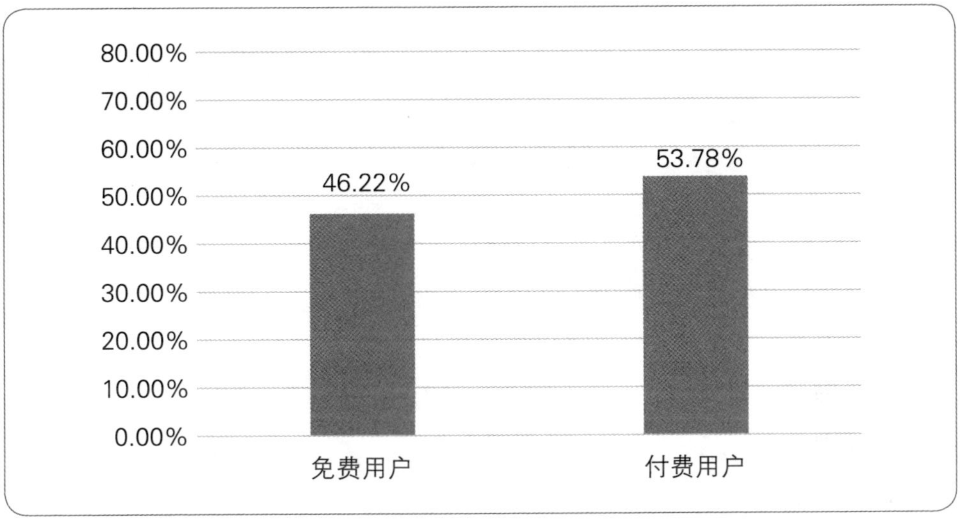

图 1.49　生活类图书付费用户和免费用户比例

1. 生活类图书付费用户

生活类图书付费用户关键词：

人口特征：男性，年轻人，本科，华东地区，国有、民营及合资企业工人，中高收入

行为特征：阅读量高，线上线下购书，信赖图书网站，修身养性，认可实用性和思想性，看重社会影响

1.1 网店购书是首选，兼顾街角书摊

从行为上来看，生活类图书付费用户年阅读量高于免费用户，53.16% 的付费用户年阅读量为 1—10 本。该类用户将网上书店作为首要购书渠道，其次是新华书店和街角书摊。在获取图书信息的渠道上，他们最为信赖图书销售网站，其次是畅销书排行榜和微信公众号推荐等网络渠道，而将报纸广播推荐、图书出版社推荐等传统渠道放在末位。由此可见图书营销应以网络渠道为主，线上线下相结合。

1.2 看重图书的实用性、思想性和社会影响

在对于图书功能和好书标准的认知上，生活类图书付费用户认为修身养性是图书的首要功能，其次是学习知识和获取信息。该类用户认可读者评价高和图书实用性强是评判好书的首要标准，其次是图书的思想性强和社会影响大。

2. 生活类图书免费用户

生活类图书免费用户关键词：

人口特征：女性，一般职业，中等收入

行为特征：阅读量少，网店购书，认可图书网站，看重学习知识，认可思想性和实用性

从阅读量来看，过半生活类图书免费用户年阅读量为 1—5 本，占比 51.95%。购书渠道主要以网上书店为主，其次是新华书店和民营书店。该类用户将图书销售网站作为获取图书信息的主要渠道，同时重视周围人推荐和畅销书排行榜等网络渠道。在图书功能上，生活类图书免费用户看重学习知识作为图书的首要功能，其次是修身养性和消遣娱乐。最后，该类用户认可读者评价、图书的思想性和实用性是评价好书的重要标准。

3. 小结

总体来看，生活类图书的付费用户比例要高于免费用户。这两类用户都将网络渠道作为获取图书信息和购书的首选渠道，但值得注意的是街角书摊

也是付费用户购书的主要渠道之一。在对于图书功能的认知上，付费用户看重图书修身养性的功能，而免费用户最看重学习知识。两者对于好书标准的认知基本一致。由此可见，生活类图书应在内容上做到学习知识和消遣娱乐相结合，在导向上做到实用性、指导性和思想性相结合，贴近生活，图文并茂，简单明了。在进行出版营销时，应以网络渠道为主，线下渠道为辅，针对不同用户的人口和行为特征进行针对性精准营销。

六、教育类图书

总体来看，教育类付费用户比例高于免费用户，分别占比 56.79% 和 43.21%，男性比例略高于女性（详见图 1.50）。

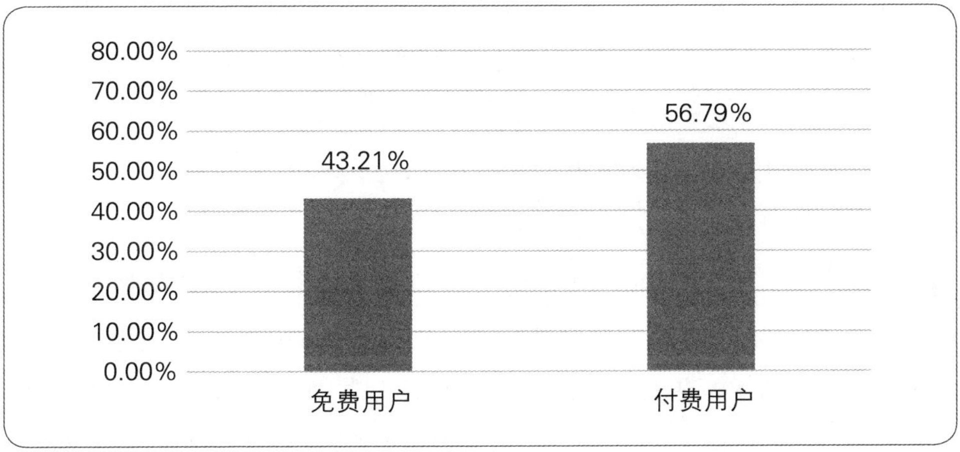

图 1.50　教育类图书付费用户和免费用户比例

1. 教育类图书付费用户

教育类图书付费用户关键词：

人口特征：男性，年轻人，本科，华东，国有、民营及合资企业工人，中高收入

行为特征：阅读量高，线上线下购书，信赖图书网站，重学习知识，认

可思想性实用性

1.1 年阅读量高，线上线下购书结合

在年阅读量上，教育类图书付费用户要高于免费用户，54.05% 的付费用户年阅读为 1—10 本，占比过半。该类用户的主要购书渠道为网上书店，其次是新华书店和街角书摊。可见图书营销推广时应线上线下相结合，以网络渠道为主的同时，也要重视实体书店和街角书摊的作用。图书销售网站是他们获取图书信息的首要渠道，其次是畅销书排行榜和微信公众号，排在最末位的是报纸广播电视推荐。

1.2 看重图书思想性和实用性

在对图书功能和好书标准的认知上，教育类图书付费用户和免费用户总体认知基本一致，排行前三的是学习知识、修身养性和获取信息，同样认可读者评价作为评判好书的首要标准，其次是图书的实用性和思想性。

2. 教育类图书免费用户

教育类图书免费用户关键词：

人口特征：一般职业，中等收入

行为特征：网店购书，认可网络渠道，看重修身养性和消遣娱乐

对于教育类图书免费用户来说，除网上书店外，民营书店也是他们购买图书的主要渠道。在获取图书信息的渠道上，排名前三的是图书销售网站、畅销书排行榜和周围人推荐。该类用户同样认可读者评价、图书的实用性和思想性是评判教育类图书的首要标准，排在最末位的是图书出版人推荐。与付费用户略有不同的是，教育类图书免费用户认为图书首要功能是修身养性，同时学习知识和消遣娱乐也是图书必不可少的功能。

3. 小结

总体来看，教育类图书付费用户比例高于免费用户，男性付费用户高于女性。在行为上，两类用户都认为图书的思想性和实用性是评判教育类图书的重要标准。付费用户认为图书首要功能是学习知识，而免费用户则认为是

修身养性，同时强调消遣娱乐的重要性。由此可见，在进行图书出版时应从思想性和实用性入手，在让用户学习知识、修身养性的同时强调书籍的可读性和趣味性。在图书营销时，应重点关注中高收入、中高学历的年轻男性用户，有针对性地进行营销推广。

七、各类图书产品的付费、免费用户总结

根据统计数据可以看出，图书产品的付费用户比例远超免费用户。在具体图书类型上，文学类图书的付费用户比例远远高于免费用户；科技类、少儿类、生活类和教育类图书付费用户比例略高于免费用户；而社科类图书的付费用户比例略低于免费用户。这说明用户对于图书产品的付费意愿较为强烈，文学类图书付费的用户比例为最高，而社科类图书则免费用户更多。因此，图书出版机构应根据不同类型图书用户的行为特征，以及他们对于图书功能和好书标准的认知情况，在图书内容和宣传推广上，有针对性地进行出版与营销活动。

第六节　结论

本研究根据图书用户的阅读量与购买量将用户划分为蓝海用户、目标用户、非目标用户、付费用户、免费用户五大类，并在人口特征和行为特征上对不同用户进行了画像。出版社可以根据不同用户特征进行精准营销。同时，在用户画像的基础上，研究发现用户对不同图书功能和好书标准的认知有相同，也有差异。比如在图书的总体用户中，他们最认可的图书功能是学习知识、获取信息、修身养性。在评价图书优劣时，读者口碑、思想性等则是重要标准。各类图书用户有些不同的特征，如文学类图书用户认为图书应该具有消遣娱乐的功能，科技类图书用户则认为图书的艺术性强是评判好书的重要标准。因此，图书在进行内容介绍时，可以从

这些用户特征入手，设置相应的关键词来更好地描述与介绍图书，从而吸引用户。只有满足用户的个性化需求，才能促使用户阅读图书，进一步产生购买行为。

第二章
少儿图书用户画像

少儿图书是图书市场中不可忽视的一部分，购买群体大多是小学生家长。本次调查为了了解小学生家长群体购买少儿图书的情况，制作了调查问卷，并进行用户画像。本次调查问卷通过网络发放，共采集有效调查问卷1668份，其中孩子处于小学阶段的有1553份问卷。问卷问题涉及方面广泛，包括家长每月购买少儿图书的数量、种类、购买方式、目的等。

第一节　问卷调查结果描述性分析

参与问卷调查的家长年龄基本都在30—50岁；学历均匀分布于初中及以下、高中和大学本科三个水平，只有少数的家长学历程度达到了研究生及以上；大部分家庭月均收入在10000元以内。职业分布如下图2.1所示。

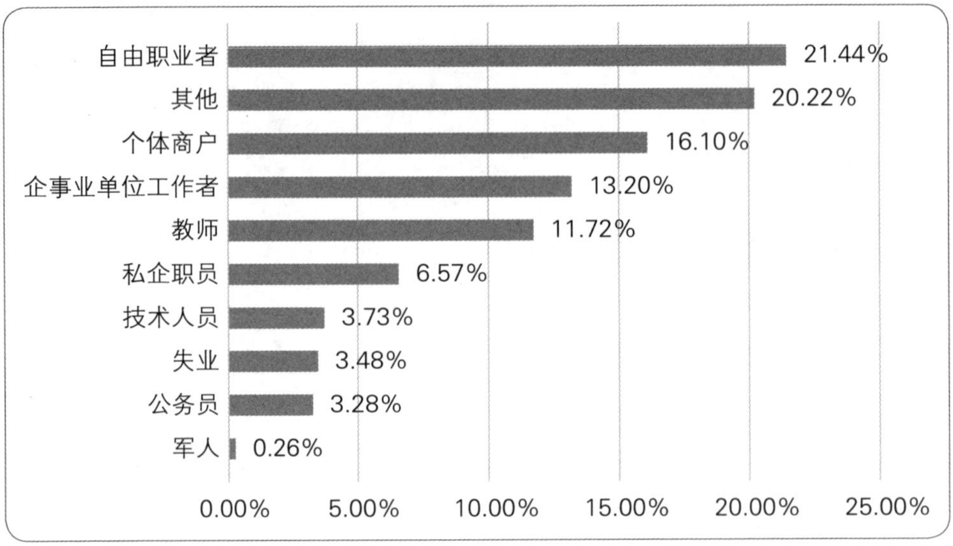

图 2.1 少儿图书用户职业分布

问卷数据显示每月给孩子购买 1—5 本儿童图书的家长占据绝大多数（详见图 2.2）。

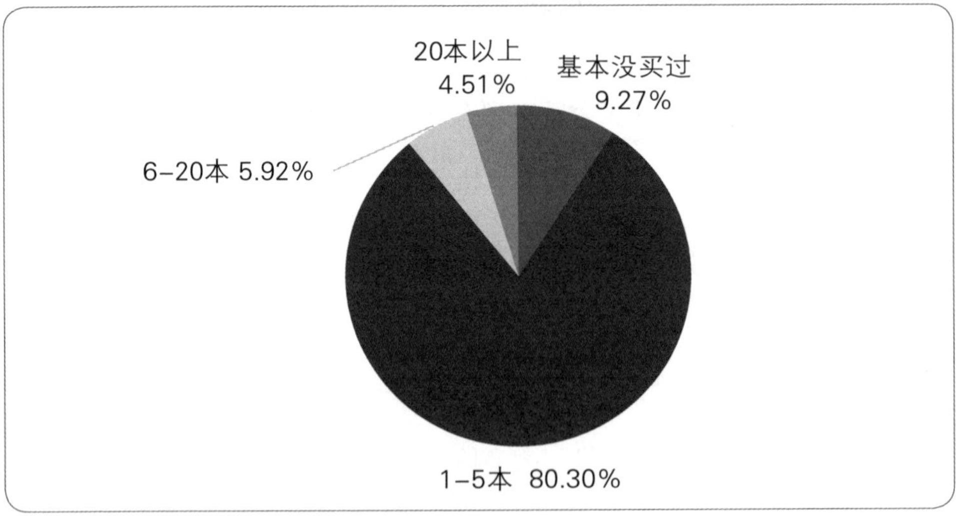

图 2.2 少儿图书用户月购书量

多数家长会为孩子购买故事类、经典名著类和科普类的少儿图书（详见图 2.3）。

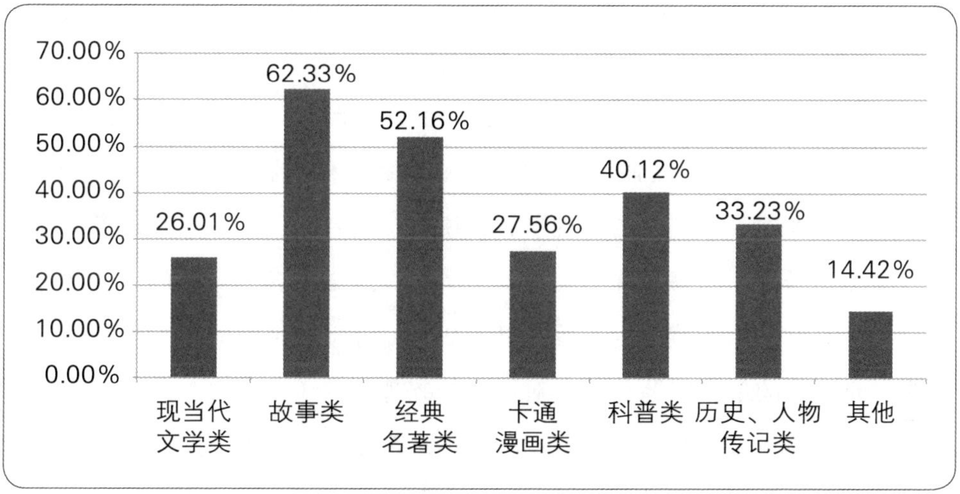

图 2.3　少儿类图书用户购书类型

近七成家长选择去书店为孩子购买少儿图书，线下购买仍占主流（详见图 2.4）。

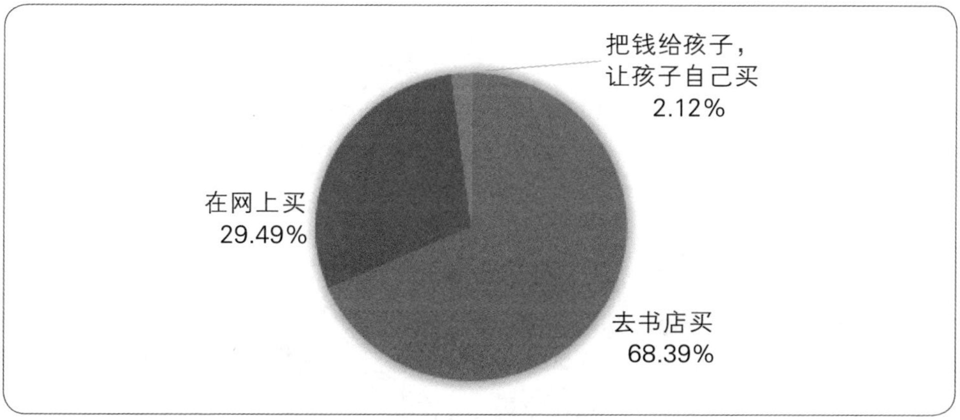

图 2.4　少儿类图书用户购书方式

现在流行的数字图书，并不会被家长们选择购买，只有10.56%的家长会经常选择数字图书，可见家长们还是偏向于为孩子购买实体图书。超过半数（61.04%）的家长只会偶尔与自己的孩子交流书中的内容。家庭中的孩子每天读课外少儿图书的时间基本上在一小时以内。

在选择少儿图书时，家长们考虑最多的两个因素是少儿图书的内容和展现形式，其中少儿图书的内容基本上是所有家长们选择时的首要考虑因素，半数家长会考虑少儿图书的展现形式，说明“内容为王”依然是王道。而价格在家长选择少儿图书时并不会被太多考虑，这与大多数童书的价格都不算太贵，在家长的承受范围内有关（见图2.5）。有接近半数的小学生家长在购买图书时面临的最大问题是孩子对读书的兴趣不大（43.85%）和不知道该为孩子买什么样的少儿图书（49.65%）。说明童书要针对孩子们的兴趣进行设计，让孩子们爱读，主动选择读。同时出版商要做好宣传，引导家长，让他们知道有哪些好书，孩子需要读什么书。在选择图书时，六成家长会听从老师的建议和孩子的要求。同时其他家长的推荐和图书本身也是重要的影响因素。“网络推荐”目前所占的比重还较小，说明出版商还需要加强在各种新媒体平台上的宣传（详见图2.6）。

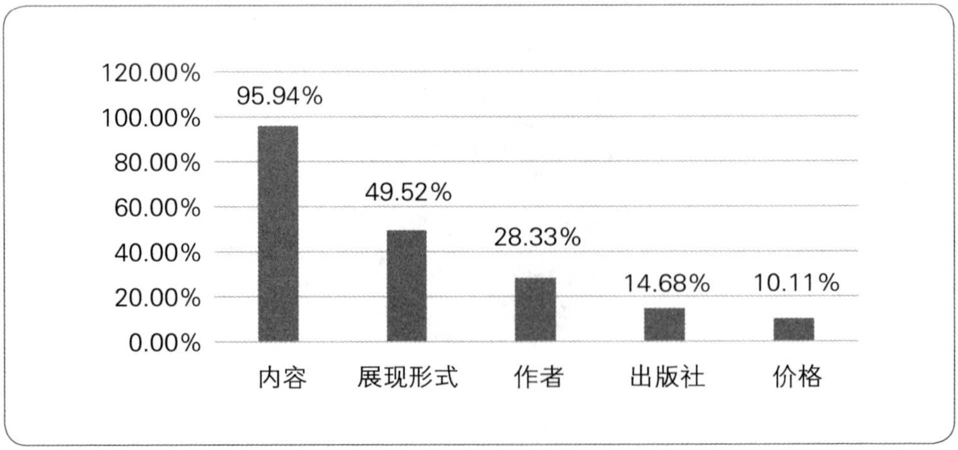

图2.5　少儿类图书用户购书考虑因素

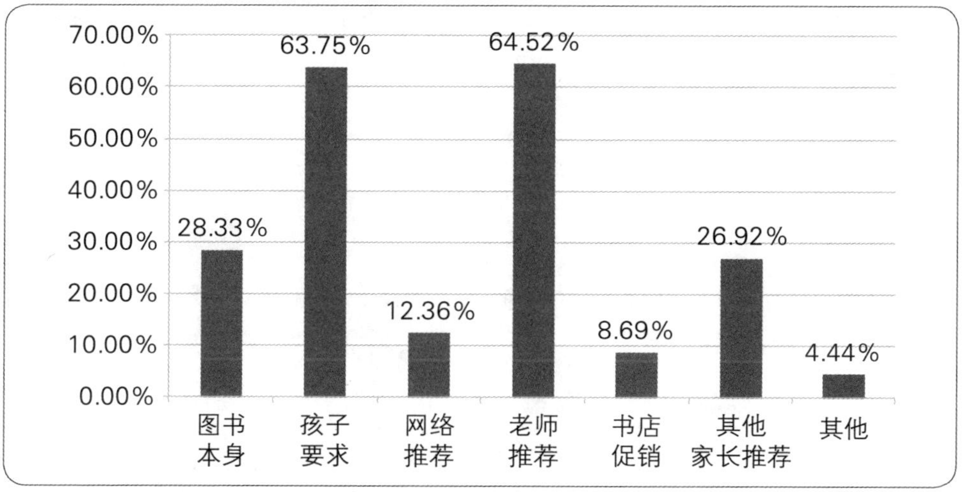

图 2.6 影响购买童书的因素

根据五级量表的数据分析表明，少儿图书是否外国作者所写、图书是否知名出版社出版、图书是否知名作家所写和图书是否为精装版，家长们对这几个方面持无所谓的态度。数据显示，家长们更在乎是否买到的是正版图书（平均分 4.14）和少儿图书的质量好坏（平均分 4.08）。

第二节 不同人口特征与少儿图书购买偏好

对于不同人口特征的家长群体，少儿图书的购买偏好有怎样的差异？本节主要从学历、地域、家长年龄以及家庭月收入四个方面来对少儿图书购买偏好进行交叉分析。

一、学历与少儿图书购买偏好

研究生及以上学历的家长更倾向于为孩子购买科普类的童书。故事类的童书在各个学历的家长中基本都是最受欢迎的，其次是经典名著类，而科普类的童书在不同学历的家长中购买的比重差异较大，初中及以下学历的家长只有 28.45% 购买科普类童书，研究生以上学历的家长 74.36% 的会选择购买科普类童书（详见图 2.7）。

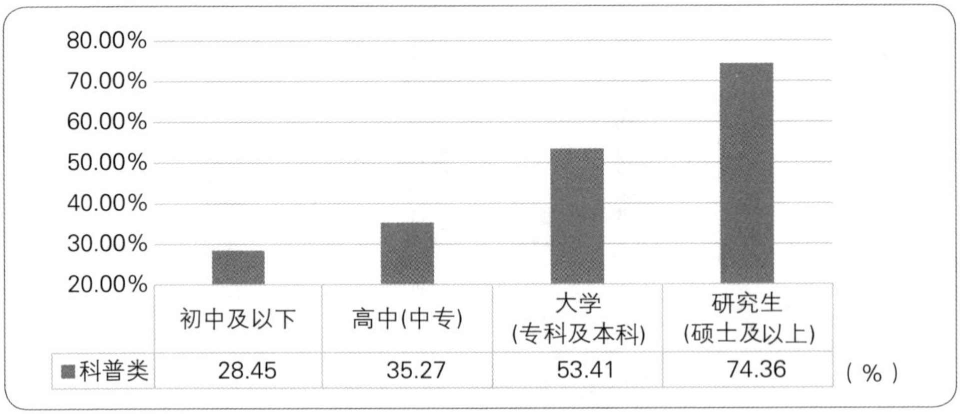

图 2.7　不同学历家长购买科普类童书的占比

学历高的家长更倾向于在网络上为孩子购买少儿图书，但其他学历的家长都还是主要会选择去书店购买童书（详见图 2.8）。学历越高的家长越在意童书是否为正版童书。研究生学历的家长对“我会选择正版图书”这一说法的同意度为 4.64，而初中及以下学历的家长同意度为 4.08。

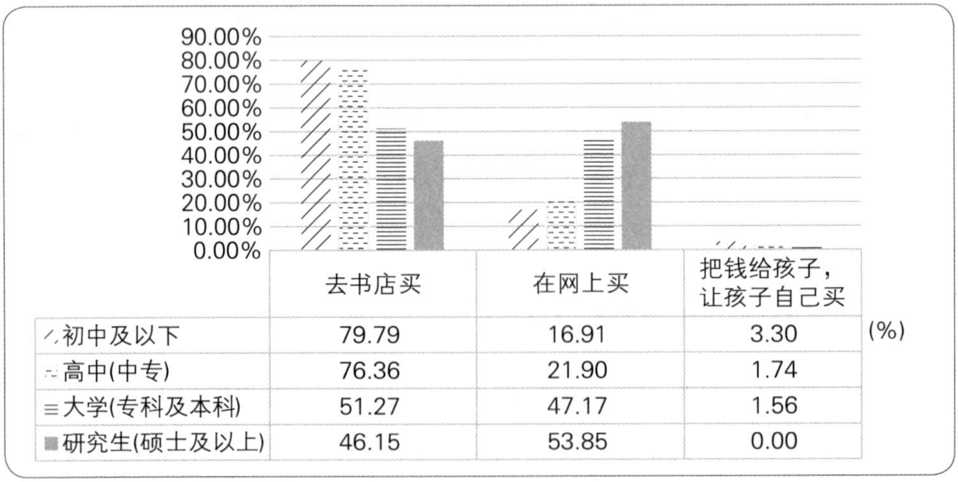

图 2.8　不同学历家长购书渠道

二、地域与少儿图书购买偏好

来自直辖市和省会城市的家长每月购买少儿图书的数量高于来自其他地域的家长。7.10% 的来自直辖市和省会城市的家长选择了每月会给孩子买 20 本以上的童书，11.61% 的来自直辖市和省会城市的家长选择了每月会给孩子买 6—20 本童书，都高于其他地域的家长（详见图 2.9）。

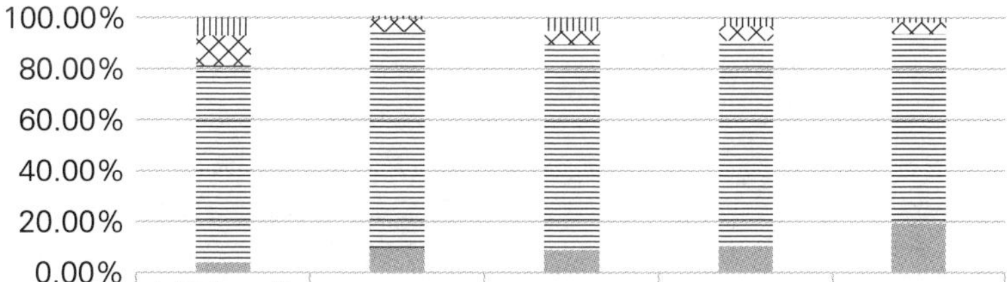

	直辖市，省会城市	地级市	县级市，县	镇，乡	村
20本以上	7.10%	0.61%	5.20%	3.45%	1.83%
6–20本	11.61%	4.91%	5.40%	5.52%	4.59%
1–5本	77.42%	84.66%	80.63%	80.69%	74.31%
基本没买过	3.87%	9.82%	8.77%	10.34%	19.27%

图 2.9　不同地域家长月购买童书数量

在购书类型上，来自直辖市和省会城市的家长会购买更多的科普类、历史人物类少儿读物，而其他地域的家长选择最多的还是故事类童书。此外，来自直辖市和省会城市的家长选择网络购书的比例为 56.13%，远远超过其他地域的家长。在分析购书的困难时，来自直辖市和省会城市的家长认为孩子没有时间读书是最大的困难，而选择“孩子对读书不太感兴趣”的家长则比其他地域要少。县级市和县城的家长则不知道该给孩子买什么书，对于来自农村的家长来说，孩子对读书不太感兴趣是最大的问题（详见图 2.10）。

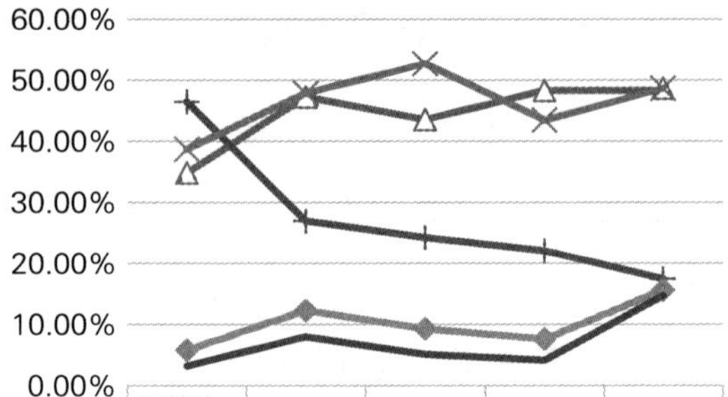

	直辖市，省会城市	地级市	县级市，县	镇，乡	村
孩子对读书不太感兴趣	34.84%	47.24%	43.53%	48.28%	48.62%
孩子没时间看书	46.45%	26.99%	24.26%	22.07%	17.43%
不知道给孩子买什么书	38.71%	47.85%	52.70%	43.45%	48.62%
书太贵了	5.81%	12.27%	9.28%	7.59%	15.60%
买书不方便	3.23%	7.98%	5.10%	4.14%	14.68%

图 2.10　不同地域家长购买童书的障碍

三、家长年龄与其少儿图书购买偏好

参与问卷调查的家长年龄主要在 31—40 岁及 41—50 岁。由年龄分布可以看出，受访家长绝大多数都是 30 岁以上，即相对而言有了较成熟的思想、教育理念以及消费能力等（详见图 2.11）。

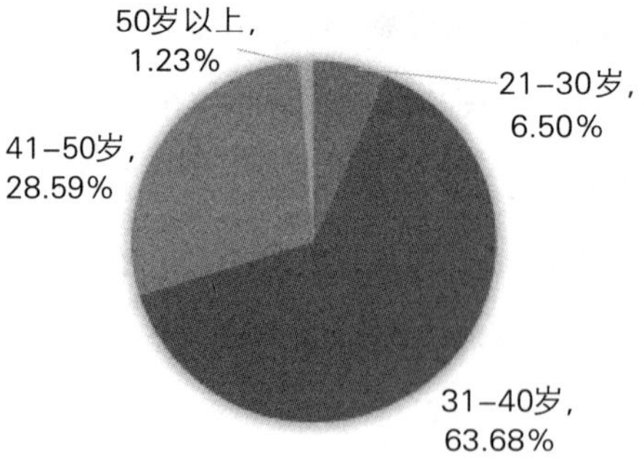

图 2.11　家长年龄分布

家长年龄同样对其购书行为会产生影响，主要表现在以下方面：在每月童书购买数量上，每个年龄段一半以上的家长都表示会买 1—5 本的少儿图书，这说明少儿图书市场具有较大潜力。50 岁以上家长的童书购买数量比较突出，尤其是有 21.05% 的人表示每月会买 20 本以上的童书（见图 2.12）。

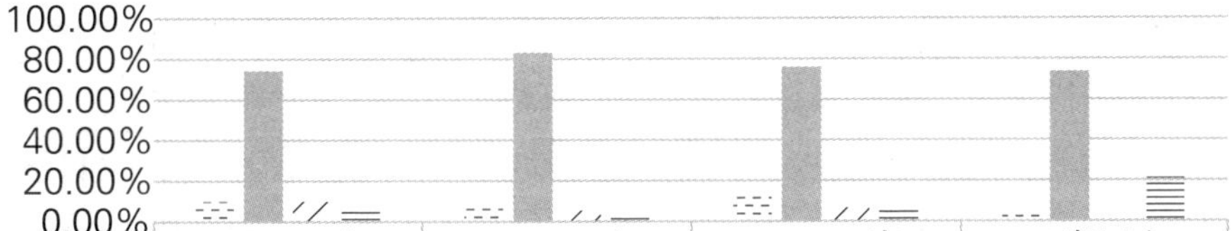

	20–29岁	30–39岁	40–49岁	50岁以上
基本没买过	9.90%	8.09%	11.94%	5.26%
1–5本	74.26%	83.02%	75.90%	73.68%
6–20本	9.90%	5.35%	6.53%	0.00%
20本以上	5.94%	3.54%	5.63%	21.06%

图 2.12　家长年龄与月购买童书数量

购买方式上，四个年龄段家长 65% 以上都表示会去书店买，这与我们平时猜想的从当当、亚马逊、京东等网上图书在线销售平台进行图书购买不同，童书实体店中的宣传与销售仍占重要比例。

结合数字童书的购买情况来看，在各个年龄段的家长中，经常购买数字童书的人群比例均为最低。20—30 岁的家长中有 12% 的人表示经常购买数字童书，68% 的人表示偶尔购买数字童书，是四个年龄段家长中对数字童书接受力最强的。

数据显示，在童书消费上，大部分家长仍倾向于从实体书店购买，对纸质书进行消费，数字童书虽然开辟了一定市场，但仍是较小份额（见图 2.13）。

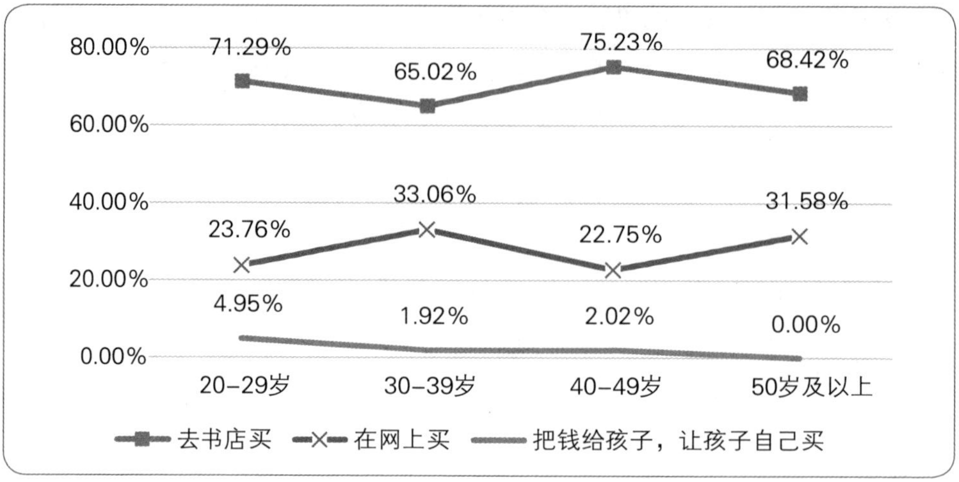

图 2.13 家长年龄与购书渠道

在对少儿图书的关注点上，家长们的看法较为一致，均表示最关注童书的内容，其次是童书的展现形式。作者、价格和出版社都是次要因素（见图 2.14）。

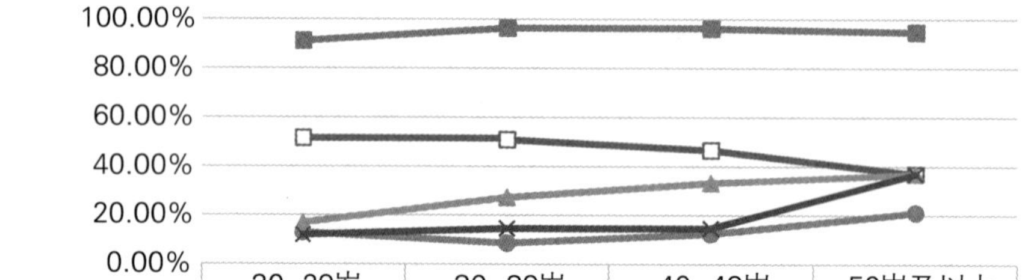

	20–29岁	30–39岁	40–49岁	50岁及以上
内容	91.09%	96.36%	96.17%	94.74%
展现形式	51.49%	50.86%	46.62%	36.84%
价格	12.87%	8.59%	12.39%	21.05%
作者	16.83%	27.20%	33.11%	36.84%
出版社	11.88%	14.56%	14.64%	36.84%

图 2.14 家长年龄与对童书的关注点

在童书购买障碍上，不同年龄段的家长有不同的看法，其中最主要的原因还是不知道给孩子买什么书、孩子对读书不太感兴趣以及孩子没时间看书

（见图 2.15）。

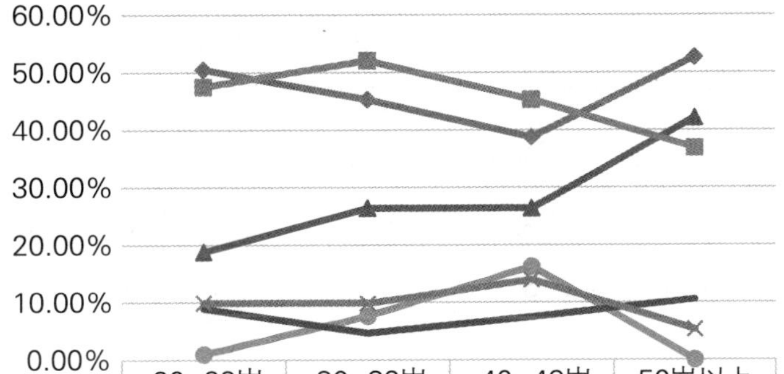

	20–29岁	30–39岁	40–49岁	50岁以上
孩子对读书不太感兴趣	50.50%	45.30%	38.74%	52.63%
孩子没时间看书	18.81%	26.39%	26.35%	42.11%
不知道给孩子买什么书	47.52%	52.07%	45.27%	36.84%
书太贵了	0.99%	7.58%	16.22%	0.00%
买书不方便	8.91%	4.65%	7.43%	10.53%
其他	9.90%	9.81%	13.96%	5.26%

图 2.15　家长年龄与购买童书的障碍

对图书购买经验的测量采取五分量表制，分别为：“1”代表非常不同意；“2”代表比较不同意；“3”代表一般；“4”代表比较同意；“5”代表非常同意。下图为不同年龄段童书购买经验的均值分布。

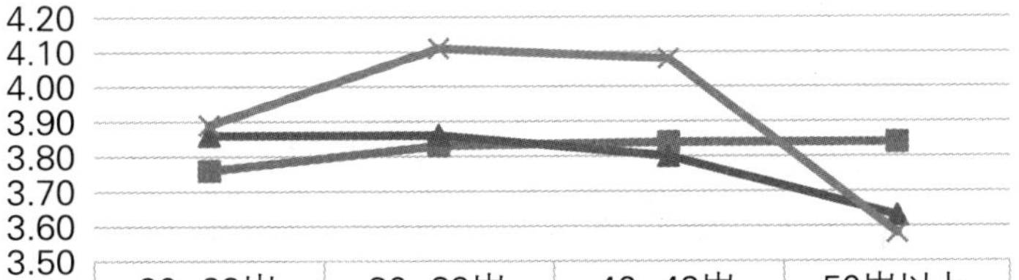

	20–29岁	30–39岁	40–49岁	50岁以上
知名作家	3.76	3.83	3.84	3.84
知名出版社	3.86	3.86	3.80	3.63
童书质量	3.89	4.11	4.08	3.58

图 2.16　家长年龄与购书经验均值

通过均值分布清晰地看出所有小学生家长对购买知名出版社童书的得分均在3分以上，尤其是20—49岁的小学生家长得分均在3.8以上，这说明小学生家长对更多地购买知名出版社出版童书持一般态度。年龄越大的家长越喜欢购买知名作者的童书，说明他们认为作者本人的水平与图书质量密切相关。对购买过的童书质量的评价，调查对象得分均值在3.5分以上，30—49岁小学生家长比较认可童书质量，这一问题体现出家长们对童书的质量反映普遍良好（见图2.16）。

四、家庭收入与少儿图书购买偏好

在对小学生家长的收入水平调查中，本团队将月收入主要分为5000元以下，5001—10000元，10001—15000元，15001—20000元，20000元以上这五个类别，其中39.28%的调查对象月收入5000元以下，42.05%的调查对象月收入在5001—10000元，即约80%的调查对象月收入在万元以下。由于样本量有限，以及问卷分发的地域限制及发放方法的限制，等等。本次调查所体现的小学生家长收入水平分布与实际全国小学生家长收入水平分布可能会略有出入。

从家庭月平均收入与家庭每月平均童书购买数量可以看出，家庭收入水平越高，购买数量越多（详见图2.17）。家庭收入对童书购买种类影响有所影响。其中5个不同收入水平的家庭都显示出对故事类童书购买最多，其中家庭月均收入在20000元以上的家庭有70.51%选择主要给孩子购买故事类童书。但是在购买童书的次要类型上不同收入水平的家庭则出现不同。在科普类童书的消费中，体现出家庭收入水平越高，科普类童书购买意愿越强的趋势。

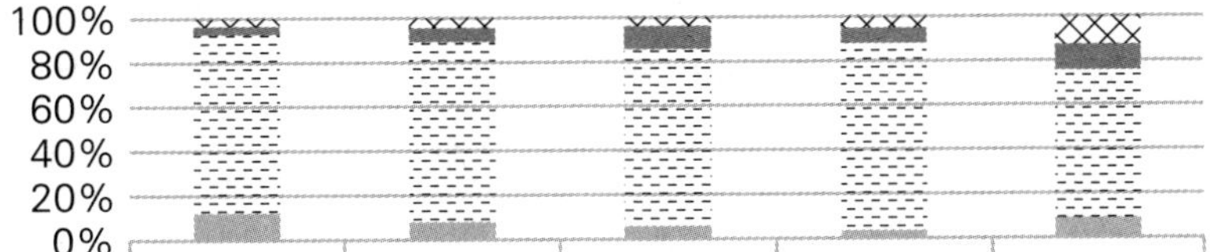

	小于5000元	5001—10000元	10001—15000元	15001—20000元	20000元以上
20本以上	3.60%	4.44%	3.90%	5.16%	12.82%
6-20本	3.61%	6.28%	10.39%	6.90%	11.54%
1-5本	80.66%	81.32%	79.87%	84.49%	66.67%
基本没买过	12.13%	7.96%	5.84%	3.45%	8.97%

图 2.17　家庭收入与月购买童书量

月收入 20000 元以下的家庭显示出阻碍童书购买的两大主要原因是孩子对读书不太感兴趣以及不知道给孩子买什么书；而月收入在 20000 元以上的家庭认为阻碍购买童书的主要障碍为孩子对读书不感兴趣以及孩子没时间看书（详见图 2.18）。

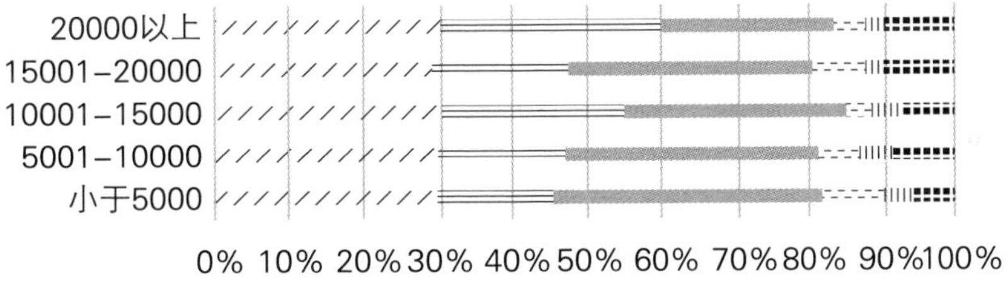

	小于5000元	5001-10000元	10001-15000元	15001-20000元	20000元以上
孩子对读书不太感兴趣	45.08%	42.42%	45.45%	41.38%	44.87%
孩子没时间看书	23.44%	24.04%	36.36%	25.86%	43.59%
不知道给孩子买什么书	54.59%	48.24%	44.81%	46.55%	34.62%
书太贵了	12.62%	7.96%	5.19%	10.34%	6.41%
买书不方便	5.74%	6.28%	5.84%	3.45%	3.85%
其他	9.02%	12.10%	11.04%	13.79%	14.10%

图 2.18　家庭收入与购买童书的障碍

大部分小学生家长都比较倾向或者十分倾向精装童书的购买，收入水平较高的家庭更为突出。正版童书购买情况与精装童书购买倾向性的分析结果相似，收入水平更高的家庭更倾向于正版童书的购买（详见图 2.19）。

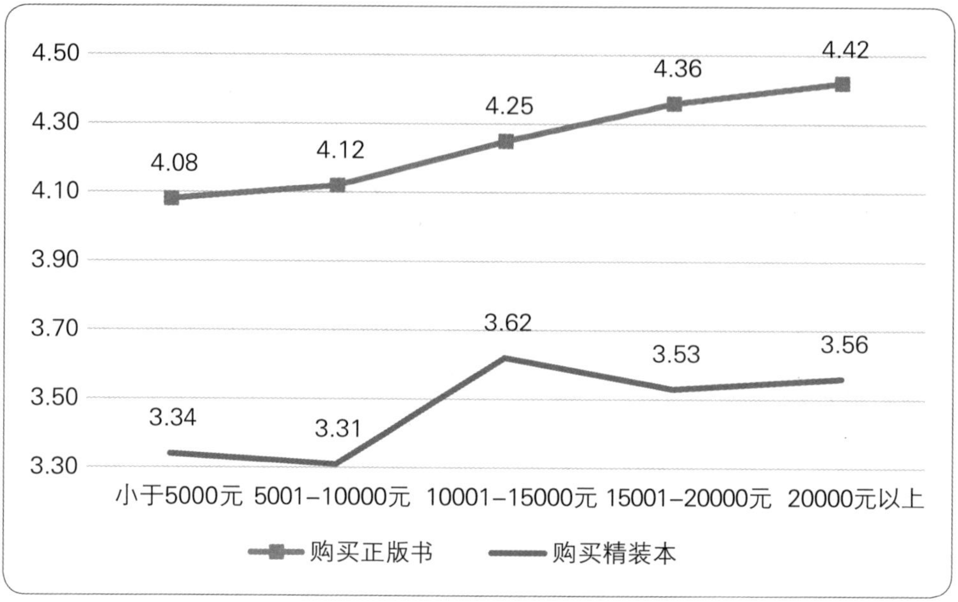

图 2.19　家庭收入与购书经验均值

第三节　结论和建议

无论小学生家长群体的收入高低，大部分家长还是会选择每月给自己的孩子购买 1—5 本少儿图书，并且偏向于购买正版、精装本的少儿图书，证明少儿图书具有不小的市场。学历越高的小学生家长群体会选择给孩子购买更多的少儿图书。超过半数的家长还是倾向于前往实体书店为自己的孩子挑选和购买少儿图书，数字图书并没有成为大多数小学生家长们的选择，所以图书出版商在出版图书时应该在实体图书的出版上多下功夫。部分家长会选择购买经典名著类、故事类的童书，高学历的小学生家长会更多地购买科普类的少儿图书。图书出版商应该在出版图书时着重选择这三类图书，并充实内容，选择更为有吸引力的展现形式。

大多数家长在购买少儿图书时还面临两个问题：不知道如何提升孩子的阅读兴趣，不知道该给孩子购买什么样的图书。建议图书出版商加强少儿图书的内容及呈现形式，多方面增强少儿图书的可读性和趣味性。同时建议家长多和自己的孩子交流少儿图书的内容，引导孩子读书，培养孩子们的阅读兴趣。老师的推荐和孩子自己的选择是家长们购买图书的主要考虑方面，所以家长群体应该多向老师咨询，多和孩子沟通，找到孩子自己的阅读偏好，进而选择少儿图书的购买。在直辖市和省会城市的家长群体中还会遇到孩子没有时间进行图书阅读的问题，针对这个问题，图书出版商可以考虑推出书籍的简读本和注释本，提高孩子们的阅读效率，降低孩子们阅读时的时间成本。

小学生家长群体对少儿图书是否由知名出版社出版和是否由知名作家编写有一定程度的要求，所以图书出版商在进行少儿图书出版时，应优先考虑通过知名出版社出版，知名作家所编写的少儿图书。

第三章
青年图书用户画像

在媒介融合背景下，技术迭代更新，产品形态日新月异，VR、人工智能、直播等技术的进步不断推动着阅读形式、内容生产和互动方式的升级。新技术的推动使出版行业发生了深刻的变化。信息时代的来临，使得各个传统行业在不知不觉中失去了一部分市场，传统图书出版行业在各大网络小说、电视媒体、其他新兴媒体等冲击下，纸质书籍的销售受到了一定程度的影响，部分传统图书出版行业在顺应时代的发展中，也开始借用各种电商平台、网络阅读平台等，以多种合作模式进行电子书籍的销售①。数字技术的飞速发展和不断升级以及各行业以“优势互补”为基点进行的互动式协作发展，已然将图书出版推向了一个全新的生长业态中②。根据《2016 中国数字阅读白皮书》显示，2016 年数字阅读行业市场规模达到 120 亿，增长 25%，比 2015 年提升 6.5 个百分点，数字阅读用户规模突破 3 亿。总体来看，出版行业业务量稳中趋升。

2017 年，“全民阅读”第四次被写入政府工作报告，具体表述也由此前的“倡导”改为“大力推动”，全民阅读热潮持续高涨③。随着电子屏和智能机

---

① 潘昱含．如何利用大数据为图书出版指导方向 [J]. 中国传媒科技 ,2017, (06): 85-86.

② 秦艳华，张洪忠，郝丹，杨岳千，王安琪，牟虹璇，李诗琪．网民看出版：图书出版满意度调查报告(2015)(下)[J]. 中国编辑 ,2016,(03):26-34.

③ 张妮．五大维度解析阅读倾向 [N]. 中国文化报 ,2017-08-17(006).

的发展，移动阅读用户越来越多，各式阅读平台层出不穷，而阅读之后的分享需求也被激活，传统的阅读方式和阅读行为发生了很大的变化。中文图书电商当当发布的“2017 上半年国民阅读‘品质’报告”中提到，在社会倡导“让读书成为一种生活方式”的愿景下，越来越多的人置身于“无处不阅读”的环境中，并逐渐认识到阅读的真正意义，“有所读有所不读”的倾向更为凸显，“品质”成为国民阅读力提升的新引擎[①]。与此同时，大数据技术可以较为精准地向用户推荐可能感兴趣的书，准确地抓住用户需求，也得到了用户的极大青睐，这给传统出版社“广撒网”的营销模式带来了极大挑战。

因此，如何抓住转瞬即逝的用户，将潜在用户转换为目标用户，是每个出版社盈利发展的关键所在。只有为不断变化的用户进行画像，充分了解用户需求和偏好心理，才能精准定位，实现针对性营销，在大数据时代站稳脚跟。本研究主要通过对青年群体（15—44 岁年龄段）进行用户画像，以便获得有关其阅读行为及偏好习惯等信息，为出版社实现精准营销提供参考借鉴。

第一节　研究方法

为了更好地对青年图书用户进行用户画像，本研究主要采用问卷调查法，以 15—44 岁年龄段的青年群体作为研究对象，采用非概率抽样中的滚雪球抽样选取样本。

一、数据采集

本研究主要采用问卷调查法，以 15—44 岁年龄段的青年群体作为研究对象，采用非概率抽样中的滚雪球抽样选取样本，通过在问卷星平台发放、收集问卷。本次研究共发放问卷 605 份，剔除不合格样本 124 份（非 15—44 岁

① 张妮．五大维度解析阅读倾向 [N]. 中国文化报 ,2017-08-17(006).

样本)，最终回收有效样本 481 份，之后将数据结果录入 SPSS 进行分析处理。

二、问卷设计

本研究中的问卷设计主要分为两大部分。第一部分涉及人口统计学资料，包括性别、学历、职业、月收入等基本信息。第二部分以调查青年群体的阅读行为习惯为主要目的，问题设计从购书、借书、读书三方面展开，在行为动机、偏好习惯、消费特征、心理特征、社交性等主要维度对用户阅读行为进行了考察和挖掘，以便更全面的对用户进行画像。

三、样本构成

本研究收集了 481 份有效样本。其中，男性所占比例为 28.69%，女性所占比例为 71.31%。20—24 岁样本数量为 262 份，占比 54.47%，其次是 25—29 岁样本和 30—34 岁样本，分别占比 9.98% 和 9.36%；在学历上，全日制学生占比最多，为 50.31%。非全日制学生样本中，包括 71.95% 大学本科及以上学历样本，其次为大专学历和高中 / 中专学历，分别占比 14.23% 和 8.37%；从月收入来看，无收入样本占比最大，为 34.93%，其次是 1000—3000 元以及 3001—5000 元，分别占比 19.13% 和 15.59%；已婚样本占比 30.77%，未婚样本占比 69.23%；从政治面貌来看，共青团员占比 42%，中共党员占比 27.23%，群众占比 23.28%，中共预备党员占比 4.16%，民主党派以及无党派人士占比 3.33%。

在样本构成上，本研究在样本收集存在一些缺陷，例如全日制学生占比过半、20—24 岁样本占比过半等样本不均衡的问题。

第二节　研究数据分析

本研究主要对青年图书用户的购书行为、借书行为和读书行为三大方面展开分析，以期对该群体图书用户进行画像。

一、购书行为分析

在青年图书用户的购书行为上，本研究主要从购书数量、购书花销、购书类型、购书渠道、能接受的单本书定价、是否会买盗版书几个方面进行考察与分析。

1. 购书数量

调查数据显示，青年群体平均每月购书 1—2 本所占比例最高，为 59.04%；其次为每月购书 0 本，比例为 30.98%（详见图 3.1）。

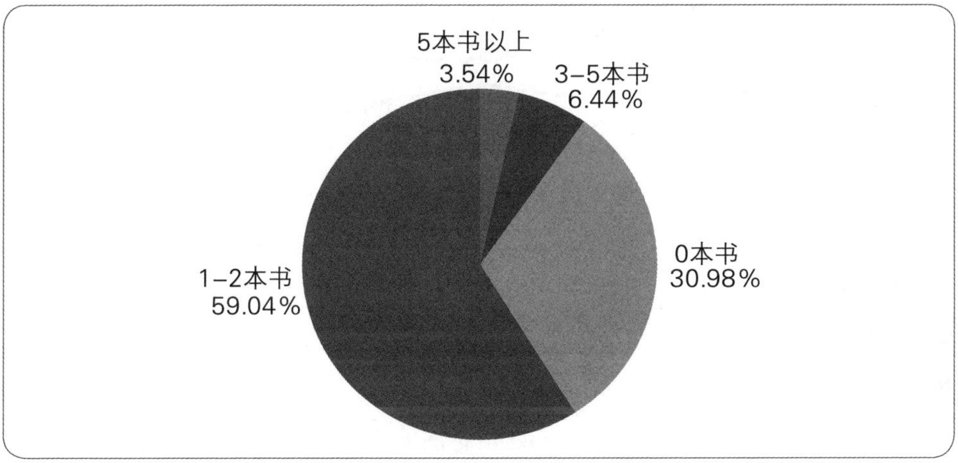

图 3.1　青年群体平均每个月购书数量

从性别来看，有 37.68% 的男性不买书，这一比例明显高于女性（28.28%）；而女性中月均买书 1—2 本占比 62.39%，高于男性（50.72%）。说明比起男性，更多的女性每个月平均买书 1—2 本（详见图 3.2）。卡方检验表明，性别和购书数量之间存在显著差异（sig=.003，$p<0.05$）。

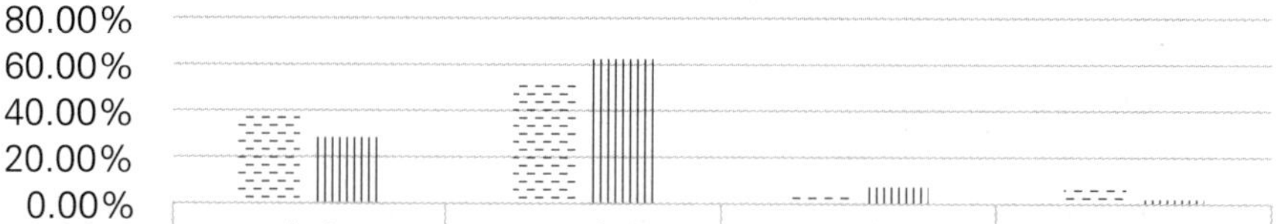

	0本书	1-2本书	3-5本书	5本书以上
男	37.68%	50.72%	4.35%	7.25%
女	28.28%	62.39%	7.29%	2.04%

图 3.2　男女购书数量对比

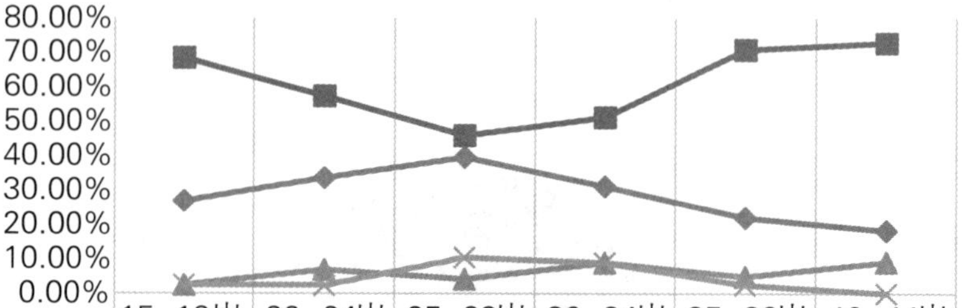

	15-19岁	20-24岁	25-29岁	30-34岁	35-39岁	40-44岁	
0本书	26.83	33.59	39.58	31.11	21.95	18.18	(%)
1-2本书	68.29	57.25	45.83	51.11	70.73	72.73	
3-5本书	2.44	6.87	4.17	8.89	4.88	9.09	
5本书以上	2.44	2.29	10.42	8.89	2.44	0.00	

图 3.3　不同年龄段购书数量对比

在 25—29 岁的年龄段中，不买书的人占比 39.58%，这一比例比其他任何年龄段的人都高，与此同时，每月平均买 5 本以上的书占比 10.42%，同样高于其他年龄段。说明这一年龄段的人不买书和买很多书的人占比都高。而 35—39 岁和 40—44 岁年龄段的人，选择买 1—2 本书的人占比超过 70%，远高于其他年龄段（详见图 3.3）。

经过卡方检验，在不同职业中，平均每月买书数量之间存在显著差异（sig.=.000, $p=0.022<0.05$）。

2. 购书花销

在购书花销上，平均每月购书花销为 100 元及以下的占比 74.43%，之后随花销增大，比例按层级降低（详见图 3.4）。

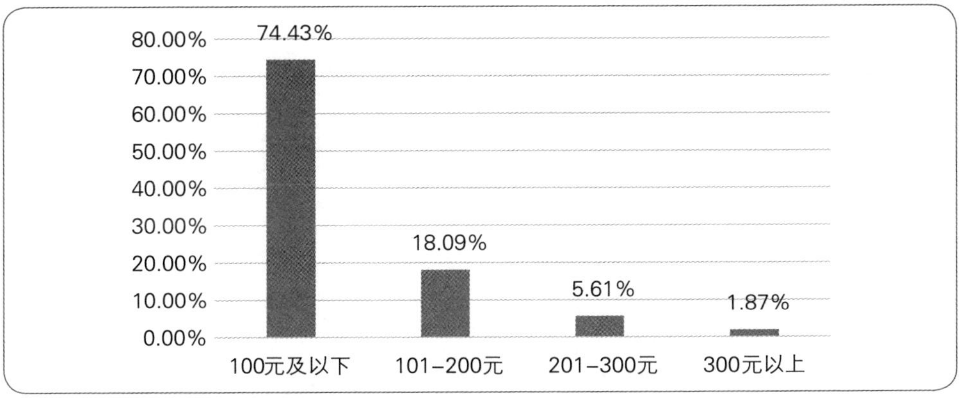

图 3.4 平均每月购书花销

从年龄看，25—29 岁的人中每月花费 200 元以上买书的人占比 20.83%，高于其他各年龄段。20—24 岁的人月平均购书低于 100 元及以下的占比 78.63%，高于各年龄段（详见图 3.5）。

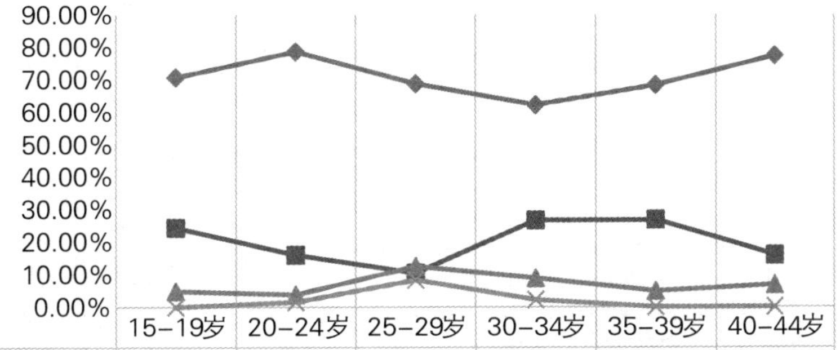

	15-19岁	20-24岁	25-29岁	30-34岁	35-39岁	40-44岁	
100元及以下	70.73	78.63	68.75	62.22	68.29	77.27	(%)
101-200元	24.39	16.03	10.42	26.67	26.83	15.91	
201-300元	4.88	3.82	12.50	8.89	4.88	6.82	
300元以上	0.00	1.53	8.33	2.22	0.00	0.00	

图 3.5 不同年龄段购书花销对比

数据显示，高中以上学历的在读学生有50%以上的人平均月购书花销在100元及以下，其中本科生最高，为80.91%，硕士生其次；相对本科、硕士和博士在读生来说，高中生的开销在101—200元、201—300元的区间段内都较大（详见图3.6）。

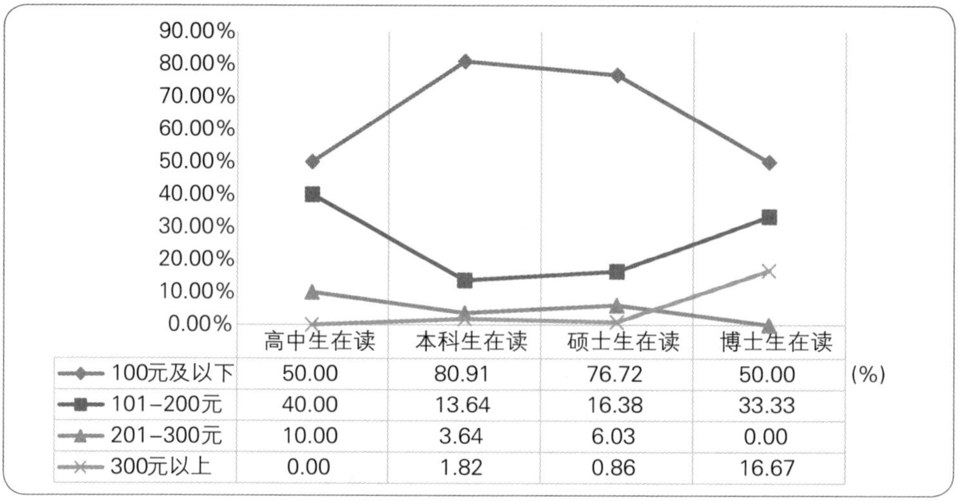

	高中生在读	本科生在读	硕士生在读	博士生在读	
100元及以下	50.00	80.91	76.72	50.00	(%)
101-200元	40.00	13.64	16.38	33.33	
201-300元	10.00	3.64	6.03	0.00	
300元以上	0.00	1.82	0.86	16.67	

图3.6　不同在读学历购书花销对比

3. 购书类型

调查显示，青年群体常购图书类型前三名为文学艺术类、人文社科类以及教育考试类，分别占比65.70%，35.34%以及23.49%（详见图3.7）。

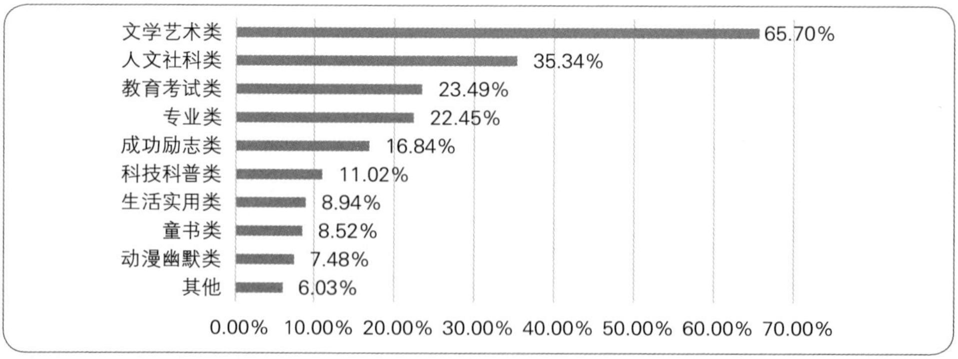

图3.7　购书类型

从性别看，女性更多地购买文学艺术类、人文社科类及教育考试类书籍，分别占比 68.51%、31.78% 及 26.24%；男性更多地购买文学艺术类、人文社科类和科技科普类书籍，分别占比 58.70%、44.20% 和 23.91%（详见图 3.8）。

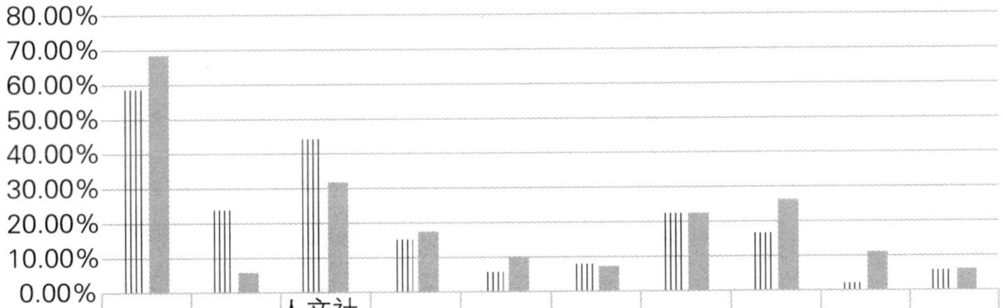

(%)	文学艺术类（小说、文学、传记、艺术、摄影等）	科技科普类（科普、建筑、计算机、医学、农林、自然科学、工业等）	人文社科类（历史、哲学宗教、文化、政治军事、法律、社会科学、心理学等）	成功励志类（心灵与修养、性格与习惯、口才演讲辩论等）	生活实用类（育儿、保健、旅游、时尚等）	动漫幽默类（漫画、笑话集）	专业类（经济管理、法律类书籍等）	教育考试类	童书类	其他
男	58.70	23.91	44.20	15.22	5.80	7.97	22.46	16.67	2.17	5.80
女	68.51	5.83	31.78	17.49	10.20	7.29	22.45	26.24	11.08	6.12

图 3.8　男女购书类型对比

从年龄看，15—19 岁、20—24 岁和 40—44 岁买文学艺术类书籍占比最高，分别是 87.80%、68.70% 和 61.36%。30—34 岁和 35—39 岁比起其他年龄段购买童书类比例较高，分别是 33.33% 和 36.59%。15—19 岁和 25—29 岁购买动漫幽默类书籍较多，占比 19.51% 和 12.50%（详见图 3.9）。

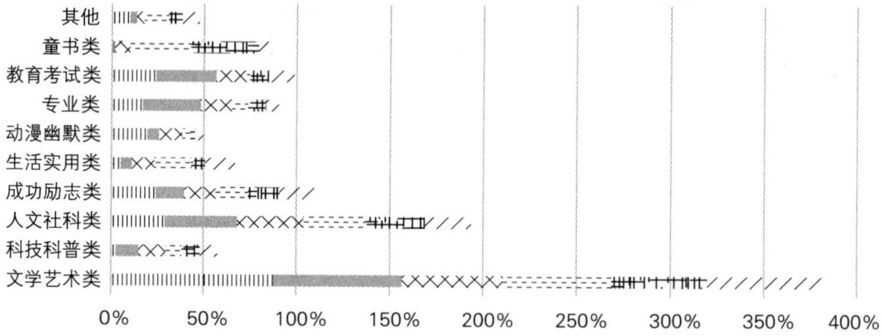

	文学艺术类	科技科普类	人文社科类	成功励志类	生活实用类	动漫幽默类	专业类	教育考试类	童书类	其他
15–19岁	87.80	2.44	29.27	24.39	4.88	19.51	17.07	24.39	0.00	9.76
20–24岁	68.70	12.60	38.93	15.27	6.11	6.49	31.30	32.06	1.53	3.82
25–29岁	54.17	14.58	35.42	16.67	12.50	12.50	16.67	16.67	8.33	4.17
30–34岁	57.78	8.89	33.33	17.78	20.00	4.44	8.89	2.22	33.33	13.33
35–39岁	51.22	9.76	31.71	17.07	7.32	2.44	9.76	9.76	36.59	7.32
40–44岁	61.36	9.09	25.00	18.18	15.91	4.55	6.82	13.64	6.82	9.09

(%)

图 3.9　不同年龄段群体购书类型对比

随着图书用户学历的提高，购买文学艺术类和动漫幽默类图书的比例总体下降，而购买人文社科类和专业类书籍的比例稳步提高，博士生中分别有 50% 的人经常购买人文社科类和专业类图书（详见图 3.10）。

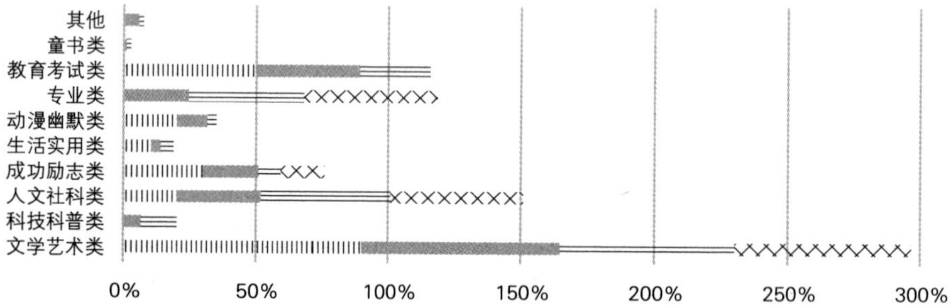

	文学艺术类	科技科普类	人文社科类	成功励志类	生活实用类	动漫幽默类	专业类	教育考试类	童书类	其他
高中生在读	90.00	0.00	20.00	30.00	10.00	20.00	0.00	50.00	0.00	0.00
本科生在读	74.55	6.36	31.82	20.91	3.64	11.82	24.55	39.09	0.91	5.45
硕士生在读	65.52	13.79	49.14	8.62	5.17	3.45	43.97	26.72	1.72	1.72
博士生在读	66.67	0.00	50.00	16.67	0.00	0.00	50.00	0.00	0.00	0.00

(%)

图 3.10　不同在读学历购书类型对比

4. 购书渠道

数据显示，青年群体最常购书渠道为网上书店，占比 82.12%；其次是实体书店和在线阅读平台，分别占比 38.67% 和 20.58%（详见图 3.11）。

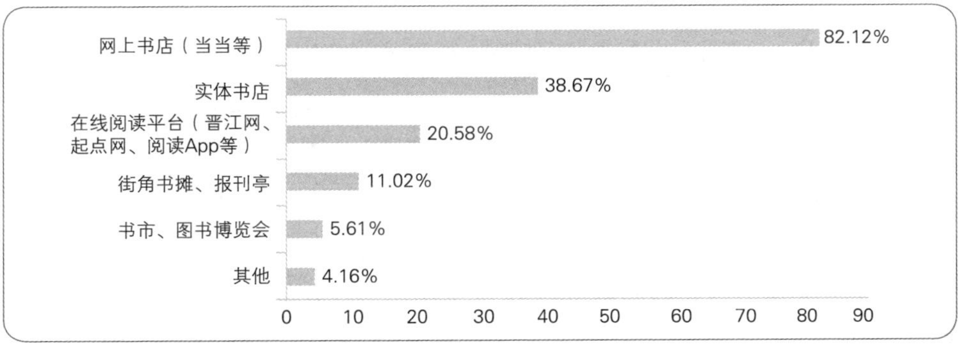

图 3.11　青年群体经常购书渠道

从性别上看，男性与女性的选择有所不同。女性选择在网上书店购书的占比 83.67%，略高于男性占比 78.26%（详见 3.12）。

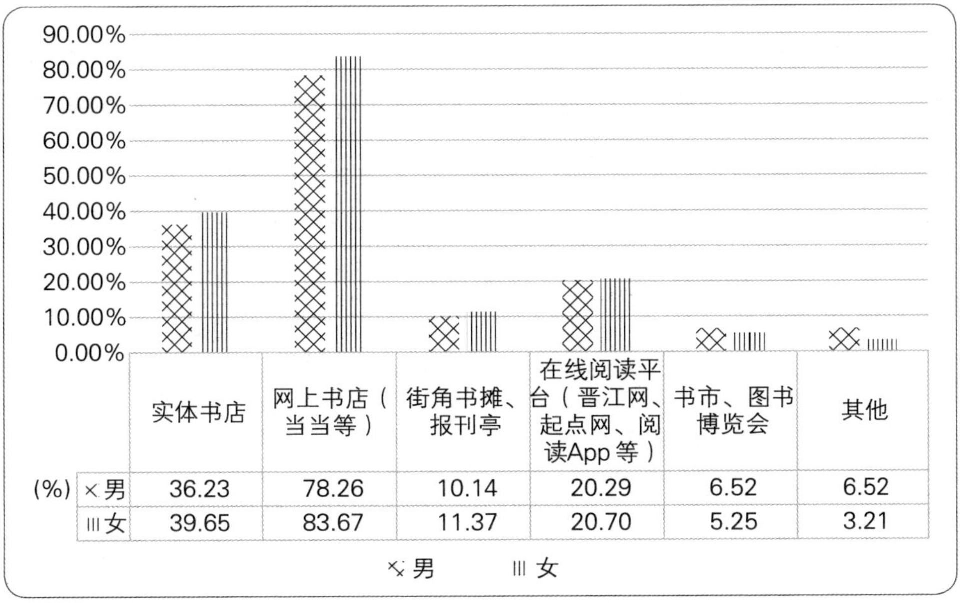

(%)	实体书店	网上书店（当当等）	街角书摊、报刊亭	在线阅读平台（晋江网、起点网、阅读App 等）	书市、图书博览会	其他
× 男	36.23	78.26	10.14	20.29	6.52	6.52
Ⅲ 女	39.65	83.67	11.37	20.70	5.25	3.21

× 男　　Ⅲ 女

图 3.12　男女购书渠道对比

从年龄上看，40—44 岁（63.64%）的人在实体书店购书占比较高；20—24 岁（90.84%）的人更多地选择在网上书店购书；20—24 岁（24.81%）的人选择在在线阅读平台购书的比例也高于其他年龄段（详见图 3.13）。

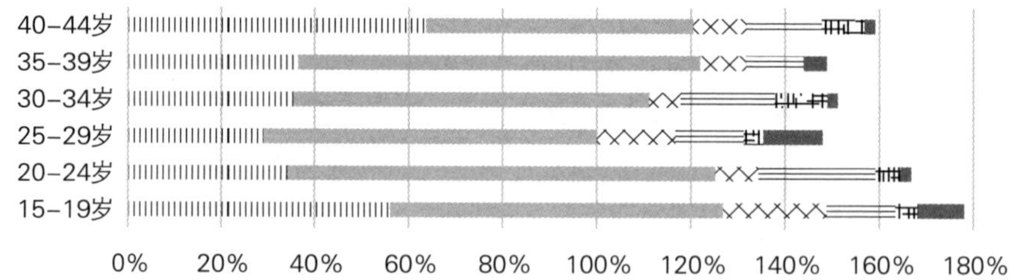

	15–19岁	20–24岁	25–29岁	30–34岁	35–39岁	40–44岁	
实体书店	56.10	34.35	29.17	35.56	36.59	63.64	(%)
网上书店	70.73	90.84	70.83	75.56	85.37	56.82	
街角书摊、报刊亭	21.95	9.16	16.67	6.67	9.76	11.36	
在线阅读平台	14.63	24.81	14.58	20.00	12.20	15.91	
书市、图书博览会	4.88	5.34	4.17	11.11	0.00	9.09	
其他	9.76	2.29	12.50	2.22	4.88	2.27	

图 3.13　不同年龄段群体购书渠道对比

从学历上看，已工作的群体中，初中学历的人群更倾向于在实体书店买书，而随着学历的升高，在网上书店购书的偏好也呈升高趋势；高中 / 中专 / 技校学历的人群相比其他学历人群在在线阅读平台付费买书的比例更高，占比 30.00%（详见图 3.14）。

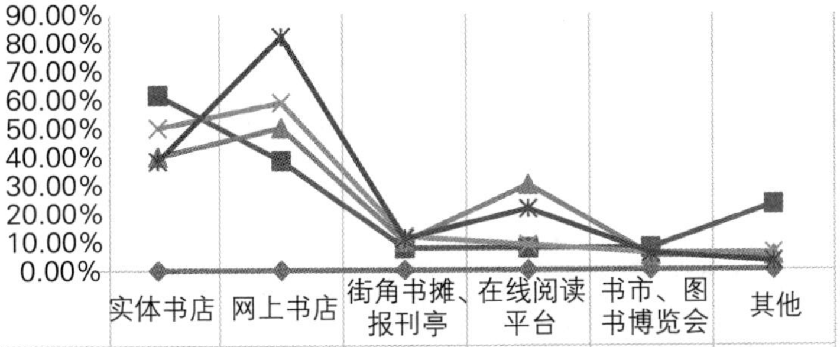

	实体书店	网上书店	街角书摊、报刊亭	在线阅读平台	书市、图书博览会	其他
小学及以下	0.00	0.00	0.00	0.00	0.00	0.00
初中	61.54	38.46	7.69	7.69	7.69	23.08
高中/中专/技校	40.00	50.00	10.00	30.00	5.00	5.00
大专	50.00	58.82	11.76	8.82	5.88	5.88
大学本科及以上	38.37	81.98	11.05	21.51	5.81	2.91

(%)

图 3.14　不同学历的已工作人群购书渠道对比

在购书渠道方面，有一半以上的高中生在实体店购书，选择在实体书店购买图书的人数比例随着在读学历的升高而下降；硕士生更偏向于在网上书店购书（97.41%），而博士生在在线阅读平台购书的比例也达到了 50.00%（详见图 3.15）。

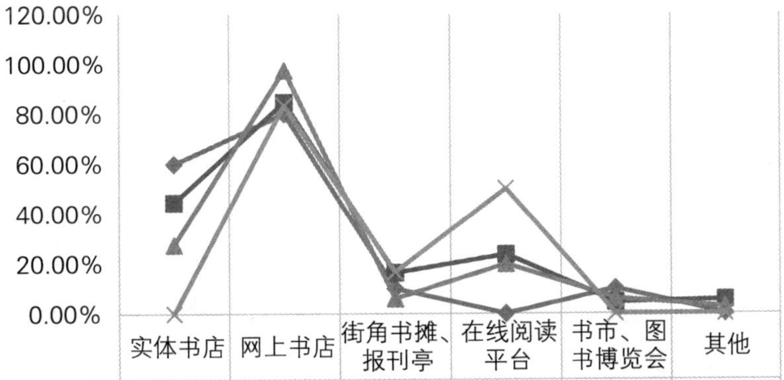

	实体书店	网上书店	街角书摊、报刊亭	在线阅读平台	书市、图书博览会	其他
高中生在读	60.00	80.00	10.00	0.00	10.00	0.00
本科生在读	44.55	84.55	16.36	23.64	4.55	5.45
硕士生在读	27.59	97.41	6.03	19.83	6.03	2.59
博士生在读	0.00	83.33	16.67	50.00	0.00	0.00

(%)

图 3.15　不同在读学历人群购书渠道的对比

5. 能接受的单本书最高定价

调查显示，37.21% 的人认为“50 元以下”为能接受的单本书定价，其次为“30 元以下”及“70 元及以上”，分别占比 32.64% 和 14.14%（详见图 3.16）。

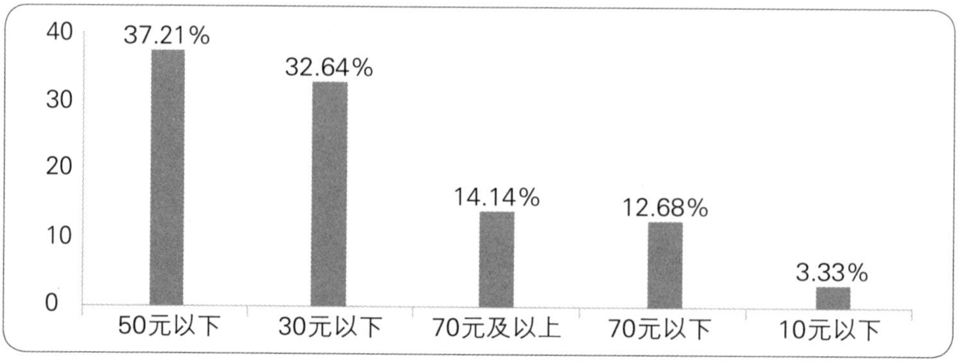

图 3.16　能接受的单本书定价

从性别看，选择“30 元以下”和“50 元以下”的女性占比合计达 73.77%，这一比例高于男性（60.14%）。值得注意的是，男性（22.46%），比女性（10.79%）更愿意出 70 元及以上的价格买书（详见图 3.17）。

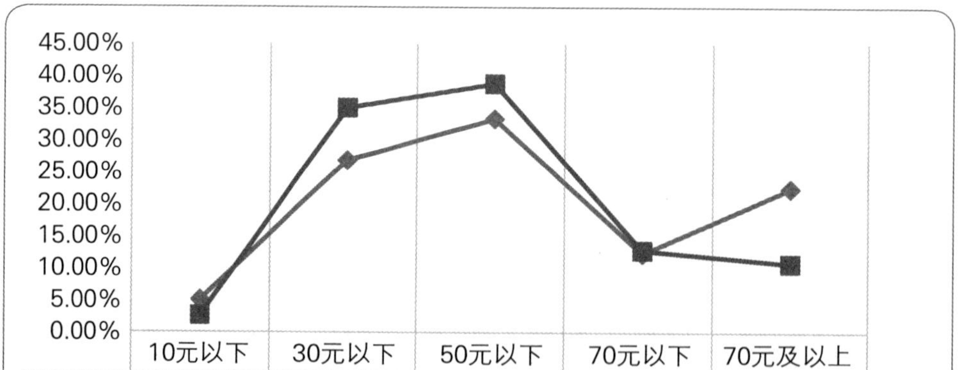

	10元以下	30元以下	50元以下	70元以下	70元及以上	
男	5.07	26.81	33.33	12.32	22.46	(%)
女	2.62	34.99	38.78	12.83	10.79	

图 3.17　男女能接受的最高单本书定价对比

从年龄上看，年轻人更能接受 70 元及以上定价（15—19 岁：12.20%；20—24 岁：16.79%；25—29 岁：12.50%；30—34 岁：17.78%）。40—44 岁（54.55%）更能接受 30 元以下的定价（详见图 3.18）。

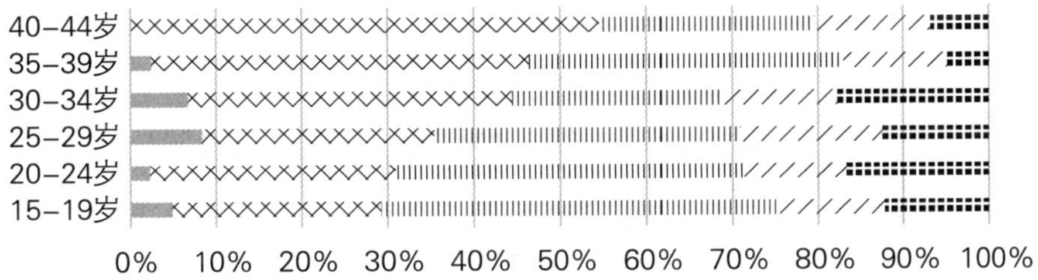

	15–19岁	20–24岁	25–29岁	30–34岁	35–39岁	40–44岁
10元以下	4.88	2.29	8.33	6.67	2.44	0.00
30元以下	24.39	28.63	27.08	37.78	43.90	54.55
50元以下	46.34	40.46	35.42	24.44	36.59	25.00
70元以下	12.20	11.83	16.67	13.33	12.20	13.64
70元及以上	12.20	16.79	12.50	17.78	4.88	6.82

(%)

图 3.18　不同年龄段能接受的最高单本书定价对比

经过卡方检验，在不同职业中，对单本书平均最高定价的接受度之间存在显著差异（sig.=.000, $p=0.024<0.05$）。在高定价区间 70 元及以上中，高达 33.33% 的制造生产型企业工人可以接受这个定价区间，而没有农村外出务工人员接受这个区间的图书定价（详见图 3.19）。

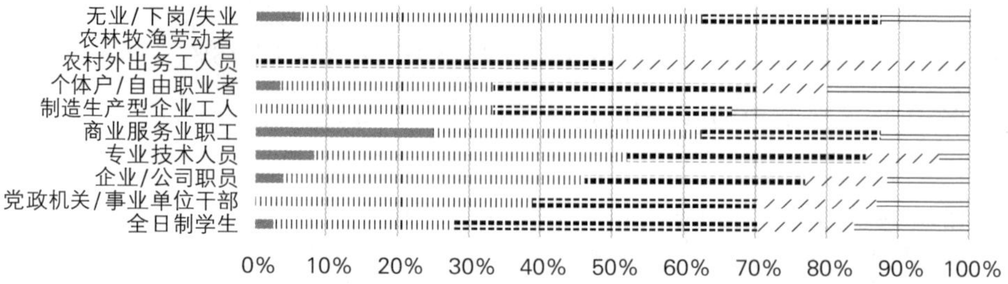

	全日制学生	党政机关/事业单位干部	企业/公司职员	专业技术人员	商业服务业职工	制造生产型企业工人	个体户/自由职业者	农村外出务工人员	农林牧渔劳动者	无业/下岗/失业	
10元以下	2.48	0.00	3.85	8.33	25.00	0.00	3.33	0.00	0.00	6.25	(%)
30元以下	25.21	38.96	42.31	43.75	37.50	33.33	30.00	0.00	0.00	56.25	
50元以下	42.56	31.17	30.77	33.33	25.00	33.33	36.67	50.00	0.00	25.00	
70元以下	13.64	16.88	11.54	10.42	0.00	0.00	10.00	50.00	0.00	0.00	
70元及以上	16.12	12.99	11.54	4.17	12.50	33.33	20.00	0.00	0.00	12.50	

图 3.19　不同职业能接受的最高单本书定价对比

在拥有不同学历的已工作的人群中，对单本书平均最高定价的接受度之间存在显著差异（sig.=.000, p=.000<0.05）。其中，大学本科及以上学历的人群更能接受 70 元及以上的高位定价，初中文化的人群更倾向于选择 50 元以下的图书定价（详见图 3.20）。

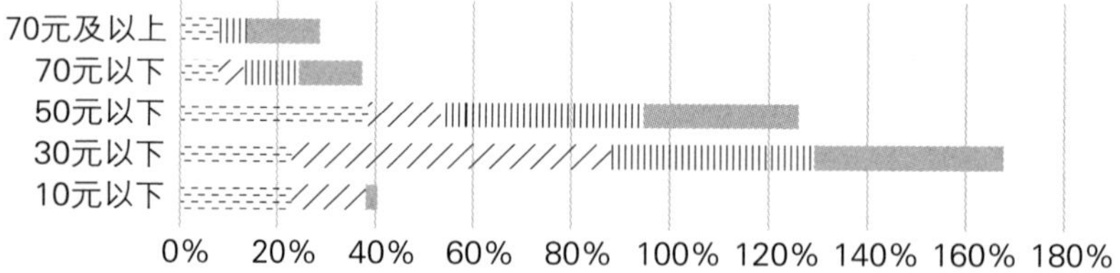

	10元以下	30元以下	50元以下	70元以下	70元及以上	
小学及以下	0.00	0.00	0.00	0.00	0.00	(%)
初中	23.08	23.08	38.46	7.69	7.69	
高中/中专/技校	15.00	65.00	15.00	5.00	0.00	
大专	0.00	41.18	41.18	11.76	5.88	
大学本科及以上	2.33	38.37	31.40	12.79	15.12	

图 3.20　不同学历的已工作人群能接受的最高单本书定价对比

在读学生中，对单本书平均最高定价的接受度之间也存在显著差异（sig.=.000, p=0.002<0.05）。其中，在读的硕士研究生和在读的博士研究生比较能接受高定价；在读的高中生则更多地倾向于 50 元以下的图书（详见图 3.21）。

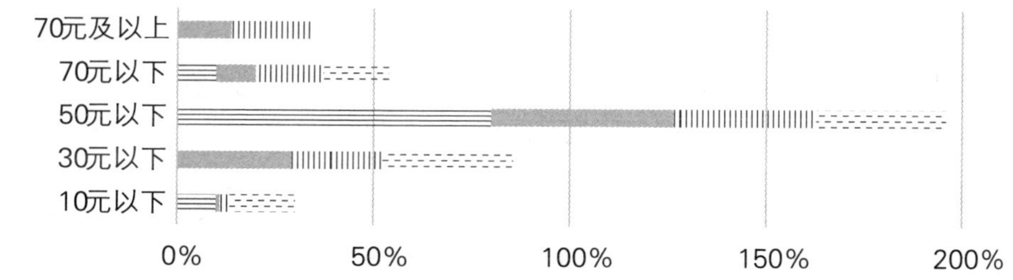

	10元以下	30元以下	50元以下	70元以下	70元及以上	
≡高中生在读	10.00	0.00	80.00	10.00	0.00	(%)
■本科生在读	0.91	29.09	46.36	10.00	13.64	
⫼硕士生在读	2.59	23.28	36.21	17.24	20.69	
⚏博士生在读	16.67	33.33	33.33	16.67	0.00	

图 3.21　不同在读学历能接受的最高单本书定价对比

6. 是否会买盗版书

数据分析显示，58.63% 的人表示会买盗版书。从年龄看，35—39 和 40—44 岁的人选择“否”的比例较高，占比 70.73% 和 70.45%；而 20—24 岁和 30—34 岁的人选择“是”的比例较高，占比分别是 69.47% 和 66.67%。说明 35 岁及以上的人版权意识较强，20—24 岁和 30—34 岁的人版权意识较差。卡方检验表明，不同年龄之间是否购买盗版书籍存在显著差异（sig=.000, p<.001）（详见图 3.22）。

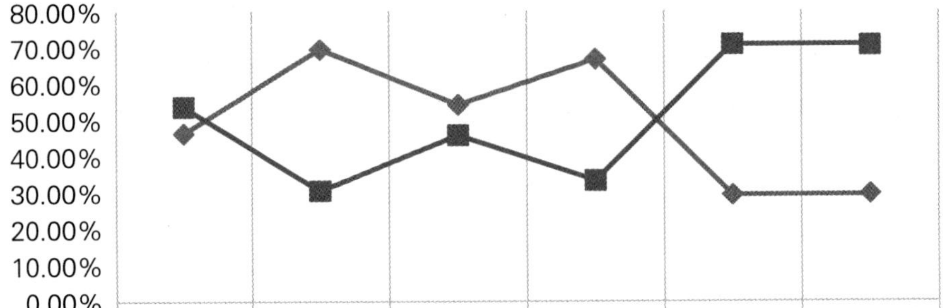

	15–19 岁	20–24 岁	25–29 岁	30–34 岁	35–39 岁	40–44 岁
是	46.34%	69.47%	54.17%	66.67%	29.27%	29.55%
否	53.66%	30.53%	45.83%	33.33%	70.73%	70.45%

图 3.22　不同年龄段购买盗版书行为对比

经过卡方检验，在月收入不同的情况下，是否购买盗版书籍之间存在显著差异（sig.=.000, p=0.002<0.05）。平均月收入水平较低的人购买盗版书的比例高于平均月收入水平较高的人（详见图 3.23）。

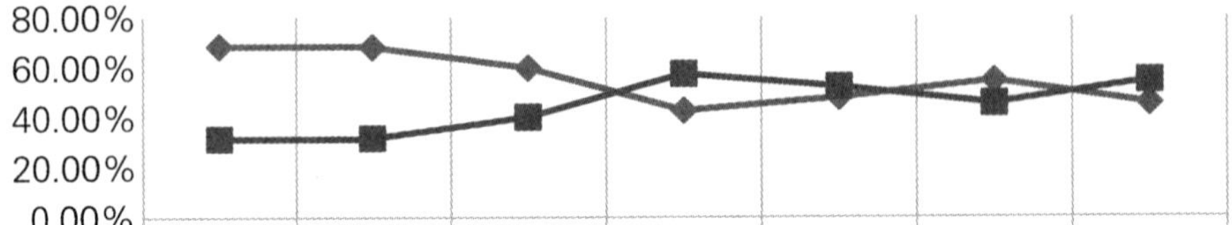

	无收入	1000元及以下	1001–3000元	3001–5000元	5001–8000元	8001–10000元	10000元以上
是	68.45%	68.18%	59.78%	42.67%	47.83%	54.55%	45.45%
否	31.55%	31.82%	40.22%	57.33%	52.17%	45.45%	54.55%

图 3.23　不同平均月收入人群是否购买盗版书的行为对比

经过卡方检验，在不同职业中，是否购买盗版书籍之间存在显著差异（sig.=.000, p=.000<0.05）。购买盗版书比例最高的是无业 / 下岗 / 失业人群，达 75.00%；其次是全日制学生（68.18%）；农村外出务工人员不会购买盗版书籍

（详见图 3.24）。

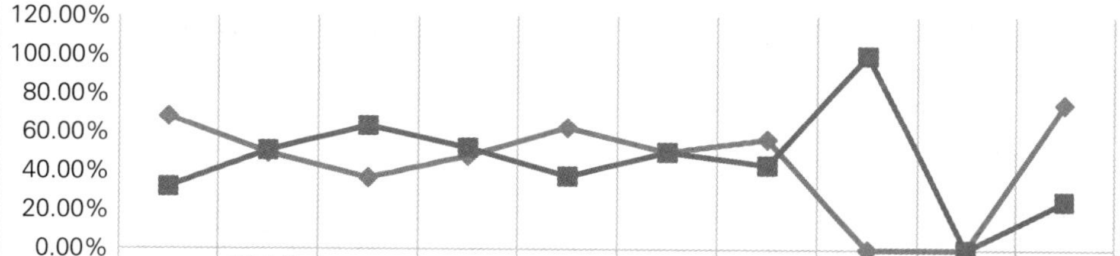

	全日制学生	党政机关/事业单位干部	企业/公司职员	专业技术人员	商业服务业职工	制造生产型企业工人	个体户/自由职业者	农村外出务工人员	农林牧渔劳动者	无业/下岗/失业
是	68.18%	49.35%	36.54%	47.92%	62.50%	50.00%	56.67%	0.00%	0.00%	75.00%
否	31.82%	50.65%	63.46%	52.08%	37.50%	50.00%	43.33%	100.00%	0.00%	25.00%

图 3.24　不同职业的人群购买盗版书的行为对比

在拥有不同学历的已工作的人群中，是否会购买盗版书之间存在显著差异（sig.=.000, p=.000<0.05）。随着学历的增高，购买盗版书的比例总体升高（详见图 3.25）。

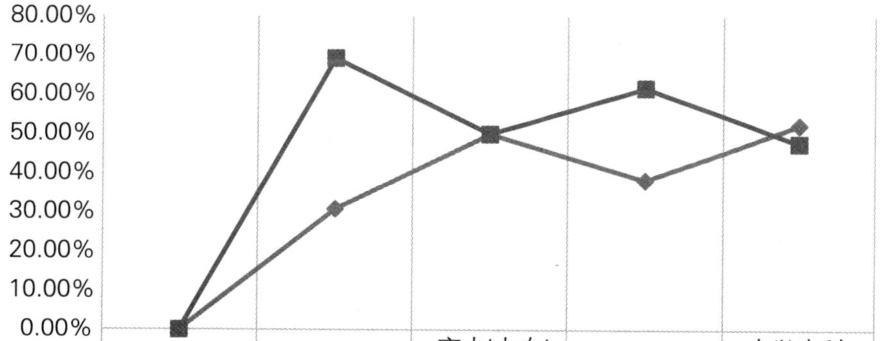

	小学及以下	初中	高中/中专/技校	大专	大学本科及以上
是	0.00%	30.77%	50.00%	38.24%	52.33%
否	0.00%	69.23%	50.00%	61.76%	47.67%

图 3.25　不同学历的已工作人群购买盗版书的行为对比

在读学生中，是否会购买盗版书之间也存在显著差异（sig.=.000, p=.000<0.05）。上大学以后，在读生购买盗版书的比例均超过了 50%，其中最显著的是在读硕士生购买盗版书籍的比例高达 81.03%（详见图 3.26）。

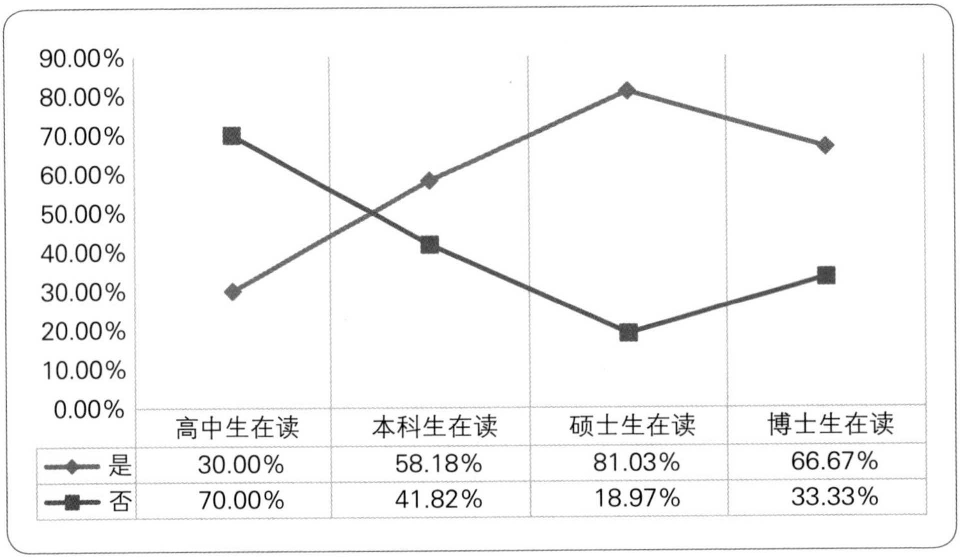

图 3.26　不同在读学历人群购买盗版书的行为对比

二、借书行为分析

在借书行为上，本研究主要对借书数量、借书类型、借书途径三大方面展开分析。

1. 借书数量

调查显示，51.14% 的青年群体表示平均每月借 1—2 本书，35.14% 的人没有借书行为。

经过卡方检验，在月收入不同的情况下，平均每月借书数量之间存在显著差异（sig.=.000, p=0.014<0.05）（详见图 3.27）。

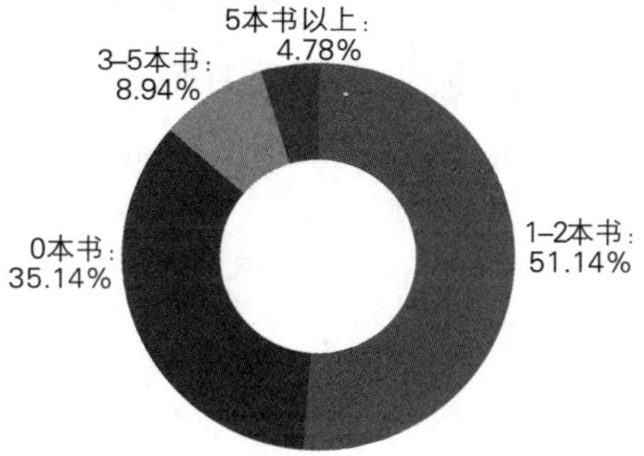

图 3.27　平均每月借书数量

经过卡方检验，在不同职业中，平均每月借书数量之间存在显著差异（sig.=.000, p=0.011<0.05）。无业 / 下岗 / 失业、农村外出务工人员和商业服务业职工借书数量较少；全日制学生平均每月借到 5 本书以上的比例最高（6.61%）（详见图 3.28）。

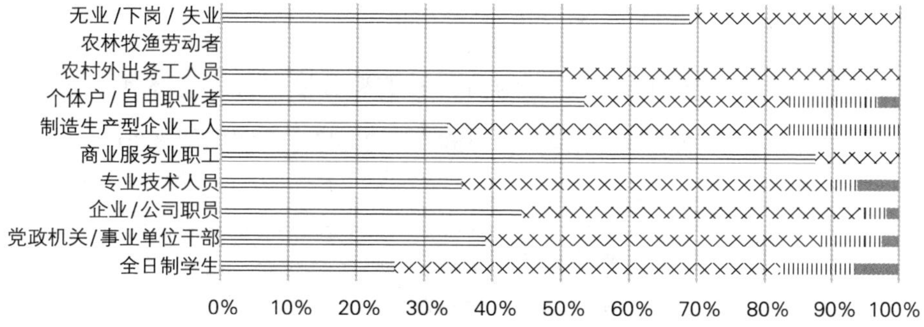

	全日制学生	党政机关/事业单位干部	企业/公司职员	专业技术人员	商业服务业职工	制造生产型企业工人	个体户/自由职业者	农村外出务工人员	农林牧渔劳动者	无业/下岗/失业	
≡0本书	25.62	38.96	44.23	35.42	87.50	33.33	53.33	50.00	0.00	68.75	(%)
×1–2本书	56.61	49.35	50.00	54.17	12.50	50.00	30.00	50.00	0.00	31.25	
Ⅲ 3–5本书	11.16	9.09	3.85	4.17	0.00	16.67	13.33	0.00	0.00	0.00	
■5本书以上	6.61	2.60	1.92	6.24	0.00	0.00	3.34	0.00	0.00	0.00	

图 3.28　不同职业每月借书数量对比

在读学生中，平均每月借书数量之间存在显著差异（sig.=.000, p=0.002<0.05）。其中，博士在读生平均每月借5本书以上的比例最高，为16.67%；本科（6.36%）、硕士（6.90%）基本相同；有一半的高中在读生不借阅图书（详见图3.29）。

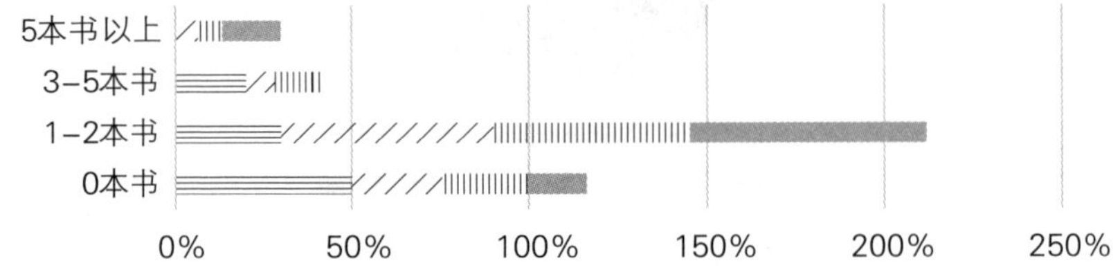

	0本书	1–2本书	3–5本书	5本书以上
高中生在读	50.00%	30.00%	20.00%	0.00%
本科生在读	25.45%	60.00%	8.19%	6.36%
硕士生在读	24.14%	55.17%	13.79%	6.90%
博士生在读	16.67%	66.66%	0.00%	16.67%

图3.29 不同在读学历人群每月借书数量对比

2. 借书类型

数据显示，青年群体经常借书的前三种类型分别是文学艺术类、人文社科类以及专业类，分别占比64.24%、33.68%、21.83%（详见图3.30）。

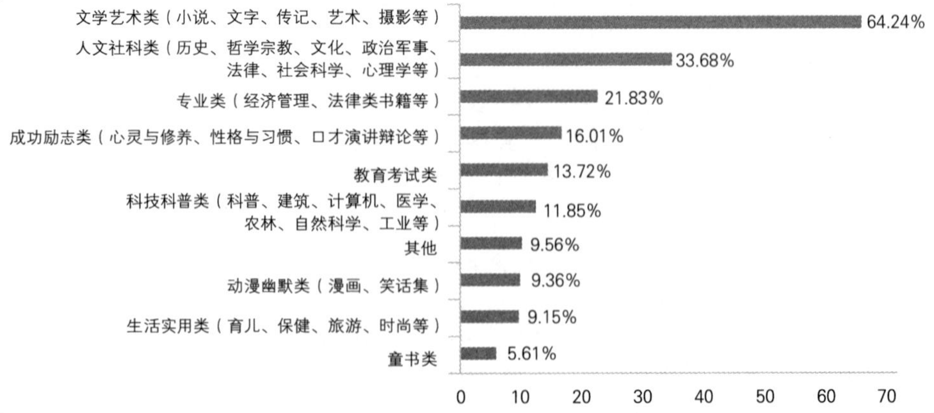

图3.30 青年群体经常借书类型

从性别看，女性更多地选择借文学艺术类、专业类和童书类书籍，分别占比 69.39%、24.20% 和 7.58%，男性则更喜欢借科技科普类（19.57%）和人文社科类（38.41%）(详见图 3.31)。

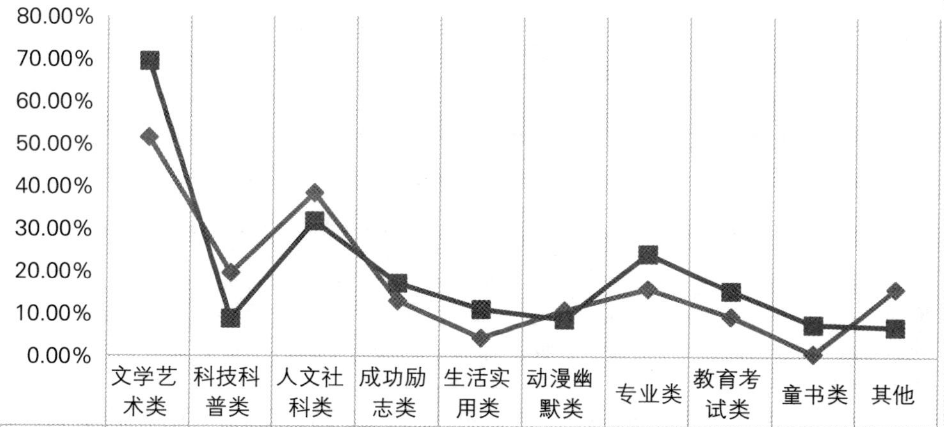

	文学艺术类	科技科普类	人文社科类	成功励志类	生活实用类	动漫幽默类	专业类	教育考试类	童书类	其他
男	51.45%	19.57%	38.41%	13.04%	4.35%	10.87%	15.94%	9.42%	0.72%	15.94%
女	69.39%	8.75%	31.78%	17.20%	11.08%	8.75%	24.20%	15.45%	7.58%	7.00%

图 3.31 男女借书类型对比

从年龄上看，15—19 岁（78.05%）的人比起其他年龄段更多地借文学艺术类书籍；20—24 岁（30.53%）的人比起其他年龄段更多地借专业类书籍；30—34 岁（20%）和 35—39 岁（21.95%）比起其他年龄段更多地借童书类书籍（详见图 3.32）。

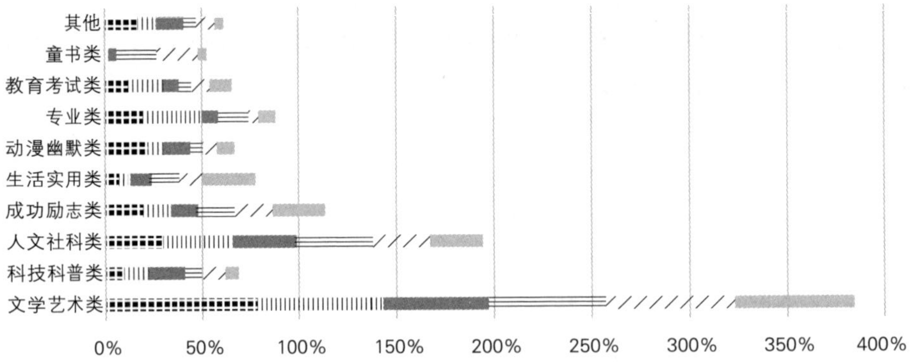

	文学艺术类	科技科普类	人文社科类	成功励志类	生活实用类	动漫幽默类	专业类	教育考试类	童书类	其他
15–19岁	78.05	9.76	29.27	19.51	7.32	21.95	19.51	12.20	0.00	17.07
20–24岁	64.89	12.21	35.11	12.60	4.58	7.25	30.53	17.18	1.91	8.78
25–29岁	54.17	18.75	33.33	14.58	10.42	14.58	8.33	8.33	4.17	14.58
30–34岁	60.00	8.89	40.00	20.00	15.56	6.67	15.56	6.67	20.00	6.67
35–39岁	65.85	12.20	29.27	19.51	12.20	7.32	4.88	9.76	21.95	9.76
40–44岁	61.36	6.82	27.27	27.27	27.27	9.09	9.09	11.36	4.55	4.55

(%)

图 3.32 不同年龄段借书类型对比

从学历上看，借阅人文社科类和专业类图书的行为随着在读学历的升高而增加，借阅文学艺术类图书的比例变化不大，在读的硕士生借阅科技科普类书籍的比例较其他学历最高（详见图 3.33）。

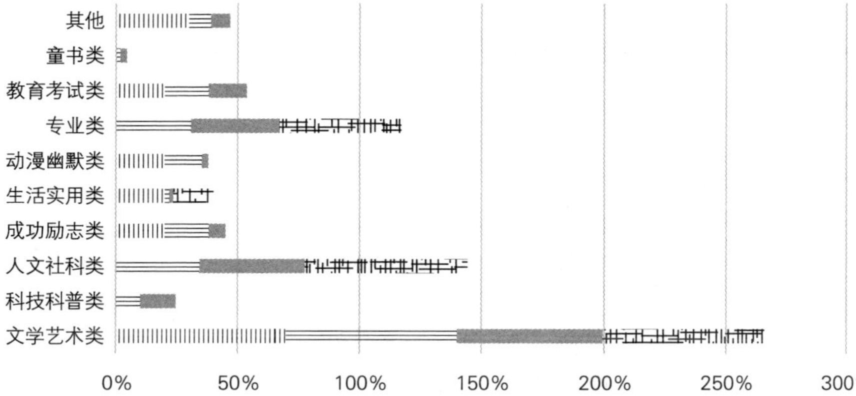

	文学艺术类	科技科普类	人文社科类	成功励志类	生活实用类	动漫幽默类	专业类	教育考试类	童书类	其他
高中生在读	70.00	0.00	0.00	20.00	20.00	20.00	0.00	20.00	0.00	30.00
本科生在读	70.00	10.00	34.55	18.18	1.82	15.45	30.91	18.18	1.82	9.09
硕士生在读	59.48	14.66	43.10	6.90	1.72	2.59	36.21	15.52	2.59	7.76
博士生在读	66.67	0.00	66.67	0.00	16.67	0.00	50.00	0.00	0.00	0.00

(%)

图 3.33　不同在读学历借书类型对比

3. 借书途径

数据显示，78.38% 的人借书渠道为图书馆借阅；其次为向他人借阅占比 33.06%，其他占比 11.85%（详见图 3.34）。

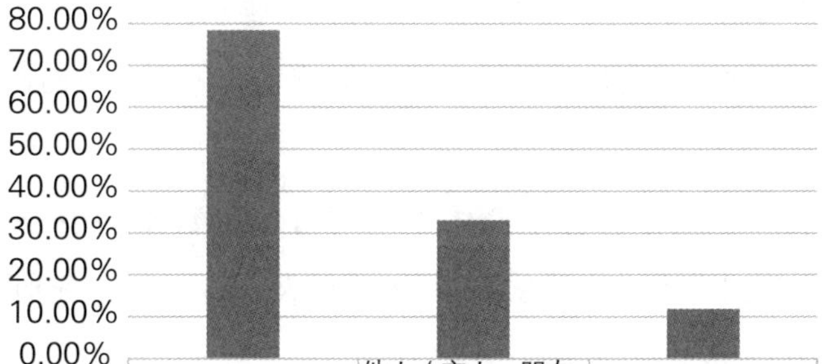

	图书馆	他人（家人、朋友、老师、上司等）	其他
百分比	78.38%	33.06%	11.85%

图 3.34　更倾向于从哪种途径借书

在借书渠道方面，硕士生在图书馆借书的比例相较于其他在读学历群体最高；有 40% 的高中生选择向他人借书，较其他群体来说较高（详见图 3.35）。

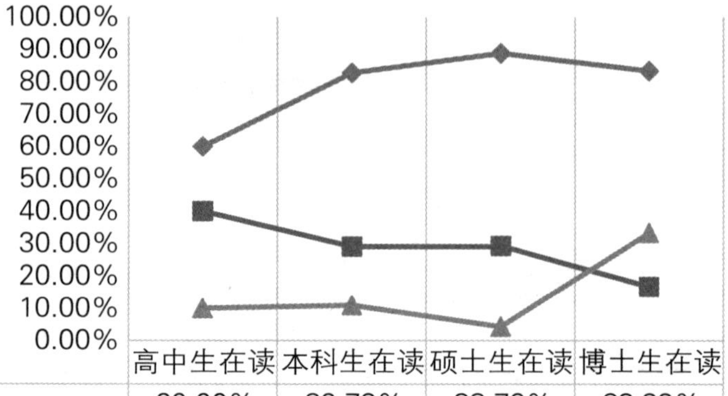

	高中生在读	本科生在读	硕士生在读	博士生在读
图书馆	60.00%	82.73%	88.79%	83.33%
他人（家人、朋友、老师、上司等）	40.00%	29.09%	29.31%	16.67%
其他	10.00%	10.91%	4.31%	33.33%

图 3.35　不同在读学历借书渠道对比

三、读书行为分析

在青年图书用户的读书行为上，本研究主要从读书数量、读书类型、读书时长、阅读载体、图书信息获取渠道、阅读场所等几个方面进行了分析。

1. 读书数量

调查显示，45.53% 的青年群体平均每月读书数量为 1—2 本，39.5% 的人表示每月读不到一本书；其次是 3—5 本以及 5 本以上，分别占比 9.36% 和 5.61%（详见图 3.36）。

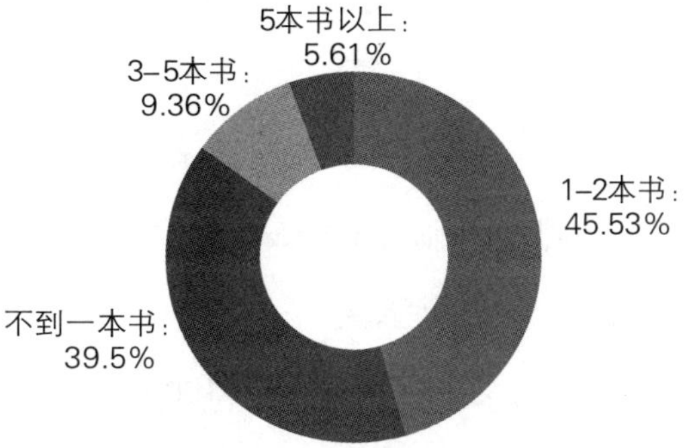

图 3.36　青年群体平均每月读书数量

在月均读书数量方面，男女有所不同。在读 1—2 本书方面，女性（48.40%）远高于男性（38.41%）（详见图 3.37）。

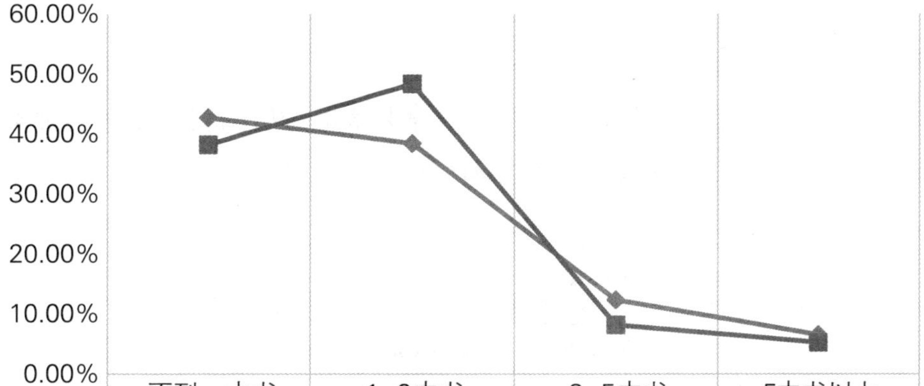

	不到一本书	1-2本书	3-5本书	5本书以上
男	42.75%	38.41%	12.32%	6.52%
女	38.19%	48.40%	8.16%	5.25%

图 3.37　男女月均读书数量对比

从学历上看，有 54.31% 的在读硕士生每月阅读 1—2 本书，本科生每月不能读完一本书的比例最高；在 3—5 本书和 5 本书以上两个区间内，在读博士生的比例高于其他学历学生（详见图 3.38）。

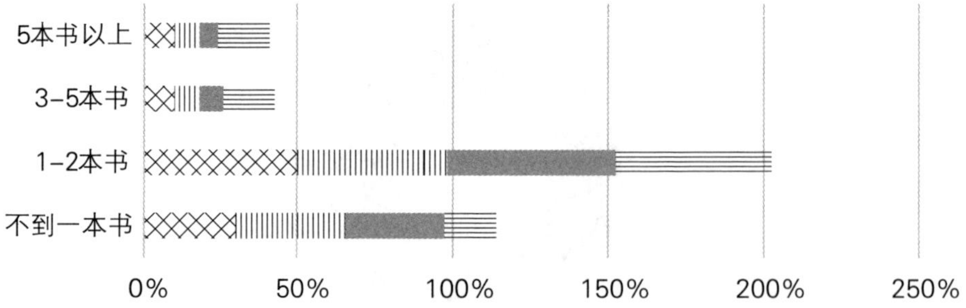

	不到一本书	1-2本书	3-5本书	5本书以上
×高中生在读	30.00	50.00	10.00	10.00
Ⅲ本科生在读	35.45	48.18	8.18	8.18
■硕士生在读	31.90	54.31	7.76	6.03
≡博士生在读	16.67	50.00	16.67	16.67

(%)

图 3.38 不同在读学历人群的读书数量对比

2. 读书类型

青年群体常读书籍类型的前三类是文学艺术类、人文社科类以及专业类，分别占比为 72.97%、37.84% 以及 21.41%（详见图 3.39）。

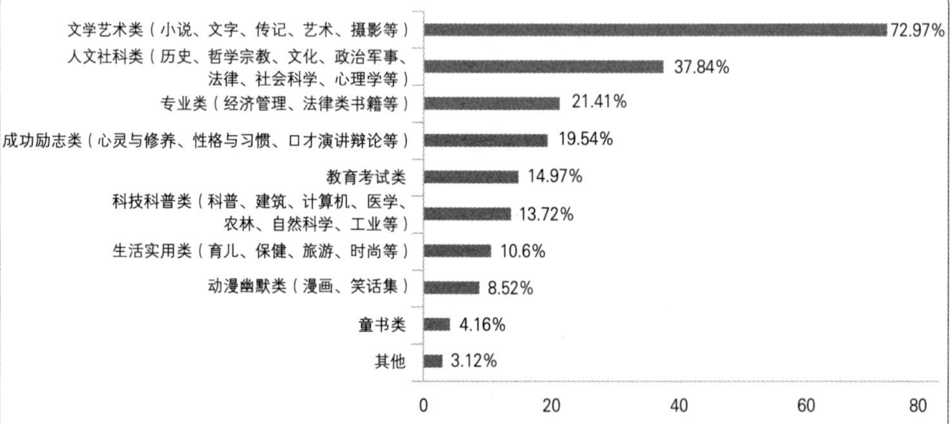

图 3.39 青年群体常读书籍类型

在读书类型方面，女性（75.22%）比男性（67.39%）更多地读文学艺术类书籍，男性比女性更多地读科技科普类和人文社科类书籍，这一结果与之前提到的购书和借书类型的结果相似（详见图 3.40）。

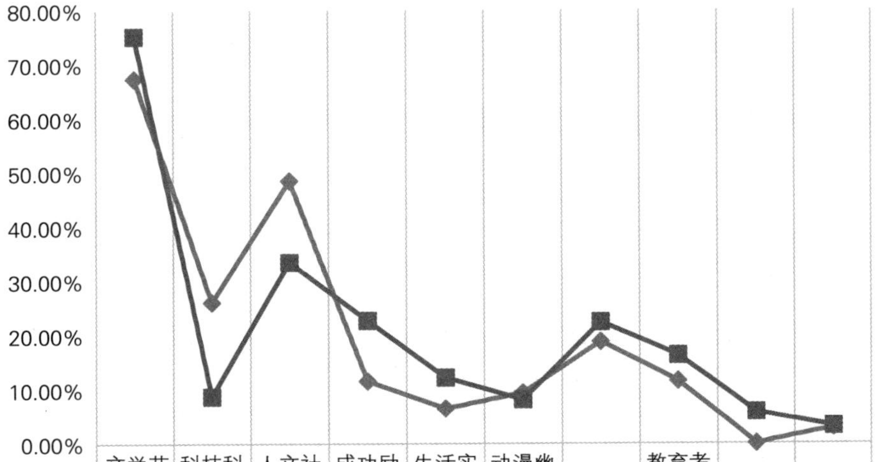

	文学艺术类	科技科普类	人文社科类	成功励志类	生活实用类	动漫幽默类	专业类	教育考试类	童书类	其他	
男	67.39	26.09	48.55	11.59	6.52	9.42	18.84	11.59	0.00	2.90	(%)
女	75.22	8.75	33.53	22.74	12.24	8.16	22.45	16.33	5.83	3.21	

图 3.40　男女读书类型对比

阅读文学艺术类图书的比例随着学历的升高而下降，而阅读人文社科类图书的比例反之增高。高中生和本科生阅读教育考试类的人数比例较高，在 20% 左右，硕士生为 15.52%（详见图 3.41）。

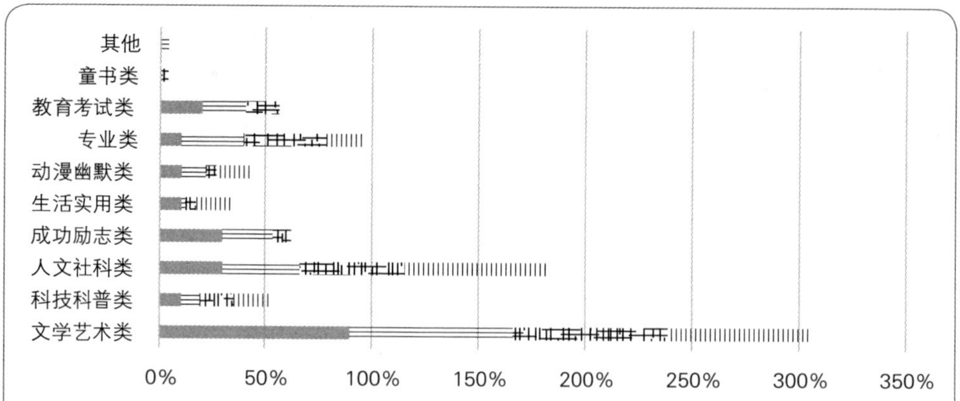

	文学艺术类	科技科普类	人文社科类	成功励志类	生活实用类	动漫幽默类	专业类	教育考试类	童书类	其他
■高中生在读	90.00	10.00	30.00	30.00	10.00	10.00	10.00	20.00	0.00	0.00 (%)
≡本科生在读	76.36	9.09	36.36	23.64	1.82	11.82	30.00	20.91	0.91	3.64
硕士生在读	72.41	16.38	49.14	8.62	5.17	5.17	38.79	15.52	2.59	0.00
Ⅲ博士生在读	66.67	16.67	66.67	0.00	16.67	16.67	16.67	0.00	0.00	0.00

图 3.41 不同在读学历人群读书类型对比

3. 读书时长

从阅读时长上看，青年群体平均每天阅读时长在 1 小时及以下所占比例最高，为 51.77%；其次为 1—2 小时，占比 28.27%，2 小时以上占比较低（详见图 3.42）。

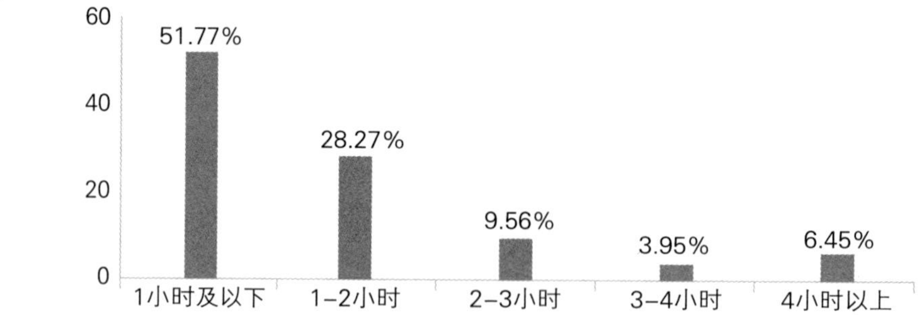

图 3.42 青年群体平均每天阅读时长

从年龄看，20—34 岁的人读书时间较长，其中 20—24 岁的人每天平均阅读 2 小时以上的占比 26.72%。在拥有不同学历的已工作的人群中，平均每天阅读图书时长之间存在显著差异（sig.=.000, p=0.017<0.05）（详见图 3.43）。

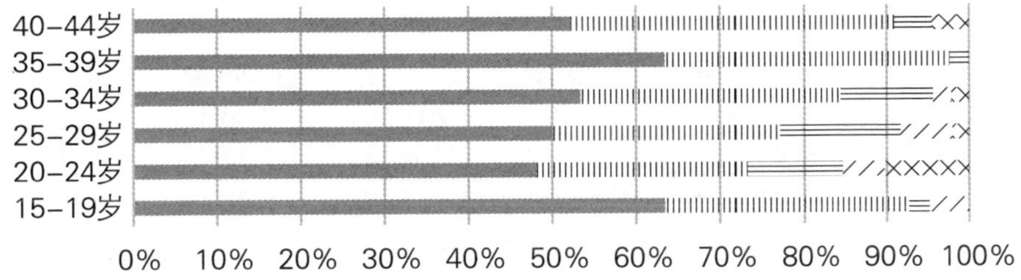

	15–19 岁	20–24 岁	25–29 岁	30–34 岁	35–39 岁	40–44 岁
■1小时及以下	63.41%	48.09%	50.00%	53.33%	63.41%	52.27%
Ⅲ1–2小时	29.27%	25.19%	27.08%	31.11%	34.15%	38.64%
≡2–3小时	2.44%	11.45%	14.58%	11.11%	2.44%	4.55%
⁄3–4小时	4.88%	4.96%	6.25%	2.22%	0.00%	0.00%
×4小时以上	0.00%	10.31%	2.08%	2.22%	0.00%	4.55%

图 3.43　不同年龄段阅读时长对比

在读学生中，平均每天阅读图书时长之间存在显著差异（sig.=.000, p=.000<0.05）。阅读时长在 1 小时及以下的比例随着在读学历的升高而减少；阅读时长达 4 小时以上的比例，硕士生（8.62%）明显低于本科生（13.64%）和博士生（16.67%），而阅读时长为 3—4 小时的硕士生较其他在读学历者来说是最高的，为 8.62%（详见图 3.44）。

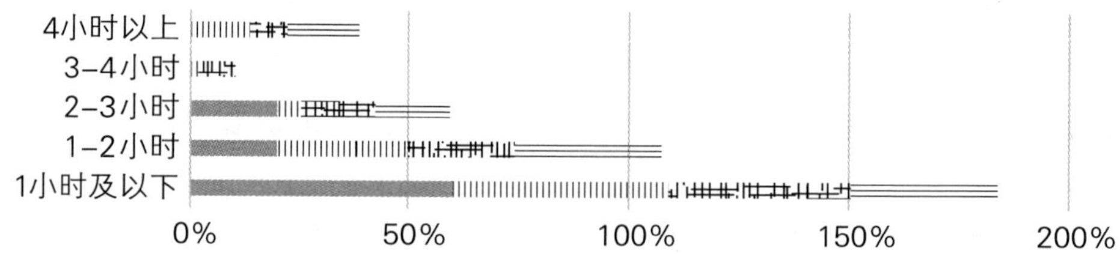

	1小时及以下	1-2小时	2-3小时	3-4小时	4小时以上
高中生在读	60.00%	20.00%	20.00%	0.00%	0.00%
本科生在读	49.09%	30.00%	5.45%	1.82%	13.64%
硕士生在读	41.38%	24.14%	17.24%	8.62%	8.62%
博士生在读	33.33%	33.33%	16.67%	0.00%	16.67%

图 3.44　不同在读学历人群阅读时长对比

4. 阅读载体

调查数据显示，在阅读载体方面，青年群体更喜欢阅读纸质书，占比为83.37%，远远超出手机阅读（38.88%）和 Kindle 等阅读器阅读（17.46%）（详见图 3.45）。

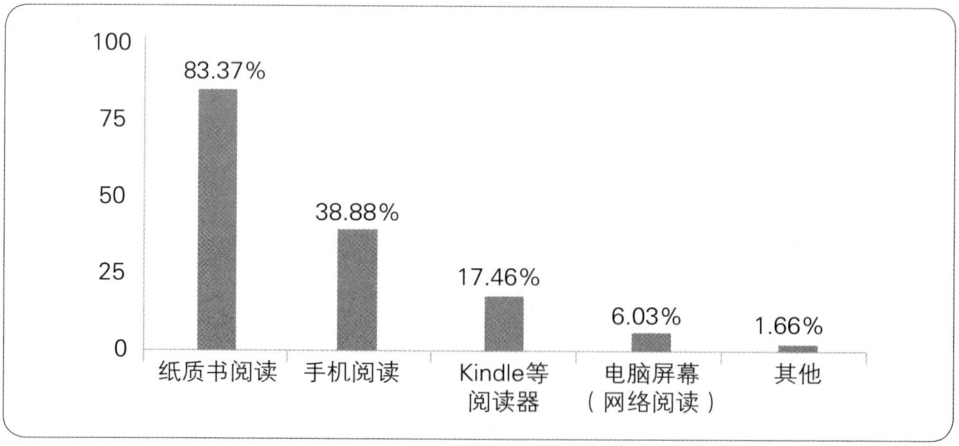

图 3.45　喜欢的阅读载体

从性别上看，男性和女性所喜欢的阅读载体差异不大，但相比之下，女性（87.17%）比男性（73.91%）更喜欢纸质书阅读（详见图 3.46）。

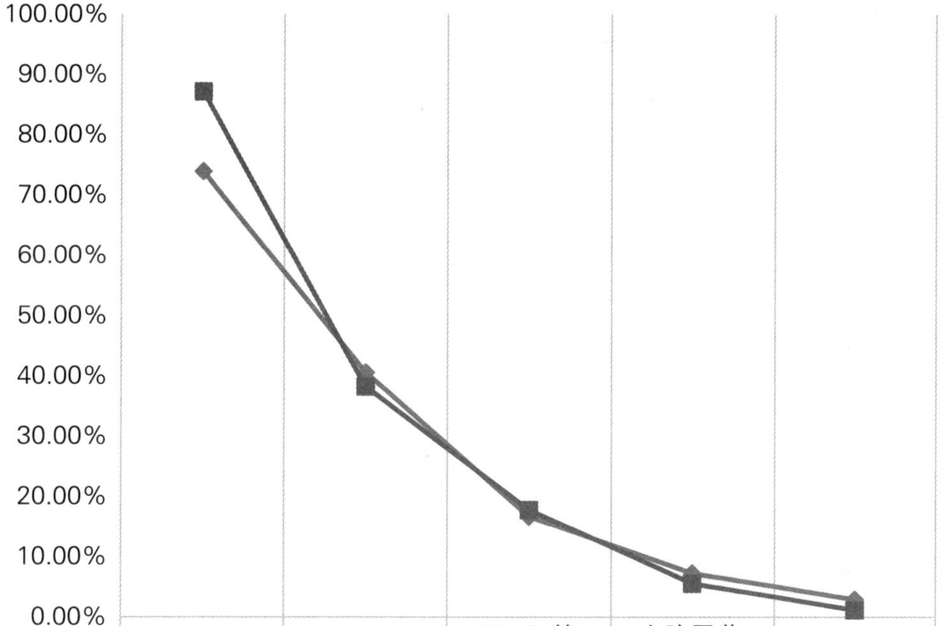

	纸质书阅读	手机阅读	Kindle等阅读器	电脑屏幕（网络阅读）	其他
男	73.91%	40.58%	16.67%	7.25%	2.90%
女	87.17%	38.19%	17.78%	5.54%	1.17%

图 3.46　男女喜欢的阅读载体对比

从在读学生学历来看，硕士生喜爱阅读纸质书的比例相较于其他不同在读学历最高，达 90.52%；相较其他群体，他们喜爱使用 Kindle 等电子阅读器的比例也最高（26.72%）（详见图 3.47）。

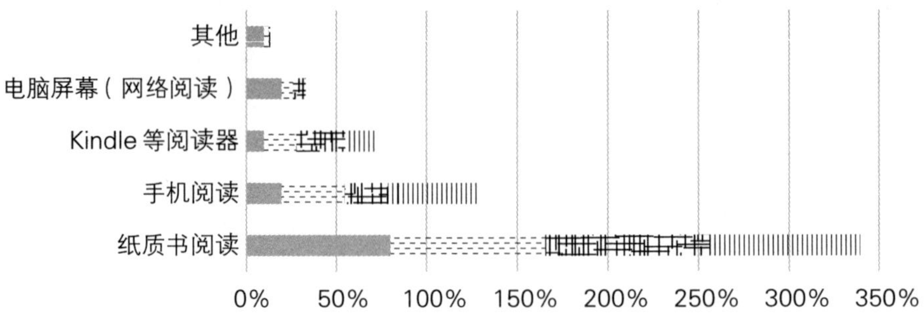

	纸质书阅读	手机阅读	Kindle等阅读器	电脑屏幕（网络阅读）	其他
高中生在读	80.00	20.00	10.00	20.00	10.00
本科生在读	85.45	34.55	18.18	6.36	2.73
硕士生在读	90.52	24.14	26.72	6.90	0.86
博士生在读	83.33	50.00	16.67	0.00	0.00

(%)

图 3.47　不同在读学历人群喜欢的阅读载体对比

5. 图书信息获取渠道

对于书籍信息的获取，53.22% 的人更偏向于从微信公众号、微博、豆瓣等社交平台获取信息，47.82% 来源于周围人推荐，这两种方式为主要的信息获取方式。其次为畅销书排行榜、实体书店推荐等（详见图 3.48）。

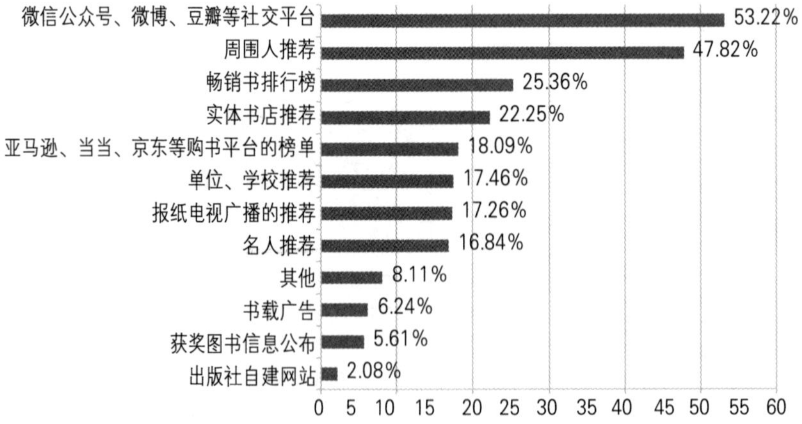

图 3.48　更偏向于从哪种渠道获取信息

从性别上看，女性（58.60%）比男性（39.86%）更倾向于从微信公众号、微博、豆瓣等社交平台获取图书信息（详见图 3.49）。

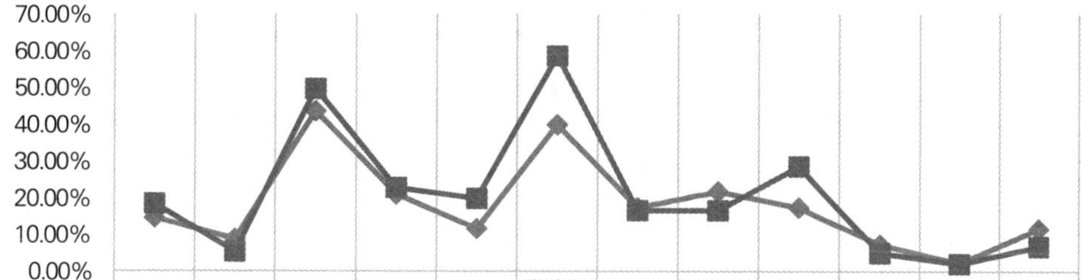

(%)	报纸电视广播的推荐	书载广告	周围人推荐	实体书店推荐	单位、学校推荐	微信公众号、微博、豆瓣等社交平台	名人推荐	亚马逊、当当、京东等购书平台的榜单	畅销书排行榜	获奖图书信息公布	出版社自建网站	其他
男	14.49	8.70	43.48	21.01	11.59	39.86	17.39	21.74	17.39	7.25	2.17	11.59
女	18.37	5.25	49.56	22.74	19.83	58.60	16.62	16.62	28.57	4.96	2.04	6.71

图 3.49 男女图书信息获取渠道对比

从年龄上看，微信公众号等社交平台和出版社自建网站是各年龄段获取信息的主要渠道。30—34 岁（64.44%）的人经常从微信公众号等社交平台获取信息。值得注意的是，在 35—44 岁年龄段中，有相当部分的群体从报纸电视广播和书载广告获取图书信息（详见图 3.50）。

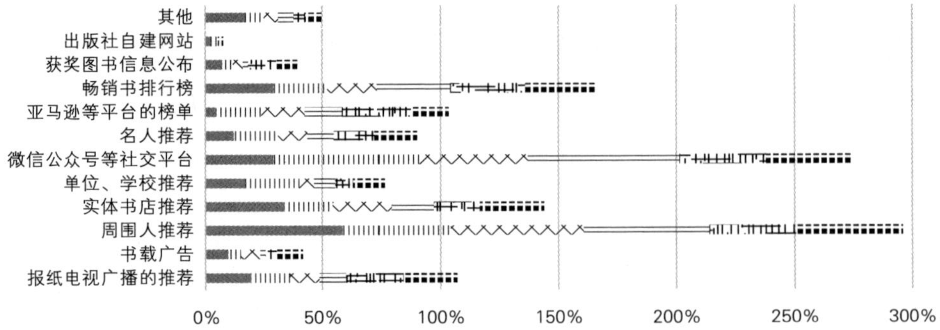

(%)	报纸电视广播的推荐	书载广告	周围人推荐	实体书店推荐	单位、学校推荐	微信公众号等社交平台	名人推荐	亚马逊等平台的榜单	畅销书排行榜	获奖图书信息公布	出版社自建网站	其他
15–19岁	19.51	9.76	58.54	34.15	17.07	29.27	12.20	4.88	29.27	7.32	2.44	17.07
20–24岁	16.79	5.34	45.80	20.23	23.28	61.83	19.08	19.08	22.90	4.58	3.05	8.02
25–29岁	12.50	8.33	56.25	25.00	6.25	45.83	12.50	18.75	20.83	4.17	0.00	6.25
30–34岁	11.11	2.22	53.33	17.78	8.89	64.44	11.11	15.56	31.11	2.22	0.00	6.67
35–39岁	24.39	4.88	36.59	19.51	7.32	36.59	17.07	29.27	31.71	12.20	0.00	4.88
40–44岁	22.73	11.36	45.45	27.27	13.64	36.36	18.18	15.91	29.55	9.09	2.27	6.82

图 3.50　不同年龄段图书信息获取渠道对比

从在读学生学历来看，使用微信公众号等社交平台获取图书信息的比例随学历的升高而增加。除在读高中生群体中，通过周围人推荐而得知图书信息的比例较其他渠道是最高的；在读本科、硕士和博士群体中，微信公众号等社交平台是主要的图书信息获取渠道（详见图 3.51）。

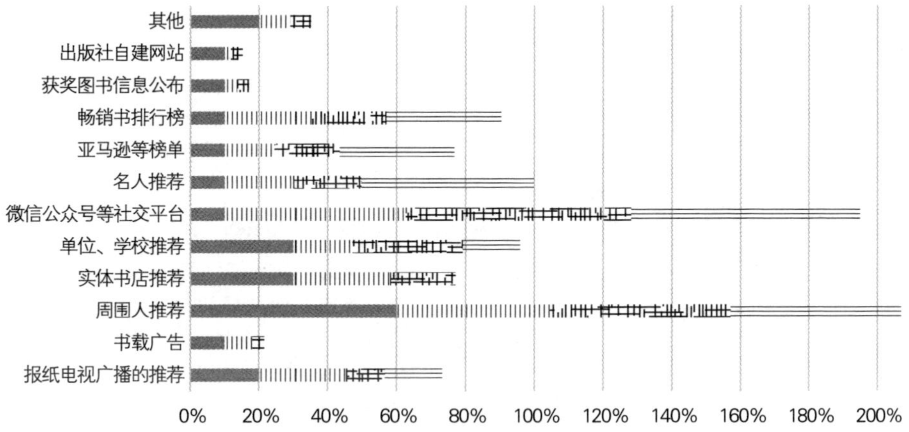

	报纸电视广播的推荐	书载广告	周围人推荐	实体书店推荐	单位、学校推荐	微信公众号等社交平台	名人推荐	亚马逊等榜单	畅销书排行榜	获奖图书信息公布	出版社自建网站	其他
■高中生在读	20.00	10.00	60.00	30.00	30.00	10.00	10.00	10.00	10.00	10.00	10.00	20.00
ⅱ本科生在读	25.45	8.18	44.55	28.18	17.27	52.73	20.00	14.55	25.45	3.64	1.82	9.09
⊓硕士生在读	11.21	3.45	52.59	18.97	31.90	65.52	19.83	18.97	21.55	3.45	3.45	6.03
＝博士生在读	16.67	0.00	50.00	0.00	16.67	66.67	50.00	33.33	33.33	0.00	0.00	0.00

(%)

图 3.51　不同在读学历人群图书信息获取渠道对比

6. 阅读场所

调查数据显示，81.50% 的人更喜欢在私密空间（家里或宿舍）阅读书籍，48.02% 的人喜欢在自习室或图书馆阅读，实体书店仅排第三，占比为 12.89%。另外，在公共交通和公共场所中阅读行为占比较低分别为 8.94% 和 7.90%（详见图 3.52）。

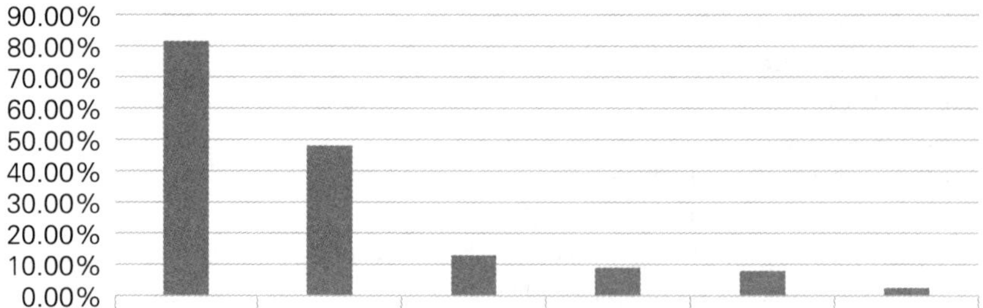

	私密空间（家里或宿舍）	自习室或图书馆	实体书店	公共交通上（等待或乘坐公交、地铁时）	公共场所中（公园、咖啡馆等）	其他
系列 1	81.50%	48.02%	12.89%	8.94%	7.90%	2.49%

图 3.52　通常更喜欢在哪种场合阅读

不同在读学历方面，硕士生选择在自习室或图书馆读书的比例相较于其他学历群体来说最高，为 74.14%；在读博士生在公共场所和公共交通方面较其他学历群体来说较高，占比分别为 33.33% 和 16.67%（详见图 3.53）。

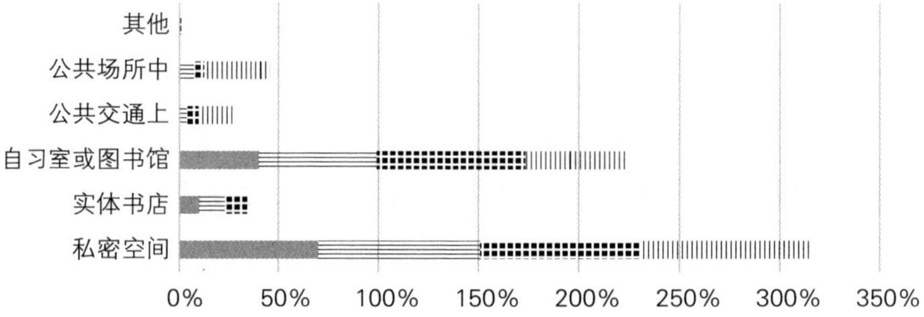

	私密空间	实体书店	自习室或图书馆	公共交通上	公共场所中	其他
高中生在读	70.00	10.00	40.00	0.00	0.00	0.00
本科生在读	80.91	12.73	59.09	3.64	7.27	0.00
硕士生在读	80.17	11.21	74.14	6.03	5.17	0.86
博士生在读	83.33	0.00	50.00	16.67	33.33	0.00

(%)

图 3.53　不同在读学历人群选择阅读场所对比

7. 阅读心得分享

调查数据显示，在阅读心得分享方面，54.47% 的青年群体会分享阅读心得，45.53% 的青年群体选择不会分享（详见图 3.54）。

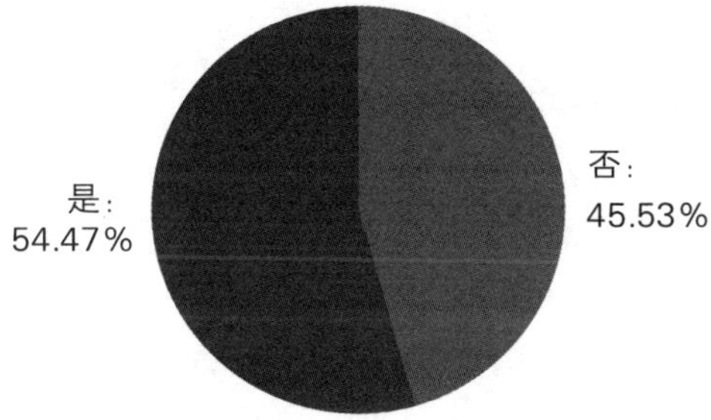

图 3.54　是否分享阅读心得

从年龄上看，15—34 岁年龄区间内，随着年龄的增长，人们越倾向于分享读书心得（从 46.34% 到 64.44%）。35—39 岁（56.10%）的人不喜欢分享读书心得（详见图 3.55）。

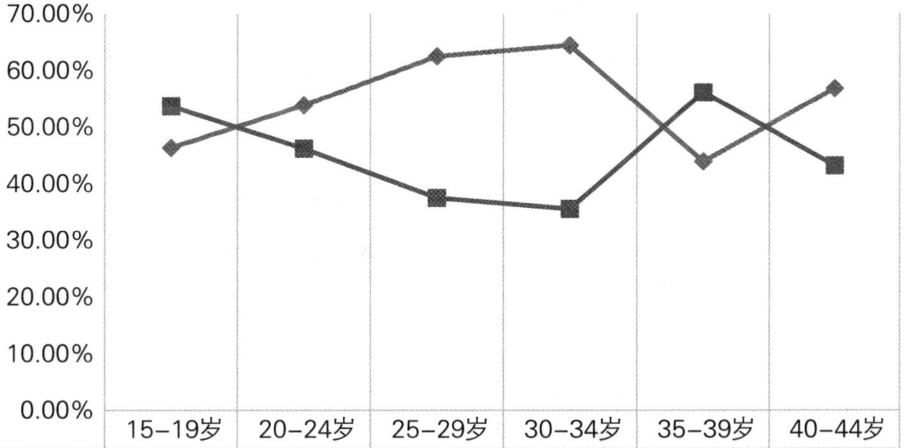

	15-19岁	20-24岁	25-29岁	30-34岁	35-39岁	40-44岁
是	46.34%	53.82%	62.50%	64.44%	43.90%	56.82%
否	53.66%	46.18%	37.50%	35.56%	56.10%	43.18%

图 3.55　不同年龄段阅读心得分享情况对比

从学历方面看，相较于其他在读学历群体，博士生更倾向于分享阅读心得（详见图 3.56）。

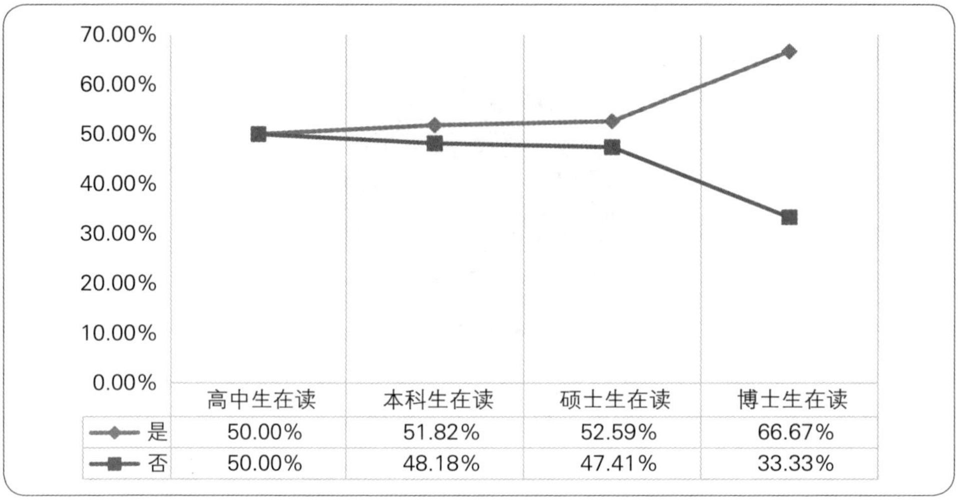

图 3.56 不同在读学历人群分享阅读心得情况对比

调查数据显示，54.47% 的青年群体愿意分享阅读心得。在愿意分享读书心得的群体中，在微信、QQ 等社交平台以及面对面交流分享为主要的分享方式，占比分别为 57.25% 和 52.67%。其次是微博分享和线上图书分享社区分享占比分别为 22.52% 和 12.60%（详见图 3.57）。

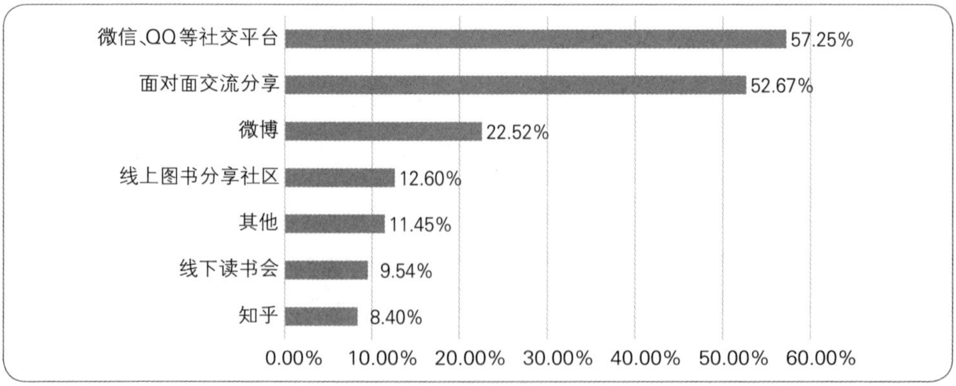

图 3.57 更倾向于在哪里分享读书心得

从性别看，男性（39.13%）比女性（27.99%）更多地在微信、QQ 等社交平台上进行分享，这与上文中提到的女性比男性更喜欢从社交平台获取图书信息形成了对照（详见图 3.58）。

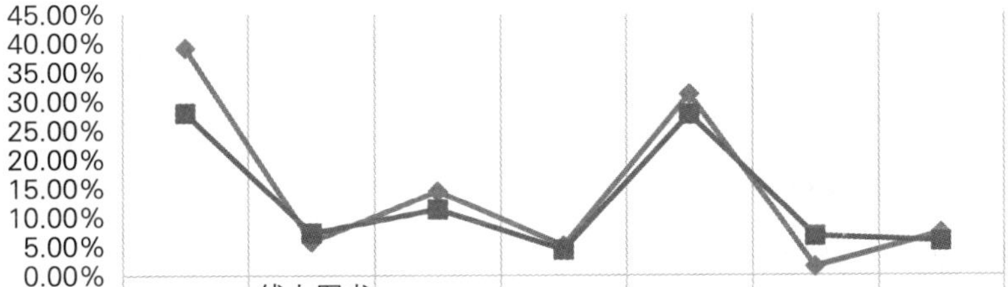

	微信、QQ 等社交平台	线上图书分享社区（豆瓣读书、晋江等）	微博	知乎	面对面交流分享	线下读书会	其他
男	39.13%	5.80%	14.49%	5.07%	31.16%	1.45%	7.25%
女	27.99%	7.29%	11.37%	4.37%	27.70%	6.71%	5.83%

图 3.58　男女阅读心得分享场景偏好对比

从年龄看，各年龄段的人都倾向于在微信、QQ 等社交平台上分享心得，30—34 岁（40.00%）的人比其他年龄段更倾向于面对面交谈时分享（详见图 3.59）。

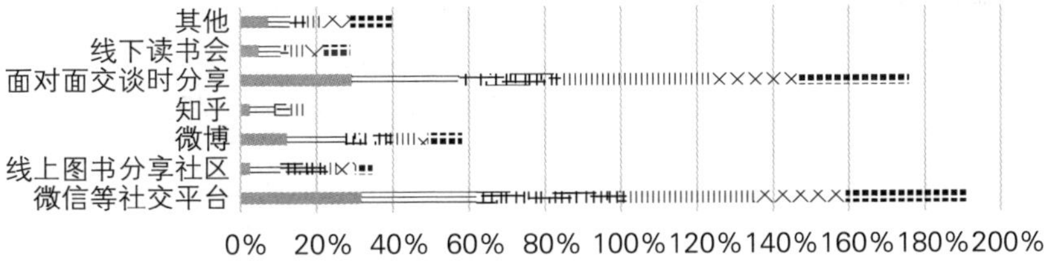

	微信、QQ 等社交平台	线上图书分享社区	微博	知乎	面对面交谈时分享	线下读书会	其他
15–19岁	31.71	2.44	12.20	2.44	29.27	4.88	7.32
20–24岁	30.15	8.02	15.27	6.49	27.86	5.73	5.73
25–29岁	39.58	12.50	12.50	4.17	27.08	2.08	4.17
30–34岁	33.33	2.22	6.67	4.44	40.00	4.44	4.44
35–39岁	24.39	4.88	2.44	0.00	21.95	4.88	7.32
40–44岁	31.82	4.55	9.09	0.00	29.55	6.82	11.36

(%)

图 3.59　不同年龄段阅读心得分享场景偏好对比

从在读学历人群来看，博士生比其他学历群体更倾向于在面对面交谈时分享阅读心得，而本科生在线上图书分享社区中分享阅读心得的比例高于其他学历。微信、微博等社交平台也是各学历人群分享阅读心得的主战场（详见图 3.60）。

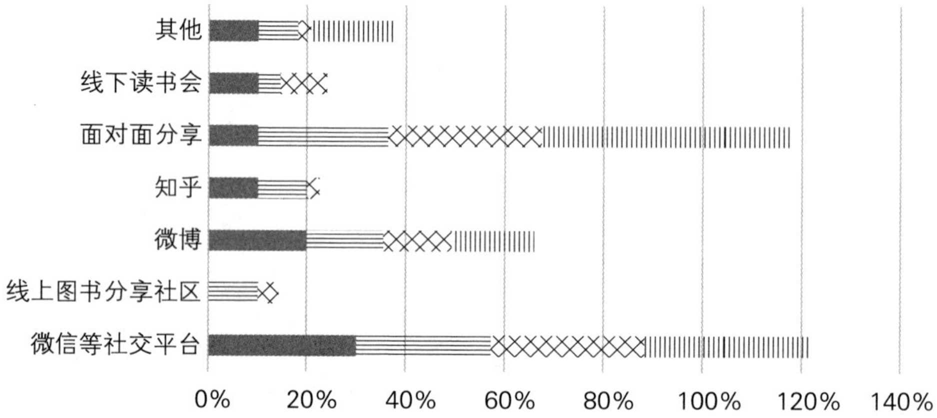

	微信等社交平台	线上图书分享社区	微博	知乎	面对面分享	线下读书会	其他
■高中生在读	30.00%	0.00%	20.00%	10.00%	10.00%	10.00%	10.00%
≡本科生在读	27.27%	10.00%	15.45%	10.00%	26.36%	4.55%	8.18%
ᐸ硕士生在读	31.03%	4.31%	13.79%	2.59%	31.03%	9.48%	2.59%
॥博士生在读	33.33%	0.00%	16.67%	0.00%	50.00%	0.00%	16.67%

图 3.60 不同在读学历人群分享阅读心得的场景偏好对比

第三节 结论

总体上，在买书行为中，青年群体更愿意在网上书店购书，平均月购书 1—2 本所占比例最多；近四分之三的人平均每月购书花销为 100 元以下；60% 左右的人能接受的单本书定价为 50 元以下；近一半人表示会买盗版书。在借书行为中，51.14% 青年群体平均每月借 1—2 本书，借书渠道更倾向于图书馆借阅。在读书行为中，45.53% 的青年群体平均每月读书 1—2 本，51.77% 的人每天阅读时长小于一小时及以下；83.37% 的人更倾向于纸质书阅读。不论是买书、借书还是读书，文学艺术类、人文社科类图书都是最受青年群体青睐的类型。

男性和女性在买书、借书和读书的行为偏好上存在较多差异。女性更多地购买和借阅文学艺术类、教育考试类及童书类书籍，男性则喜欢科技科普类和人文社科类书籍。男性比女性更愿意出 70 元及以上的价格买书。在图书信息获取渠道方面，女性比男性更倾向于从微信公众号、微博、豆瓣等社交平台获取图书信息。在阅读心得方面男性比女性更多地在社交平台上分享。

不同年龄段的图书使用行为也存在一些差异。在 25—29 岁的年龄段中，不买书和买很多书的人占比都高。对于单本书定价，年轻人更能接受 70 元及以上定价，40—44 岁的人更能接受 30 元以下的定价。在图书信息获取渠道方面，微信公众号等社交平台和出版社自建网站是各年龄段获取信息的主要渠道。值得注意的是，在 35—44 岁年龄段中，有相当部分的群体从报纸广播和书载广告获取图书信息。

图书出版总是绕不开盗版的困扰，在本报告中也有所体现。通过调查，有 58.63% 的人会购买盗版书，其中 35 岁以上、平均月收入较高的人群版权意识较强，无业人群、全日制学生和农村外出务工人员购买盗版书的比例高，学历升高盗版书购买的趋势也升高，说明高学历并不能证明版权意识强，学生群体阅读需求大而无收入有可能是其购买盗版书的原因。

横向对比不同在读学历人群购买、借阅和阅读图书的类型，文学艺术类图书的买、借、阅比例均随学历升高而减少，而人文社科类图书的买、借、阅比例均提高，专业类图书的买、借比例都随学历的升高而升高。

通过购买图书的类型和购买盗版图书行为的对比可以发现，专业类书籍的盗版购买率最高，科技科普类及教育考试类也偏高，说明这三类书籍的出版要谨防盗版行为。

青年群体作为活跃在当今社会中的一个重要分支，其阅读总量还是较多的，在性别、学历等人口统计学等因素上显示出了不同的阅读偏好，本调查旨在通过对青年群体的买书、读书、借书进行一个系统的考量，以窥见当代中国青年的整体阅读状况，为更为精准的图书出版和营销提供一些思路，但是由于样本及数据分析上的问题，本报告仍存在一些问题。今后的调查研究可以更加深入地挖掘政治、经济、文化、社会等多方面的因素对青年群体阅读状况的影响，为更精准的用户画像提供参考。

第四章
研究生用户画像

本章主要针对研究生群体进行用户画像。首先，从研究生群体的态度目的、习惯偏好和方式载体三个层面对研究生用户进行整体上的画像。其次，由于电子书付费阅读现象在研究生群体中比较突出，本章的第二节从电子书付费阅读情况出发，对研究生电子书付费阅读群体进行了画像。

第一节　研究生群体阅读特征

在中国，研究生群体作为校园里文化层次较高的群体，被认为知识水平、研究能力和思考能力也较强。而阅读是研究生积累知识和开展研究的重要手段，是研究生学术素养养成的重要途径。[①]因此，对于研究生群体来说，阅读起着至关重要的作用。为了解和掌握研究生群体的阅读现状，分析研究生群体的阅读态度、习惯及载体，并进一步挖掘研究生群体对图书的偏好信息，我们展开了此项调查。

一、研究背景及现状

在国内，学者们已经认识到阅读的重要性，并对其进行了相关研究。

① 邬智，孙侠，施亚玲．国内研究生阅读研究概况及思考[J]．华南理工大学学报（社会科学版），2009,11(02).

第一类研究是调查现状。对于研究生阅读的现状，李红惠分析了研究生群体阅读量减少的原因，同时也指出了相应的策略和措施，她认为阅读量减少是硕士研究生教育质量下降的一个重要原因。① 邬智、孙侠以广东地区高校为例调查人文社科类研究生的阅读情况，得出人文社科类研究生普遍具备较高的阅读素养和良好的阅读习惯，掌握了一定的阅读技巧，但阅读能力还不能满足研究生进行科研和学术创新的需要，要采取有效措施来提高其阅读能力的结论。②

第二类是有关阅读的重要性及指导方法等方面的质化研究。例如，桑士川谈到研究生学习期间的读书经验，重点从选择性、广与专的关系、撰写读书笔记、收集和处理文献资料、克服读书期间的浮躁心理、保持思维创新过程中的心理优势等方面对研究生的阅读进行方法上的指导。③

综上所述，学者们已经从不同的角度对研究生群体进行了阅读素养等方面的调查和研究，并能够结合调查现状给予一定的阅读指导，但这类研究相似度高，问卷缺乏整体层次性。因此，本研究希望通过对研究生群体的态度目的、习惯偏好和方式载体三方面的调查，获得研究生群体的阅读特征，并在此基础上找准研究生群体的阅读特点和偏好，对研究生群体有针对性地推荐图书。

二、研究方法

本文在多篇文献阅读的基础上，结合调查目的，为调查问卷中所提出的每个变量设计测量问项，形成初始问卷。随后进行问卷前测，根据前测结果对问卷进行必要修改后正式进行问卷发放。

1. 问卷设计

本研究的调查问卷主要包括前言、个人基本信息和主体问卷三部分。

---

① 李红惠．硕士研究生阅读量减少的原因与对策研究 [J]. 高等理科教育 ,2005(04):42-44.

② 邬智，孙侠．人文社科类研究生阅读情况的调查与分析——以广州地区高校为例 [J]. 国家教育行政学院学报 ,2009(08):81-85.

③ 桑士川．研究生的读书技巧 [J]. 学位与研究生教育 ,2003(06):41-43.

主体问卷部分用于测量研究生群体的阅读目的、习惯偏好及方式载体。

其中测量阅读目的的问项有：

Q1：您喜欢读书吗？

Q2：您认为研究生期间阅读重要吗？

Q3：您对自己在研究生期间的阅读现状满意吗？

Q4：干扰您读书的主要因素有哪些？

Q5：您选书时，以下因素对您的影响程度如何？

作者 / 图书内容 / 装帧设计 / 别人推荐 / 各类排行榜 / 因获奖等原因 / 知名度较高 / 看过作品改编的电影或电视剧 / 纯属巧合？

Q6：您读书的主要目的是什么？

Q7：您平均每学期用于购买图书的消费大概是多少？

Q8：您能接受一本图书的价位大概是多少？

测量习惯偏好的问项有：

Q9：您平均每天读书的时间是多少？

Q10：您平均一个月读书的数量是？

Q11：您常阅读的书籍为哪类？

Q12：您平时主要在哪种场合阅读？

测量方式载体的问项有：

Q13：您倾向于阅读电子书籍，还是纸质书籍？

Q14：您阅读书籍的主要来源是？

2. 问卷前测与问卷修改

本调查在前测阶段，随机选取 10 位测试者进行问卷测试，根据测试者的反馈意见，对问卷中存在的难以理解的问项进行了修改，以保证正式问卷调查的科学性。

3. 数据收集及样本构成

本研究问卷借助问卷星平台进行发放与回收，回收有效问卷 330 份。根据问卷回收结果，样本构成如表 4.1 所示。

表 4.1 样本构成

统计项目	选项	百分比
性别	男	39.09%
	女	60.91%
专业	人文社科类	47.27%
	理工科类	47.27%
	艺术体育类	5.45%
年级	研一	87.58%
	研二	6.97%
	研三	5.45%

从表中可以看出，在性别方面，女性参与问卷调查的人数较男生多；从专业上看，人文社科类和理工科类专业学生人数相同，艺术体育类学生相对较少，样本较符合高校研究生群体的专业构成比例；在年级上，调查者以研一学生居多。

三、调研数据分析

对研究生群体的用户画像主要从对待阅读的态度和目的、阅读的习惯偏好以及方式载体三个层面进行数据调研和分析。

1. 态度和目的

就态度和目的层面来说，本研究主要从研究生群体对阅读的喜爱度、满意度和重要性的认知，阅读的目的，干扰读书和选书的因素以及图书价位的接受程度等方面展开调查分析。

1.1 大部分研究生喜欢阅读，认为阅读很重要

当问及“您喜欢读书吗”时，接近半数（47.58%）的研究生选择了“比

较喜欢”，选择“非常喜欢”的占全部样本的24.55%（详见图4.1）。

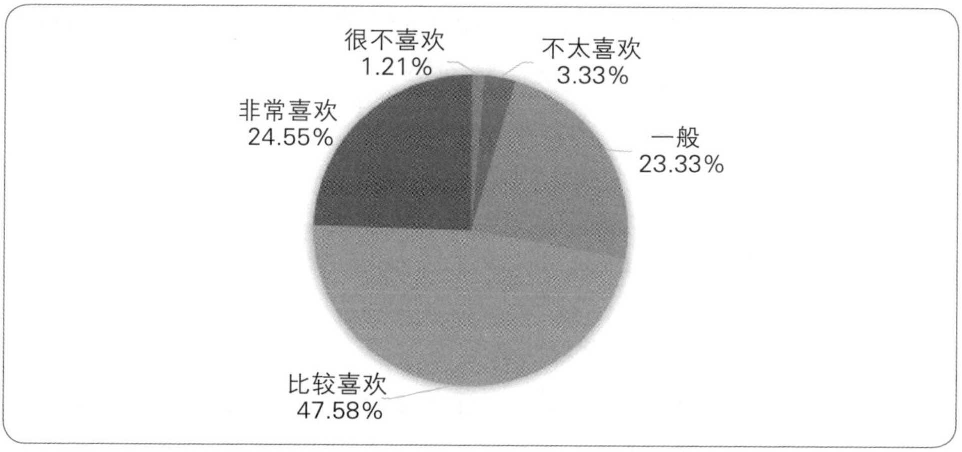

图 4.1　研究生喜爱读书的程度

同时，六成以上研究生认为阅读“非常重要”，而选择“一般”和“不太重要”的仅仅各占3.90%和0.90%，本次调查的研究生中没有人认为读书很不重要。由此可见，参与本次调查的研究生群体喜欢阅读并认可阅读的重要性。经person相关性检验发现，认为阅读重要的程度与平均每学期用于购买图书的消费、能接受一本图书的价位通过显著性检验，呈现正相关，相关系数分别为0.188和0.178，也就是说，越认为阅读重要的研究生，越在购买图书上投入更多花费，且接受的图书价位越高，这与我们的日常认知一致（详见表4.2）。

表4.2　变量间相关性

	喜欢读书	阅读重要	图书消费	最高价位	一个月读书数量
喜欢读书					
阅读重要	.342**				
图书消费	.187**	.188**			

续表

	喜欢读书	阅读重要	图书消费	最高价位	一个月读书数量
最高价位		.178**	.307**		
一个月读书数量	–.114*	.137*	–.151**		
每天读书时间					.273**
阅读现状满意度	.401**				

1.2 阅读满意度一般，缺乏时间读书

数据显示，35.8% 的研究生阅读满意度为“一般”，选择“非常满意”和“比较满意”的占 12.10% 和 21.8%，选择“不太满意”和“很不满意”的各占 23.3% 和 7%。在干扰读书因素上，近半数的研究生选择了“缺乏时间”，选择“坚持不下去”的占 27.70%。总体而言，本次调查的研究生群体被干扰读书的最主要因素是缺少时间，可推测是由较大的课业压力导致。而部分研究生选择了“坚持不下去”和“没有阅读的习惯”，体现了学校缺少对研究生阅读习惯的培养（详见图 4.2）。

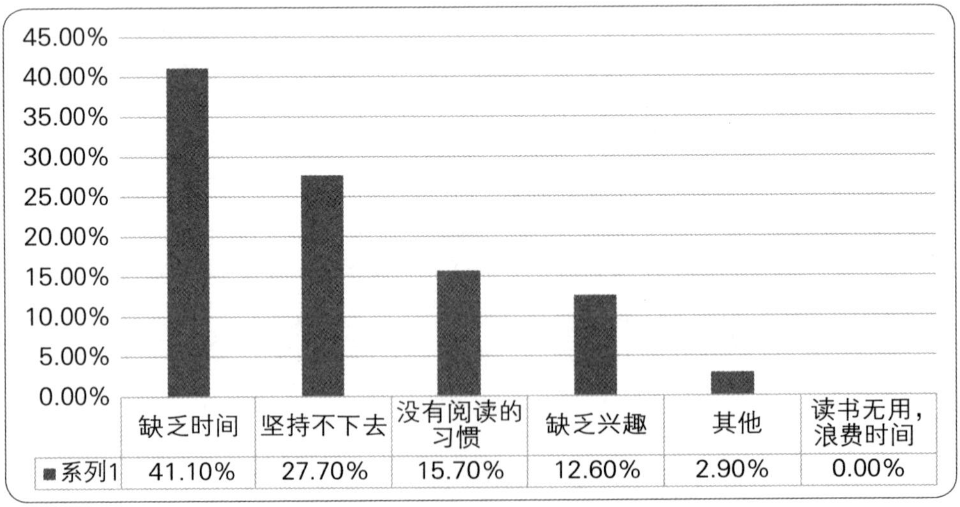

图 4.2 干扰研究生读书的因素

1.3 内容是研究生选择图书的最主要原因，装帧设计影响最小

对于选择图书的原因，研究人员将内容、作者、别人推荐、获奖、排行榜、看过改编的影视作品、装帧设计等几个影响因素设计为矩阵量表，从“没有影响”到“非常影响”赋值为1—5分，然后计算平均得分。结果发现，内容的得分最高，高达4.34分。其次是别人推荐、作者、获奖、排行榜、看过改编的影视作品，得分都在3分以上。排名最低的是装帧设计，得分2.85分。说明研究生选择图书时首先考虑的是内容因素，图书内容的质量仍占最主要的地位，其次考虑的是别人推荐和作者本身，装帧设计对研究生选择图书影响最小（详见图4.3）。

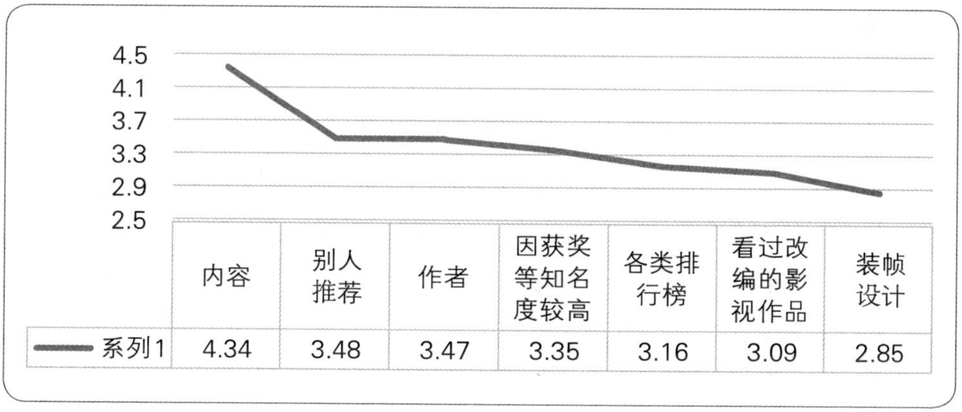

图4.3　研究生选择图书的原因

1.4 提升文化修养是研究生读书的主要目的

经过调查显示，提升文化修养是研究生读书的主要目的，个案百分比为84.24%。由于研究生群体属于在校学生，所以学习或考试的需要占读书目的的第二位，个案百分比63.33%。其次是休闲娱乐和提升个人形象，二者占比相当（详见图4.4）。根据数据可以看出，研究生读书的目的主要是提升自我和学习需要，也有一些人为了个人形象及娱乐而读书。

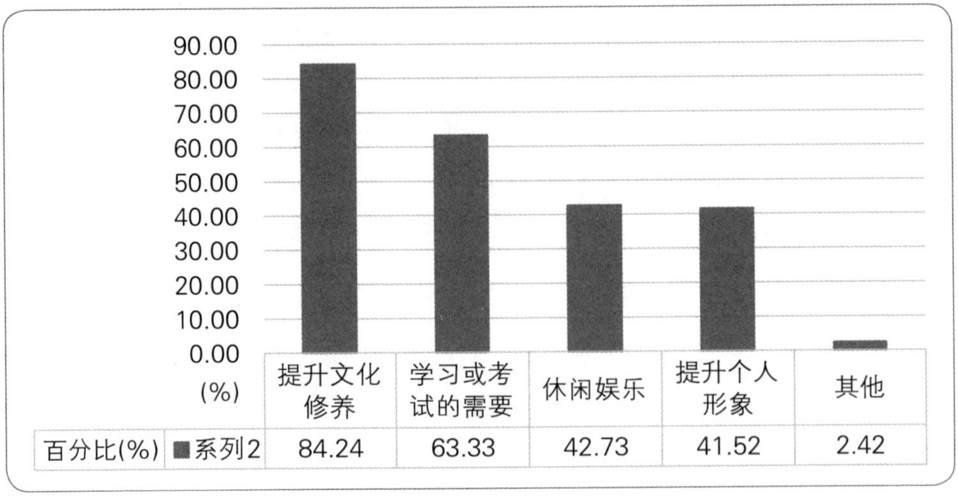

图 4.4　研究生读书目的

1.5 每学期图书消费超 100 元，可接受 40 元以上图书

当问及每学期用于图书的消费时，研究生群体中选择 101—200 元的人数最多，其次是 50—100 元和 300 元以上，然后是 201—300 元，占比最少的是 50 元以下。同时根据数据可以看出，每学期图书消费金额的几个选项之间没有形成很大差别，接近于平均分布（详见图 4.5）。

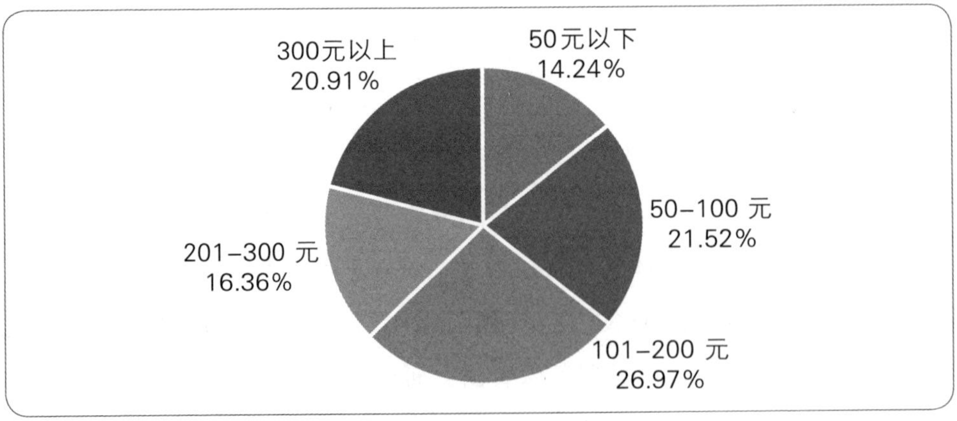

图 4.5　研究生每学期图书消费

当问到能接受的图书最高价位为多少时，研究生中选择 50 元以上的人数最多，占比 39.39%，其次是 31—40 元和 41—50 元。研究生可接受的图书最高价位为 41 元以上的人占比为 59.69%，占总人数的一半以上，说明研究生可接受的图书价位较高（详见图 4.6）。

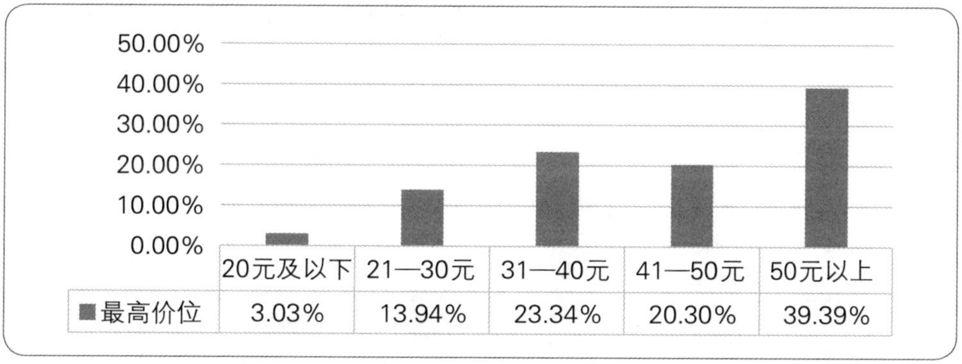

图 4.6　研究生可接受的图书的最高价位

经 person 相关性检验发现，每学期的图书消费与可接受的图书最高价位通过显著性检验，呈现正相关，相关系数为 0.307，也就是说，研究生群体每学期的图书消费越高，其可接受的图书价位也越高（详见表 4.2）。

2. 习惯偏好

在习惯偏好层面，本研究主要调查了研究生群体的阅读时长、阅读数量、阅读类型以及阅读场合。

2.1 研究生每天读书时间不足两小时，每月读 1—3 本书

数据显示，超过三分之一的研究生每天读书时间为 0—1 小时，阅读时间在 2 小时以内的占据全部样本的 76.30%，另有 4.50% 的研究生基本不看书。每天读书时间超过 4 小时的研究生仅为 7.60%，可见研究生每天读书时间偏少（详见图 4.7）。研究生群体一个月读书数量主要集中在 1—3 本，占全部样本的 67.60%。阅读书籍数量在 5 本以上的人群仅有 8.20%，有 10.00% 的人基本不看书（详见图 4.8）。一个月读书数量与每天读书时间、每学期图书

消费均通过显著性水平为0.01的检验。其中，一个月读书数量与每天读书时间成正相关，相关系数0.273；一个月读书数量与图书消费成负相关，相关系数-0.151（详见表4.2）。毋庸置疑，每天读书时间越长，一个月读书量越大。然而，一个月读书数量越多，每学期花费在图书上的消费越少，结合下文数据可知，造成这一现象的原因可能是研究生阅读图书的主要来源是借阅。

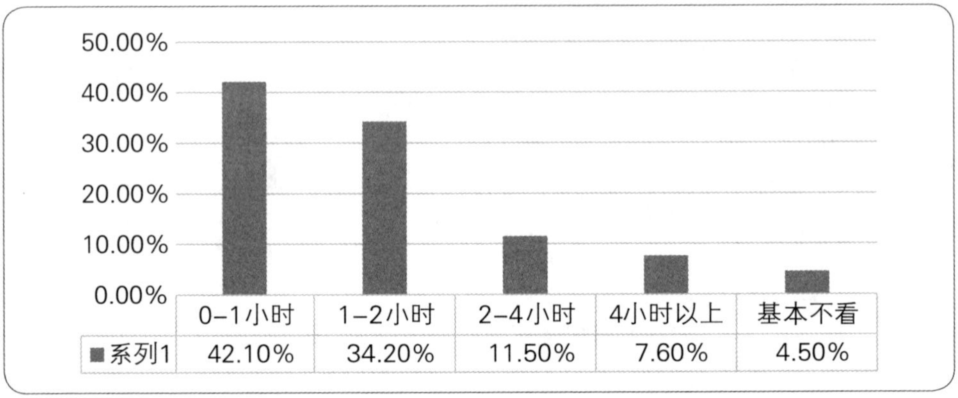

图4.7　研究生每天读书时间

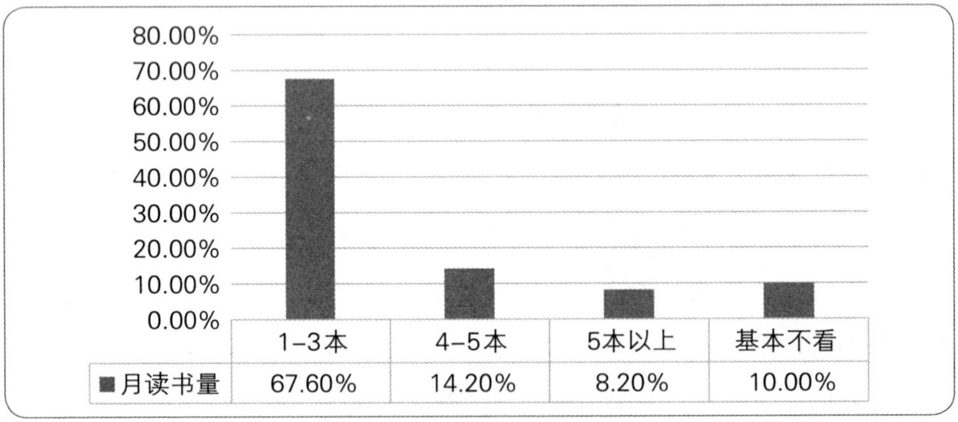

图4.8　研究生一个月读书量

2.2 文学艺术类图书最受研究生欢迎

由图表可见，研究生最主要阅读的书目类型为文学艺术，个案百分比为 69.70%；人文社科类图书排名第二，占比 50.30%；专业教材也占据了 48.18%。生活健康、经济管理和其他类图书较少被研究生阅读，占比分别为 10.91%、10.91% 和 5.76%。

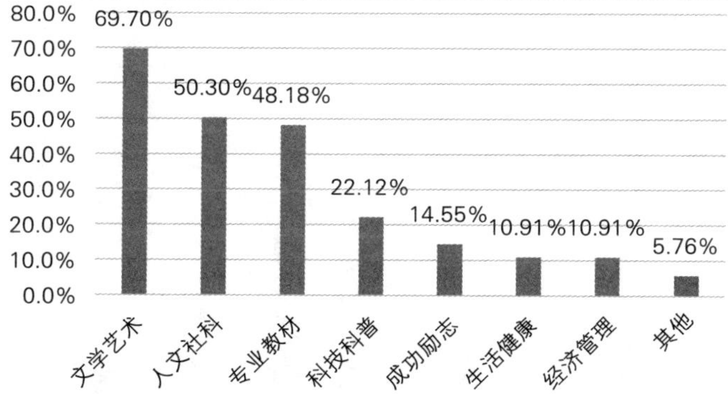

图 4.9 研究生通常阅读的图书类型

对于不同图书类型，研究生的阅读目的也有不同。占据最主要阅读类型的文学艺术类图书，其读书目的主要是休闲娱乐，人文社科类图书阅读的主要目的是提升个人形象。可见，研究生阅读不同类型的图书，其阅读目的有比较明显的差别（详见图 4.10）。

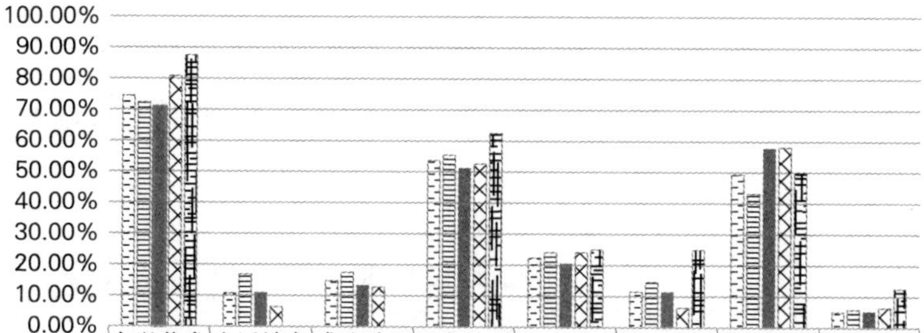

	文学艺术	生活健康	成功励志	人文社科	科技科普	经济管理	专业教材	其他	
提高文化修养	74.46	10.79	14.75	53.60	22.30	11.51	49.28	5.04	(%)
提升个人形象	72.26	16.79	17.52	55.47	24.09	14.60	43.07	5.84	
学习或考试需要	70.81	11.00	13.40	51.20	20.57	11.48	57.89	5.26	
休闲娱乐	80.85	6.38	12.77	52.48	24.11	6.38	58.16	6.38	
其他	87.50	0.00	0.00	62.50	25.00	25.00	50.00	12.50	

图 4.10 研究生阅读不同图书的目的

2.3 男生偏爱科技科普类，女生偏爱生活健康类

在图书类型的阅读上，男女之间有明显不同。男生在科技科普类图书方面远高于女生；女生最常阅读的图书类型是生活健康，文学艺术、专业教材和成功励志类图书也大大高于男生（详见图 4.11）。这反映出不同性别在图书类型选择上的明显差异。

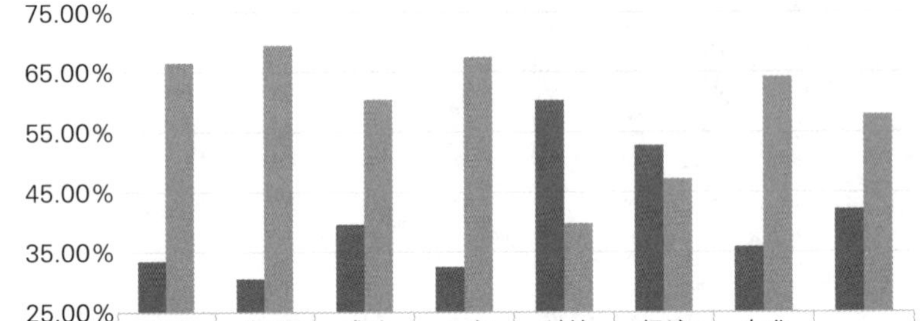

(%)	文学艺术	生活健康	成功励志	人文社科	科技科普	经济管理	专业教材	其他
■男	33.48	30.56	39.58	32.53	60.27	52.78	35.85	42.11
■女	66.52	69.44	60.42	67.47	39.73	47.22	64.15	57.89

■男 ■女

图 4.11 不同性别阅读类型

2.4 宿舍或家里是主要阅读场合

调查显示，大多数研究生阅读场所是在宿舍或家里（80.30%）、自习室或图书馆（73.03%），也有 10.00% 的研究生随时随地阅读（详见图 4.12）。

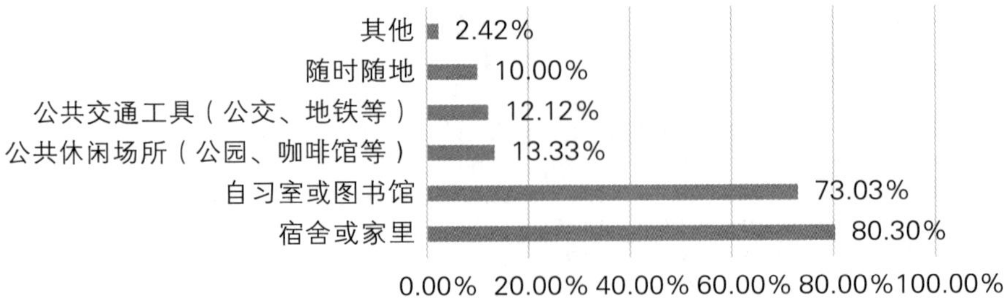

图 4.12 研究生阅读图书的场合

3. 方式载体

在方式载体层面上，本研究调查了研究生群体偏爱的阅读载体以及购书渠道，数据显示，纸质书受到研究生群体的偏好，网上购书是主要的阅读图书渠道。

3.1 纸质图书受偏爱

偏好阅读纸质书籍的研究生群体仍然占据主流，占比为 67.00%。选择电子书籍的研究生占 13.30%，有 19.70% 的研究生对图书载体是电子还是纸质无所谓（详见图 4.13）。不同性别在图书载体偏好的选择上略有差异，与男生相比，女生喜欢纸质书籍的人略高，喜欢电子书籍的人略低。

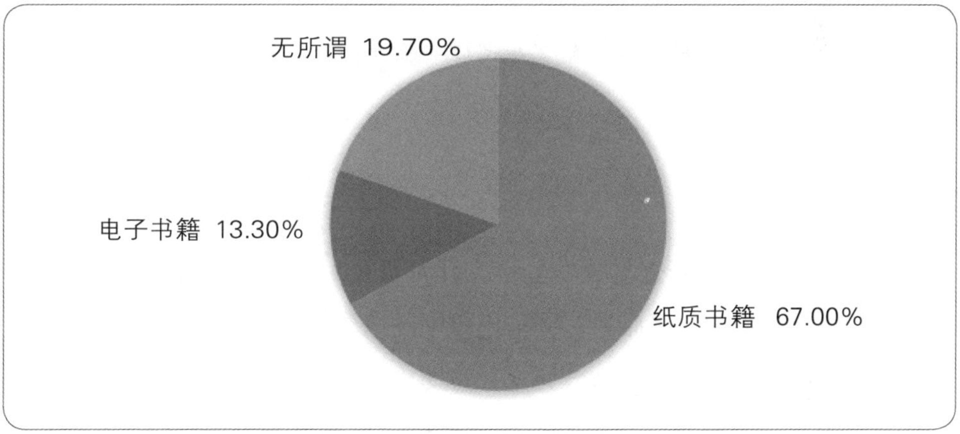

图 4.13　研究生偏爱的阅读载体

3.2 网上购书成主要渠道

网上购买成为研究生最主要的阅读书籍来源，个案百分比达到 72.73%。到图书馆借阅的比例也很高，达到 62.12%。超过三分之一的研究生去实体书店购买，网上浏览或下载也占近三分之一的比例（详见图 4.14）。

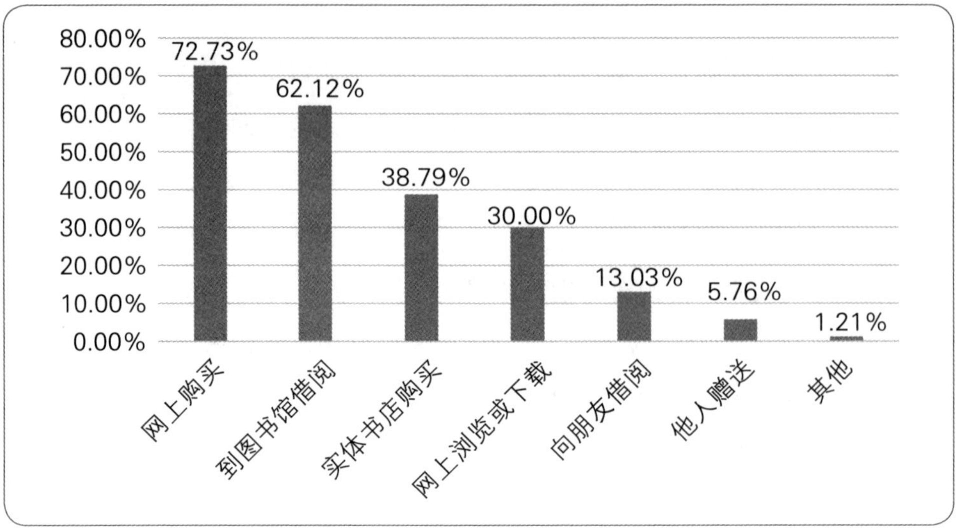

图 4.14 研究生阅读书籍的主要渠道

四、小结

本研究通过问卷调查与数据分析，针对研究生用户阅读的态度目的、习惯偏好及方式载体进行了画像，并得出以下结论。

1. 大多数研究生喜欢阅读，并愿意为其投入资金

通过调查研究发现，提升文化修养是研究生读书的主要目的，其次是学习或考试。在阅读的态度上，大部分研究生喜欢阅读，认可阅读的重要性，并愿意为其投入资金。研究生群体总体上对自身阅读现状的满意度为一般，其原因可能是缺少阅读的时间，或者难以做到坚持阅读。在图书的选择上，内容是研究生选择图书的最主要原因，装帧设计对图书选择的影响最小。

2. 研究生群体更偏向于阅读文学艺术类书籍

关于阅读习惯，调查显示，绝大多数研究生每天读书时间不足两小时。前文提到，大部分研究生认可阅读的重要性，导致其认知与行为产生差异的原因可能是研究生群体的课业负担较重。此外，研究生科研压力以及与社会

的接触度较高，而这同样可能会压缩其在图书阅读上的时间。

在阅读偏好上，研究生阅读书籍的主要类型是文学艺术类。前文提到，提升文化修养是研究生读书的主要目的。因此可以推测，研究生群体偏向于通过阅读文学艺术类书籍来提升个人的文化修养。此外，性别对图书类型的喜好存在明显差异，男生偏爱科技科普类，女生偏爱生活健康类。

3. 纸质书仍受研究生群体的偏爱，网络是其主要购书渠道

在图书阅读载体的选择上，调查显示，偏好阅读纸质书籍的研究生仍然占大多数。由前文的数据可看出，研究生多阅读与专业有关的书籍，而这类书籍通常以纸质版的课本为主。同时，这可能与纸质阅读能够让人更专注、更有利于记忆有关。而且纸质书本相较于电子屏幕，对眼睛的刺激更小。

网上购买成为研究生最主要的购书方式，这可能与快递服务越来越人性化有关。除此之外，网上书店偶尔的折扣、促销等使图书价格相对便宜。这些因素使得大多数研究生选择在网上购买图书。同时，去图书馆借阅也是研究生群体阅读图书的主要来源之一，现在高校建设逐渐完善，图书馆馆藏书籍能满足研究生的基本阅读需要。另外，一些学校允许研究生可借阅的图书本数较多，周期较长，这也促使研究生在有阅读需求时，选择去图书馆借阅。

第二节　研究生群体电子书付费阅读情况

上一节通过对研究生群体阅读的态度目的、习惯偏好和方式载体三方面的调查，对研究生群体进行了整体用户画像，希望通过获得研究生群体的阅读特征，从而有针对性地推荐图书。而在这一部分，本研究同样选取研究生群体为调研对象，但从另一个角度——电子书付费阅读情况出发，试图对研究生电子书付费阅读群体进行画像。

一、调研背景与目的

电子书作为一种全新的出版和阅读方式，自诞生以来便一直对传统图书市场造成影响，甚至一度被认为是纸质图书的颠覆者。而近年来电子书市场行情有所波动，国外市场颓势明显，而国内市场则持续增长，未来发展呈现复杂性。

在国外市场上，2016 年 5 月尼尔森公司（Nielsen）发布的《2015 年图书市场》（*Year in Books Review* 2015）显示，电子书在整个美国图书市场所占比重自 2013 年达到 28% 的峰值后便开始呈下降态势。根据美国发行商协会发布的数据，在 2016 年前 9 个月的时间里，美国市场电子书销售同比下降了 18.7%，与此同时，平装书销售同比增长 7.5%，精装书的销售同比增长 4.1%。同样的情况也出现在英国，据英国发行商协会发布的数据，2016 年英国市场消费类电子书的销售同比下降了 17%，而与之形成鲜明对比的则是传统的纸质书和期刊的销售同比增长 7%，而儿童纸质书的销售同比增长 16%。美英两大市场同时出现电子书市场份额下滑态势。

而在国内市场上，“2017 年当当出版物供应商大会”公布的当当电子书数字阅读指数显示，2016 年电子书用户总量同比增长 55%，超过 4000 万；64% 的读者选择看电子书，35% 的读者每天阅读电子书超过 1 小时。在大多数国家大众市场的电子书收入占比不到 10%。呈现出市场份额下滑态势的同时，中国电子书市场却出现持续的销售增长，目前已在全球电子书收入排名中位居第二，仅次于美国。该报告认为这源于近一段时期中国电子书付费用户的增加，也意味着 10 年来繁荣的在线阅读市场开始扩张并收获果实。

对比可见，中国电子书市场正处于较好的发展时机，但同时国外电子书市场的颓势也在一定程度上显示了电子书阅读的劣势，警示着中国电子书市场也可能面临同样的潜在危机。而想要把握住当下的发展时机并有效规避潜在风险，对电子书用户，尤其是付费用户进行精准画像是必须的。在此背景下，本研究小组选取研究生群体为调研对象，调研其电子书付费阅读情况，试图对研究生电子书付费阅读群体进行画像，以供相关业内人士参考，并为后续更为全面深入的用户画像提供基础。

二、调研设计与实施

本次调研为探索性研究，采用问卷调查法实施调研，调研样本采用方便抽样的方法获取，抽样对象为研究生群体（包含硕士研究生、博士研究生）。

本次调研操作以线上形式展开，由本研究小组成员设计问卷并通过线上发放形式进行调研，共收回有效样本 293 份。

三、分析架构

本次调研主要涉及 5 个部分：人口统计学信息、付费频率、付费偏好、电子书定价及促销、付费动机及满意度。

在第一部分，主要调查了被调查者的基本信息，包括性别、年龄、年级、专业等，构建研究生群体中电子书付费阅读用户的基本形象。

在第二部分，主要调查了研究生群体阅读电子书及付费阅读电子书的频率问题。

在第三部分，主要调查了研究生群体电子书付费阅读的偏好问题，包括平台偏好、类型偏好等，以便为相关电子书营销提供依据。

在第四部分，主要调查了研究生群体对电子书定价及促销行为的看法，包括对电子书定价的接受额度等信息，以便为促进电子书阅读者向付费用户转化提供数据参考。

在第五部分，主要调查了研究生群体付费阅读电子书的付费动机及满意度问题，以便为改进电子书用户体验、推动普通用户向付费用户转化提供参考。

四、调研数据分析

在回收问卷后，本研究对293个有效样本进行了调查分析。

1. 样本概况

在有效样本中，女性样本195个，占66.55%；男性样本98个，占33.45%。由于本次调查的研究对象为研究生群体，因此其年龄主要集中在18—27岁，其中22—24岁这一阶段的样本占到了71.67%。与之相对应的，样本的年级分布主要是集中在硕士研究生阶段，以硕士一年级学生为主，其比例占到了76.11%。从学位类型的角度来看，学术型硕士所占比例最多，达到了60.75%；专业型硕士的比例为31.74%；而博士样本较少，仅为22个，占7.51%。从专业类型的角度来看，人文社会学科的样本比例最多，占60.07%；其次是理工类学科的样本，其比例为34.81%；其他学科类型仅占到5%左右。从学校层次的角度来看，学校类型属于“双一流”建设高校的样本量为245个，其比例超过八成；而非“双一流”建设高校所占比例为16.38%。就月平均生活支出而言，有158人选择“1001—2000元”，所占比例最高，超过半数；其次是“2001—3000元”，所占比例为26.96%；“1000元以下”和“3000元以上”人数较少，分别占8.19%和10.92%。

2. 阅读及付费频率：超六成调查者偶尔阅读；近半数偶尔付费

本次调查就被调查者阅读电子书的频率情况进行了分析，从图4.15中可以看出，约有六成的人选择“偶尔阅读”，所占比例最高；其次，有89人选择了“经常阅读”，其比例约占三成；另外，还有近一成的人选择了“从不阅读”。

经过该项分析，我们过滤掉了选择“从不阅读”的样本，剩余有效265人。

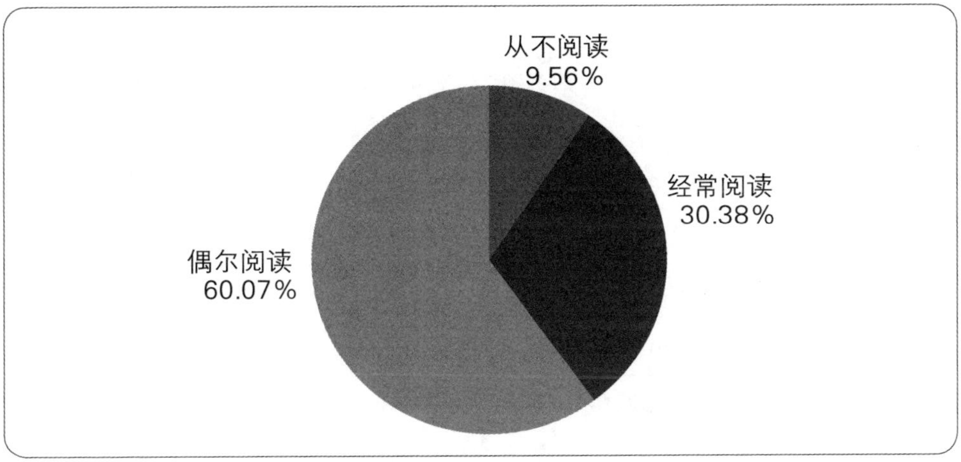

图 4.15　电子书阅读频率分布

本次调查还就被调查者为电子书付费的意愿情况进行了分析，从图 4.16 中可以看出，近半数的人选择了“偶尔付费”，所占比例最高；其次，有 102 人选择了“从未付费”，其比例占 38.49%；而选择“经常付费”的样本比例仅为 12.08%。

经过该项分析，我们过滤掉了选择“从未付费”的样本，剩余有效 163 人。

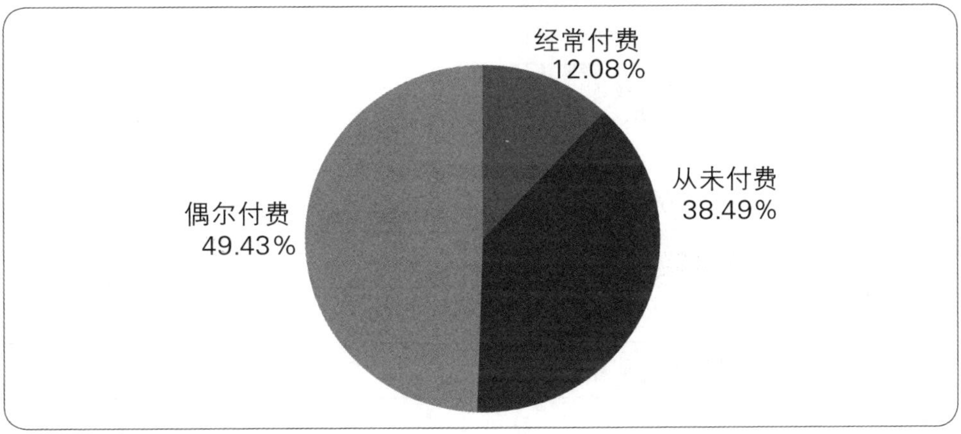

图 4.16　电子书付费频率分布

表 4.3 阅读电子书的频率与付费阅读电子书频率的相关性

		您阅读电子书的频率大概是?	您付费阅读电子书的频率大概是?
您阅读电子书的频率大概是?	Pearson 相关性	1	.729**
	显著性（双侧）		.000
	N	293	293
您付费阅读电子书的频率大概是?	Pearson 相关性	.729**	1
	显著性（双侧）	.000	
	N	293	293
**. 在 .01 水平（双侧）上显著相关。			

从表 4.3 中可以看出“阅读电子书的频率”与“付费阅读电子书的频率”的相关系数为 0.729，显著性为 $0.000 < 0.01$，拒绝零假设，表明两个变量之间显著相关，即阅读电子书的频率越高的研究生付费阅读电子书的频率越高。

表 4.4 研究生生活费开支与付费频率的相关性

		您每月的生活费开支大概是?	您付费阅读电子书的频率大概是?
您每月的生活费开支大概是?	Pearson 相关性	1	.156**
	显著性（双侧）		.007
	N	293	293
您付费阅读电子书的频率大概是?	Pearson 相关性	.156**	1
	显著性（双侧）	.007	
	N	293	293
**. 在 .01 水平（双侧）上显著相关。			

从表 4.4 中可以看出“每月生活费开支”与“付费阅读电子书的频率”的相关系数为 0.156，显著性为 0.007 < 0.01，拒绝零假设，表明两个变量之间显著相关，即每月生活费开支越高的研究生越倾向于付费阅读电子书。

表 4.5　学校层次与付费频率的卡方检验

	您就读的学校是否入选“双一流”建设高校名单?	您付费阅读电子书的频率大概是?
卡方	132.454a	107.997b
df	1	3
渐近显著性	.000	.000
a. 0 个单元 (.0%) 具有小于 5 的期望频率。单元最小期望频率为 146.5。 b. 0 个单元 (.0%) 具有小于 5 的期望频率。单元最小期望频率为 73.3。		

通过卡方检验，从表 4.5 中可以看到“就读的学校是否入选‘双一流’建设高校名单”和“付费阅读电子书的频率”之间的渐进显著性（sig 值）为 0.000，0.000 < 0.05，达到了显著水平，拒绝零假设，可以认为学校的层次对付费阅读电子书的频率产生了显著影响。

3. 付费偏好：最爱经典文学类和专业学术类，常用亚马逊 kindle

由图 4.17 可知，最受研究生群体青睐的电子书付费阅读平台是亚马逊 kindle，其比例高达 62.58%；其次，倾向于选择微信读书和掌阅的用户所占比例也较高，分别达到了 23.31% 和 18.40%；其余付费阅读平台所占份额均较少，整体呈长尾分布。值得注意的是，有超过四分之一的被调查者选择了“其他”，其原因可能是在问卷设计的过程中忽略了通过网页进行付费阅读的可能。

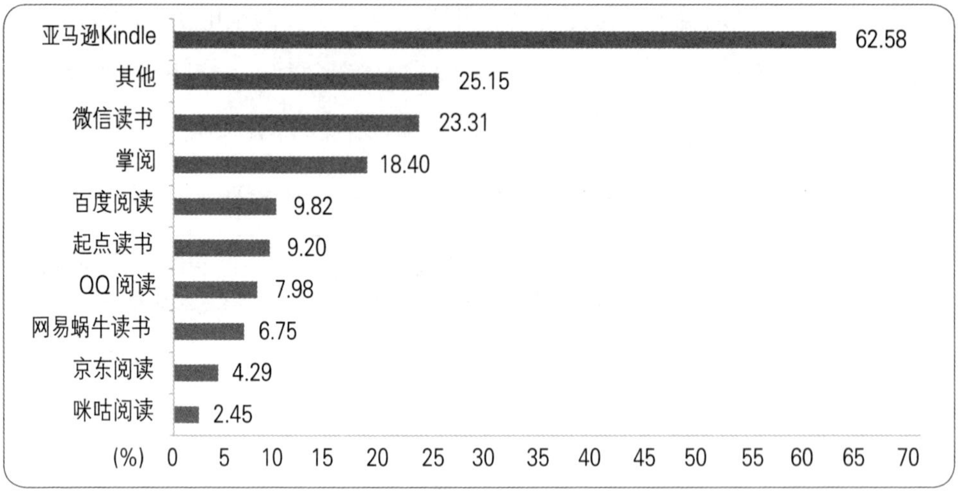

图 4.17　电子书付费阅读平台分布

由图 4.18 可知，经典文学类和专业学术类图书是最受研究生群体喜爱的付费电子书类型，超过半数的被调查者都选择了这两类图书；其次，大众畅销类和网络文学类也是研究生群体较常选择为之付费的电子书类型；另外，也有一定比例的被调查者选择通过付费电子书的形式来使用工具指南类书籍。

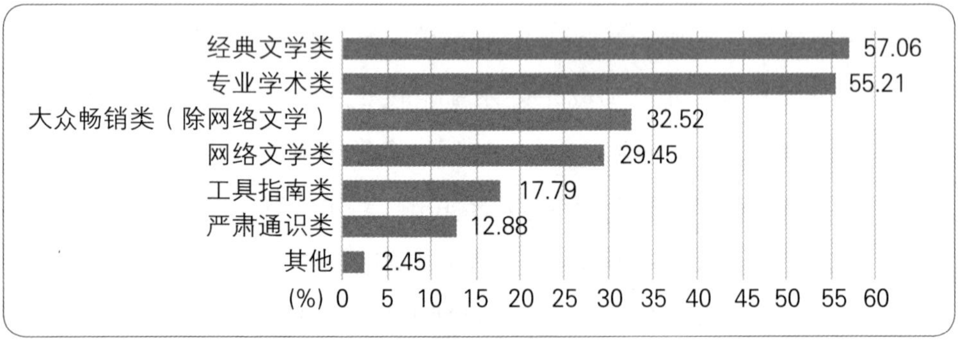

图 4.18　付费电子书类型分布

4. 定价与促销：限时打折最受欢迎

总体来看，当单本电子书收费额度为 2—10 元时，研究生群体最为接受

（75.46%）；其最为接受的电子书付费形式是 kindle 商店类型（61.96%），即以现实货币定价，直接支付书费进行购买（见图 4.19、图 4.20）。当电子书有促销活动时，最受欢迎的促销方式是限时打折（66.87%），其次是通过签到等方式获取购书虚拟货币（38.65%）（见图 4.21）。

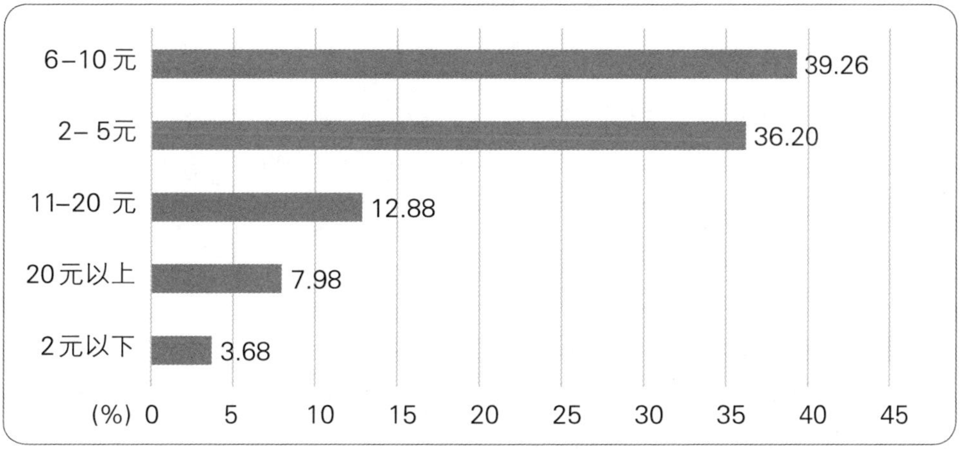

图 4.19　研究生群体能够接受的单本电子书收费额度

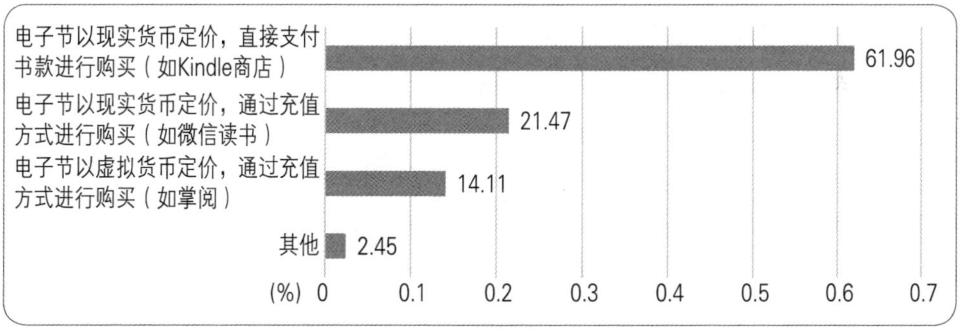

图 4.20　研究生群体较为接受的付费形式

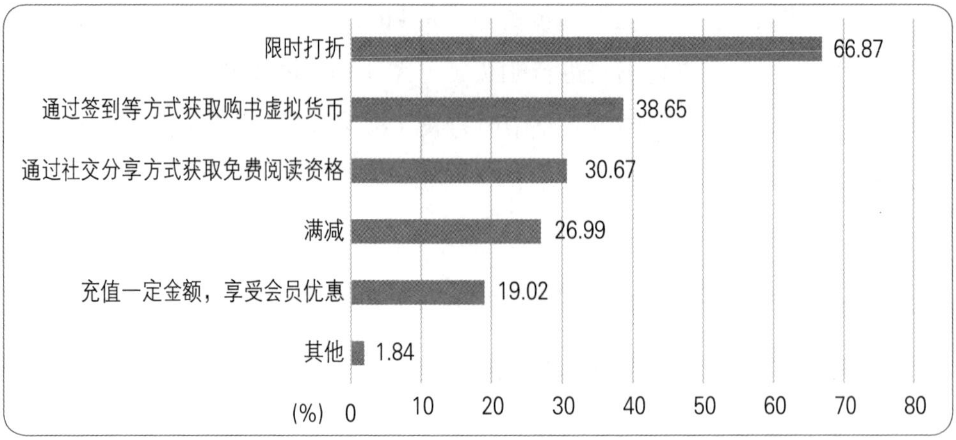

图 4.21　研究生群体比较喜欢的电子书促销方式

进一步分析发现，性别、学位、每月生活费开支都会对研究生群体能接受的单本电子书收费额度产生影响。在性别上，通过卡方检验，可以看到性别和“能接受的单本电子书收费额度”之间的渐进显著性（sig 值）为 0.000，0.000 < 0.05，达到了显著水平，拒绝零假设，可以认为性别对能接受的单本电子书收费额度产生了显著影响。其中，男性最易接受的收费额度为 6—10 元（22.45%），而女性最易接受的收费额度为 2—5 元（22.56%）（见图 4.22）。

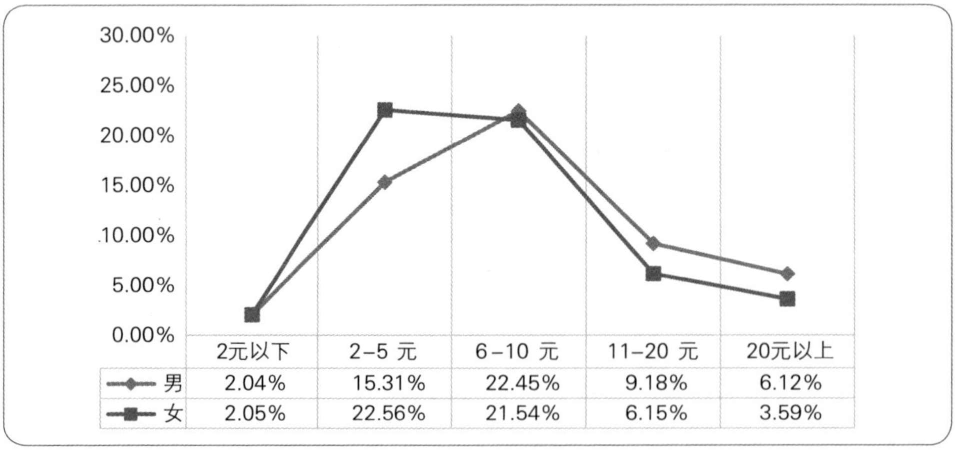

图 4.22　性别与收费额度的相关性

表 4.6　性别与电子书定价的卡方检验

	您的性别是?	您能接受的单本电子书收费额大概是?
卡方	32.113[a]	221.464[b]
df	1	5
渐近显著性	.000	.000

a. 0 个单元 (.0%) 具有小于 5 的期望频率。单元最小期望频率为 146.5。

b. 0 个单元 (.0%) 具有小于 5 的期望频率。单元最小期望频率为 48.8。

从学位来看，卡方检验显示，学位和“能接受的单本电子书收费额度”之间的渐进显著性（sig 值）为 0.000，0.000 < 0.05，达到了显著水平，拒绝零假设，可以认为学位对能接受的单本电子书收费额度产生了显著影响。由图 4.23 可以看出，专业型硕士（25.81%）和博士（18.18%）倾向于选择 6—10 元的电子书，而学术型硕士（20.79%）则倾向于选择 2—5 元的电子书进行付费阅读。

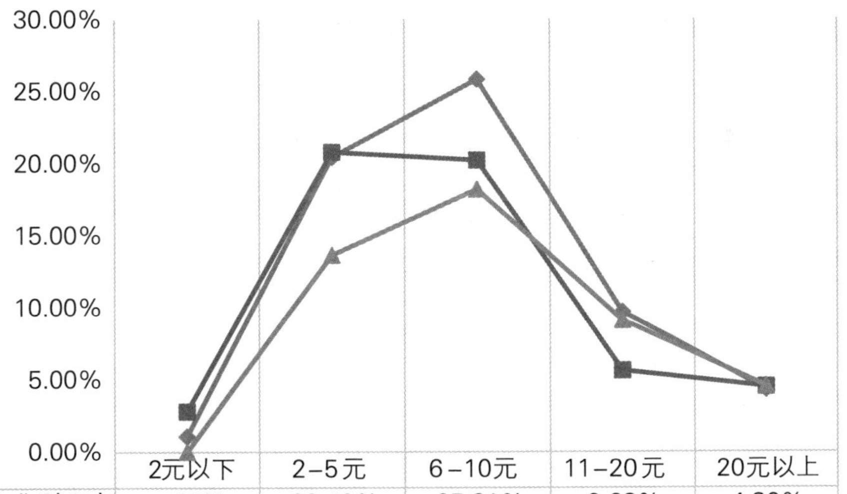

	2元以下	2–5元	6–10元	11–20元	20元以上
专业型硕士	1.08%	20.43%	25.81%	9.68%	4.30%
学术型硕士	2.81%	20.79%	20.22%	5.62%	4.50%
博士	0.00%	13.64%	18.18%	9.10%	4.54%

图 4.23　学位与收费额度的相关性

表 4.7　学位类型与电子书定价的卡方检验

	您的学位类型是?	您能接受的单本电子书收费额大概是?
卡方	124.922[a]	221.464[b]
df	2	5
渐近显著性	.000	.000

a. 0 个单元 (.0%) 具有小于 5 的期望频率。单元最小期望频率为 97.7。
b. 0 个单元 (.0%) 具有小于 5 的期望频率。单元最小期望频率为 48.8。

每月生活费开支也会影响到研究生群体对单本电子书收费额度的接受程度及对促销方式的选择。从表 4.8 中可以看出“每月生活费开支”与“能接受的单本电子书收费额度”的相关系数为 0.180，显著性为 $0.002 < 0.01$，表明两个变量之间显著相关，即每月生活费开支越高的研究生对于单本电子书的收费额度接受程度越高。对能够接受的单本电子书收费额度来说，当每月生活费支出在 3000 元以下时，研究生更倾于选择 2—10 元的电子书；当每月生活费支出在 3000 元以上时，半数研究生倾向于选择 6—20 元的电子书（50%）（见图 4.24）。此外，通过促销方式与月收入的交叉分析可以得出，当每月生活费用开支在 1000 元以上时，研究生最喜欢限时打折的电子书促销方式（36.18%）；而当每月生活费开支在 1000 元以下时，更倾向于通过签到等方式获取购书虚拟货币（20.83%）。

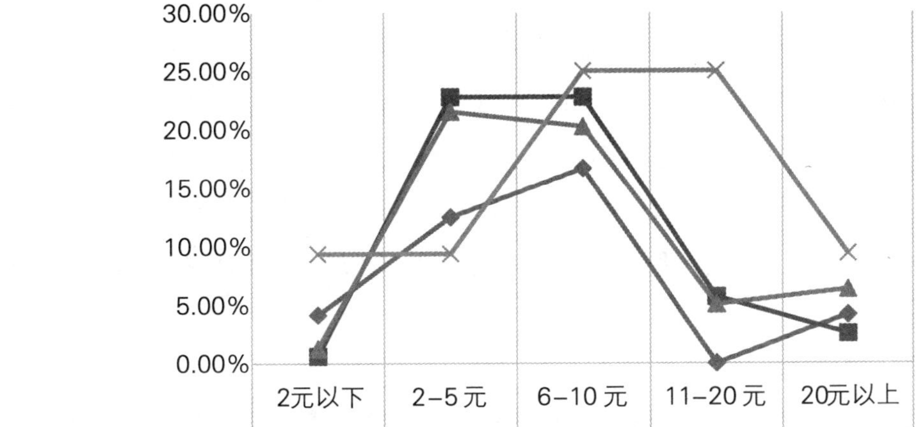

	2元以下	2-5元	6-10元	11-20元	20元以上
1000元以下	4.16%	12.50%	16.67%	0.00%	4.16%
1000—2000元	0.63%	22.78%	22.78%	5.70%	2.53%
2000—3000元	1.27%	21.52%	20.25%	5.06%	6.33%
3000元以上	9.38%	9.38%	25.00%	25.00%	9.38%

图 4.24　生活费与收费额度的相关性

表 4.8　月生活费与电子书定价的相关性

相关性			
		您每月的生活费开支大概是?	您能接受的单本电子书收费额度大概是?
您每月的生活费开支大概是?	Pearson 相关性	1	.180**
	显著性（双侧）		.002
	N	293	293
您能接受的单本电子书收费额度大概是?	Pearson 相关性	.180**	1
	显著性（双侧）	.002	
	N	293	293

**. 在 .01 水平（双侧）上显著相关。

5. 付费动机及满意度：因方便便宜而付费，满意度较高

研究生群体选择付费电子书阅读的主要原因包括：电子书阅读更方便（55.83%）；比相应的实体书价格便宜（53.99%）；获取更方便（44.79%）；试读满意希望能继续阅读（38.65%）（见图 4.25）。进一步分析发现，当每月的生活费开支越高，则认为电子书获取更方便是他们感到满意的最主要的原因。这可能是因为，当每月生活费开支越高时，研究生群体越有能力购买电子书阅读器。

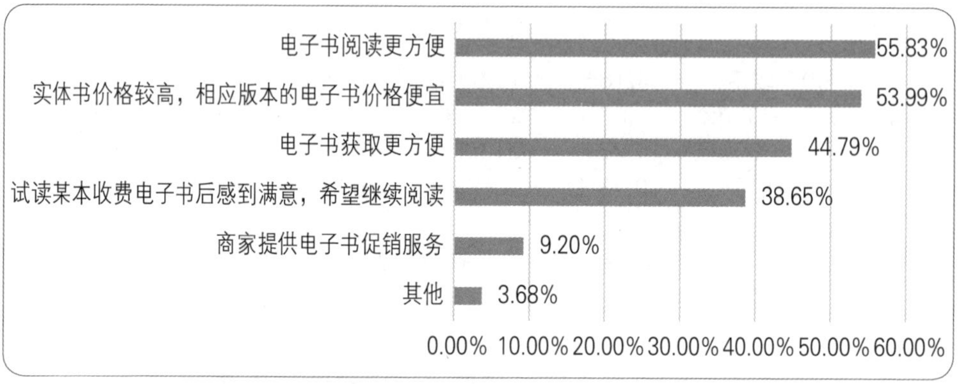

图 4.25 研究生群体选择付费阅读电子书的原因

在对曾经阅读过的电子书满意度测验中，感到比较满意的样本所占比例最大（64.42%），其次是一般满意（22.09%）、非常满意（11.66%）、比较不满意（1.84%）。由此可以看出，研究生群体对曾经付费阅读过的电子书的总体满意度较高；而感到满意的主要原因是阅读方便（69.38%）和便于携带（66.88%）；感到不满意的主要原因则是难以进行深度阅读（66.67%）（见图 4.26、图 4.27）。

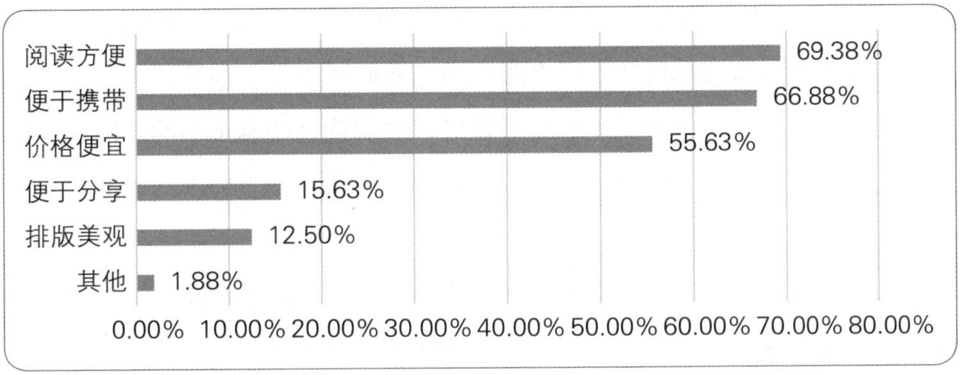

图 4.26 研究生群体对曾经付费阅读过的电子书满意的原因

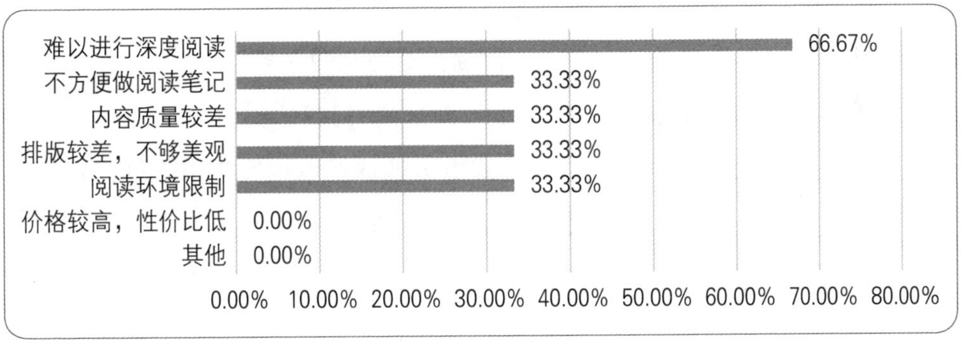

图 4.27 研究生群体对曾经付费阅读过的电子书不满意的原因

五、结论

由本次调研可知，研究生群体在电子书付费阅读上具有以下特点：

1. 半数被调查者只是偶尔阅读、偶尔付费，付费频率相比阅读频率更低。

2. 最为青睐的电子书付费阅读平台是亚马逊 kindle、微信读书和掌阅，最喜欢付费阅读的电子书类型是经典文学类和专业学术类图书。

3. 最能接受的单本电子书收费额度为 2—10 元，其中男性能接受的收费额度略高于女性，专业型硕士和博士能接受的付费额度略高于学术型硕士；最为接受的付费形式是 kindle 商店类型即以现实货币定价，直接支付书费进行购买；当电子书有促销活动时，研究生群体最受欢迎的促销方式是限时打折。

4. 研究生群体选择付费电子书阅读的主要原因为电子书阅读方便和比相应的实体书价格便宜。研究生群体对曾经付费阅读过的电子书的总体满意度较高，而感到满意的主要原因是阅读方便和便于携带，感到不满意的主要原因则是难以进行深度阅读。

以上特点与研究生群体学历较高、收入有限，对于阅读内容有专业化、深度化要求存在密切联系。在针对这一群体进行电子书策划及营销时应针对以上特点制定差异化策略，具体建议如下：

1. 提供更为丰富的经典文学类和专业学术类电子书，完善笔记记录、在线分享、书内检索等功能，为深度阅读提供更便利的服务。

2. 投放平台优先选择亚马逊 kindle、微信读书和掌阅。

3. 保持电子书较低定价，销售方式更多地选择以现实货币定价，直接支付书费进行购买，必要时开展限时打折活动促进销售。

由于各方面条件限制，本次调研尚且存在不足。作为探索性研究，本次调研选择了方便抽样的方法，在以样本反映总体上有所偏差，但依然具有参考意义，可作为后续研究的基础。

第五章
留学生用户画像

中国文化走出去是增加国家文化自信的一个重要步骤，为中华文化的繁荣兴盛，中华民族的伟大复兴提供有力的支撑。中国小说是中国文化的重要组成部分，其丰富细腻的人物描写、精彩跌宕的情节叙事、具体生动的环境描写使小说具有很强的文化代表性，是作为文化走出去的强势名片，也是具有代表性的研究对象。本研究通过问卷星、纸质问卷、H5 等形式，对北京师范大学的留学生群体进行抽样调查，旨在探究留学生的汉语使用程度，以及对于小说叙事、主人公形象、自身与主人公相似性三个方面的偏好。研究小组认为来华留学生对中国文化接纳度高、接触程度深、使用能力较强，可以作为中国文化输出的第一阶段目标；中国的武侠小说、言情小说对留学生的吸引度较高，可以成为当下中国文化对外传播的主要题材；留学生对出版多样性的兴趣助推包容出版。

第一节　研究背景

“出版走出去”一直是中国出版业高度关注的议题，在中国学术出版走出去迈入 2.0 时代的同时，文学作为大众文化的最典型载体，其走出去情况也具有十分重要的意义。笔者通过分析和判断 2016—2017 年由在 BIBF（北京国际图书博览会）上发布的“中国图书世界影响力报告”，发现 2016 年海外馆藏图书影响力最大的 18 种中文图书中，除了 1 本历史类图书以外，其余 17 本全是中国现当代文学图书；而 2017 年的调查结论显示，海外馆藏影响最大的 23 种中文图书，19 种为中国当代文学图书。其中，“中国青春文学、网络文学作品等类型小说在近 3 年一直受到世界图书馆系统的高度关注，成为继纯文学作品之后另一被广泛收购的大宗品种”。[①] 另外，在“对外国人心目中的图书”这一研究中显示，小说是被外国人提及最多的图书品种，也是最有影响力的图书类型[②]，但是小说现在还并非中国对外进行版权贸易中的主要品种，文学、艺术类仅占图书出口数量 13.05%，小说所占比重更少，这也与中外读者的文化差异有关。

随着中国文化影响力的不断增强和国际文化交流的不断增多，来华留学生在近年有了显著的提高。中华人民共和国教育部统计数据显示，“2016 年共有来自 205 个国家和地区的 442773 名各类外国留学人员在 31 个省、自治区、直辖市的 829 所高等学校、科研院所和其他教学机构中学习，比 2015 年增加 45138 人，增长比例为 11.35%（以上数据均不含中国港澳台地区）。”[③] 在本文的研究中，75.5% 左右的留学生表示他们没有看过任何中国图书，同从未接触或较少接触中国文化的海外公众近 90% 未看过任何中国图书的数据相比而言[④]，留学生对中国图书的了解程度更高，另外，留学生也是中国文化出版事业发展现状的一面镜子。笔者通过梳理现有的各类数据，试图探究留学生对“中国小说”类型的偏好，旨在帮助业界了解外国读者对中国小说要素的偏好，为今后“出版走出去”的选择提供一定的参考。

---

① 何明星．中国图书海外馆藏影响力研究报告(2017 版)[N]. 中国出版传媒商报,2017-08-22.

② 姚雪．外国人心目中的“中国图书”——对海外四国网民的在线问卷调查及启示 [J]. 编辑之友，2016（5）：15-20.

③ 教育部.2016 年度我国来华留学生情况统计 [EB/OL].(2017-03-01)(2018-11-10). http://www.moe.gov.cn/jyb_xwfb/xw_fbh/moe_2069/xwfbh_2017n/xwfb_170301/170301_sjtj/201703/t20170301_297677.html.

④ 姚雪．外国人心目中的“中国图书”——对海外四国网民的在线问卷调查及启示 [J]. 编辑之友，2016（5）：15-20.

第二节　研究方法

本研究的问题分为以下几个：

1. 留学生群体在阅读过程中，对于小说的各项元素有什么偏好？

2. 留学生群体在阅读过程中，对于角色的各项特点有什么偏好？

3. 留学生群体在阅读过程中，对于角色的设定是否存在一定的刻板印象？

4. 留学生群体在阅读过程中，是否偏爱与他们自身相似的角色？

本研究采用问卷分析的方法，对留学生的阅读偏好进行调查。本研究在多篇文献的基础上，根据小说的构成要素，设计了问卷的初稿，并对问卷的效度进行了前测，最终在修改之后，在目标群体中进行发放。

一、问卷设计

本研究的问卷调查主要包括前言、问卷主体和个人基本信息三个部分。

问卷的前言部分，我们向调查对象简要说明了本研究的目的，并承诺不会泄露参与者的隐私，从而消除他们对个人信息泄露的顾虑。

问卷的主体部分，我们根据一般小说的要素，采用单向选择与多项选择的形式，设定了小说的主题、结局、发生的地点、发生的时间等变量，又根据流行小说的角色特点，设定了主人公的人种性别、年龄、智商、情商、武力、个人经济、身体状况，情感线等基本要素，从而全面调查留学生对这些小说元素的偏好。在小说主题上，我们根据中国流行小说的分类，分为战争、职场、恐怖、爱情、武侠、奇幻、悬疑七个部分。而在对主人公角色的调查中，我们结合书籍评论区的评论，发现用户多从角色的智商表现、战斗力表现，情感关系表现等入手，去表达对一个角色的好恶。因此，本研究从主人公的智商、情商、武力三个角度，去考察留学生对各类角色的偏爱。

而在问卷的个人信息部分，本研究调查了留学生的国籍、年龄、性别、来华时间以及曾经接触过的中文小说，为下一步研究打下基础。

二、数据收集

本研究问卷的收集采用网络调查与实地调查相结合的方式。首先，通过网络渠道发放问卷，采用滚雪球抽样的方法对问卷进行扩散。其次，在留学生公寓、咖啡店、汉语角等地方进行偶遇抽样，对到来的留学生进行随机调查。最后，将问卷制作成H5页面，以游戏推广的方式邀请留学生参与调查。本问卷发布时间为2017年11月14日，截止回收时间为2017年11月18日，总共收到201份问卷，在对无效问卷进行剔除后，最终得到有效问卷192份，用于后续的分析。

表5.1 样本国籍所在大洲分布情况

洲别	2016年留学生总人数	占总数百分比	调查样本人数	占样本总数百分比
亚洲	264976	59.84	129	67.19
欧洲	71319	16.11	22	11.46
非洲	61594	13.91	25	13.02
美洲	38077	8.60	14	7.29
大洋洲	6807	1.54	2	1.04

对调查的留学生群体洲别进行统计分析，发现亚洲样本比例高一些，整体分布大致符合2016年来华留学生的洲别分布，可以认为本次调查样本具有来华留学生群体代表性。

第三节　研究数据分析

根据调查问卷回收到的数据，本文主要从三个方面进行分析。一是对小说结构偏好以及小说主人公特征偏好的描述性分析；二是对小说要素间的相关性统计；三是对变量与样本间的相似性统计，探究留学生群体是否更愿意接受与自身相似的主角。

一、描述性统计

本部分主要对回收样本、小说结构偏好（包括主题、故事发生时间、故事发生地点、结局等）、小说主人公特征偏好（包括人种、年龄、经济状况、健康状况等）进行描述性分析。

1. 样本描述

为了降低问卷填写的难度，我们将问卷设计为中、英两个版本，留学生可以根据自己的语言习惯进行选择。如图 5.1 所示，选择填写中文问卷的留学生占 50.80%，选择填写英文问卷的留学生占 49.20%。根据对问卷的语言选择，可以推断填写者的语言使用习惯，即有一半的填写者有较好的汉语阅读能力，习惯使用汉语。

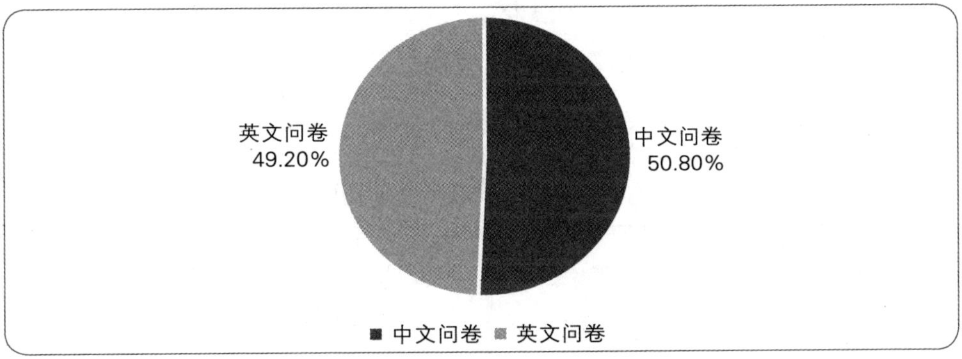

图 5.1　留学生对问卷语言版本选择情况

此次调查留学生共计 192 人，男性留学生共计 83 人，占总体的 43.20%，女性留学生共计 109 人，占总体的 56.80%。在留学生中，人数最多的年龄段是 21—25 岁，占 45.83%，人数最少的年龄段是 36—40 岁，仅有一位留学生，占 0.52%；其余各年龄段人数分布如图 5.2，15—20 岁的留学生人数占 34.38%，26—30 岁的留学生人数占 13.02%，31—35 岁的留学生人数占 6.25%。

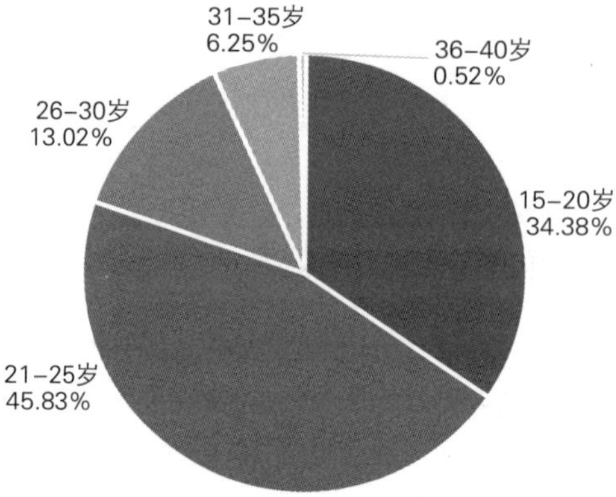

图 5.2　各年龄段留学生人数分布百分比

在我们调查的 192 名留学生中，读过中国图书或中文图书的人数仅有 42 名，占总体的 21.88%。其中有 39 名留学生列出了 40 本自己喜欢的书目，具体情况如表 5.2 所示。其中《三国演义》出现 5 次，《红楼梦》出现 3 次，《西游记》出现 2 次，《水浒传》出现 1 次，可见中国四大名著在留学生群体中也颇具影响力。像《活着》《骆驼祥子》《雷雨》等经典作品也比较受欢迎。此外，言情小说、网络小说类别的书目被提及的概率也较高。

表 5.2　留学生看过的中国图书（或中文图书）统计

书名	频率	书名	频率
三国演义	5	那些年	1
活着	3	骆驼祥子	1

续表

书名	频率	书名	频率
红楼梦	3	龙族	1
西游记	2	雷雨	1
三生三世十里桃花	1	狼图腾	1
致青春	1	狂人日记	1
倚天屠龙记	1	天龙八部	1
妖神记	1	金陵十三钗	1
兄弟	1	解忧杂货店	1
小王子	1	红高粱	1
围城	1	红尘	1
天堂蒜薹之歌	1	黑的雪	1
桃花源记	1	黑白	1
水浒传	1	何以笙箫默	1
生死疲劳	1	风云	1
生活	1	斗破苍穹	1
杉杉来了	1	斗罗大陆	1
撒哈拉的故事	1	窗外	1
你的姓氏，我的名字	1	边城	1
总有一个人，爱你如生命	1	杯雪	1

2. 小说结构偏好情况

留学生对在小说主题的选择情况如图 5.3 所示，喜欢爱情主题的留学生比例最高，达到 29.84%。其次较多留学生的选择是奇幻主题，占到 17.15%，而喜欢武侠主题的留学生比例最低，仅有 7.12%，这可能与留学生对武侠这一分类的理解程度有关。留学生选择战争、悬疑、职场和恐怖主题的比例依次为 9.58%、16.26%、9.58% 和 10.47%。

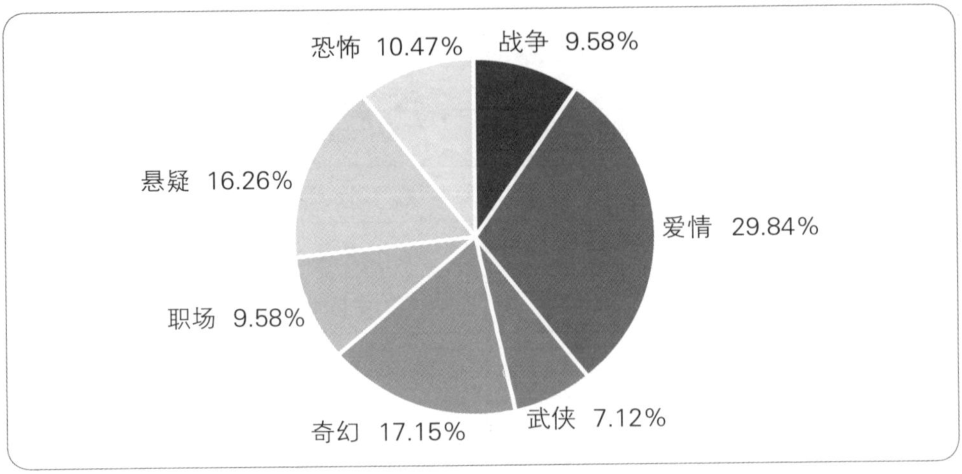

图 5.3 留学生对小说主题偏好情况

如图 5.4 所示，留学生对于故事发生时间的偏好具有明显差异，51.30% 的留学生更喜欢发生在现在的故事，28.90% 的留学生喜欢发生在古代的故事，希望故事发生在将来的留学生只占 19.80%。

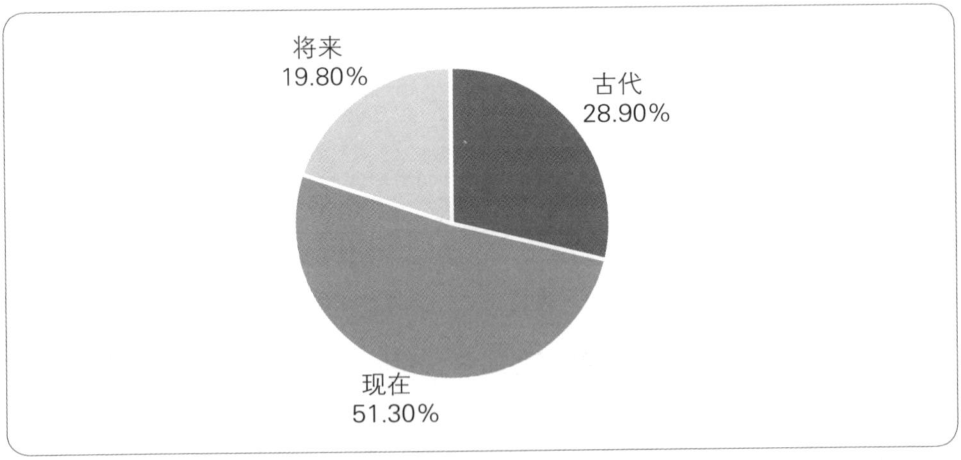

图 5.4 留学生对故事发生时间的偏好情况

如图 5.5 所示，对于小说中故事发生的地点，过半的留学生选择了希望故事发生在地球上真实的地方，占到 64.20%，选择希望故事发生在虚拟地点的留学生占 29.40%，仅有 6.40% 的留学生希望故事发生在外太空。

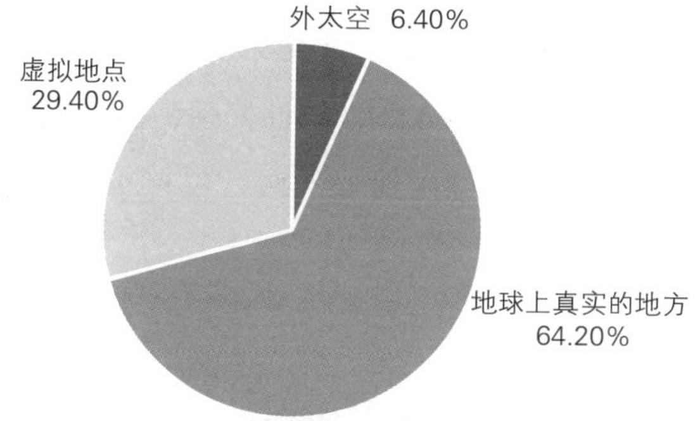

图 5.5　留学生对故事发生的地点偏好情况

由图 5.6 可知，选择希望小说拥有一个完美结局的留学生比例最高，达到 44.80%，选择希望小说拥有温馨结局的留学生占 23.40%，完美和温馨结局的比例总共占到了 68.20%，可见大多数留学生还是希望看到偏美好的结局。而希望小说以遗憾结尾的留学生比例最小，仅有 3.60%，另外还有 14.60% 的留学生喜欢留有悬念的结局，8.90% 的留学生喜欢普通的结局，4.70% 的留学生喜欢悲伤结局。

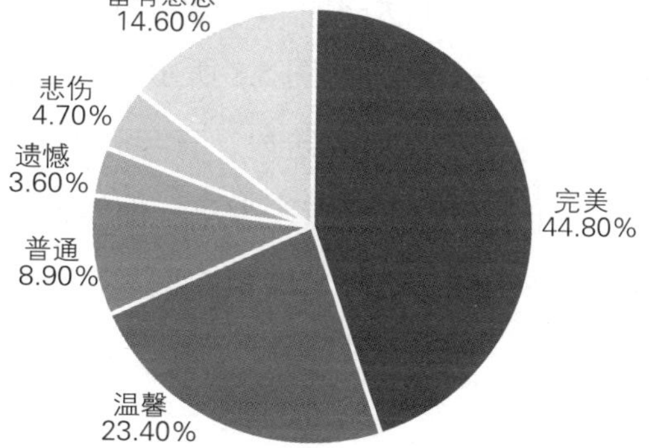

图 5.6　留学生对小说结局的偏好情况

以上是对小说主题、时间、地点、结局偏好的统计。通过对小说这几样结构特征的调查，描绘了留学生对小说整体结构的偏好情况。

3. 主人公特征偏好情况

除了时间、地点和情节，人物也是构成小说的主要要素之一，因此我们对留学生对小说主人公特征的偏好进行了考察。

首先是主人公的人种（如图 5.7），统计发现，白种人和黄种人都是留学生偏好的主人公形象，各自比例占到 45.50%，仅有 9.00% 的留学生选择希望小说主人公是黑种人。

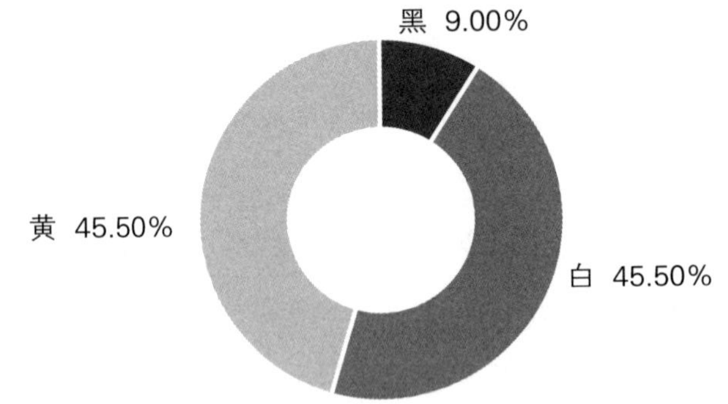

图 5.7　留学生对小说主人公人种的偏好情况

另外，留学生总体偏好男性形象的主人公，比例达到 63%，另有 37% 的留学生希望小说主人公是女性。如图 5.8 所示，对于主人公的年龄设置，留学生偏好主要集中于青年和成年人阶段，青年达到 46.40%，成年人达到 41.10%；而选择主人公年龄分布在儿童、少年、中年人和老年人的留学生比例较少，依次为 1.60%、3.60%、6.30% 和 1.00%。

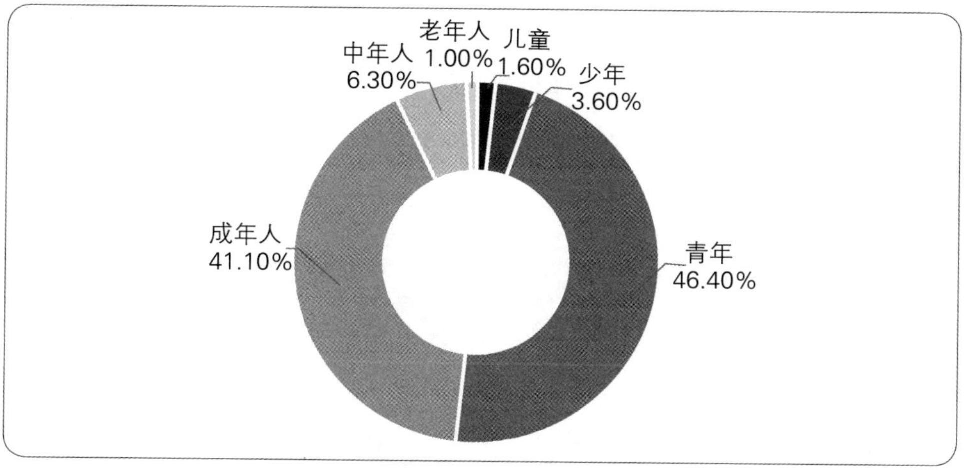

图 5.8　留学生对小说主人公年龄的偏好情况

如图 5.9 所示，通过均值的统计可以发现，留学生对主人公的期望表现为高 IQ、高 EQ 和高武力值。也就是说，留学生希望看到的主人公是聪明、睿智、情商高，面对生活中的困难，既能智取，又懂人情，还能靠武力取胜。

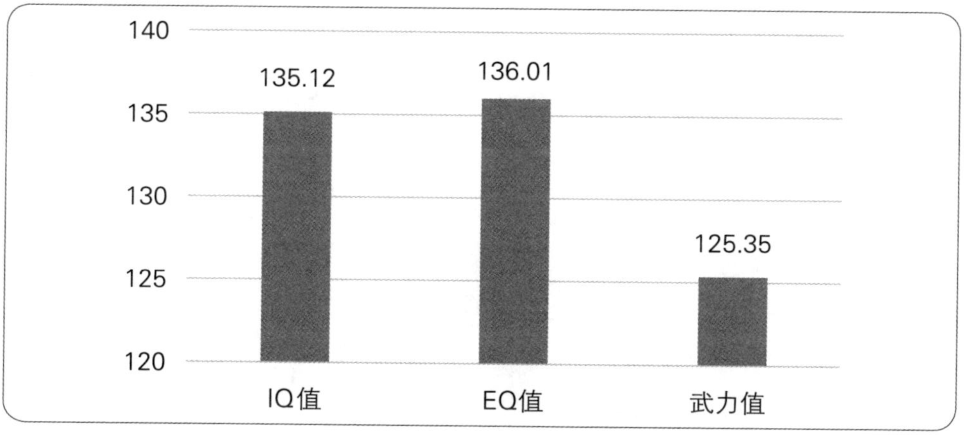

图 5.9　主人公 IQ、EQ 和武力属性均值

而在武力属性方面，留学生对主人公具有的武力性质偏好如图 5.10 所示，选择主人公的武力来自超能力的留学生最多，占到 32.60%，其次是希望主人

公具有肉搏能力的留学生比例达到 27.30%，选择主人公能够操纵武器的占到 18.20%，另外还有 21.90% 的留学生希望主人公无武力值。也正是因为有 21.90% 的留学生希望主人公是弱者形象，不具备武力值，因此拉低了整体的武力值均值。

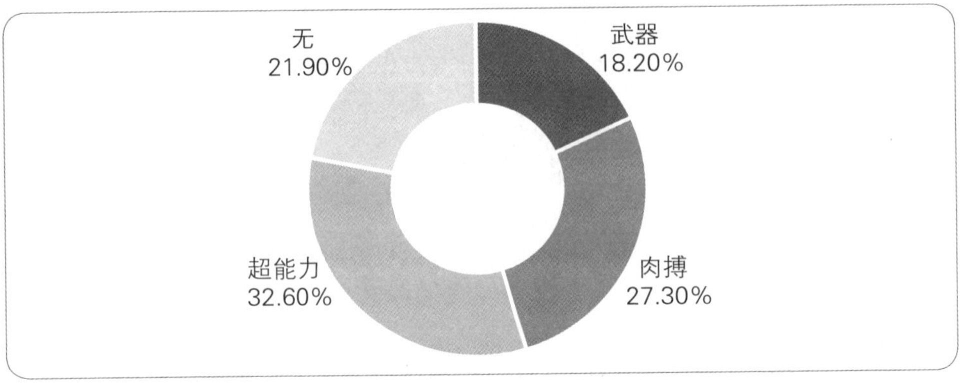

图 5.10　留学生对主人公武力性质的偏好情况

如图 5.11 所示，选择主人公经济状况普通的留学生比例为 64.70%，而另外具有 15.00% 的留学生希望主人公家境富裕，20.30% 的留学生希望小说主人公贫穷。可见大多数留学生还是希望主人公是个经济状况一般，但是内在属性（如智商）强大的角色。

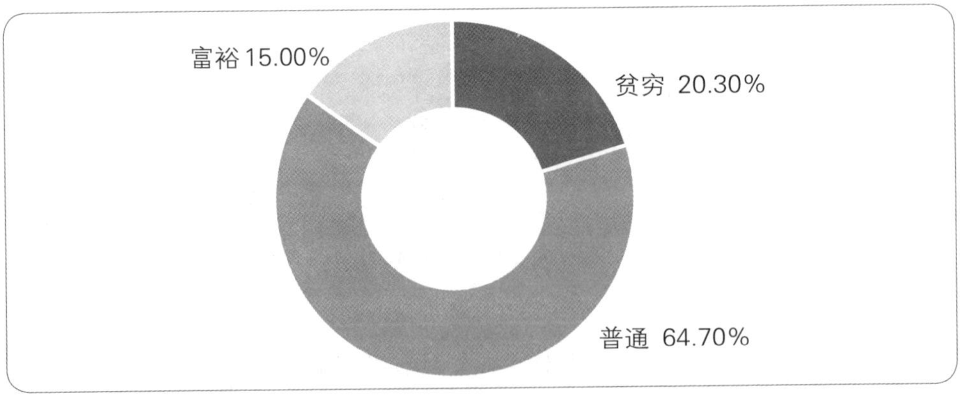

图 5.11　留学生对主人公经济状况的偏好情况

如图5.12所示，绝大多数留学生还是希望主人公是身心健康的，比例达到84.50%，而只有少数留学生偏好主人公有身体缺陷或者精神问题，比例依次为8.00%和7.50%。

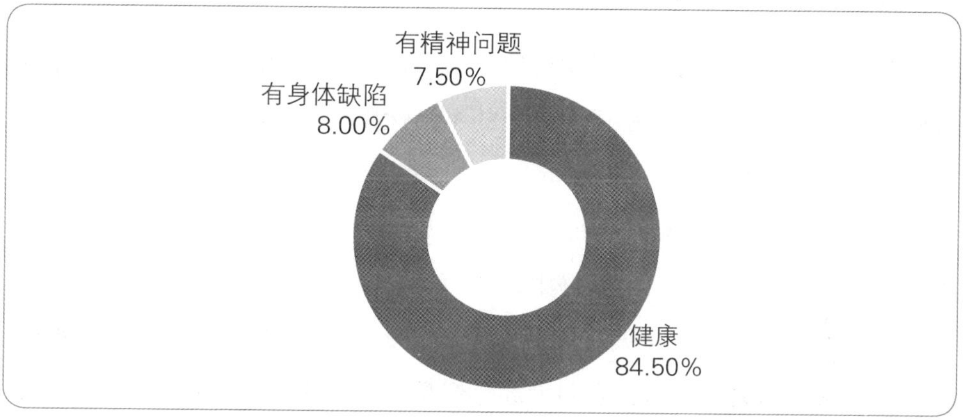

图5.12　留学生对主人公健康状况的偏好情况

如图5.13所示，对于主人公的感情状况，将近一半的留学生希望主人公只有一条感情线，占49.20%，而希望主人公拥有多条感情线的留学生占37.40%，另外希望主人公无感情线的留学生只有13.40%，可见绝大多数留学生还是希望小说中出现感情戏。

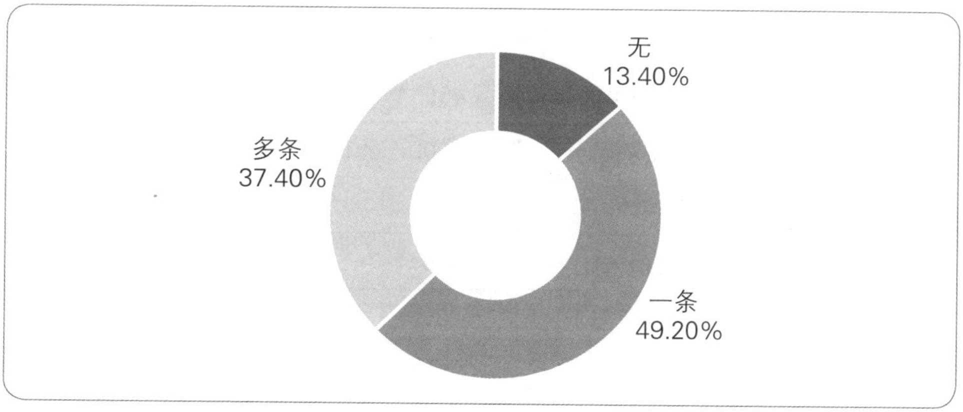

图5.13　留学生对主人公感情线数量的偏好情况

以上，通过对主人公各方面特征进行描绘，我们可以从一定程度上描绘出留学生群体对小说中主人公形象的偏好状况。

二、小说要素间的相关性统计

本部分主要针对留学生群体对偏好的小说主人公的武力值、情商、智商的相关性，以及留学生对小说主人公的不同性别、健康状态、人种、年龄阶段的角色属性期待进行了数据分析。

1. 武力值、情商、智商的相关性

在留学生设定的主人公偏好中，智商、情商、武力的数值都存在两两相关，这表明大部分留学生偏好文武双全的主人公。从相关系数的数值来看，情商与智商的相关性最高，表明大部分留学生希望主人公具备一定的思考能力，又善解人意，而智商与武力值的相关性也很高，表明大部分留学生希望主人公同时具备思考力和行动力。

表 5.3 武力值、情商、智商的相关性

		武力值	EQ 设定	IQ 设定
武力值	皮尔逊相关性	1	.455**	.616**
	显著性（双尾）		.000	.000
	个案数	187	187	187
EQ 设定	皮尔逊相关性	.455**	1	.619**
	显著性（双尾）	.000		.000
	个案数	187	187	187
IQ 设定	皮尔逊相关性	.616**	.619**	1
	显著性（双尾）	.000	.000	
	个案数	187	187	187
**. 在 0.01 级别（双尾），相关性显著。				

2. 对不同经济状态的角色的属性期待

当主人公处于不同的经济状态（贫穷、普通、富裕）时，留学生对他们的武力值期待有显著差异，但对他们的智商、情商期待却不存在显著差异。这表明比起拥有更高的智商、情商，留学生更期待主人公通过武力斗争去改变自身的地位，从而获取在不同社会阶层内流动的途径。

表 5.4　武力值、情商、智商的 ANOVA 分析

		平方和	自由度	均方	F	显著性
武力值	组间	26328.289	2	13164.145	5.940	.003
	组内	407763.882	184	2216.108		
	总计	434092.171	186			
IQ 设定	组间	4023.279	2	2011.639	1.315	.271
	组内	281530.732	184	1530.058		
	总计	285554.011	186			
EQ 设定	组间	4415.044	2	2207.522	1.319	.270
	组内	308017.908	184	1674.010		
	总计	312432.952	186			

而在对不同组进行两两比较之后，则发现经济状态为普通的主人公在武力值上与贫穷的、富裕的相比，差异显著。这表明当主人公是普通人时，留学生更期待他们用武力值去改变自身的现状，这可能与普通人身份与大部分读者的接近性以及相关性有关。

表 5.5　主人公状态多重比较

因变量：武力值							
	(I) 主人公的状态	(J) 主人公的状态	平均值差值 (I–J)	标准误差	显著性	95% 置信区间	
						下限	上限
LSD	贫穷	普通	20.308*	8.754	.021	3.04	37.58
		富裕	–9.141	11.725	.437	–32.27	13.99
	普通	贫穷	–20.308*	8.754	.021	–37.58	–3.04
		富裕	–29.449*	9.872	.003	–48.93	–9.97
	富裕	贫穷	9.141	11.725	.437	–13.99	32.27
		普通	29.449*	9.872	.003	9.97	48.93
*. 平均值差值的显著性水平为 0.05。							

3. 对不同战斗能力的角色的武力期待

当主人拥有不同的能力时（武器、超能力、肉搏、无）时，留学生对他们的武力期待有显著差异。这表明，大部分留学生认为那些设定特殊的人应该更有战斗力，而武力这一项，武器平均分为最高，达到 136.74，没有特殊能力的人则武力平均分最低，为 106.07。肉搏这一项的平均分虽然低于超能力与武器，却差距较小，这表明赤手空拳正在越来越被留学生理解为一项突出的外在能力。

表 5.6　对不同战斗能力的角色的武力平均值

如果主人公有武力值，您希望他 / 她具备：	平均值
武器	136.74
肉搏	126.35
超能力	130.81
无	106.07
总计	124.99

表 5.7　武力值的 ANOVA 分析

武力值					
	平方和	自由度	均方	F	显著性
组间	21678.458	3	7226.153	3.260	.023
组内	416717.458	188	2216.582		
总计	438395.916	191			

4. 对不同健康状态的人的属性期待

当主人公处于不同的健康状态（健康、身体残疾、精神不健康）时，留学生对他们的智商、情商、武力值期待没有显著差别。这表明，在小说的语境中，身体残疾、精神状态的不稳定不具备非常残酷的现实意义，不等同于无能儿。所以哪怕这些角色面临了一定的不幸（身体残疾），或者处于困窘中（精神状态失衡），都不会影响留学生读者对他们的期待，他们依旧认为这些角色能在智斗、武斗中取得较好的表现。

表 5.8　IQ、EQ、武力值的 ANOVA 分析

		平方和	自由度	均方	F	显著性
IQ 设定	组间	476.772	2	238.386	.156	.856
	组内	289017.473	189	1529.193		
	总计	289494.245	191			
EQ 设定	组间	818.567	2	409.283	.244	.784
	组内	317099.412	189	1677.775		
	总计	317917.979	191			
武力值	组间	4543.644	2	2271.822	.990	.374
	组内	433852.273	189	2295.515		
	总计	438395.917	191			

5. 对不同性别的角色的属性期待

留学生读者对于不同性别的主人公该具备的智商、情商、武力值没有显著差别，这表明，在留学生读者心中，男女主人公都能承担起相似的期待。

表 5.9 对不同性别的角色的属性期待

	主人公性别	个案数	平均值	标准差	标准误差平均值
IQ 设定	男	120	139.92	38.390	3.505
	女	72	127.11	38.771	4.569
EQ 设定	男	120	138.16	40.171	3.667
	女	72	132.43	41.859	4.933
武力值	男	120	129.59	47.796	4.363
	女	72	118.29	47.589	5.608

6. 不同人种的属性特征

留学生读者对于不同人种的属性特征没有明显区别，即无论主角是何人种，对 IQ、EQ 和武力值的设定与自己本身偏好相关，而不是与人种属性特征相关。（白人 EQ、IQ 比较高，黑人武力值比较高）

7. 不同年龄阶段的属性特征

留学生读者对于不同年龄阶段的角色的属性偏好没有明显差异，这表明留学生认为对于主角 IQ、EQ 和武力值的设定不与角色的年纪特征相关，而应与他们自己的偏好相关。

三、变量与样本间的相似性统计

在阅读一部精彩的小说作品时，我们往往能体验到沉浸感和移情，即把自己想象为故事的主角，因而产生共鸣。研究小组将这种心理定义为小说主角与阅读者的“相似性”。通过比较年龄、性别、人种、智力、情商、武力值的相似性，来探究留学生群体是否更愿意接受与自身相似的主角。而他们的接受意愿与接受中国小说跨文化传播有直接关系，能够为向留学生推荐哪类中国图书提供参考。

1. 主人公性别选择，男女有别

经分析，男性留学生更加偏好男主人公，体现出了较为明显的性别倾向。但是女性留学生对于主人公性别的选择则较为平均，选择男性主人公和选择女性主人公的比例非常接近。总体上来看，留学生群体更倾向于接受男性主角的小说。

表 5.10　填写者性别与主人公性别交叉表

计数				
		主人公性别		总计
		男	女	
填写者性别	男	63	20	83
	女	57	52	109
总计		120	72	192

2. 主人公选择无关人种相似性

将主人公人种与留学生所在大洲进行交叉检验，结果显示留学生在选择主人公人种时并未体现人种相似性的影响，也就是说，留学生并不会因为自身种族而影响到其对于小说主人公的偏好。可见，留学生群体对于小说主人公人种持较为开放的态度，能够接受与自身种族不同的主人公，这对于中国小说的对外传播提供了一个有利的环境。另外，数据显示，种族相似性在黑人人种身上体现较其他人种明显，而黄种人普遍更喜欢白人主角。

表 5.11　填写者所在大洲与主人公人种交叉表

计数					
		人种			总计
		黑种人	黄种人	白种人	
所在大洲	南美洲	1	0	1	2
	大洋洲	1	0	0	1
	北美洲	0	1	1	2
	非洲	10	0	1	11
	欧洲	1	6	3	10
	亚洲	7	79	80	166
总计		20	86	86	192

第四节　结　论

本章主要探讨了留学生群体对中国小说的阅读偏好情况。根据对调查数据的研究和分析，本文得出以下几点结论。

一、武侠、玄幻小说在留学生中有一定的市场份额

本次调查发现，武侠和玄幻小说在留学生中具有一定的市场份额。7.13% 和 17.15% 的留学生在“你比较喜欢的图书类型”一题中分别选择了武侠和玄幻，尽管选择武侠小说的留学生在总体样本中所占比例不大，但是在对武力值的偏好一题中，他们表现出了对“武力”这一特质的期待。78.10% 的留学生选择了不同的武力性质和特征，仅有 21.90% 的留学生认为在小说中不需要与武力相关的要素。另外，留学生对武力值的平均打分达到了 125.35 分（总分 200 分），这说明他们对于小说主角的武力特征期待较高。以故事情节的角

度来阐释，笔者发现选择武侠或玄幻小说为题材的留学生更倾向于选择贫穷或普通的身份背景和温馨完美的故事结局，这说明留学生比较偏爱中国网络文学中“屌丝逆袭”的故事情节。在仅有的 25% 的留学生写出“你所了解的中国小说”一题中，有 29.7% 的中国图书是武侠和玄幻题材。

此外，从 2016 年开始，国内网络文学开始加快走出去的步伐，许多中国网络小说翻译（中翻英）网站纷纷成立。其中，与起点中文网合作的 Wuxiaworld（成立于 2014 年）取得较好的成绩，在其成立的两周年内累积了 15.47 亿次的访问量，50 多万条留言，以及 3 万多的注册用户，其中最受国外读者追捧的是武侠、玄幻、仙侠类小说。

由此，笔者认为，不论是从翻译能力和现有的图书市场等角度而言，还是从留学生群体的阅读偏好和需求而言，武侠、玄幻等题材的小说不失为“出版走出去”的一个重要方向。

二、中国青春小说更可能吸引留学生阅读

在调查中，爱情题材是留学生最喜欢的小说题材，占比显著高于其他题材。留学生在选择主人公时，倾向于选择与自身年纪相仿的青年或成年人。调查也发现近九成留学生对主人公的爱情线索怀有期待。这些指标都指向了青春小说、言情小说市场。

除此之外，留学生们了解的中国小说多集中在言情、爱情方面。留学生在答案中提到了《三生三世十里桃花》《杉杉来了》《总有一个人，爱你如生命》《致青春》《边城》等诸多小说，都是国内人气颇高的爱情题材作品。

由此可见，青春、爱情是中国图书对外推广的两个重要题材标签，能够引起较高的阅读兴趣，有助于中国图书顺利地走出去。

三、受传统的刻板印象影响较弱

本次研究显示，中国读者对小说要素的刻板印象在留学生群体中表现不

明显，留学生对于小说出版的多样性表现出了一定的兴趣。例如，15.50%的留学生在主角的身体状况一题中选择了残疾项（包括身体残疾和心理残疾）。另外，与传统的刻板印象不同，留学生为弱势主角的特殊技能赋值较高，这说明留学生认为，弱势群体与健康人群一样，也能具备超过一般标准的IQ/EQ/武力值，得到温馨完美的故事结局。与中国传统的刻板印象相区别，在将老年或幼年设定为主角的情况下，并没有相应地降低IQ/EQ/武力值，而是与青年或成年的设定值相近。这意味着留学生开始关注与社会主体群体不同的更多人群，对弱势群体表现出一定的关怀，这有利于出版界盛行的“包容出版”运动，即为一般情况下没法发声或难以发声的群体提供话语权，将故事聚焦于真正意义上的“每个人”。

第六章
领导干部用户画像

本调查所指领导干部，包括机关干部与企业领导。党的十九大报告指出中国特色社会主义进入了新时代。站在这样的历史方位，我们党要领导全国人民决胜全面建成小康社会，夺取新时代中国特色社会主义伟大胜利，不论是机关干部还是企业领导，承担的责任更为重大，其肩负的历史使命也更为光荣。面对新时代的一些新挑战，“高度重视学习、善于进行学习，是领导干部健康成长、提高素质、增强本领、不断进步的重要途径”。[①] 领导干部只有努力学习，坚持学习，真正把学习当成一种生活态度、一种工作责任、一种精神追求，才能使知识融入从政行为中，不断提高自身素质、工作能力和领导水平，在各自领域做出贡献，永远保持共产党员的先进性。那么，领导干部的读书情况究竟怎样呢？本研究采用网络问卷调查的方式力图回答这一问题。

第一节　研究方法与数据分析

本次调查采取网络发放调查问卷的方式进行，以期获得更多的样本。调查问卷主要包括网民的读书、购买情况以及对图书功能的认同度等方面。经过清洗剔除无效样本，共回收有效问卷5262份。本文抽取其中的领导干部

① 习近平在中央党校进修班暨师资班开学典礼上强调：领导干部要认认真真学习 老老实实做人干干净净干事[N].光明日报，2008-05-14.

人群的数据进行分析。所抽取的领导干部人群有效问卷共计671份，样本涵盖我国内地省份、直辖市、自治区，不含港澳台地区。调查人数较为均衡，样本量适中。在男女比例上，男性多于女性，男性占比63.50%，女性占比36.50%；在年龄上，年轻群体人数多，被调查者年龄在36—45岁者最多，占比40.20%；被调查者学历为大学本科者最多，占比69.70%；在收入上，被调查者的月收入被分为6档，收入在5001—8000元者最多，占比29.70%。

一、领导干部读书与购书总体情况

本次调查在问卷中设置了一年内9项图书阅读与图书购买数量区间，分别为0本、1—5本、6—10本、11—20本、21—30本、31—40本、41—50本、51—100本、100本以上。在对统计结果指数分析（取各组的组中值，结合权重，形成年图书阅读/购买指数，此后的分析均基于本指数进行）后发现，领导干部的年图书阅读指数在所有被调查人群中排第6位，为11.37（详见图6.1），年购买指数在所有被调查人群中排第5位，为10.05（详见图6.2），表明领导干部的年读书量高于购买量。在所有职业排名中，领导干部的年图书购买指数、阅读指数的排名均处于中间偏后位置，年购书指数排名略高于年图书阅读指数排名。

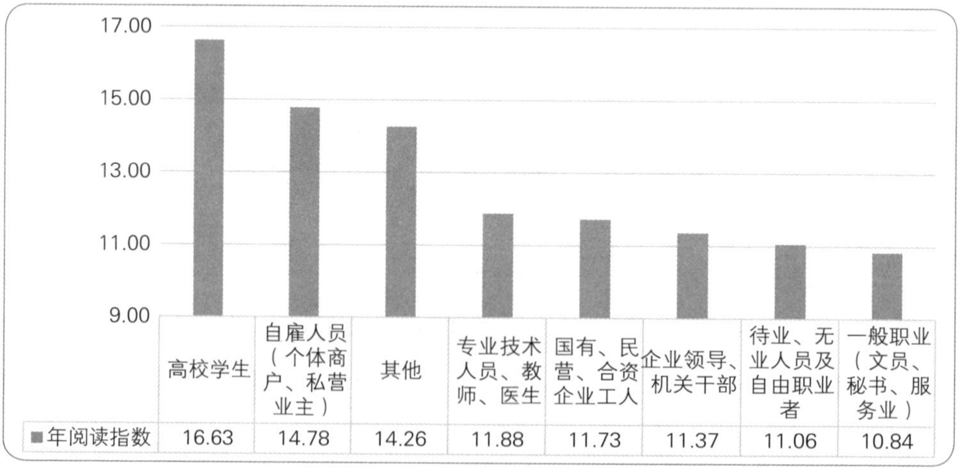

图6.1 年图书阅读指数

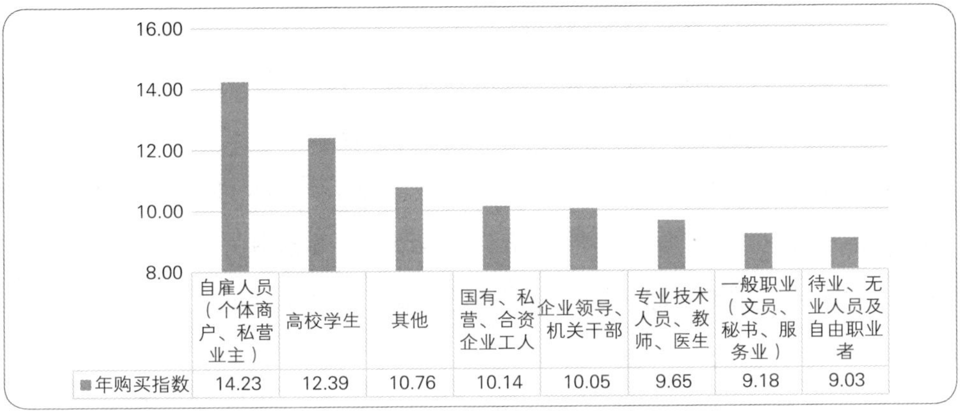

图 6.2　年图书购买指数

二、年图书阅读总体情况

调查数据结果显示，领导干部一年内读书量为 0 本的占 3.43%，占比还是很低的，说明不读书的领导干部很少；年读书量为 1—5 本的占比最高，达 43.22%；年读书量为 6—10 本以及 11—20 本的也占有一定比例，分别为 21.16% 和 17.14%。从整体来看，领导干部的年读书量和其他职业人群比较不算高（详见图 6.3）。

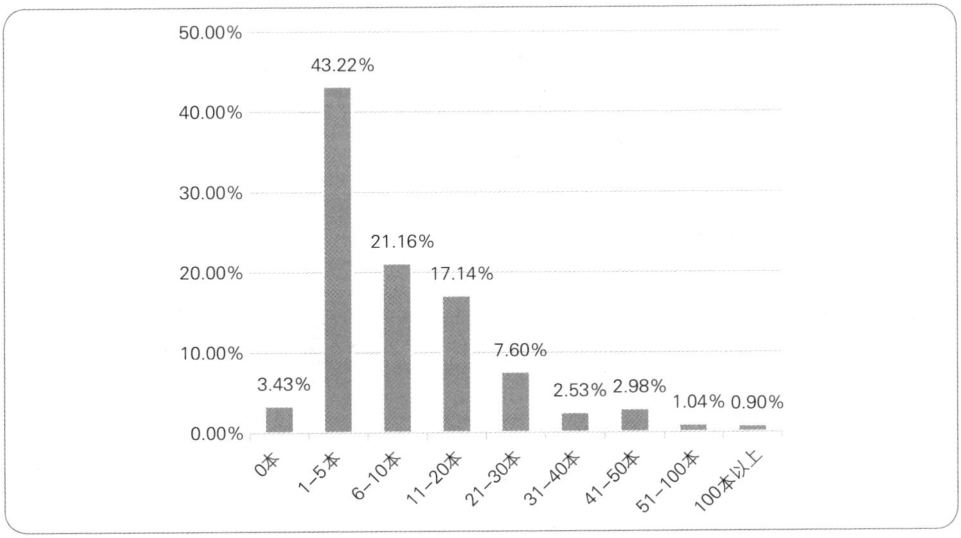

图 6.3　年图书阅读量

1. 年图书阅读量的人口统计学特征

从人口统计学特征，即性别、年龄、学历、收入等指标进行考察，可以发现领导干部的年图书阅读量又有不同程度的差异。

男性领导干部年读书量略高于女性。数据显示，不同性别的领导干部的年图书阅读指数略有差异。男性领导干部年图书阅读指数为 11.52，女性则为 10.21，表明男性领导干部一年内的读书量稍高于女性（详见图 6.4）。

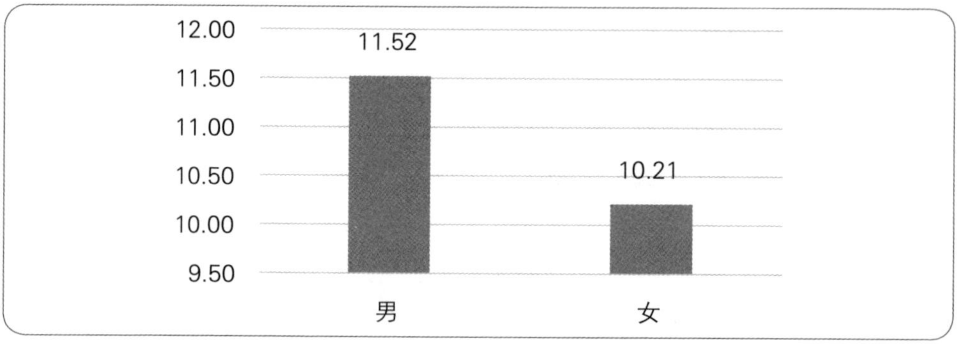

图 6.4　不同性别年图书阅读指数

年图书阅读量随年龄增大而下降。不同年龄段领导干部年读书量不同。总体来看，25 岁及以下的领导干部年读书量最高，图书阅读指数为 12.29；46—55 岁的领导干部年读书量最低，图书阅读指数为 9.53。整体呈现出年龄越大年读书量越低的趋势（详见图 6.5）。

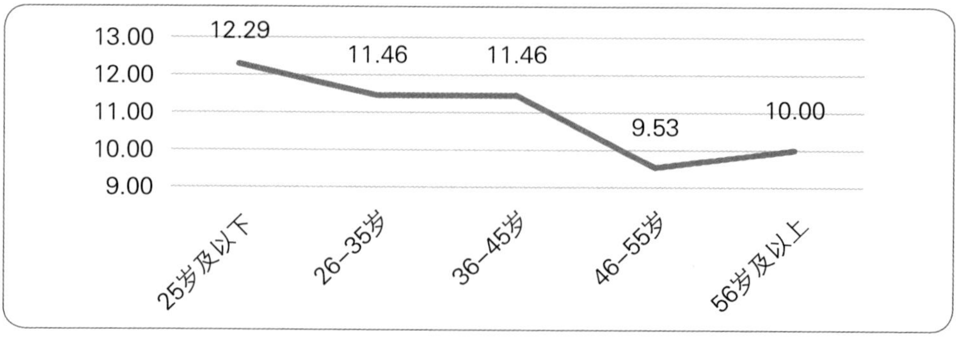

图 6.5　不同年龄年图书阅读指数

收入越高年读书量越高。不同月收入的领导干部年图书阅读指数呈现出明显差异。月收入为20000元以上的领导干部年读书量最高，图书阅读指数为20.46，远高于其他收入的领导干部。整体呈现出收入越高年读书量越大的趋势（详见图6.6）。

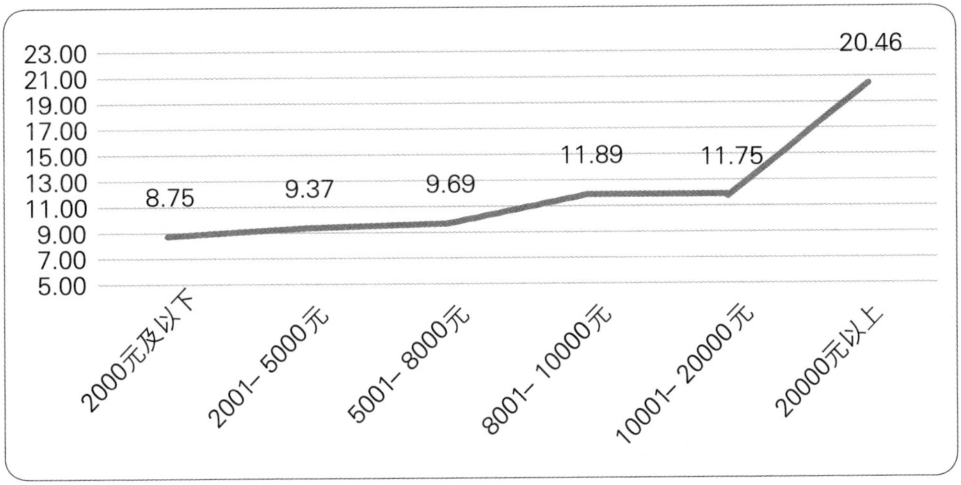

图6.6 不同月收入年图书阅读指数

2. 年图书阅读量的地理空间分布

依照中国行政区域划分，本研究将参与调查的领导干部所在地划分为七大区域：西北地区、东北地区、华北地区、华中地区、华东地区、华南地区、西南地区。同时重点关注北京、上海、江苏、广东四地的领导干部。

西北地区领导干部年图书阅读指数最高。数据显示，不同区域的领导干部年图书阅读情况有明显差异。西北地区最高，年图书阅读指数为16.25；华中地区最低，年图书阅读指数为8.66，两者相差很大。其他地区则差别不明显（详见图6.7）。

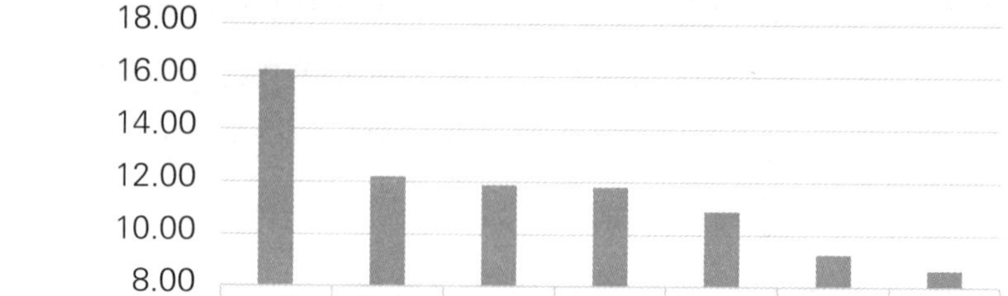

	西北	华南	华北	东北	华东	西南	华中
■年阅读指数	16.25	12.20	11.88	11.81	10.90	9.26	8.66

图 6.7　不同区域年图书阅读指数

北京年购书量最高，广东年阅读量最高。具体到北京、上海、江苏、广东来看，四地的年图书购买—阅读指数差值均为负值，介于 –0.30 至 –2.35 之间，差值较大。可见四地领导干部在阅读和购买图书上，整体来说更倾向于阅读图书。同时，北京的领导干部年购买指数最高，购买—阅读的差值最低，广东的图书阅读指数最高，购买—阅读的差值最大。北京地区的领导干部偏爱购买图书阅读，广东地区的则偏重阅读图书（详见图 6.8）。

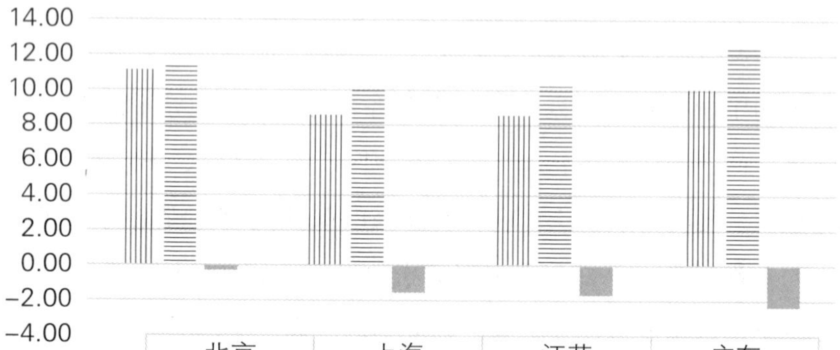

	北京	上海	江苏	广东
Ⅲ年购书指数	11.12	8.57	8.56	10.06
≡年阅读指数	11.42	10.11	10.24	12.41
■年购买–阅读指数	–0.30	–1.54	–1.68	–2.35

图 6.8　北京、上海、江苏、广东年图书购买—阅读指数

3. 领导干部的图书阅读偏好

调查中，把图书按照传统分类法分为文学类、社科类、生活类、科技类、教育类、少儿类及其他 7 大类，意在了解领导干部的图书阅读偏好。

文学类图书年阅读量最高。在所给出的 7 类图书中，文学类图书年阅读指数最高，为 4.50，远超出其他类型，其他 6 类图书的年阅读指数在 2.12—2.48 区间内，相差不大。可见文学类图书普遍受到领导干部的阅读偏爱（详见图 6.9）。

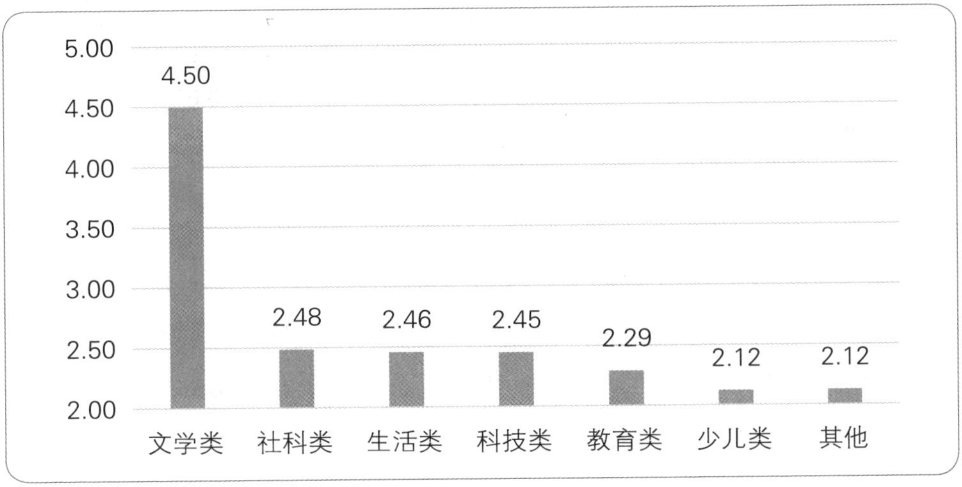

图 6.9　各类型年图书阅读指数

男性科技类、社科类阅读量高于女性，女性偏爱文学类、少儿类。从不同类型的图书阅读指数来看，男性领导干部在科技类、社科类、生活类、教育类其他类图书上年阅读指数高于女性领导干部，女性领导干部在文学类、少儿类图书的年阅读指数高于男性领导干部。性别不同，读书偏好不同（详见图 6.10）。

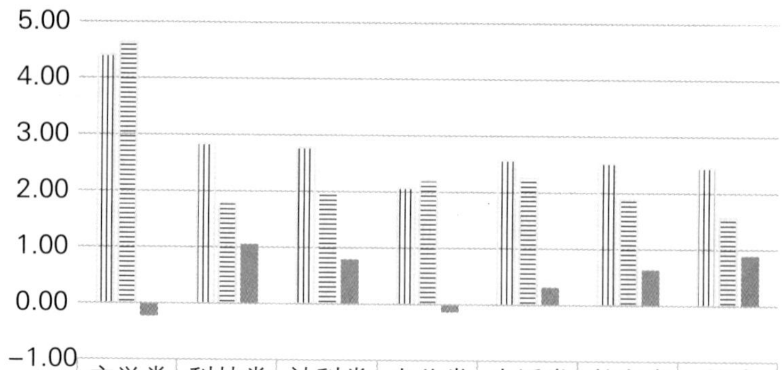

	文学类	科技类	社科类	少儿类	生活类	教育类	其他
男	4.41	2.84	2.78	2.07	2.57	2.52	2.45
女	4.64	1.78	1.98	2.20	2.26	1.89	1.56
差值（男–女）	−0.23	1.05	0.8	−0.13	0.31	0.63	0.89

图 6.10　不同性别图书阅读偏好

科技类、少儿类图书受到 56 岁及以上领导干部青睐。数据显示，文学类图书受到各个年龄段领导干部的喜爱。科技类、少儿类图书在 56 岁及以上领导干部中阅读指数较高，而在其他年龄段则较低。其他类型的图书阅读指数无明显差异（详见图 6.11）。

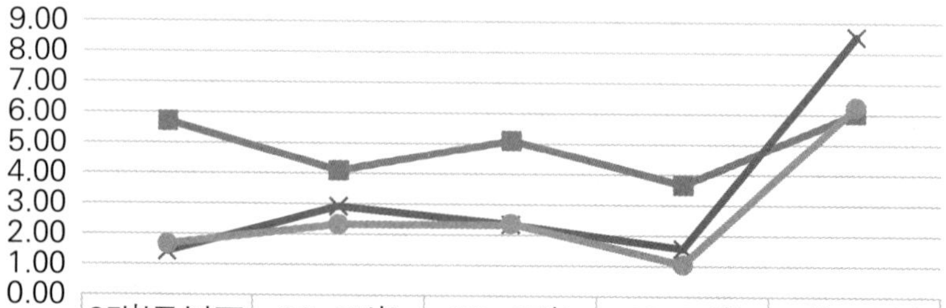

	25岁及以下	26–35岁	36–45岁	46–55岁	56岁及以上
文学类	5.71	4.09	5.11	3.66	6.04
科技类	1.43	2.91	2.35	1.57	8.54
少儿类	1.67	2.32	2.38	1.05	6.25

图 6.11　不同年龄段图书阅读偏好

北京领导干部爱读文学类，江苏领导干部爱读教育类。数据显示，不同地区的领导干部读书偏好有所不同。北京和上海地区的领导干部的文学类图书阅读指数高于本地其他类型，分别为 4.43 和 3.48，江苏地区的领导干部教育类图书的阅读指数明显高于其他类型图书，为 4.51，广东地区的领导干部偏好读生活类图书（详见图 6.12）。

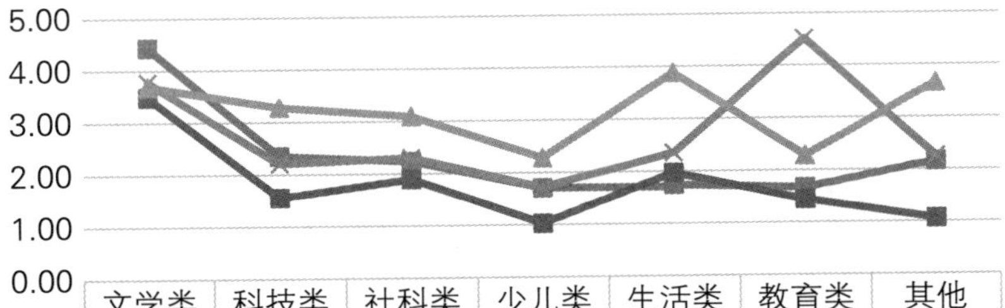

	文学类	科技类	社科类	少儿类	生活类	教育类	其他
北京	4.43	2.35	2.23	1.70	1.74	1.67	2.16
上海	3.48	1.55	1.89	1.02	1.97	1.44	1.06
江苏	3.77	2.21	2.30	1.72	2.35	4.51	2.25
广东	3.69	3.28	3.09	2.28	3.88	2.28	3.66

图 6.12　北京、上海、江苏、广东四地图书阅读偏好

三、年购书总体情况

从年图书购买量来看，领导干部整体购买量不高。购买 0 本的领导干部占比较低，为 4.02%，说明领导干部一年内不买书的很少。年购买图书 1—5 本的为主流，占比 46.5%。购买 6—10 本的占比 23.99%，购买 11—20 本的占比 14.46%（详见图 6.13）。

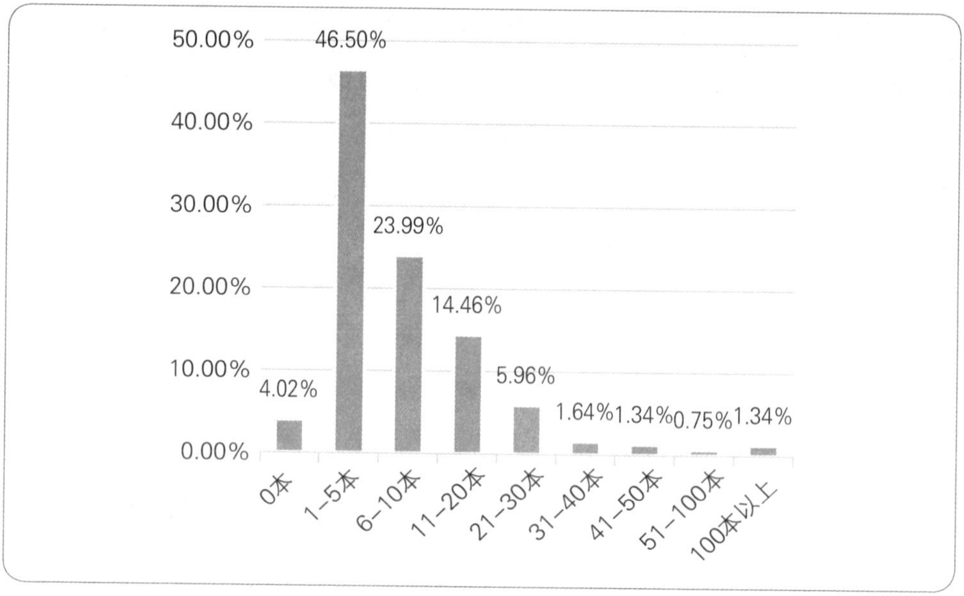

图 6.13 年图书购买量

1. 年图书购书情况的人口统计学特征

按照人口统计学特征考察领导干部的购书情况，发现他们的年购书量存在不同程度的差异。

男性领导干部年购书量高于女性。数据显示，不同性别的领导干部的购书指数有一定差异。男性购书指数为 10.22，女性购书指数为 8.79（详见图 6.14）。

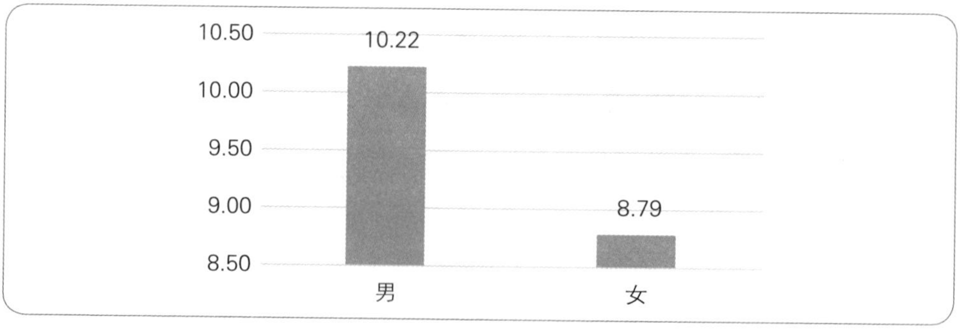

图 6.14 不同性别年购书指数

46—55 岁领导干部年购书量最低，56 岁以上购书量最高。从年龄来看，46—55 岁的领导干部年购书指数最低，为 6.72，56 岁及以上的领导干部年购书指数最高，为 14.67，相差较大。其他年龄段的领导干部年购书指数无明显差异（详见图 6.15）。

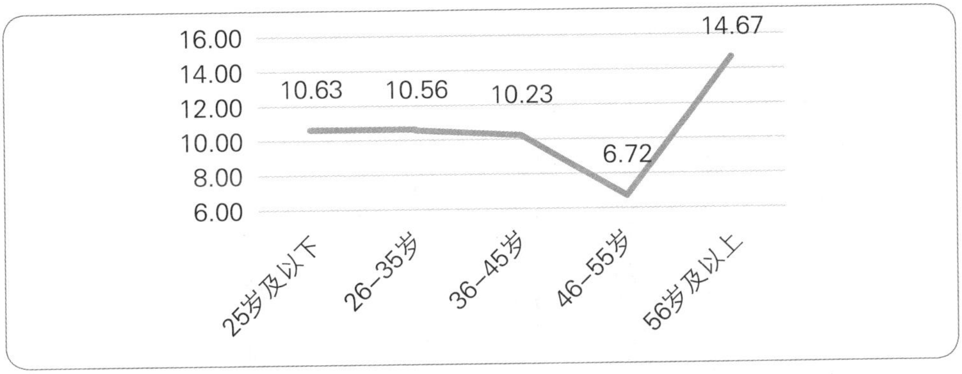

图 6.15 不同年龄段年购书指数

收入与年购书量无明显关系。数据显示，月收入为 2000 元及以下的领导干部年购书量最大，但考虑到该收入群体仅占总调查样本的 0.9%，因此结果可能存在一定偏差。其他收入的领导干部，年购书量与收入无明显的正向或负向关系，购书指数在 8.30—14.74 之间。（详见图 6.16）。

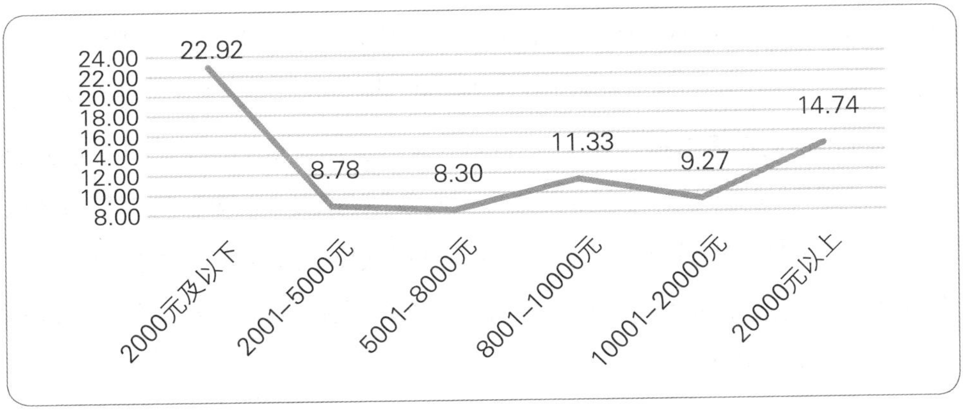

图 6.16 不同月收入年购书指数

2. 从地域分布上看，年购书量由北向南递减

不同区域领导干部年购书量呈现出明显差异。数据显示，西北地区的领导干部年购书量最高，为12.50，华北、东北地区次之，华南、华东、西南地区购书指数较低，华中地区最低，为5.45。可以看出，购书量基本上呈现出由北向南递减的趋势（详见图6.17）。

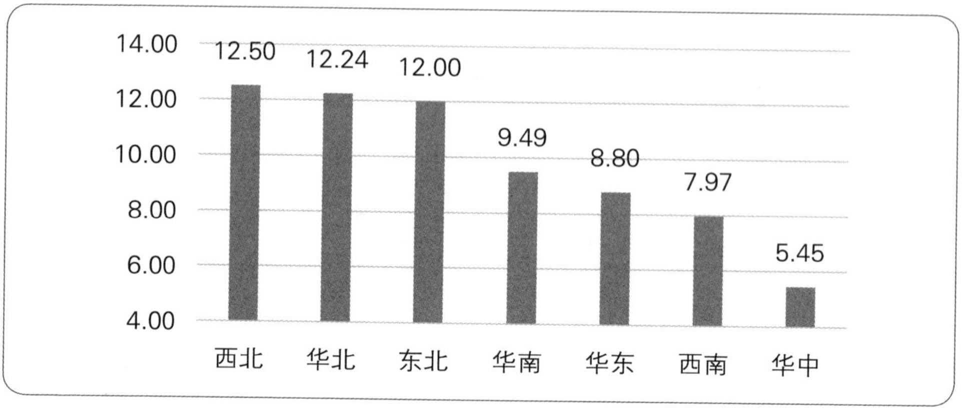

图6.17 不同区域年购书指数

四、对图书功能的认同情况

本次调查按照一般图书功能的分类情况，把图书功能分为9类，即消遣娱乐、缓解压力、修身养性、指导人生、获取信息、了解社会、学习知识、辅助工作、获得谈资。对每一种图书功能的认知均有“没有”“一些”“很多”三种程度可供受访者选择。其中，“没有”代表受访者认为图书不具有该种功能，“一些”代表受访者认为图书具有一些该种功能，“很多”代表受访者认为图书的该种功能极为明显。为了更好地呈现领导干部对图书功能的认同度，本研究将认同度赋值1—3分，其中，1=没有，2=一些，3=很多，分值越高，说明认同度越高。

1. 修身养性、学习知识认同度最高

数据显示，修身养性和学习知识是领导干部认同度最高的图书功能，获得谈资的功能认同度最低（见图 6.18）。由此可见，相较于报纸、杂志、网站、社交媒体、自媒体等媒介，图书内容更为严肃、科学、客观，主题更为深邃，更适合人们学习知识，陶冶情操。因其时效性差，在与社会热点的吻合度上往往滞后，因而图书所载内容在成为人们谈资方面较其他新闻媒介要逊色一些。

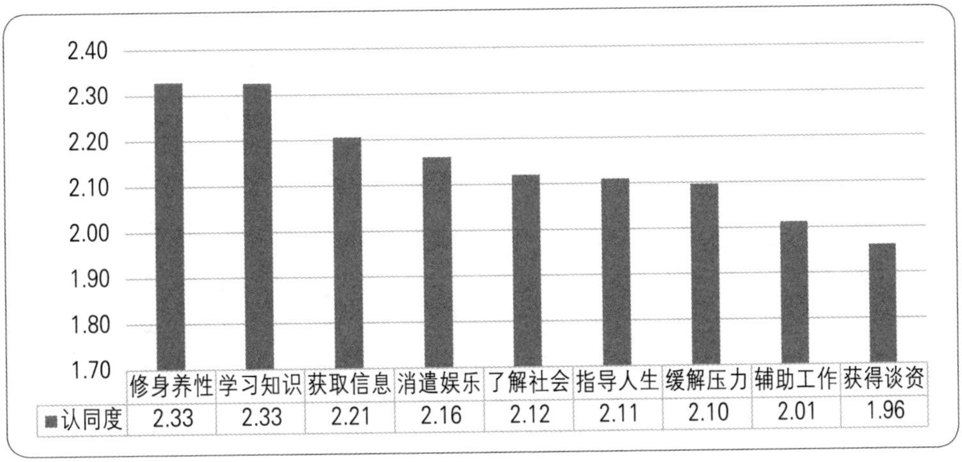

图 6.18　图书功能的认同度

2. 性别无明显差异，学历越高越认同图书功能

调查数据显示，不同性别的领导干部对各个图书功能的认同情况相近。学历越高，对各个图书功能的认同度越高。硕士及以上学历者最认同学习知识的功能，大学本科和大专学历者最认同修身养性的图书功能（详见表 6.1）。

表 6.1 不同学历对图书功能的认同度

	消遣娱乐	缓解压力	修身养性	指导人生	获取信息	了解社会	学习知识	辅助工作	获得谈资
初中及以下	2.00	2.00	2.00	1.50	1.50	2.00	2.00	1.50	1.50
高中	1.94	1.88	2.00	2.13	2.00	2.19	2.31	2.13	1.75
大专	2.05	2.04	2.32	2.08	2.15	2.10	2.30	2.01	1.89
大学本科	2.18	2.11	2.35	2.12	2.23	2.13	2.33	2.00	1.98
硕士及以上	2.23	2.13	2.30	2.07	2.20	2.07	2.36	2.05	1.96

3. 年龄越大越看重图书获取信息、辅助工作的功能

不同年龄段的领导干部对各个图书功能的认同度不同。其中，获取信息、辅助工作呈现出明显的年龄越大越认同的趋势，获得谈资则呈相反走势（详见图 6.19）。

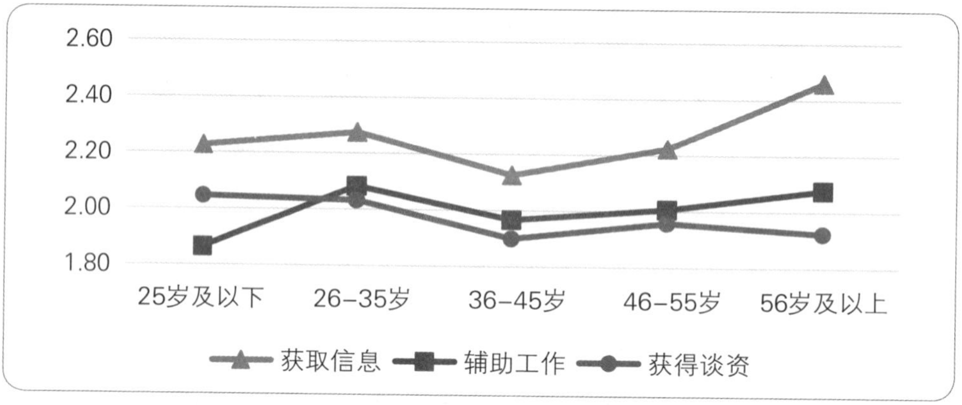

图 6.19 不同年龄对图书功能的认同度

第二节 结论与建议

本调查显示了领导干部读书、购书的基本情况，通过对调查数据的分析、研究，可以得出如下结论。

第一，领导干部在所有被调查人群中的读书与购书量居中等偏下水平，而且图书的年购买量略低于读书量。本调查在问卷中设置了一年内9项图书阅读与图书购买数量区间，最终结果发现，领导干部的年图书购买指数（10.05）低于年图书阅读指数（11.37）。就购书情况来说，年购书量整体较小，年购数量1—5本的为主流，占比46.5%。男性领导干部年购书量高于女性；46—55岁领导干部年购书量最低，56岁以上年购书量最高；收入与年购书量无明显关系。在地理空间分布上，年购书量整体呈现出由北向南递减的趋势。西北地区领导干部年购书量最高（购书指数12.50）。

第二，图书的修身养性、学习知识功能获得领导干部最高认同。读书不仅可以获取信息、修身养性，还可以辅助工作、提高能力。随着图书种类不断丰富，图书功能也愈加多样。相比较而言，领导干部对图书“获得谈资”“辅助工作”等功能的认可度较低。图书“修身养性”的功能被高度认可，这表明领导干部在读书时不仅仅希望增长知识，更希望通过阅读图书潜移默化地加强思想修养。不过，对图书功能的认同程度在人口变量上呈现出一定的差异。调查数据显示，不同性别的领导干部对各种图书功能的认同情况相近；硕士及以上学历的领导干部最认同学习知识的功能，大学本科和大专学历的领导干部则最认同修身养性的图书功能；年龄越大越看重获取信息、辅助工作的功能，越不看重获得谈资的功能。

第三，文学类图书最为领导干部喜欢。就领导干部读书喜好而言，文学类图书占据第一位，而且从年图书阅读指数上看，远远高于其他类型图书；不同性别的领导干部都喜爱文学类图书，但同时男性领导干部还偏爱科技类、社科类图书，而女性领导干部则偏爱少儿类图书；在年龄方面，科技类、少儿类图书还受到56岁及以上领导干部的喜爱。此外，从地理空间分布看，北京、上海、江苏、广东地区的领导干部都爱读文学类图书，但相比较而言，江苏地区的领导干部爱读教育类图书，而广东地区的领导干部爱读生活类图书。

通过本次调查可以看出，领导干部的整体读书、购书情况并不理想。另外，其阅读偏好也需更加广泛、多元，以适应时代发展要求，满足自身工作需要。领导干部固然可以通过文学阅读了解社会、开阔视野，获得人生启迪和美学愉悦，但社科、科技、教育类图书无疑更有益于提高思想水平、增强领导能力、完善知识结构，是领导干部应该多读、爱读的，有些则是需要精读、深读的。领导干部理想的阅读，正如习近平同志在中央党校 2009 年春季学期第二批进修班暨专题研讨班开学典礼上的讲话中所说的，就一般情况而言，领导干部普遍应当读下列三个方面的书。第一，当代中国马克思主义理论著作。第二，做好领导工作必需的各种知识书籍。第三，古今中外优秀传统文化书籍。①

① 习近平 . 领导干部要爱读书读好书善读书——在中央党校 2009 年春季学期第二批进修班暨专题研讨班开学典礼上的讲话 [EB/OL].（2016-08-04）(2018-11-10). http://www.ccps.gov.cn/designated_topics/xxxjpjh/xljh/gbjy/201310/t20131023_41310_1.html.